DIREITO CIVIL CONSTITUCIONAL

RENAN LOTUFO
(Coordenador)

DIREITO CIVIL CONSTITUCIONAL

Caderno 3

Adriana Rocha de Holanda Coutinho • Albino Queiroz de Oliveira Júnior • Carine Delgado Caúla Reis • Christiana Brito Caribé • Eid Badr • Getúlio Targino de Lima • Jales de Alencar Araripe • Joaquim José de Barros Dias • Maria Rita de Holanda Silva Oliveira • Paulo Marcelo Wanderley Raposo • Roxana Cardoso Brasileiro Borges

MALHEIROS EDITORES

DIREITO CIVIL CONSTITUCIONAL

© RENAN LOTUFO (Coordenador)

ISBN 85.7420.454.4

Direitos reservados desta edição por
MALHEIROS EDITORES LTDA.
Rua Paes de Araújo, 29, conjunto 171,
CEP: 04531-940 – São Paulo - SP
Tel.: (0xx11) 3078-7205 – Fax: (0xx11) 3168-5495
URL: www.malheiroseditores.com.br
e-mail: malheiroseditores@zaz.com.br

Composição
Scripta

Capa
Criação: Vânia Lúcia Amato
Arte: PC Editorial Ltda.

Impresso no Brasil
Printed in Brazil
08.2002

Sumário

Apresentação de Renan Lotufo, 11

DIREITO CIVIL CONSTITUCIONAL
JOAQUIM JOSÉ DE BARROS DIAS
1. INTRODUÇÃO, 13
2. DIREITO PRIVADO E CONSTITUIÇÃO
   2.1 Breve histórico, 14
3. A NOVA CONFIGURAÇÃO DO DIREITO PRIVADO, 17
4. DIREITO CIVIL CONSTITUCIONAL, 20
   4.1 Aplicação do Direito Civil Constitucional, 24
   4.2 Perspectivas e avanços do Direito Civil Constitucional, 26
   4.3 Alguns casos paradigmáticos de Direito Civil Constitucional, 26
5. DIREITOS HUMANOS E DIREITOS INDIVIDUAIS:
   5.1 Breves considerações, 33
   5.2 Posição dos direitos humanos no direito privado, 36
6. DIREITOS INDIVIDUAIS E CONSTITUIÇÃO, 37
   6.1 Alguns casos paradigmáticos, 40
7. COMENTÁRIOS FINAIS SOBRE PRÁTICA, DIREITOS E CONSTITUIÇÃO, 50
8. CONCLUSÃO, 53

A IMPORTÂNCIA DOS PRINCÍPIOS CONSTITUCIONAIS NA CONCRETIZAÇÃO DO DIREITO PRIVADO
ADRIANA ROCHA DE HOLANDA COUTINHO
1. INTRODUÇÃO, 59
2. NORMAS DE PRINCÍPIO E ABERTURA INTERPRETATIVA, 60
3. COLISÃO ENTRE PRINCÍPIOS, 63
4. CONSTITUIÇÃO DE 1988 E O DIREITO PRIVADO, 67
5. A FUNÇÃO UNIFICADORA DOS PRINCÍPIOS E SEUS EFEITOS NA ATIVIDADE DO LEGISLADOR, 70
6. CONCLUSÃO, 73

AUTONOMIA PRIVADA E AUTONOMIA DA VONTADE EM FACE DAS NORMAS CONSTITUCIONAIS
PAULO MARCELO WANDERLEY RAPOSO
1. INTRODUÇÃO, 76
2. DIREITO CIVIL CONSTITUCIONAL, 78
3. AUTODETERMINAÇÃO INDIVIDUAL E JUSTIÇA SOCIAL, 81
4. AUTONOMIA DA VONTADE E AUTONOMIA PRIVADA EM FACE DOS DIREITOS COLETIVOS, DIFUSOS OU INDIVIDUAIS HOMOGÊNEOS, 84
5. FUNÇÃO SOCIAL DOS CONTRATOS, 87
6. CONCLUSÃO, 90

A AUTONOMIA PRIVADA À LUZ DO DIREITO COMUNITÁRIO – A FORMAÇÃO DO DIREITO CIVIL COMUNITÁRIO
EID BADR
1. INTRODUÇÃO, 93
   1.1 Autonomia Privada
      1.1.1 Terminologia, 95
      1.1.2 Escorço histórico, 98
      1.1.3 Conceito, 101
2. BREVES CONSIDERAÇÕES SOBRE CONSTITUIÇÃO, ESTADO E SOBERANIA ESTATAL
   2.1 Considerações preliminares, 102
   2.2 Constituição
      2.2.1 Origem, 103
      2.1.2 Conceito, 104
   2.3 Estado, 108
      2.3.1 Soberania estatal, de Jean Bodin aos dias de hoje, 111
3. O DIREITO COMUNITÁRIO
   3.1 Notas introdutórias, 117
   3.2 Escorço histórico: União Européia e a formação do Direito Comunitário, 119
   3.3 Conceito de Direito Comunitário, 123
   3.4 Natureza jurídica do Direito Comunitário, 124
   3.5 Fundamento constitucional do Direito supranacional, 125
4. AS REPERCUSSÕES DO DIREITO COMUNITÁRIO SOBRE AS CONSTITUIÇÕES DOS ESTADOS-MEMBROS DA UNIÃO EUROPÉIA
   4.1 Aspectos gerais, 126
   4.2 As Constituições dos Estados-Membros
      4.2.1 A Constituição da Alemanha, 127
      4.2.2 A Constituição da Áustria, 128

SUMÁRIO

4.2.3 A Constituição da Dinamarca, 131
4.2.4 A Constituição da Espanha, 131
4.2.5 A Constituição da Finlândia, 132
4.2.6 A Constituição da França, 133
4.2.7 A Constituição da Grécia, 134
4.2.8 A Constituição da Holanda, 136
4.2.9 A Constituição da Irlanda, 136
4.2.10 A Constituição da Itália, 137
4.2.11 A Constituição de Luxemburgo, 138
4.2.12 A Constituição de Portugal, 138
4.2.13 A Constituição do Reino Unido, 139
4.2.14 A Constituição da Suécia, 140
5. BRASIL, MERCOSUL E OS DIFERENTES NÍVEIS DE INTEGRAÇÃO
5.1 Considerações preambulares, 140
5.2 As diferentes etapas do processo de integração econômica, 141
5.2.1 Zona de Livre Comércio, 141
5.2.2 União Aduaneira, 142
5.2.3 Mercado Comum, 142
5.2.4 União Econômica e Monetária, 143
5.3 O estágio de integração econômica em que se situam a União Européia e o MERCOSUL, 143
5.4 MERCOSUL: Natureza Jurídica, 145
5.5 O atual ordenamento constitucional brasileiro comportaria o Direito Comunitário?, 146
6. A AUTONOMIA PRIVADA À LUZ DO DIREITO COMUNITÁRIO, 154
7. CONCLUSÃO, 156

APONTAMENTOS A RESPEITO DO DIREITO DE PROPRIEDADE
GETÚLIO TARGINO DE LIMA

1. INTRODUÇÃO, 161
2. NOTÍCIA BREVE SOBRE O DIREITO DE PROPRIEDADE E SUA JUSTIFICAÇÃO OU ASSENTO, 162
3. O CONFLITO ENTRE A NATUREZA INDIVIDUAL E A FUNÇÃO SOCIAL DA PROPRIEDADE
3.1 A indefinição legal do direito de propriedade, 166
3.2 Situações de nomenclatura titubeante quanto ao direito de propriedade na legislação brasileira, 167
3.3 Propriedade: aparência ou substância?, 169

4. A PROBLEMÁTICA DA FUNÇÃO SOCIAL DA PROPRIEDADE
   4.1 A idéia conceitual de função social da propriedade, 171
   4.2 A função social dos bens. O papel do direito de propriedade, 172
   4.3 A questão da função social da propriedade no direito estrangeiro
      4.3.1 A posição da doutrina italiana, 174
      4.3.2 A posição da doutrina francesa, 176
   4.4 A situação no Direito Civil Brasileiro
      4.4.1 A questão vista pelo Código Civil, 177
      4.4.2 A questão vista pelo novo Código Civil, 180
5. O DIREITO DE PROPRIEDADE VISTO SOB O CRIVO CONSTITUCIONAL
   5.1 O princípio dos princípios, 184
   5.2 A regra constitucional a respeito da propriedade, 185
   5.3 A questão dos estatutos proprietários, 188
   5.4 A tutela da pessoa humana e a função social da propriedade, 190
6. CONCLUSÃO, 191

DIREITOS E GARANTIAS FUNDAMENTAIS DA PESSOA HUMANA, INCLUSIVE SEUS DIREITOS SOCIAIS
ALBINO QUEIROZ DE OLIVEIRA JÚNIOR
1. INTRODUÇÃO, 193
2. DO DIREITO À VIDA, 195
3. DO DIREITO À LIBERDADE, 197
4. DOS DIREITOS SOCIAIS DA PESSOA HUMANA, 199
5. CONCLUSÃO, 209

DIREITOS DA PERSONALIDADE: UMA INTRODUÇÃO
JALES DE ALENCAR ARARIPE
1. APRESENTAÇÃO, 211
2. INTRODUÇÃO, 211
3. DIREITOS DA PERSONALIDADE: TERMINOLOGIA, 212
4. PERSPECTIVA HISTÓRICA, 213
5. UM CONCEITO DE DIREITOS DA PERSONALIDADE, 220
6. PATRIMONIALIDADE OU EXTRAPATRIMONIALIDADE DOS DIREITOS DA PERSONALIDADE, 221
7. INALIENABILIDADE E OUTRAS CARACTERÍSTICAS, 222
8. PREVISÃO LEGISLATIVA NO BRASIL, 225
9. INSERÇÕES NO CÓDIGO CIVIL, EM DECLARAÇÕES DE DIREITOS E NAS CONSTITUIÇÕES, 227

10. A CONCEPÇÃO MONISTA E PLURALISTA OU ATOMÍSTICA, 229
11. PESSOAS JURÍDICAS E DIREITOS DA PERSONALIDADE, 231
12. CONCLUSÃO, 232

A DIGNIDADE DA PESSOA HUMANA COMO LIMITE AO EXERCÍCIO DA LIBERDADE DE EXPRESSÃO
CARINE DELGADO CAÚLA REIS
1. INTRODUÇÃO, 236
2. DIREITOS FUNDAMENTAIS: NOÇÕES GERAIS, 237
3. REGRAS E PRINCÍPIOS JURÍDICOS, 240
4. O PRINCÍPIO CONSTITUCIONAL DA DIGNIDADE DA PESSOA HUMANA, 243
5. OS LIMITES AO EXERCÍCIO DO DIREITO À LIBERDADE DE EXPRESSÃO, 245
6. CRITÉRIOS PARA SOLUÇÃO DO CONFLITO APONTADO, 250
7. CONCLUSÕES, 255

A CULPA CONJUGAL FRENTE AO PRINCÍPIO DA DIGNIDADE DA PESSOA HUMANA: UMA AFRONTA À CONSTITUIÇÃO?
CHRISTIANA BRITO CARIBÉ
1. APRESENTAÇÃO, 258
2. INTRÓITO, 259
3. A CONSTITUIÇÃO E OS PRINCÍPIOS
   3.1 A Constituição e os reflexos de sua substituição no ordenamento jurídico, 260
   3.2 Princípios, 263
      3.2.1 Conceito, 263
      3.2.2 Normas jurídicas: princípios e regras, 264
      3.2.3 As funções dos princípios, 265
      3.2.4 Aplicabilidade dos princípios fundamentais, 265
4. A DIGNIDADE DA PESSOA HUMANA
   4.1 Noções gerais, 266
   4.2 Desenvolvimento histórico, 267
   4.3 As teorias personalista e transpersonalista, 268
   4.4 A dignidade da pessoa humana na Constituição Federal: princípio fundamental e vetor do ordenamento jurídico na ponderação de interesses, 270
5. A DIGNIDADE DA PESSOA HUMANA NA SEPARAÇÃO JUDICIAL
   5.1 Os requisitos da separação judicial fundada na culpa, 273
   5.2 As conseqüências da separação culposa, 274

5.3 A investigação da culpa na separação judicial: uma injustificada intromissão, 276
6. CONCLUSÃO, 278

REFLEXOS DA CONSTITUCIONALIZAÇÃO NAS RELAÇÕES DE FAMÍLIA
MARIA RITA DE HOLANDA SILVA OLIVEIRA

1. A ERA DO CÓDIGO CIVIL COMO CONSTITUIÇÃO PRIVADA – REVISITANDO O SISTEMA CLÁSSICO, 284
2. O DIREITO CIVIL REPERSONALIZADO, 286
   2.1 A repersonalização no âmbito das relações familiares, 288
   2.2 Os princípios fundamentais da família na Constituição Federal de 1988, 290
3. A INTERPRETAÇÃO CONFORME A CONSTITUIÇÃO E OS EFEITOS DECORRENTES, 292
   3.1 O problema da eficácia social do sistema jurídico brasileiro na previsão das causas da separação judicial – uma contribuição pessoal, 294
4. A BASE JURÍDICA CONSTITUCIONAL PARA O DIREITO À ORIENTAÇÃO SEXUAL E SEUS EFEITOS NAS RELAÇÕES FAMILIARES, 304
5. CONSIDERAÇÕES FINAIS, 308

AUTONOMIA PRIVADA E CRITÉRIO JURÍDICO DE PATERNIDADE NA REPRODUÇÃO ASSISTIDA
ROXANA CARDOSO BRASILEIRO BORGES

Introdução, 315
1. AUTONOMIA PRIVADA, DIREITOS DA PERSONALIDADE E DIGNIDADE DO SER HUMANO, 316
2. PATERNIDADE, MATERNIDADE E CONSENTIMENTO NA REPRODUÇÃO ASSISTIDA, 319
3. "DIREITO" À ORIGEM GENÉTICA E DIREITOS DE PERSONALIDADE, 323
   3.1. Os direitos de personalidade, 325
   3.2. O "direito à origem genética" fora dos direitos da personalidade, 330
4. CONSIDERAÇÕES FINAIS, 332

APRESENTAÇÃO

É com grande satisfação que apresento este Caderno, o de n. 3, de Direito Civil Constitucional, que tende a se transformar em periódico, dada sua aceitação, veiculando trabalhos de ex-participantes de nossa cadeira na Pontifícia Universidade Católica de São Paulo – PUC-SP e na UNICAP-Universidade Católica de Pernambuco, que celebrou convênio com a PUC-SP, e na qual demos o primeiro módulo, exatamente sobre o Direito Civil Constitucional.

Este é um caderno original, uma vez que contém trabalhos de professores de Manaus, Recife, Salvador e Goiânia.

Inicialmente, temos a visão introdutória do que é o "Direito Civil Constitucional", trabalho do eminente Procurador da República e Professor da UNICAP, JOAQUIM JOSÉ DE BARROS DIAS, bem como a análise do relevante papel dos princípios, no trabalho de ADRIANA ROCHA DE HOLANDA COUTINHO sobre a "A importância dos princípios constitucionais na concretização do direito privado", seguindo-se a visão crítica do papel do Direito Privado no trabalho de PAULO MARCELO WANDERLEY RAPOSO, "Autonomia da vontade e autonomia privada em face das normas constitucionais".

Na seqüência temos uma abordagem inovadora de EID BADR, advogado e professor em Manaus, sobre "A autonomia privada à luz do direito comunitário – A formação do Direito Civil Comunitário".

No âmbito da propriedade temos um trabalho do eminente advogado e professor em Goiânia, GETÚLIO TARGINO DE LIMA, "Apontamentos a respeito do direito de propriedade".

Passando para o campo mais diretamente ligado à pessoa humana, temos o trabalho de ALBINO QUEIROZ DE OLIVEIRA JÚNIOR, sobre "Direitos e garantias fundamentais da pessoa humana, inclusive seus direitos sociais". Segue-se, sobre o tema da personalidade, o trabalho do eminente Professor JALES DE ALENCAR ARARIPE, "Direitos da personalidade: Uma introdução".

Já enfrentando a questão de extrema relevância, que é a relativa à dignidade do ser humano, temos duas abordagens: a primeira, ligada à questão da liberdade de expressão, o que pode gerar o conflito de princípios, suscitando a necessidade da ponderação. Este é o trabalho de CARINE DELGADO CAÚLA REIS, "A dignidade da pessoa humana como limite ao exercício do direito à liberdade de expressão". Já, relacionado com questão relativa ao *status* familiar, temos o trabalho de CHRISTIANA BRITO CARIBÉ, "A culpa conjugal frente ao princípio da dignidade da pessoa humana: uma afronta à Constituição?".

Abordando ainda o Direito de Família temos o trabalho de MARIA RITA DE HOLANDA SILVA OLIVEIRA, "Reflexos da constitucionalização nas relações de família", e, como trabalho final, o de ROXANA CARDOSO BRASILEIRO BORGES, eminente doutoranda da Bahia, onde leciona na Universidade Católica de Salvador, sobre "Autonomia privada e critério jurídico de paternidade na reprodução assistida".

RENAN LOTUFO

DIREITO CIVIL CONSTITUCIONAL

Joaquim José de Barros Dias

1. Introdução. 2. Direito privado e Constituição: 2.1 Breve histórico. 3. A nova configuração do direito privado. 4. Direito civil constitucional: 4.1 Aplicação do Direito Civil Constitucional; 4.2 Perspectivas e avanços do Direito Civil Constitucional; 4.3 Alguns casos paradigmáticos de Direito Civil Constitucional. 5. Direitos humanos e direitos individuais: 5.1 Breves considerações; 5.2 Posição dos direitos humanos no direito privado. 6. Direitos individuais e Constituição: 6.1 Alguns casos paradigmáticos. 7. Comentários finais sobre prática, direitos e Constituição. 8. Conclusão.

1. Introdução

Esboçado com enfoques teóricos, analíticos e experimentais, o presente trabalho pretende expor, em um primeiro momento, temas ligados ao direito privado e às suas atuais relações e avanços à luz do Direito Constitucional.

Em um passo seguinte, incursões centradas nesta mesma perspectiva metodológica analisarão a debatida questão dos direitos humanos e individuais, sob o ângulo da nossa Dogmática Jurídica constitucional, e, do ponto de vista do Direito Internacional, será reconhecida a importância do fenômeno de sua supranacionalização e da necessidade de promoção de sua eficácia em todos os níveis.

Dada a complexidade dos assuntos enfeixados nesta oportunidade, o objetivo precípuo deste breve estudo apenas intenta demonstrar as origens e as conseqüências das transformações que pesaram sobre os princípios e os fundamentos gerais que, antes, representavam a tradicional base de sustentação do Direito Privado.

A considerável expansão e a incessante multiplicação dos conhecimentos técnico-científicos nestes últimos tempos têm propiciado um impressionante progresso para a humanidade.

Se, por um lado, há, hoje, sem dúvida, novos fatores, sociológicos e individuais, que vêm modificando, radicalmente, o comportamento dos homens em seu meio social, por extensão o Estado contemporâneo precisa aprimorar seus instrumentos de atuação enquanto agente normatizador da atividade humana.

Na tarefa de redimensionar o seu papel, sobretudo agora, deve o Direito voltar a funcionar como a principal alavanca do equilíbrio entre os limites dos exercícios do poder e da liberdade, guiando governos e governados rumo a relações cada vez mais evoluídas.

O certo é que esta marcha em desenvolvimento e toda esta atmosfera de mudanças constantes sentidas nas relações interindividuais, e entre indivíduos e Estado, estão a requerer uma meditação profunda, em especial no campo da ciência jurídica, cujo desiderato se destina, em última palavra, ao equacionamento dos conflitos.

Os resultados destas novas experiências e de seus efeitos concretos tendem a reformular conceitos antigos, dantes pertencentes, exclusivamente, aos domínios do Direito Civil. Na condução das relações privatísticas de hoje, o destaque cabe à ingerência do Estado e das normas de direito público, tal como se revela na difusão do termo *interesse social* em diversos pontos de contenção aos direitos privados.

A introdução de expressões de direito público em normas que regem a vida dos particulares faz parte de um esquema que visa a impregnar o Direito Privado de um sentido teleológico de *justiça social*. Mais que isso, a *invasão* do Direito Público sobre o reino privado atende a um pressuposto axiológico há muito reclamado, que possui a sua principal derivação na desigualdade produzida nas experiências práticas, sobretudo em razão dos excessos verificados pela ideologia capitalista liberal.

No universo do direito, a *publicização* ou, como quer o mestre Renan Lotufo, a *socialização* das relações privadas, constitui um fenômeno relativamente novo e de inegável confirmação, que foi operacionalizado a partir do acoplamento de normas privadas ao que poderíamos chamar de *fenômeno constitucional*.

Sob esta égide, não seria equivocado aplaudir os que acenam e antevêem a idéia de uma *nova Teoria Geral do Direito Privado*, e os que, nesta mesma linha, reconhecem a existência autônoma de um Direito Civil Constitucional, que passa a ser, assim, *a base da reconstrução, de aplicação e de reunificação da "summa divisio" de todo o Direito*.

2. Direito privado e Constituição

2.1 Breve histórico

Ao longo da história da civilização, nota-se que as primeiras relações entre os homens ocorriam dentro de raios de comportamento mais restritos, respeitantes às suas formas de vida particular, sem a participação, portanto, de entidades sociais complexamente organizadas.

O primeiro ramo do direito surgido foi, então, o Direito Civil, comprometido que estava em disciplinar somente as relações fundamentais do homem comum, criando, em uma fase posterior, a idéia dos direitos obrigacionais, de maneira que, das suas pilastras básicas, foram formados novos ramos do direito.

A primogenitura do Direito enquanto Ciência, por assim dizer, está, pois, associada ao Direito Civil, que estabeleceu, inclusive, as vigas mestras que deram origem a todas as manifestações evolutivas do direito, na proporção em que eram processadas as transformações emergentes da vida do homem em sociedade.

Das relações mais simples que compunham a vida cotidiana do homem, paulatinamente, o Direito Civil – aqui legitimamente autor embrionário do direito privado –, enfrentou novas situações e, com o passar do tempo, acabou sendo impregnado de *vida social* por decorrência do desenvolvimento das necessidades interativas do próprio homem e das dissensões havidas entre os seus agrupamentos.

Criavam-se, então, os conceitos gerais em torno do direito das obrigações, que, em período posterior, foi tomado como a *base negocial* de toda e qualquer relação jurídica.

Com base na assertiva acima, inúmeros estudiosos, calcados ainda na afirmação do direito romanístico, afirmavam que o Direito Civil era a pilastra de todo o direito, a espinha dorsal da ciência jurídica, ou a fonte de onde emanavam todos os demais ramos do direito.

O Direito Civil, visto como o centro das relações privadas, tomou, no entanto, outro notável impulso com a consolidação da consciência filosófica e histórica que marcou o mundo moderno, em especial após a proclamação dos ideários de *Liberdade, Igualdade* e *Fraternidade*, presentes nas Constituições americana e francesa.

Todavia, a experiência particular de categorização dos direitos privados em uma carta política, fora dos Estados Unidos e dos países que adotaram o sistema da *common law*, fez-se sentir, em princípio, à margem de um sistema constitucionalizado, tendo sido traduzida no famoso *Code Napoleon*, fonte jurídica de acentuada inspiração individualista e assentada no dogma quase absoluto da primazia da vontade particular.

Neste mesmo sentido, seguiu-se o Código Civil Brasileiro, de 1916, elaborado por Clóvis Beviláqua, cuja escola se baseava nas doutrinas individualista e voluntarista consagradas pelo Código Napoleônico.

Assim, em uma visão mais abrangente, no Direito Civil vigia a autonomia da vontade, que tinha como seu ponto de referência fundamental essa colocação exacerbada do individualismo e da auto-regulamentação ilimitada nos procedimentos técnicos relativos aos negócios jurídicos. Verificando os inconvenientes gerados pelo subjetivismo exagerado da interpretação das regras civilistas, arraigadas tão-somente à teoria da autonomia da vontade, e com a eclosão dos arbítrios particulares e estatais, a concepção voluntarista e individualista de um direito privado não resistiu a uma noção mais cientificizada com o passar dos tempos.

O jurista italiano Ferri, preconizando a elaboração de uma nova teoria sobre os negócios jurídicos, foi um dos primeiros a focalizar o direito obrigacional fora da vontade interna do sujeito. Superando os antiquados conceitos do Direito Civil, que bloqueavam a sua evolução, passou-se, então, a conceber a idéia de *autonomia privada* nos negócios jurídicos, determinada em consonância com a vontade externa do sujeito e objetivamente prevista pelo ordenamento jurídico.

Para Ferri,[1] segundo o qual o direito subjetivo supõe a existência de uma norma, isto é, um dever correspondente, a autonomia privada é colocada como o poder que tem o sujeito de atuar livremente, ainda que sob certas limitações impostas pela lei, enquanto Betti[2] tentou situar a autonomia privada na esfera do terreno social, definindo-a como uma "auto-regulação de interesses particulares".

Já Ferreira de Almeida[3] ressalta a autonomia privada como "um poder criador ou fonte de direito ou, ao menos, de produção de efeitos que incidam sobre a própria esfera jurídica, num domínio relativamente subtraído à tutela do Estado".

Para nós, a autonomia privada seria, *grosso modo*, um poder que é reconhecido às pessoas, dentro do complexo das relações existenciais entre os homens, através dos quais os particulares estão livres para realizar negócios jurídicos, desde que tais condições existenciais se sujeitem às razoáveis limitações impostas pelo poder estatal objetivamente organizado.

O que interessa saber, desde logo, é que a autonomia privada se caracteriza por constituir-se como uma espécie de prerrogativa comum e que está à livre disposição de toda e qualquer pessoa.

---

1. Luigi Ferri, *La Autonomia Privada*.
2. Emilio Betti, *Teoria Geral do Negócio Jurídico*.
3. Carlos Ferreira de Almeida, *Texto e Enunciado na Teoria do Negócio Jurídico*, v. 1, p. 8.

Todavia, a autonomia privada deve hoje ser avaliada como *um instrumento de atuação e tutela de interesses particulares* dentro de certas restrições que são impostas pelo Estado em benefício de um propósito maior, qual seja, o bem-estar coletivo e a realização de um sentimento de justiça social.

Contudo, vale fixar que a mudança evolutiva no enfoque da teoria do negócio jurídico só se consagrou no meio jurídico com a concretização do fenômeno do dirigismo contratual, onde a autonomia da vontade, limitada pela realidade jurídica produzida pelo sistema normativo, funciona como requisito autorizador da existência das relações validamente efetuadas.

3. A nova configuração do direito privado

Conforme restou acima ilustrado, a par da insuficiência do voluntarismo na formação dos negócios jurídicos, a autonomia privada passou a representar, então, um novo parâmetro na formulação do conceito de direito civil.

A necessidade de intervenção estatal na economia e a crise entre o instrumental teórico, de um lado, e a realidade econômica e social, do outro, fizeram com que temas, antes reservados exclusivamente ao Código Civil e ao império da vontade, passassem a integrar uma nova ordem pública: *a ordem constitucional*.

Matérias típicas dos institutos privados, tais como o direito sobre a própria personalidade, a função da propriedade, as atividades econômicas e a organização da família, deixaram, então, de ser unicamente tratadas pelo direito civil para serem objeto de atenção especial do legislador constitucional, para quem o importante seria garantir os *resultados sociais pretendidos pelo Estado*.

Segundo Giovanni Nanni,[4] citando Galgano, a primeira Constituição a trazer normas de direito privado no corpo constitucional foi a de Weimar, em 1919.

A partir daí houve uma essencial alteração na cômoda unidade antes assentada, de maneira estável e duradoura, na dogmática dos códigos civis. Atento à eclosão destes fenômenos, assiste razão a Gustavo Tepedino[5] quando disse que "o Código Civil perde, definitivamente, o seu papel de Constituição do direito privado".

---
4. Renan Lotufo, *Cadernos de Autonomia Privada*, Caderno 2, p. 163.
5. Gustavo Tepedino, *Temas de Direito Civil*, p. 7.

Para nós, a percepção da necessidade de transformações do direito privado, por pressão da política legislativa do *welfare*, que tomou conta a partir da década de 30, força-nos a afirmar que a constitucionalização de categorias próprias do Direito Civil significou o rompimento da dicotomia clássica, que repartia o Direito em seus campos de especialização.

Noutras palavras, a noção de direito público e privado mostrou-se insatisfatória para explicar e solucionar os problemas práticos decorrentes da aplicação do Direito, antes relatados apenas do ponto de vista monolítico.

O direito privado cede lugar, assim, para a existência de direitos intermediários, que, tanto na tarefa de unificação do Direito quanto na resolução dos casos concretos advindos da experiência jurídica, *exigem interpretações integradas*.

O isolacionismo e a independência temática do direito privado não resistem, assim, às extraordinárias transformações históricas, que deslocam o centro dos interesses meramente particulares para a esfera de atenção em assuntos de gradação universal.

De fato, nada obstante a importância histórica e a notável influência do direito civil sobre os demais ramos do direito, com a inclusão de temas privados na feitura das Constituições, inaugura-se uma nova era que, *a priori*, foi capaz de pôr em dúvida a autonomia do direito privado e do direito civil, em nome da unidade do sistema.

Agora, o direito privado recebe uma forte incidência de comandos nomoprescritivos externos e assiste à tessitura de uma nova feição a institutos que antes eram exclusivamente reservados ao exame do ramo civilístico. Em virtude do *fenômeno constitucional*, chegou-se a cogitar de que o direito privado teria, assim, perdido a sua própria identidade.

No entanto, ao nosso ver, com a percepção deste fenômeno de integração de normas civis dentro do elemento orgânico de uma Constituição, estamos em que o direito privado não chega a perder a sua autonomia estrutural, mas, sim, dentro dessa nova perspectiva é que o direito civil volta a ganhar força e que progride em direção a um novo rumo – mesmo reconhecendo-se a transferência do direito civil para o direito constitucional como ponto de referência dos sistemas jurídicos, a hegemonia constitucional sobre direitos privados anda no sentido de recuperar a própria unidade buscada pelo direito.

A mudança de *status* do direito privado, de fato, enfraqueceu o direito civil codificado, mas não se pode chegar a considerar que o mesmo haja sido aniquilado.

Cabe ter em mente, primeiro, que o *fenômeno constitucionalizador* de temas privados fez surgir o que a doutrina tem chamado de legislação episódica e setorial, caracterizada pela proliferação de diplomas emergentes, que tratam de matérias de interesses privados, de forma cada vez mais especializada.

Diversamente do arcabouço normativo outrora apresentado, que tinha no Código Civil o grande e único centro de produção legislativa, vê-se a configuração de *um novo direito privado*, repleto de legislações, a um só tempo extraordinárias e especiais, trazendo alterações profundas em nosso ordenamento, a começar pela linguagem utilizada.

A era dos *estatutos* revela, assim, uma técnica legislativa baseada em cláusulas mais genéricas, abrangentes e abertas, menos setorial e taxativas, para regular situações no âmbito da função promocional do Direito de permitir que o Estado atinja os seus resultados sociais.

É o que se infere, por exemplo, do Estatuto da Criança e do Adolescente, do Código de Defesa do Consumidor, do Estatuto da Terra, do Estatuto dos Índios, do Estatuto do Estrangeiro, da Lei de Locações, e assim sucessivamente – enfim, diplomas que retiram do Código Civil a sua função, antes única, de condensação dos regimes privados.

Sobre o assunto, lúcidas são as observações havidas por Giovanni Nanni[6] que, assim, preleciona: "... o direito civil não tem mais apenas como figura central o Código Civil, que deixa de ser o único ordenador das relações privadas, passando a receber a incidência do texto constitucional, de forma unificada e sistemática, desempenhando papel de aglutinador do sistema jurídico".

Cumpre, portanto, e desde logo, focalizar o direito privado dentro desta sua nova realidade universalizante, sendo interessante aqui a teoria desenvolvida pelo professor Natalino Irti, da Universidade de Roma, que anunciou a *era da decodificação.*

O pensamento irtiano, que, inclusive, foi abraçado por Orlando Gomes de início, pode ser sintetizado na proclamação do fenômeno de substituição de um monossistema, antes representado pelo direito civil, por um polissistema, que, por seu turno, traz a lume um ordenamento jurídico formado por vários microssistemas.

A concepção de Irti é valiosa, na medida em que permite uma visão realista do direito privado, que, fragmentado em estatutos de especiali-

6. Renan Lotufo, *Cadernos de Autonomia Privada*, Caderno 2, p. 164.

zação por matéria, afastam a idéia de que estas legislações setoriais flutuassem como satélites ao redor do Código Civil.

Entrementes, tanto o Código Civil quanto estes universos legislativos, identificados como microssistemas, tendem a construir uma nova interpretação unificadora e revigorada do direito privado em face da imprescindibilidade da legislação ordinária, que adquire um novo fôlego por causa das *comunicações constitucionais*.

Para reforçar esta ilação, de assentimento de uma nova Teoria Geral do Direito Privado, em razão do fenômeno constitucional das normas de direito civil, cumpre ver que, enquanto dispositivos constitucionais traçam princípios gerais e deliberações estáveis no direito civil, cuja obediência se faz compulsória como pressuposto validante dos negócios privados em geral, existe espaço, assim, para que sejam inscritos e detalhados vários mandamentos e normas de direito privado reservados ao campo infraconstitucional.

A existência de microssistemas não se afasta, portanto, do fenômeno dissecado de reunificação do direito privado e de sua visão integrada e compreensiva, tendo por vértice o texto constitucional que passa a interferir, praticamente, em todos os terrenos do direito individualizado.

A nova configuração do direito privado deve ser vista, pois, diante deste novo horizonte, ou seja, de acordo com a existência e a validade do *fenômeno constitucional*, que tem por alvo implantar um senso de justiça social nas relações privadas.

Assim, paralelos, direito privado e direito constitucional assumem um papel programático e organizacional na regulamentação da vida privada e dos direitos civis propriamente ditos, cujo conteúdo normativo e interpretativo se impõe como mais amplo.

A nova postura firmada pelo direito privado pode ser analisada, portanto, dentro do contexto de uma nova disciplina jurídica, a do *Direito Civil Constitucional*, que veio para contribuir, em parte, para mitigar a *crise de desconfiança no Direito e na impossibilidade de sua unidade*.

4. Direito Civil Constitucional

Visto que o Direito Civil Constitucional é quem confere uma *nova personalidade* ao direito privado, redimensionando até mesmo o conceito de autonomia privada na teoria dos negócios jurídicos, a grande vantagem da existência autônoma desta disciplina está em possibilitar a realização de um processo hermenêutico integrado dos meandros que se irradiam das relações privadas.

Além de impedir a fragmentação do sistema jurídico e, logicamente, conduzi-lo à sua *reunificação*, o Direito Civil Constitucional vale-se, antes de mais nada, do princípio hierárquico que lhe estrutura e lhe dá vida, estando colocado no ápice do sistema.

Não se pode compreender o Direito Civil Constitucional sem, contudo, analisar, ainda que *en passant*, o próprio tecido constitucional.

A Constituição, por conseguinte, impõe-se, fundamentalmente, como um meio que promove a autolimitação dos poderes do Estado, ao tempo em que coloca à disposição dos seus subordinados mecanismos de ação eficazes, com o escopo de que sejam atingidas todas as prerrogativas e potencialidades aspiradas pelo indivíduo e do desejo da sociedade de um convívio de prosperidade e paz.

No centro dessas argumentações, a propósito, é de bom alvitre repisar as preleções do renomado constitucionalista Pinto Ferreira, para quem a Constituição não é somente uma carta político-jurídica que vincula o povo e o Estado, mas sim uma complementação recíproca entre poder e liberdade.

Não há dúvida, então, que o objeto constitucional se dedica a atender às exigências teleológicas do Direito e do Estado, imprimindo a noção de legitimidade e de legalidade deste poder que está a seu serviço, e que investe para cumprir as finalidades basilares da sociedade, de pleno desenvolvimento do homem e de seu meio.

Outrossim, no eixo do pensamento segundo o qual o conceito de constitucionalidade, material e formal, confere a tônica de legitimidade, de legalidade e de validade de todo o sistema, a Constituição é, pois, uma pedra angular que importa a fixação do fenômeno de positivização do direito dogmático e de seus corolários, que têm *pretensões de comunicabilidade genérica para um determinado universo de receptores.*

O cerne da questão adstrita ao Direito Civil Constitucional reside mesmo no pressuposto da estrutura piramidal, concebida por Adolf Merkl e adotada por Hans Kelsen, que vêem na Constituição o grande centro produtor de normas, que, em última instância, monopoliza a definição do Direito e conduz as ações do Estado.

Destarte, a posição ocupada no Direito Civil Constitucional, como ponto culminante no sistema legislativo da perspectiva dos direitos civis, sem laivo de dúvidas, é o grande pólo de equilíbrio e de harmonia de nosso arcabouço normativo.

Mais do que isso, temos que o Direito Civil Constitucional exerce responsabilidade lapidar por ser o único veículo capaz de conciliar e fornecer repostas aos inúmeros conflitos eclodidos nos grupos sociais em ascensão e nos diversificados centros de interesses antagônicos que se observam na vida cotidiana, interagindo, inclusive, nas relações entre particular e Estado.

Para compreender-se bem o Direito Civil Constitucional, a toda evidência, urge retocar o significado de Constituição, não só em seu valor puramente político, mas, sim, como força limitadora, motivadora e criadora da vida orgânica do próprio Estado.

Segundo Gofredo Telles Jr.,[7] em brilhante definição, a Constituição é o complexo de normas responsáveis pela fixação da estrutura fundamental do governo, determinando suas funções e a competência de seus órgãos principais, estabelecendo os processos de designação dos governantes e declarando direitos essenciais das pessoas e suas respectivas garantias.

De forma análoga, Maria Luíza Bueno de Godoy[8] identifica a Constituição como a lei fundamental de um país, que há de representar o escalão mais elevado do ordenamento positivo.

A Constituição, portanto, há de ser analisada como categoria que representa o *ordenamento jurídico total*, e não apenas como um complexo de normas políticas justapostas, ou documento que assenta um modelo político a ser seguido.

Dentro destes conceitos, sobretudo no que interessa a este estudo, firmamos a convicção de que a Constituição é, antes de mais nada, o *instrumento indispensável de proteções de direitos* – quer no âmbito do direito privado, quer no âmbito do direito público, seja no plano nacional, seja na esfera internacional.

Assim abalizado, o Direito Civil Constitucional foi concebido e se sobressai pela sua função ativa de criar mecanismos de *tutela do indivíduo* em suas relações privadas e, diante dessas circunstâncias, ressalte-se, igualmente, que pode ser o mesmo utilizado e invocado como *técnica e injunção da salvaguarda de direitos em face do Estado*.

Essa nota particular do Direito Civil Constitucional, em busca de uma particularização cada vez mais sofisticada e justa do indivíduo, inclusive, diante da propalação dos abusos estatais, ao nosso sentir, ilustra bem a decantada formulação de autonomia de uma *nova* Teoria Geral do Direito Privado, com a possibilidade de relativização dos atos de autoridade que se divorciem da correta atuação do *ius imperii*.

7. Gofredo Telles Jr., *Introdução à Ciência do Direito*, 1972, fasc. 4, pp. 234 e 244.
8. Renan Lotufo, *Cadernos de Teoria Geral do Direito*, p. 95.

Com a elevação máxima do direito à dignidade humana, em seus múltiplos aspectos, até fora da Constituição, parafraseando Gustavo Tepedino, o Direito Civil Constitucional reclama uma "análise conjunta e interdisciplinar".

Assim, o Direito Civil Constitucional destaca-se não só por erigir e afirmar dogmas irrenunciáveis, que norteiam as relações privadas, mas também porque, fundamentalmente, delineia os limites e os contornos do conceito de ordem pública, caminhando na diretiva de que seus paradigmas sejam fielmente observados pelo Estado.

Isto quer dizer que o Direito Civil Constitucional está imbuído, antes de mais nada, da tarefa de redesenhar os valores e princípios estatuídos como irretorquíveis que se extraem do comportamento humano em seu meio social.

A primeira ilação, portanto, é a de que o Direito Civil Constitucional está investido de um propósito mais amplo, que não se cinge apenas às relações entre negócios privados.

Ao entendimento de que uma norma civil constitucional se dirige ao particular porque tutela direitos privados, adicione-se a idéia de que seus corolários e efeitos se interpenetram, ainda e também no âmbito de algumas questões afetas entre particular e Estado, devendo ser operacionalizados sempre em um sentido vertical.

Em síntese, o Direito Civil Constitucional, de modo concreto, estabelece novos *paradigmas de atuação e de coexistência* entre os poderes do Estado e o exercício dos direitos civis das pessoas.

Isto significa que não só o particular deve respeitar o direito objetivo do Estado, mas, também, que o Estado possui o poder-dever de não macular as garantias lídimas asseguradas às pessoas, físicas ou jurídicas, pela Constituição.

Neste prumo, proveitoso o comentário de Giovanni Nanni,[9] que entende que "a norma constitucional passa a ser integrante do sistema civil, não apenas como regra hermenêutica mas como norma vinculante de comportamento, incidindo sobre as relações privadas e tutelando seus valores fundamentais".

Ora, neste preciso aspecto, ousamos acrescentar que a regra constitucional no sistema civil passa a ser vinculante não só do comportamento do indivíduo ou das pessoas jurídicas em suas relações particulares, mas também da conduta do próprio Estado. Dentro deste patamar de eleva-

---

9. Renan Lotufo, *Cadernos de Autonomia Privada*, Caderno 2, p. 164.

ção dos direitos civis constitucionalizados, deve o Estado, outrossim, através de seus governantes, velar pelo fiel respeito aos direitos privados e civis prescritos pela Lei Magna, tomando-os como verdadeiros dogmas. Na sociedade contemporânea certo é que o Estado assume um novo comportamento diante do cidadão, de sorte que podemos dizer que a *summa divisio*, antes inferida das distinções entre direito público e direito privado, foi substituída por uma compreensão global de que as relações entre os indivíduos e destes com o Estado possuem, agora, com a dogmatização do Direito Civil Constitucional, uma *natureza híbrida*.

Neste passo, com a alteração do quadro dogmático do direito público e privado, é fecunda a lição de Gustavo Tepedino, ao asseverar que nem sempre é possível definir qual exatamente é o território do direito público e qual o território do direito privado, tendo esta alteração enorme significado hermenêutico para os operadores do Direito.

4.1 Aplicação do Direito Civil Constitucional

O Direito Civil Constitucional, na definição traduzida de Flores-Valdés,[10] deve ser entendido como "um sistema de normas e princípios institucionais integrados na Constituição, relativos à proteção da pessoa em si mesma e suas dimensões fundamentais familiar e patrimonial, na ordem de suas relações jurídico-privadas gerais, e concernentes àquelas outras matérias residuais consideradas civis, que tem por finalidade firmar as bases mais comuns e abstratas da regulamentação de tais relações e matérias, nas que são suscetíveis de aplicação imediata, ou que podem servir de ponto de referência da vigência, da validez e da interpretação da norma aplicável ou da pauta para o seu desenvolvimento".

O conceito de Flores-Valdés é bem amplo e acentua que o estudo do Direito Civil Constitucional estabelece princípios fundamentais introdutórios dos direitos civis no campo patrimonial e no campo extrapatrimonial.

O compromisso do texto constitucional e a sua aplicação imediata nas relações patrimoniais de cunho privado já foram pormenorizados por outros autores, e se fazem presentes no exame de institutos como o direito de propriedade e a liberdade contratual, ínsitos na teoria dos negócios privados.

O primeiro elemento orgânico do Direito Civil Constitucional detecta-se na interferência estatal nas relações privadas, na proporção em

---

10. Joaquín Arce y Flores-Valdés, *El derecho civil constitucional*, pp. 178-179.

que o poder normativo dá consecução à sua atividade de distribuição de uma justiça social comutativa.

Este fenômeno de imisção do poder regulador do Estado nos negócio privados é facilmente sentido, por exemplo, no caso do direito de propriedade e das limitações impostas pela lei quanto ao uso, utilidade e função social desse direito em relação a alguns bens, com vistas à realização dos resultados previstos por este mesmo Estado.

Já em matéria de liberdade contratual, outros estudiosos têm cuidado de tracejar os contornos da ingerência estatal para subsidiar os interesses difusos, os individuais homogêneos, os coletivos e os transindividuais, a fim de que não haja desníveis de ordem econômica que acabem por inviabilizar as relações privadas, ou gerar injustiças.

A título ilustrativo, é o que se dá no caso dos deficientes, dos idosos e a notável expressão no direito dos consumidores; tendo estes últimos a seu favor a revisão do *pacta sunt servanda* e, no campo processual, obtido privilégios – tais como o direito da presunção de legitimidade *juris tantum* da prova apresentada em juízo.

Também merecem ser citadas como limitações naturais ao princípio da autonomia da vontade as inovações implantadas e que dizem respeito ao direito de propriedade dentro do contexto do direito tributário e ambiental. É o caso da possibilidade de aplicação da *disregard doctrine*, construção da *fictio juris* que, desconsiderando a personalidade jurídica da empresa, possibilita a fixação da responsabilidade civil e penal da pessoa física na hipótese de cometimento de certas infrações graves e danosas ao interesse coletivo.

De forma similar, a reconstrução do direito civil à luz do direito constitucional já foi objeto de exame e de comentários com largas repercussões no campo do direito de família e das sucessões, como se depreende dos anúncios diversos da preponderância do interesse da criança e do adolescente, em matéria de deferimento de guarda judicial e reconhecimento de paternidade, e de recentes julgados, que vêm admitindo a partilha de bens entre casais homossexuais, com implicações até nos bens reunidos em herança.

A despeito desta marcante evolução conceitual e pragmática que tem sido anotada no direito privado, o Direito Civil Constitucional, como móvel impulsionador da autonomia privada, neste ensejo, ainda tem sido pouco focalizado sob o ângulo das relações entre indivíduo e Estado, vez que este possui o verdadeiro *poder-dever* de respeitar e zelar pelos direitos civis dos indivíduos e das pessoas ideais que o compõem, de onde, somente assim, se lhe justifica a existência.

4.2 Perspectivas e avanços do Direito Civil Constitucional

A reflexão abordada neste tópico faz observar que o Direito Civil Constitucional converge não só para os negócios jurídicos celebrados entre os particulares, mas também é formado e prepara a *matéria* que deve orientar as relações jurídicas firmadas entre as pessoas e o Estado, devendo esta disciplina ser olhada, pois, como uma *via de mão única*.

De fato, o Direito Civil Constitucional é quem fixa a contrapartida da obrigação estatal de fazerem-se cumprir as normas e os princípios fundamentais encartados em suas Constituições, evitando que as autoridades representativas dos poderes constituídos apresentem reações espoliativas e situações injustas, em detrimento do direito do particular.

Neste feixe de explanação, os casos paradigmáticos abaixo selecionados demonstram que as conseqüências progressivas das mudanças acontecidas no mundo fático exigem, naturalmente, uma mudança de mentalidade diante da problemática da interpretação e da aplicação do Direito, tendo em vista os aspectos práticos da experiência jurídica extraída do fenômeno constitucional.

4.3 Alguns casos paradigmáticos de Direito Civil Constitucional

O conhecimento jurídico, como um todo, assim como o Direito Civil Constitucional, não é estático. Compreendendo o Direito em termos de *experiência concreta*, a posição *tridimensionalista*, que provém do *conceito de experiência jurídica*, constitui o único fator idôneo para fornecer um sentido de unidade dialética do Direito em seu esforço de alcançar o teorema da Justiça.

Como advertiram Miguel Reale e Recaséns Siches, a compreensão geral do Direito, obtida a partir da experiência jurídica concreta, só se efetiva por intermédio de uma análise global das perspectivas resultantes da consideração conjunta entre o que há de *fático*, de *axiológico* ou ideal, e do *normativo* da vida do Direito.

A discriminação da natureza tridimensional da experiência jurídica pode ser, *grosso modo*, sintetizada, para efeito didático, na conjunção dos fenômenos decorrentes do *fato*, *valor* e *norma* – focalização ôntica das três dimensões do fenômeno jurídico.

O entendimento da Teoria Geral do Direito dentro desta ótica tricotômica foi, por sua vez, tratada por Norberto Bobbio, dando-lhe um sentido de articulação sistemática.

O pensamento do mestre de Turim visualizava a Teoria Tridimensional do Direito abstraída apenas da existência de três ordens autônomas, segundo os prismas do *fim*, *meio* e *forma*, realçando o papel desempenhado pela fonte normativa constitucional.

É dentro deste ambiente hermenêutico que defendemos, em casos excepcionais, a transposição do direito subjetivo à nomeação em cargo ou função pública à categoria de um verdadeiro direito civil, com os consectários financeiros dele decorrentes, aos quais não pode o Estado se opor, nem o Estado-Administração, nem mesmo o Poder Judiciário.

Se não vejamos. Tome-se o exemplo de uma legislação que fixe, no orbe administrativo, parâmetros de acesso promocional do servidor a níveis superiores da carreira estabelecendo regimes operativos diversos entre homens e mulheres.

Ora, no caso, a discriminação aleatória por motivo de sexo usurpa o princípio teleológico da igualdade, que figura como primado epistolar do espírito aceso na *Lex Mater*. Nestas circunstâncias, tendo sido a matriz do discrímen positivada por elemento inidôneo, subjetivo e desarrazoado, levando-se em conta a horizontalidade das situações fáticas experimentadas, resta consubstanciada a afronta ao princípio isonômico.

Desta feita, a ausência de justificativa lógica e racional, que impõe a diferenciação procedida pelo legislador e pela autoridade administrativa, transmuda-se em verdadeira violação ao direito civil subjetivo do servidor de merecer um tratamento eqüipolente. Verifique-se que, para o servidor, o postulado constitucional de igualdade não é, aqui, deferido por força de preceito administrativo, mas sim por ordem constitucional-civil.

Em casos desta espécie, *verbi gratia*, entendemos que a vulneração assestada pelo poder estatal atinge o legítimo patrimônio da pessoa prejudicada, tendo esta última o direito subjetivo de fazer valer o seu direito civil à promoção, dentro daqueles mesmos critérios aquiescidos para o outro sexo.

Também não é cabível, na situação ora exposta, falar que esteja este servidor dotado de algum direito administrativo contra privilégios ou favoritismos interditados pelo princípio isonômico, porque, no caso, o seu interesse à promoção é privado, ou, no máximo, uma espécie de direito privado-público.

Na conformação de um juízo real, nesta hipótese, primeiro cumpre observar que este servidor sofreu um verdadeiro expurgo em relação à sua condição pessoal, ou seja, ao seu patrimônio físico e moral, na medida em que foi privado das vantagens, materiais e morais, atinentes ao exercício do seu direito particular e personalizado de ser tratado de modo uniforme em relação ao outro sexo.

Portanto, a não extensividade dos direitos, contingencialmente funcionais, a um dado sexo, em privilégio de outro, sem pouso em algum critério sério ou procedente, nas circunstâncias de um regime que garanta a isonomia, violenta o arcabouço constitucional e fere, materialmente, o direito civil do servidor, que pode pretender a elisão dos efeitos oriundos desta odiosa e intolerante desigualdade propiciada.

Ora, a cláusula da igualdade, inserida como cânone constitucional, confere ao governado o direito de igualdade entre homens e mulheres. Trata-se de um direito, embrionariamente, de índole civil, hoje de radicação constitucional, que serve tanto para o particular quanto para o Estado.

Não podendo, assim, ser vilipendiado pelo particular, nem pelo Estado, através de quaisquer de seus Poderes, torna-se útil aqui a compreensão do Direito Civil Constitucional para solapar o desequilíbrio promovido pelo ente estatal, com a garantia concreta de que o servidor injustamente preterido lance mão de seu direito civil de reconhecimento do primado da isonomia e dos efeitos dele derivados.

Destarte, dada as particularidades do exemplo ilustrado, no sentido inverso do termo *socialização* das relações privadas, poder-se-ia falar em uma *experiência concreta de "privatização" das relações públicas*, em face do ajustamento das normas e da conduta públicas ao primado axiológico fundamental da isonomia.

Esta experiência nova, de *"privatização" de uma relação estabelecida, em princípio, pelo Poder Público*, sofre, portanto, uma contenção que é irradiada a partir de um princípio de direito civil, o da igualdade – que consubstanciado está em uma *comunicação constitucional*.

Outro exemplo prático, ao qual se fará comentários, alude ao vulgar e genérico argumento de que inexiste direito subjetivo à nomeação para cargo derivado de concurso público. Aliás, com o devido respeito dos que o proclamam, este pensamento originou-se de premissas jurídicas, hoje ao nosso ver ultrapassadas, mas que foram assentadas pela nossa Corte Excelsa, que *sumulou* a matéria através do verbete n. 15.

A contrariu sensu da mensagem defluída do supra-referido epítome, na nossa opinião uma interpretação sistemática da Constituição pátria autoriza excepcionalmente a titularidade do direito subjetivo de ser nomeado para um cargo público.

Um exemplo clássico do reconhecimento deste direito, que deverá ser exercido no âmbito do Direito Civil-Constitucional, foi albergado na decisão proferida pelo Supremo Tribunal Federal por ocasião do julgamento do RE 192568-0-PI, oportunidade em que se vislumbrou a total inaplicabilidade da prefalada Súmula n. 15 àquele caso.

Na hipótese vertente, S. Exa. o Relator, Ministro Marco Aurélio, apoiou-se nas lições do renomado jurista Celso Antônio Bandeira de Mello, que iluminou uma tese correlacionando o direito subjetivo-civil do candidato à nomeação em cargo público, em face de uma interpretação útil, sistêmica e teleológica do texto constitucional.

Inferiu-se que a atitude da Administração, ao deixar escoar, deliberadamente, o período de validade do concurso anterior para nomear aprovados em certames subseqüentes, equivalia a uma burla, a um desvio de poder, tornando o inciso IV, do art. 37, de nossa *Lex Mater*, letra morta, *a mais rúptil e estéril das garantias*.

No plano do direito privado, de fato e de direito, cremos que nada obsta que o candidato aprovado tenha, em tese, o direito positivo de ser nomeado, não podendo ser privado do seu direito de acessar a cargo público senão em virtude da lei, devendo-se aqui interpretar a eficácia do termo *lei* à luz do Direito Civil Constitucional da liberdade de exercício de um trabalho e de seu direito civil de galgar postos na Administração Pública.

Em mais um caso atravancado pela vala comum de jurisprudências engessadas, para um indivíduo é possível assistir, no entanto, à derrocada da máxima de que os concursados não têm direito à nomeação.

O que estará em jogo, em certos casos, não é somente o discricionarismo estatal, mas, sim, a situação concreta, onde, às vezes, mais do que o juízo de oportunidade e de conveniência do administrador público, está em posição de maior importância o direito de um dado cargo ser preenchido por motivação pública inserida na Constituição ou na lei, quando, então, terá o concursado direito civil de acessar ao cargo público, cuja investidura esteja sendo embaraçada por impropriedade da conduta da Administração.

Noutras palavras, a despeito da Súmula acima citada, que nega, terminantemente, a existência de direito à nomeação para cargo público, a convocação do candidato aprovado pode resultar de uma necessidade de ordem pública não manifestada pela autoridade a quem compete, originariamente, praticar o ato que garante ao indivíduo o assento no cargo para o qual prestou concurso.

Cite-se o exemplo de um concurso público realizado para preencher cargos pertencentes a quadro de um órgão cuja Constituição prescreveu a sua instituição de forma taxativa, do ponto de vista numérico e qualitativo.

Realizado e findo o concurso para tal fim, e restando aprovado um número maior de candidatos do que as vagas previstas, a Administração, no entanto, *motu proprio*, alega motivos discricionários para não nomear os candidatos vitoriosos.

Neste caso, após a realização do concurso público em foco, o *interesse público* propalado pela norma constitucional devia, pois, prevalecer acima de todos os interesses administrativos que lhe fossem subalternos. As conveniências, ou o que o administrador resolveu denominar de "necessidade", devem ser colocadas em um plano inferior, vez que os governantes não poderiam arrepiar uma imposição constitucional.

O fato inquestionável é que, no presente caso, o *interesse público*, que possui respaldo franco e direto na norma constitucional sob enfoque, é de incensurável e imediata aplicação.

Por seu turno, a aplicação dessa norma, que encampa matéria de natureza pública indisponível, por coincidência, vai de encontro à direção do direito de nomeação pertencente aos candidatos que se acham classificados dentro daquele número de vagas, salientando que este último direito, particularmente, que assiste aos candidatos, nada tem de administrativo.

A toda evidência, para o universo jurídico em geral, a norma jurídica que fixou em *numerus clausus* a forma de composição daquele quadro e as vagas a serem preenchidas restou violentamente abalada – isto é, no plano do direito público-administrativo.

Já para os candidatos vitoriosos no concurso em referência, que acreditaram e confiaram nos parâmetros outrora estabelecidos pelo edital que regeu aquele certame, se esta situação não vier corrigida a contento, remanesce contra o patrimônio deles uma flagrante eiva de injuridicidade, que, indesculpavelmente, atinge em cheio o seu patrimônio particular – queremos dizer, o seu direito privado-público à nomeação.

As peculiaridades envoltas neste caso, ofertado para meditação, podem ser desbastáveis à luz da articulação dos métodos literal, sistêmico e teleológico de interpretação, tudo em consonância com a Constituição e com os princípios gerais do Direito.

Note-se que, na hipótese, houve um processo de seleção pública visando a atender a exclusiva finalidade de fazer tornar-se real e executado o mandamento insculpido no texto da Constituição.

Considerando-se, então, a situação fática hipotética acima concretizada, de existência de candidatos afinal aprovados no certame, os primeiros classificados, dentro daquele número de vagas existentes, por excepcionalidade, possuem direito à nomeação em face da Administração Pública.

Vale dizer que o interesse pessoal daqueles aprovados, observada a ordem de precedência na listagem dos classificados, mais do que coincidir com o interesse público, na verdade funda-se, também, e está abrigado, paralelamente, na possibilidade jurídica de ser exercido um ato, ou um direito civil concreto, de *natureza híbrida*.

Ou seja, têm aquelas pessoas o direito de se verem investidos naquele cargo público que o Poder Público teima em não preencher, a despeito da determinação constitucional.

Objetivamente, neste caso citado, constata-se que, em primeiro lugar, existem regras públicas que, indefectivelmente, coincidem com a possibilidade de exercício de direito civil, líquido e certo, daquelas pessoas.

Assim, o conflito exposto pela vontade unilateral manifestada pelo administrador público, qual seja, o de não-nomeação, é irrelevante diante da imposição constitucional.

Por sua vez, esta determinação emanada da Constituição é que personaliza o direito excepcional adquirido pelo indivíduo classificado dentre aquele número de vagas que foram contempladas pela Constituição.

Vê-se, assim, mais um exemplo típico de *relativização do fenômeno da vontade da suprema potestas*, a existência simultânea de um direito privado que se assenta em uma norma pública e um direito público que consubstancia um direito privado.

O intérprete, então, deve reconhecer a interpenetração de ambas as normas, pública e privada, na espécie, porque, de fato, o interesse público e privado se retroalimentam.

Já um virtual julgador, por conseqüência, ao apreciar um caso concreto desta envergadura, não deverá, desde logo, rejeitar o pedido vindicado pelo particular com base no mencionado epítome do Supremo Tribunal Federal. Deverá, sim, aplicar à hipótese as saídas legais que se coadunam com as particularidades que o caso concreto está a sugerir.

Conforme visto nesta curiosa hipótese, não há nenhuma colisão entre a vontade da norma pública e o direito do particular. No máximo, o que se pode dizer é que existe um desrespeito do Estado, que, apesar de haver editado uma norma de regência, lhe contraria o espírito ao negar executoriedade à pretensão de um particular, o que se não nos afigura como possível nem correto à luz do Direito Civil Constitucional.

A autoridade que representa o poder estatal, e que age sob o império das normas cogentes, não pode usar o seu *poder-dever* de forma dissonante de toda a carga de normatividade que informa o sistema proposicional, nem mesmo para indeferir pretensões que vêm a lume por motivação particular.

Daí, então, que era de reconhecer-se a excepcional idéia de supremacia do direito do particular frente à vontade da Administração, posto que um direito privado andou junto com uma norma pública, podendo-se falar em *direito privado-público*.

Estas noções também servem em matéria de discussão de direitos humanos e direitos individuais fundamentais, que serão objeto de exame em outro tópico.

Tanto em um quanto no outro caso o arbítrio ou coação exercidos pelo poder estatal hão de se curvar, pois, a um direito civil, que pode ser exercido na esfera da faculdade do particular, cuja realização não prescinde, também, das garantias enfeixadas na Constituição.

Convergindo para o mesmo sentido a vontade pública, externada pelo comando jurídico constitucional, e o direito do particular, por interpretação integrativa entre o direito civil e o direito constitucional, cabe admitir o direito civil do governado de ser nomeado.

Neste sentido, onde celeumas similares devem ser solvidas através da aplicação dos métodos contemplados pelo Direito Civil Constitucional, que vai enterrando a definitividade do multicitado entendimento sumular contrário à inexistência de direito subjetivo à nomeação, digno de atenção nos parece o recente precedente jurisprudencial do Superior Tribunal de Justiça, o qual reforça a nossa tese.

No julgamento do REsp 154.584,[11] que teve por Relator o Ministro Gílson Dipp, a 5ª Turma daquela Corte entendeu que "Constatando-se a necessidade perene de preenchimento de vaga e a existência de candidato aprovado em concurso válido, a expectativa se convola em direito líquido e certo".

Desta feita, provado o desvirtuamento da Administração, e quando há a demonstração clara de que as funções do cargo devam ser exercidas a bem do interesse público, nasce para o concursado o direito subjetivo de ser nomeado.

---

11. REsp 154.584, *DJU* de 7.2.2000, p. 171.

Secundados neste último paradigma, é mesmo possível cogitar-se da existência de uma nova categoria especial na Teoria Geral do Direito – a existência do que denominamos *direitos privados-públicos*.

Esta visão mais abrangente da existência de direitos civis, originados também a partir de outras realidades empíricas retiradas do bojo da fenomenologia jurídica, em especial do direito público, deve ser apreciada por meio de uma perspectiva de integridade e de complementaridade das experiências obtidas do exercício interpretativo conjunto das regras inscritas no sistema proposicional de *todo o ordenamento jurídico*, e não somente de parte dele.

Com isso, cremos ser possível como experiência admitir que casos pode haver em que há prevalência do direito pertencente ao particular em certas relações tipicamente regidas por normas públicas, mas aplicadas de forma diversa pelo administrador, tudo devido à obrigatoriedade de proceder-se a uma interpretação convergente a respeito do nosso sistema e do nosso ordenamento, esmaecendo o valor monolítico de uma súmula, ou até mesmo de uma lei.

Assim, quando um direito público, portanto, concorre decisivamente para um direito particular, ou quando nele deságua ou por ele é reforçado, então, pode-se falar em uma espécie de direito privado-público, que nem mesmo o poder estatal estará autorizado a contestar – sendo este fenômeno resultante das relações compreendidas nos princípios gerais do Direito, ou pelas saídas ofertadas pelo *Direito Civil Constitucional*.

A técnica de calibragem da autonomia privada segundo *todo* o ordenamento constitucional serve, pois, tanto para o particular quanto para o Estado, constituindo um sistema de retroalimentação, uma via de mão única.

5. Direitos humanos e direitos individuais

5.1 Breves considerações

Toda e qualquer definição exata do que vêm a ser direitos humanos não passará de mera pretensão ou vã tentativa. Do ponto de vista filosófico e ético, porém, algumas importantes considerações podem ser argüidas para a sua compreensão global.

A despeito do que se tem discutido e escrito sobre os direitos humanos, todos os esforços têm-se revelado infrutíferos para esgotar a idéia do que seja e até onde irão os direitos dos homens, da mesma forma que se nos parecem ainda tímidos os movimentos formais que buscam a solidificação desses direitos no âmbito das relações intersubjetivas.

A existência e a preexistência histórica de inúmeros conflitos, nas ordens internas de países e em nível supranacional, deixam claro que, na prática, o próprio homem tem desdenhado dos valores humanos universais.

Contudo, *a priori*, não se pode culpar o Direito ou a Filosofia do Direito pelas catastróficas experiências enfrentadas em matéria de direitos humanos, quando ainda a nossa História agoniza sob os efeitos do holocausto da Segunda Guerra Mundial.

Neste novo século, por incrível que pareça, ainda existem regimes de exceção e de segregação racial que violam, abertamente, os direitos humanos e, o que é mais grave, as próprias políticas capitalistas globalizantes, muitas delas democráticas, estão sendo capazes de constituir um verdadeiro império antagônico entre países pobres e ricos, onde a explosão da onda de violência e o desdém ao ser humano surgem como os únicos fatores em comum entre os povos.

Politicamente incorretos, ou planos de governo à parte, importa-nos aqui tratar da acepção sobre direitos humanos sob a óptica estritamente jurídica, que não dispensa, contudo, suas viscerais relações com a Filosofia do Direito e com a própria Teoria Geral do Direito, disciplinas que produzem a seiva necessária à criação deste *projeto* de direitos elaborados pelo homem e voltados para os homens.

Os direitos humanos, assim, devem ser tomados, em seu sentido jurídico-filosófico, como *uma obra que foi idealizada para a proteção do próprio homem* e dos objetos que lhe sejam valoráveis.

Ou seja, os direitos humanos são *instrumentos de proteção*, por excelência, concebidos pelo próprio homem e que existem para servi-lo na busca de seu ideário – o ideário do Direito, que é, pois, propiciar não só a realização da Justiça suprema, mas também, em um conceito moderno, tornar-se meio para que sejam alcançadas todas as aspirações e potencialidades do homem, sejam elas materiais ou espirituais.

No raciocínio de Carlos Nino,[12] os direitos humanos constituem, em sua essência, a *dignificação ética* dos próprios seres humanos.

Do ponto de vista ontológico, esta conceituação de Carlos Nino reflete bem o nobre propósito dos direitos humanos, que podem ser considerados como garantias estabelecidas por princípios morais que se impõem para delimitar o âmbito legal das ações livres das pessoas.

---

12. Carlos Nino, *Ética y Derecho Humano*, pp. 23-27.

Logo, pode-se deduzir que os direitos humanos têm a função de gerar, estabelecer e derivar direitos subjetivos em uma ordem jurídica, organizada em torno de um sistema positivado.

Para Edmundo Oliveira,[13] os direitos humanos se inspiram em valores morais, universalmente considerados, de dignificação dos procedimentos humanos e destinados à sua proteção.

Vejamos, porém, os direitos humanos sob o prisma da dialética de complementaridade realiana, situando-os no bojo do tridimensionalismo concreto que objetiva explicar a Teoria Geral do Direito, para, depois, voltarmos nossas lentes para a sua legitimação em face da Constituição.

A *integralidade da experiência jurídica*, incorporando concepções sobre as origens dos direitos humanos, tem a sua imputação valorativa focada no homem em razão das fontes normativas do Direito, como expressão da concretude que lhes fazem reconhecidas no mundo jurídico.

Os direitos humanos são vistos, portanto, não em seu sentido abstrato-formal, mas, sobretudo, *como produto valorável da cultura e da História*, como resultado dos experimentos jurídicos.

Uma compreensão global dos direitos humanos faz-nos observar, entretanto, que os mesmos se desenvolveram de acordo com as exigências da razão vital e da razão histórica, e não segundo relações lógico-matemáticas da razão abstrata.

A verificação dos fatores culturais e dos produtos históricos, como elementos temporais e condicionantes do aprimoramento do homem, constitui, portanto, o ponto de partida e o fundamento racional que explica o aparecimento dos direitos humanos.

Os direitos humanos, enquanto visualizados como síntese de *fato-valor-norma*, são um produto do sentimento universal da necessidade ética humana e do dever de solidariedade entre os homens.

Daí porque há quem afirme que os direitos humanos preexistem à própria formação do Direito.

Importante acentuar que os direitos humanos são colocados como a consagração do imperativo ético da consciência da *supremacia do sujeito sobre o objeto*, que recoloca o homem, indeclinavelmente, como o centro principal de suas perspectivas – o homem como a medida de todas as coisas.

Escrevem os direitos humanos um sistema de normas coativamente impostas e comprometidas com o bem-estar da vida do homem e de seu

13. Edmundo Oliveira, *Revista Consulex* n. 100, pp. 19-27.

semelhante, buscando, a final, a dignidade em sua existência, e não só a sua sobrevivência.

Os direitos humanos, assim, destinam-se a traçar as soluções de índole objetiva que sejam capazes de promover uma melhor qualidade de vida e a plenitude da *realização da personalidade humana*.

5.2 Posição dos direitos humanos no direito privado

Tradicionalmente condensados em normas de direito público, até pouco tempo atrás ainda não se havia pensado na problemática dos direitos humanos em correlação com a tutela do direito privado.

Seguindo os mesmos passos do fenômeno da constitucionalização dos direitos civis, e superado o individualismo exacerbado que marcou a era moderna, os direitos humanos surgiram da necessidade de controle e de intervenção estatal nas situações em que a pessoa humana estava a exigir proteção.

Os processos de transformação da realidade sócio-econômico-cultural, inclusive dentro de uma órbita globalizante, constituem os principais fatores que, praticamente, forçaram a interferência do Estado com vistas à consecução de um dos seus objetivos fundamentais, qual seja, a afirmação básica do homem de *ter direito à vida* e de *ter direito a ter direitos*, como quer Celso Lafer.

Para nós, os direitos humanos, cotejados em harmonia com o princípio da autonomia privada, representam *o exercício das mais variadas formas de liberdade*, ou seja, aquilo que Celso Lafer definiu como o direito às *liberdades básicas*.

Nas palavras de Giovanni Nani, é nos direitos humanos que se encontra o primeiro aspecto da doutrina civil, identificável de conformidade com a Constituição Federal, conforme Karl Larenz, que identifica os seres humanos como relação jurídica fundamental, segundo a qual a condição da pessoa é a qualidade que distingue o homem de todos os demais seres vivos.

A tese dos direitos humanos baseada em uma relação jurídica fundamental, de Larenz, se vale, portanto, de um conceito ético da pessoa na esfera do direito privado.

O *personalismo ético* de Larenz se identifica com o direito de cada um ao respeito de sua própria pessoa, e este direito está, indissoluvelmente, conectado com o dever de cada um respeitar todos os demais como pessoas.

Genericamente, a relação jurídica fundamental se caracteriza pelo *respeito, sobretudo, à dignidade humana*, dentro da esfera dos direitos privados de cada pessoa, tendo este preceito se tornado proteção encartada dentro da fenomenologia constitucional.

Os direitos humanos, já sob uma perspectiva híbrida do sistema jurídico, resultam de uma escala superior, de onde se infere a ordenação de direitos e deveres entre governantes e governados.

Esse sistema de entrecruzamentos de respeito aos direitos humanos e de limites já havia sido, embrionariamente, preconizado por John Locke, que acreditava haver um *direito irredutível de resistência à opressão*.

A noção de direitos humanos representa, assim, pelo menos no plano teórico, a legitimação de um sistema de poder que reflete a preocupação axial com os valores mais caros da espécie humana, e, em última análise, com as questões ligadas à sua própria sobrevivência.

Uma parte da doutrina, no entanto, estuda os direitos humanos em "três gerações", que estão vinculados aos ideais de liberdade, igualdade e fraternidade, da Revolução Francesa.

Existe ainda outra corrente que prega a existência de direitos humanos de *quarta geração*, que seriam os referentes ao dom da humanidade de viver e de usufruir de todos os bens comuns existentes, como as águas oceânicas e as zonas do espaço sideral.

Em que pesem tais teorias, a busca da humanidade para encontrar o que seja verdadeiramente justo, em termos ideais e universais, constitui o núcleo de defesa dos direitos humanos e de seus objetivos teleológicos.

Neste segmento, os direitos privados relacionados ao exercício legítimo do que vêm a ser direitos humanos são os mais extensivos possíveis, somente encontrando limitações decorrentes da filosofia a existência contratual do Estado.

Contudo, as restrições impostas pelos Estados, obnubilando o exercício dos direitos humanos originários ou fundamentais – que é o *direito de ter direitos*, ou o direito às liberdades básicas –, na verdade, frustram a necessidade de existência do próprio Estado porque implica a aniquilação do homem, que não pode ser privado de seu objetivo existencial, que é o de ter direito a uma vida digna.

6. *Direitos individuais e Constituição*

Foi visto que o *personalismo ético* constitui o desdobramento natural dos direitos humanos e que o respeito à dignidade da pessoa humana deve ser orientado por um sistema de entrecruzamentos de normas de caráter público e privado, que venha a assegurar a viabilização desses direitos.

Entretanto, o sistema informativo das regras atinentes à proteção dos direitos humanos não prescinde de uma particular categorização enxertada no seio de um texto constitucional.

Aliás, registre-se que se tem sobressaído como fenômeno de capital importância a adesão dos diversos países a *compromissos políticos internacionais*, através da assinatura de tratados ou convenções firmados de maneira que os direitos humanos fundamentais sejam inseridos nos ordenamentos constitucionais de cada país.

No quadro maior deste enfoque, insta pôr em relevo a Declaração Universal dos Direitos do Homem e do Cidadão, documento de 1789, que foi, praticamente, reproduzido pela famosa Declaração Universal dos Direitos Humanos, esta já sob a égide da Organização das Nações Unidas-ONU, e, mais recentemente, o Programa de Ação adotado pelo Plenário da II Conferência Mundial dos Direitos Humanos, realizada em 1993, em Viena, Capital da Áustria.

Foram promulgados, ainda, diversos outros instrumentos regionais de proteção dos direitos humanos, interessando-nos, em particular, a Convenção Americana dos Direitos Humanos, também conhecida como Pacto de São José de Costa Rica, celebrada em 1969 e ratificada pelo Brasil por decreto-legislativo de 25.12.1992.

A recomendação de efetivação dos direitos humanos, tendo em vista o *fenômeno de supranacionalização do Direito*, como assinalado, não se dá, contudo, de modo aleatório ou abstrato, mas, sim, deve ser afirmado mediante a legitimação de instrumentos que visem, concretamente, a enfrentar o tema e aplicar o ideal humanista no plano interno.

Deste modo, no corpo de uma Constituição, como no caso da brasileira, no capítulo concernente aos direitos e garantias individuais, no § 2º do art. 5º, há uma abertura sistêmica da ordem jurídica interna no sentido de recepcionar tratados e variantes internacionais destinados à proteção dos direitos humanos.

A ordem jurídica nacional, portanto, está tecnicamente equipada para manter uma flexibilidade capaz de acompanhar a mutação histórica e a dinamicidade dos processos sociais contemplados, na esfera nacional e internacional, em defesa dos direitos humanos.

Analisada a inegável contribuição do diploma constitucional no reconhecimento de convenções externas que se destinam a dar efetividade jurídica aos direitos humanos, no âmbito dos direitos privados, impende ainda apreciar as diferentes espécies de direitos individuais salvaguardados que se acham no seu corpo normativo.

Não procuraremos repetir, de maneira mecânica, a enumeração constitucional dos direitos que são imanentes a toda e qualquer pessoa quanto à sua personalidade, até porque se acham eles claramente retratados e disciplinados com o *status* de direitos que foram elevados à categoria de verdadeiros dogmas pelo texto constitucional.

Só para citar, dentre os *direitos fundamentais básicos*, ênfase maior deve-se emprestar ao *direito à vida, à igualdade* e *à liberdade*; este último tomado na acepção a mais ampla possível.

Os conceitos destes direitos são captados pela Constituição e, no plano do direito internacional, são apreendidos a partir da noção de autonomia privada, levando-se em consideração o ideal de um ser humano livre, isento de temor e miséria.

Neste contexto, destacam-se os direitos que condenam de qualquer forma o que venha a molestar a *integridade física, psíquica* ou *moral do indivíduo*, sendo este o pressuposto medular da relação jurídica fundamental que obriga o dever de respeito das pessoas entre si, constituindo, também, o imperativo indevassável que deve ser impingido na consciência e nas expressões estatais.

Do direito ao reconhecimento da personalidade humana, da dignidade à integridade pessoal, tratemos, agora, do *regime das liberdades públicas*, que deve ser entendido como um sistema de prerrogativas conferidas aos indivíduos, sem discriminação alguma, dentro do conceito de autonomia privada, excetuados os limites definidos na ordem jurídica.

O regime das liberdades públicas, imprescindível nos países que adotam o Estado de Direito e a democracia, representa, objetivamente, a consagração do aforismo de que *ninguém pode ser obrigado a fazer ou deixar de fazer algo senão em virtude da lei*.

Grosseiramente, pode-se deduzir, então, que, em matéria de direitos privados, vige o princípio de que ao particular é permitido, isto é, é lícito à pessoa fazer tudo aquilo que não seja expressamente vedado por lei.

Tome-se aqui a expressão *lei* empregada em seu sentido estrito e formal, na toada do que vem decidindo os tribunais pátrios, que ampliam ou restringem o sentido e o alcance da lei diante dos casos concretos de imposição de sacrifícios, ou de fatores obstativos ao exercício dos direitos pessoais e humanos.

Deste modo, a Constituição Federal, ao estabelecer o conteúdo das normas e o exercício dos direitos subjetivos, subordina a vontade privada ao regime das liberdades públicas, ou seja, ao império da lei.

O exercício desses direitos subjetivos à luz do regime das liberdades públicas constitucionais deve ser entendido e interpretado dentro de uma concepção sistematizada do ordenamento jurídico, como advertia Norberto Bobbio, e não dentro de uma perspectiva isolada e estática. Ainda, em um plano maior, o regime das liberdades deve ser respeitado diante do que a comunidade internacional aspira em termos de direitos humanos.

6.1 Alguns casos paradigmáticos

Do corolário dos regimes das liberdades públicas, defluem muitos outros *direitos protetivos* consistentes na tutela à dignidade pessoal, à vida íntima e privada.

Protege-se, também, em nosso ordenamento jurídico-constitucional, a liberdade de ir e vir, a liberdade de pensamento e expressão, o direito de respeito à correspondência, à inviolabilidade do domicílio, e, até, o direito de propriedade.

Por hora, consideremos o direito personalíssimo de modificação ou substituição de nomes e prenomes, que enfeixam direitos extrapatrimoniais que são tutelados por intermédio de uma interpretação conjunta do nosso sistema proposicional de normas.

Como se sabe, vige no direito positivo brasileiro o princípio da imutabilidade dos nomes e prenomes, que vem regulado pela Lei 9.078/98, em emenda aos arts. 56 e 57 da Lei dos Registros Públicos.

Todavia, sem prejuízo do absolutismo do decantado princípio, Walter Ceneviva,[14] uma das mais respeitadas autoridades no assunto, teceu os seguintes comentários: "(...) A definitividade não conduz a interpretação da que cabia para o texto anterior, pois alude à permanência do prenome, como regra. O vocábulo definitivo não tem, no *caput*, o significado de absoluto, final, como se colhe da leitura integral do artigo e de alternativa de mudanças inseridas na própria lei nos arts. 56 e 57".

Ora, sobre este assunto, é de se notar que o ilustre doutrinador conclama um método de interpretação que chega a ser, praticamente, *contra legem*, ignorando a mensagem ali determinada, em razão de sua falta de

---

14. Walter Ceneviva, *Lei dos Registros Públicos Comentada*, p. 137.

sintonia com as reclamações sociais e do direito de individuação da pessoa.

Esclareça-se que a permanência definitiva dos prenomes atribuídos originalmente a uma pessoa não pode ser vista como elemento de valor absoluto, como algo petrificado, porque a norma civil assim dispôs – ou seja, tudo vai depender do caso concreto.

Um pedido dessa ordem baseado em motivos ponderáveis dá guarida à mudança dos prenomes, não só nos casos em que a pessoa está exposta ao ridículo, mas, também, em dadas circunstâncias objetivas e subjetivas, quando estes prenomes aflijam o equilíbrio psíquico e psicológico do indivíduo, gerando traumas não superados pela pessoa.

Neste caso, a regra conduzirá à excepcionalidade de aplicação do direito civil aparentemente *contra legem*, mas, ainda assim, admitido pela Justiça.

Destarte, embora uma determinada hipótese de alteração de prenomes, ou nomes, não seja explicitamente prevista na lei de regência, permite-se excepcionalmente a alteração de prenomes ou nomes, tudo para evitar maiores danos, resgatando o direito da pessoa a ter um nome que a identifique no seu meio e que lhe dê a sensação de dignidade, sobre si mesmo e sobre sua personalidade.

Aliás, a individuação da pessoa, como corolário de um dos seus direitos à dignidade do homem, são valores que não podem ser ignorados pela Justiça.

Em decisão de vanguarda, alguns juízes têm julgado procedentes os pedidos não só de alteração do registro civil de nomes, mas também de alteração de registro civil para transexuais operados que, por livre escolha, mudaram de sexo.

Mesmo sendo polêmicas tais decisões, porque envolvem, no fundo, uma série de preconceitos, a questão requer uma análise conjunta dos princípios integrados de nosso ordenamento, porque, se fosse focalizada apenas sob o ângulo do direito civil, uma discussão desta envergadura, decerto, estaria fadada ao indeferimento, vez que a nossa legislação ordinária não autoriza expressamente a mudança de sexo.

Ora, ambos os casos, de substituição ou alteração de prenomes – seja por insuportável desgaste psicológico e psíquico causado pela adoção de tais prenomes, seja porque a pessoa submeteu-se à intervenção cirúrgica e mudou de sexo –, concernem à importância do direito de identificação da pessoa, considerados do ponto de vista individual e social.

A questão passa, necessariamente, pelo crivo dos direitos individuais e até dos direitos humanos, que devem ser reconhecidos a uma pessoa que experimenta vexames em virtude da inadequação psicológica gerada por causa de seu prenome.

Cabe asseverar que a Lei de Registros Públicos não contempla a matéria; porém, a controvérsia posta em um caso concreto se resolve à luz do Direito Civil Constitucional, que melhores argumentos dispõe sobre os direitos privativos do indivíduo.

De fato, particularizando a situação objetiva e subjetiva de algumas pessoas, há prenomes que deixam o indivíduo em uma situação de permanente conflito com sua condição física e espiritual, como no caso dos transexuais operados, ou mesmo no caso das pessoas que sofreram traumas psicológicos irreversíveis por culpa dos prenomes que constam em seus registros civis.

O direito de mudança na individuação e na identificação da pessoa, por motivos ponderáveis, funda-se no *direito à dignidade humana*, inscrito no art. 5º, de nossa *Lex Mater*, que, aliás, no inciso III, canonizou também que "ninguém será submetido a tortura nem a tratamento desumano ou degradante".

Portanto, não tem o Estado, nem mesmo a legislação infraconstitucional, o poder de dispor sobre a matéria de imutabilidade de prenomes e nomes ao seu bel-prazer, forçando que uma pessoa viva de maneira contrária à sua dignidade.

Logicamente que uma estrutura jurídica, de caráter apenas lógico-formal, não pode ser interpretada sem o alcance axiológico necessário às espécies de torturas, fazendo-se alusão também ao sofrimento de caráter psicológico, que pode ser exercido contra o governado na hipótese de o Estado levar o rigorosismo da lei até suas últimas conseqüências.

A validade do axioma da *Justiça suprema*, como meta última a ser atingida pela Constituição e, conseqüentemente pelo operador do Direito, não pode circunscrever-se, pois, ao seu plano meramente teórico, ou seja, à esfera de modelos estáticos positivados em um dado ordenamento.

Neste espectro, vale insistir que o Direito e a atividade empreendida pelos juristas devem levar em conta, essencialmente, o fato, a norma e o valor, como sínteses de uma realidade de significado universal, onde se busca o conceito definitivo de *justo*.

O princípio da imutabilidade dos prenomes, decorrentes até mesmo por motivo de alteração da genitália de uma pessoa, sob este ângulo, não pode ser interpretado literalmente pela norma contida no aludido art. 58, da Lei dos Registros Públicos.

O assunto deve ser compreendido, sim, dentro de uma *perspectiva sistêmica e teleológica da hermenêutica jurídica*, abrangendo-se o alcance constitucional da expressão dos direitos humanos e individuais tutelados no espírito da Constituição, exclamando-se daqui, em mais uma oportunidade, a utilidade e o sentido ôntico, gnoseológico e deôntico do Direito Civil Constitucional.

Em suma, ao deixar de pôr em relevo um dos direitos basilares do homem, inerente à sua personalidade e desenvolvimento, a interpretação da regra estatuída da citada lei, que prevê a imutabilidade do prenome, deve ser vista dentro deste novo espectro oferecido pelo Direito Civil Constitucional, e não só sob a fachada do direito civil.

Demais disso, lembre-se que o art. 5º da Lei de Introdução ao Código Civil já salientava que o juiz atenderá aos fins sociais a que se destina a lei.

Assim sendo, havendo provas reais de que uma pessoa possa padecer de grave aflição, psicológica e psíquica, que assola e perturba a vida de um indivíduo, em razão do seu prenome, ou condição sexual, não pode a Justiça preferir o puro apego à lei e negar o direito da pessoa de ser reconhecida, por si mesmo e perante os outros, da forma que julga digna.

O personalismo ético volta, então, a exigir que a lei atenha-se a finalidades onde o homem seja enxergado como o centro de sua perspectiva, sem o qual a norma jurídica soará como um imenso e despropositado vazio lingüístico.

De outro giro, cuidemos, agora, de uma quadra hipotética envolvendo o direito de propriedade que é assegurado ao particular.

De logo convém não esquecer que as relações derivadas do direito de propriedade obedecem a ditames legais orientados na necessidade de uma justiça social comutativa, razão pela qual se justifica, em certos casos, uma excepcional intervenção do Estado em defesa dos interesses preponderantes da coletividade.

Em contrapartida, concluído que para cada direito reservado à autonomia do indivíduo existe um dever de observância e respeito por parte do Estado, as limitações ao pleno gozo dos direitos de propriedade, portanto, só devem acontecer nos casos adstritos em lei, como ocorre, por exemplo, nas expropriações de imóveis por interesse social.

Contudo, tratando-se de direito de propriedade de outros bens, há que se ter uma atenção toda especial, a fim de que o conceito de *interesse social* do Estado não acabe por destruir a existência do próprio instituto da propriedade privada.

Nos casos dos exageros praticados pelo Estado, em sua função expropriatória, ou fiscal, o operador do direito muitas vezes não pode ficar ao talante da literalidade simplista exibida na Lei. A norma, como dissemos, possui força viva e deve ser interpretada com a máxima amplitude e de maneira articulada e sistemática com todo o ordenamento jurídico, e não somente com parte dele.

Reflita-se, a propósito, sobre o Código de Trânsito em vigor. Supervalorizando a expectativa de uma diminuição do número de acidentes envolvendo veículos automotores, a Lei 9.503/97 criou, por exemplo, uma limitação administrativa às avessas.

Instituindo um mecanismo de cobrança de multas que condiciona o exercício do domínio do veículo, ao nosso ver, neste aspecto o diploma em questão adota parâmetros inteiramente insubsistentes em relação ao exercício do direito de propriedade, se cotejado o espírito constitucional do legislador constituinte nesta matéria.

A Lei 9.503/97, em seu art. 131, reza, textualmente, que a transferência de propriedade de um veículo automotor só pode ocorrer depois de quitados os tributos respectivos, encargos e multas de trânsito e ambientais vinculadas ao veículo, independentemente da responsabilidade pelas infrações cometidas.

Assim sendo, diante da existência de débitos, afora os tributos e encargos regulares, a existência tão-só das multas de trânsito ou ambientais têm tido o condão de fazer com que os órgãos responsáveis pelo cadastro de veículos se neguem a proceder ou a registrar a transferência de um veículo para uma pessoa adquirente, se antes não for paga a dita multa, independentemente de quem tenha cometido a infração que a gerou.

Ora, entendemos que a exigência administrativa em tela, em que pese estar estadeada na lei, implica um cerceamento inaceitável ao direito de propriedade do próprio proprietário e do adquirente, em relação ao seu livre poder e direito de usar, fruir e dispor do veículo a ele pertencente.

O condicionamento "legal" do pagamento das multas praticadas por terceiros, para que seja permitida a transferência da propriedade de um bem para outra pessoa, afeta substancialmente o direito de propriedade como dogma, insculpido que está como cláusula pétrea revelada no inciso XXII do art. 5º de nossa *Lex Mater*.

De se ver que, nesta hipótese, a legislação infraconstitucional admite que a multa seja vinculada ao bem (*sic*, veículo), e não à pessoa. Trata-se, pois, de uma penalidade real, que incide sobre um objeto, e não sobre um sujeito de direitos.

A multa, tendo natureza jurídica de pena, como penalidade que é, constitui sanção jurídica cuja aplicação se restringe ao âmbito das pessoas. Neste feixe de raciocínio, o inciso XLV de nossa Carta Magna Federal diz que "nenhuma pena passará da pessoa do condenado (...)".

Resta evidenciado, pois, que a multa nada mais é do que uma exigência que deve ser apurada no campo da responsabilidade pessoal, não podendo interferir na coisa, nem incidir, de modo vinculativo, sobre a propriedade de um bem, já que não tem ela caráter real.

No caso em estudo, partindo-se do entendimento de que um veículo se encontre completamente livre e desimpedido, ou seja, sem a incidência de quaisquer ônus, afigura-se-nos como inusitada a exigência estabelecida pelo poder normativo ordinário diante do direito do proprietário de dispor, livremente, do seu bem.

O certo é que a implantação de um óbice legal à transferência de propriedade de um veículo, em face da exigência prévia de pagamento de multas, contraria o espírito constitucional e constitui relação que não se resolve sob o ângulo administrativo, pois o proprietário do bem, cujo domínio está sendo espoliado, também é sujeito de direitos.

Interpretando-se, construtivamente, o preceito contido na legislação de trânsito, negar o direito do proprietário, ou do adquirente, de alienar o seu veículo consagra um verdadeiro abuso e temeridade à compreensão mais elementar do direito de propriedade.

O desvio de poder ante o exercício do direito civil de propriedade, constitucionalmente garantido ao indivíduo, salta aos olhos ainda mais quando a fórmula normativa preconiza que tais restrições são inferidas a partir de multas que estão vinculadas ao bem e independentemente da responsabilidade pessoal do infrator.

A inconstitucionalidade detectada resulta do menoscabo, ou da exorbitância, do legislador que, além de querer descaracterizar o princípio constitucional da pessoalidade e da inderrogabilidade da pena, ainda por cima, e pela via inversa e indireta, intenta condicionar e restringir o exercício do direito de propriedade de bens situados no domínio do patrimônio particular, na medida em que faz vincular tais multas ao veículo.

Como se não bastassem já os vultosos valores cobrados para quitar certas infrações de trânsito, consideradas mais graves, malgrado o caráter educativo destas normas, a exigência de recolhimento de multas não pode significar para o particular uma nova modalidade de confisco, ou uma espécie deturpada de expropriação indireta da propriedade do bem, em favor de sentimentos estatais, sejam eles de natureza fiscal ou não.

De mais a mais, a malsinada condição imposta pelo poder normativo, ao recusar o registro de transferência da propriedade do bem e a emissão do competente certificado de registro de veículo, sob o pretexto de haver multas em aberto, em última análise, consubstancia uma violenta afronta ao princípio constitucional da inocência, segundo o qual ninguém será considerado culpado até o esgotamento das instâncias competentes.

Ora, a exigência do recolhimento de multas para o exercício do direito de propriedade de um veículo despreza ainda, assim, em detrimento do particular, os direitos que lhe são assegurados pela Carta Constitucional, quanto ao cânone da defesa e do contraditório, representando um desvio não tolerado em nossa ordem jurídica.

Reflita-se bem. O embaraço à transmissão da propriedade de um dado veículo, diante da existência de multas unilateralmente lavradas, significa, em outras palavras, querer que o proprietário seja coagido a realizar uma confissão quase que compulsória da infração existente.

Esta situação se impõe, injustamente, ao proprietário do bem, ou mesmo ao adquirente, que, em ambos os casos, podem, no mundo fático, não figurar como os reais responsáveis pelo cometimento de infrações.

Em outro ponto, o critério de sujeição do direito de propriedade de veículo ao pagamento de multas beira o absurdo para o direito constitucional de propriedade privada, que se destaca como um dos pilares dos princípios de nossa ordem econômica.

Além de ganhar foros de uma sanção prévia e impessoal, na prática, a aplicação da penalidade de multa em infrações de trânsito funciona como uma espécie de antecipação da exigência de garantia real em privilégio do Estado, que, assim, poderá vir a impedir a alienação daquele bem, favorecendo-se em sede de uma futura execução judicial a ser por ele promovida, acaso não venham a ser pagos os débitos oriundos daquelas penalidades.

Neste tópico, mais uma vez, está fora de dúvidas que o poder estatal não pode fazer-se valer de garantias e privilégios não admitidos sequer na própria lei de execução fiscal.

O Poder Público, ao fazer recair, sem a autorização do proprietário, uma inusitada espécie de ônus sobre o bem que serviu de meio ao cometimento da suposta infração, não pode, desta maneira, coarctar o direito de propriedade do indivíduo.

Resta provado, pois, que a imposição de uma garantia prévia que pesa sobre o bem do particular, qual seja, a de exigência do pagamento de multas, desponta como algo absurdo, inimaginável em um regime democrático, que tem como pilastra uma Constituição que consagra o liberalismo como princípio regedor da ordem econômica e que tem no exercício do direito de propriedade uma das chancelas asseguradas ao indivíduo.

A exigência da norma pública tratada no art. 131, da Lei 9.503/97, invade, por conseguinte, de modo indevido, a seara e o poder de disponibilidade sobre um bem pertencente ao particular.

Há, então, que se falar aqui, novamente, da idéia de relativização do *interesse social* revelado por uma norma pública, que não pode, pois, invariavelmente, ser interpretada de forma absoluta, na proporção em que o Estado não pode arvorar-se no direito de intrometer-se no domínio de coisas que não lhe pertencem além dos casos em que o nosso ordenamento jurídico autoriza com racionalidade.

De fato, neste caso hipotético, quando verificado que a ação ou a omissão da autoridade governamental redunda em lesão ao direito privado, legitimamente garantido ao particular, no orbe do Direito Civil Constitucional, o Poder Judiciário não só pode, mas também deve corrigir o abuso do enunciado legal, decretando a sua invalidade.

Destarte, dessume-se a primazia da autonomia privada, derivada de um Direito Civil-Constitucional, sobre a vontade entronizada pelo legislador infraconstitucional, que erroneamente estipulou que o Poder Público condicione o registro de transferência de um veículo ao pagamento prévio de multas.

Em veras, o nosso ordenamento não identifica modalidades de garantia que, na verdade, dizimam o direito de propriedade, inato da autonomia privada, vez que, no caso, inexiste interesse social a justificar a imisção do poder estatal em bem que está fora de seu domínio.

Caso este pensamento não venha a prevalecer na consciência jurídica nacional, *data venia*, admitiremos a atuação de um *legislador negativo*, que restringe a liberdade negocial, o direito econômico e o direito de propriedade de outrem sem o ingente supedâneo do motivo de interesse social, tudo em disparidade com o espírito emblemado na Lei Fundamental.

Por isso é que o nosso sistema prevê a rejeição de antinomias como estas, tal como a ora divisada pelo art. 131 do Código de Trânsito, que, apesar de contemplar uma norma de índole pública, não resiste, em parte, diante dos princípios constitucionais norteadores da autonomia privada.

E, por princípios, entendam-se como pedras angulares que compõem o sistema normativo, ou como sendo "os que explicitam as valorações políticas fundamentais do legislador constituinte, nos quais se condensam as opções políticas fundamentais e se reflete a ideologia inspiradora da Constituição", na célebre definição de Canotilho.[15]

Com efeito. Se a obrigação imposta pelo Estado, tal como o dever de recolhimento de multas, passar a ser exigida apenas para favorecer a constituição de um crédito fiscal, ainda que disfarçado do seu objetivo educativo, restarão, assim, doravante, afrouxados o regime das liberdades públicas e o equilíbrio entre o governo e os governantes.

O resultado de tudo isso será a inevitável submissão do direito constitucional de propriedade privada ao alvedrio e ao capricho do legislador infraconstitucional.

Afora isto, bom adicionar a possibilidade de que a imputação de condições, tais quais as ora estabelecidas no caso em foco, fará com que o Poder Público seja premiado com *superpoderes sobre os bens particulares*.

Ora, não existem para o Estado estes *superpoderes*. Ao inverso, a nossa ordem constitucional estabeleceu para aquele restrições de intervenção no direito de propriedade.

Assim, assiste às pessoas o direito de exercerem as prerrogativas inerentes ao direito de propriedade sem as restrições ou as desvantagens que são, incompreensivelmente, estabelecidas pelo arbítrio estatal.

O Estado não pode querer manter à sua permanente disposição a titularidade de um bem pertencente ao particular, vinculando-o, previamente, como uma espécie de garantia para pagamento de futuras dívidas provenientes de multas.

A benesse que a lei em xeque pretendeu assegurar ao Poder Público, ao já antecipar a segurança de existência de um bem que servirá de penhora para executar a cobrança da dívida ativa fiscal originada da multa aplicada, extrapola o nosso sistema proposicional e fere qualquer princípio de razoabilidade da intervenção estatal.

15. José Joaquim Gomes Canotilho, *Direito Constitucional*, pp. 192-193.

A preocupação com a nefasta repercussão que se irradia desta fenda entreaberta pelo nosso Código de Trânsito não se compadece, portanto, com o significado do direito de propriedade respaldado em nossa Carta Constitucional.

Na hipótese sob vértice, parte-se da preposição de que o Estado, através deste sistema de multas prévias e restritivas do direito de propriedade, descobriu uma *fórmula* mais fácil para agigantar-se, com o franco enfraquecimento da posição dos particulares.

Isto porque se o Poder Público, discricionariamente, tiver como meta a realização de um Estado-Leviatã, bastará, então, que as autoridades imputem, de maneira indiscriminada, multas a todos os proprietários de veículos.

Aliás, os fatos acima noticiados já têm ocorrido em algumas unidades da federação, onde estes atos típicos de autoridade têm sido até mesmo terceirizados por *empresas especializadas* em aplicar multas, decorrentes de infrações de trânsito, aos infratores.

De certo, a proliferação destes abusos viola as cláusulas protetivas dos direitos individuais dispostos no texto constitucional, se não fosse o detalhe de que a maior parte destas pessoas se sentem indefesas e desestimuladas diante de uma Justiça cara, lerda e demorada e vão-se vendo, assim, *obrigadas* a *abrirem mão*, de forma gratuita, de seu patrimônio particular em prol de um Estado cada vez mais consumista e voraz. Procedimentos normatizados como estes, embora estejam estratificados em normas de direito púbico, ao nosso sentir, avultam como plenamente incompatíveis e divorciados com a pauta constitucional que disciplina matérias desta espécie, sobretudo porque o *direito de propriedade do particular* destaca-se, no universo jurídico, como um dos principais consectários da liberdade contratual e do fenômeno da autonomia privada.

Neste diapasão, não há como se compreender o exercício de direitos humanos, ou direitos individuais, em níveis concretos e aceitáveis, se o Poder Público, a quem compete o dever de respeitá-los como parte da relação jurídica fundamental, é o mesmo que se utiliza de parâmetros desarrazoados para conferir azo a uma estapafúrdia situação de desequilíbrio e de abuso em desfavor do particular.

Nunca é demais repetir que possui o Estado o *poder-dever* de respeitar os princípios da autonomia privada e os direitos das pessoas, que se revelam, sobretudo, nos critérios gerais orquestrados em nosso arcabouço de normas de caráter civil-constitucional.

Se não for assim, estarão os particulares correndo o risco de transferir toda a riqueza de seus bens, quase que a título gratuito e de forma injusta, para saciar a *sanha* do Estado.

Neste prumo, outros casos paradigmáticos poderiam ser relatados, para ratificar a instrumentalidade técnica e a eficácia do Direito Civil Constitucional em defesa das garantias individuais contra os abusos dos particulares e do próprio Estado que positivou tais dogmas da autonomia privada.

Neste compasso, haveria exemplos outros capazes de cristalizar os aspectos referentes à primazia de alguns direitos humanos e individuais em relação ao próprio Estado, que, amplificados no terreno das relações privadas, representam a maior prova de que o tecido do Direito Civil necessita ser reconstruído à luz do Direito Constitucional.

7. Comentários finais sobre prática, direitos e Constituição

Conforme visto, os princípios da autonomia privada limitam a ação dos indivíduos e têm como nota essencial a interferência do Estado que se impõe através do fenômeno constitucional revelado no *interesse social*.

Por outro lado, muitos casos outros poderiam servir para ilustrar bem a relevância, e diríamos até a prevalência, da fixação dos direitos humanos e dos direitos individuais como fatores limitativos da postura do Estado.

A uma, porque incumbe a este mesmo Estado a autoridade para sobredireitos, mas não sobre direitos fundamentais.

Portanto, em matéria de direitos humanos ou individuais, os modelos positivos apresentados pelo Estado só podem ser dotados de normas de conteúdo tríplice, ou seja, de vigência, de validade e de eficácia, acaso respeitada a dignidade do ser humano.

A compreensão deduzida da inscrição desses direitos humanos e garantias individuais como o ponto mais alto que justifica a existência do próprio Estado, a um só tempo, legitima os poderes outorgados a este mesmo Estado e estabelece limitações axiomáticas ao seu raio de ação, estando tudo aglutinado no regime das liberdades públicas que se constitui do núcleo orgânico do sistema constitucional.

Este corpo constitucional, no terreno dos direitos humanos e individuais, é quem assume o papel de informar os subsistemas que, por sua vez, encarregar-se-ão de atender às necessidades de segurança, de solidez e da afirmação do princípio da autonomia privada e do exercício dos direitos relacionados à vida civil como um todo.

Independentemente dos fenômenos mundiais, da onda crescente de globalização e da multiplicação dos mercados produtores e dos consumidores, com os graves reflexos engendrados pela economia capitalista de mercado no campo das relações humanas e sociais, a revisão do conceito de soberania externa, como se viu na tentativa da escola francesa de instituir a *quarta geração*, não empolgou, ao tempo em que, igualmente, nada de inovador trouxe para o dimensionamento dos enfoques sobre os direitos humanos.

Os sistemas jurídicos internos de cada Estado, em nível mundial, com poucas exceções, têm aderido a pactos internacionais que colocam em um plano de superior evidência e primazia os direitos humanos.

A fixação de um sistema de garantias à efetivação destes princípios basilares tem sido emplacada no tecido de suas respectivas cartas constitucionais e nos programas políticos de seus governos.

No entanto, a explosão da violência urbana, os atos políticos terroristas, os massacres em massa de pessoas humanas e os recentes conflitos étnicos e movimentos de *limpeza racial*, em nações, inclusive, culturalmente bem adiantadas, põem em dúvida a eficácia destes mesmos direitos humanos e de sua constitucionalização.

Sem embargos destes questionamentos, que têm raízes na organização dos problemas dos modelos políticos, e não nos jurídicos propriamente ditos, é de se ressaltar que a luta pela efetivação dos instrumentos de tutela dos direitos individuais e humanos ainda se constitui em um marco histórico recente que não pode ser relegado a um plano secundário, nem pela Política nem pelo Direito, tendo em vista ser a proteção da pessoa humana, e de todos os seus valores, a relação fundamental que explica a existência do próprio homem.

Conquanto haja, ainda, uma enorme distância entre a retórica dos direitos humanos e a realidade prática, o desenvolvimento dos processos de viabilização dos direitos humanos deve realizar-se, essencialmente, dentro de dois escopos.

Primeiro, faz-se necessária a propagação de sistemas jurídicos autônomos e emancipados que contemplem um fenômeno positivo onde sejam assegurados tais direitos e a operacionalização das relações fundamentais.

Em segundo lugar, seria estéril propor qualquer forma de emancipação destes sistemas e a viabilização dos direitos humanos e individuais se o Estado não apresentar um Poder Judiciário imparcial, independente, ágil e eficaz.

Neste contexto, as instituições responsáveis pela administração da Justiça devem dispor de um nível elevado de assistência material, técnica e financeira, com o desiderato de assegurar a preservação de um Poder Judiciário capaz de executar as suas funções.

Aliás, foram nesses moldes, que, em seu Programa de Ação, o Plenário da II Conferência Mundial dos direitos humanos, realizada em Viena, na Áustria, em 1993, ditou a seguinte recomendação: "cada Estado deve ter uma estrutura eficaz de recursos jurídicos para reparar infrações ou violações de direitos humanos. A administração da Justiça, por meio dos órgãos encarregados de velar pelo cumprimento da lei – Poder Judiciário, Ministério Público e Ordem dos Advogados – plenamente harmonizados com as normas previstas nos instrumentos internacionais de direitos humanos, é essencial para a realização plena e não discriminatória desses direitos, bem como indispensável aos processos de democracia e de desenvolvimento sustentável".

Voltando à experiência jurídica brasileira, tem-se elogiado muito o aspecto formal das garantias fundamentais internadas em nosso ordenamento.

O esquema jurídico que fixa em bloco as cláusulas protetivas e que compõe o chamado *núcleo-duro* constitucional, sob o aspecto formal, apresenta um bom aparelhamento técnico para conceber novidades nesta específica área relacionada aos direitos humanos e individuais.

Apesar do retalhamento de algumas partes da nossa Lei Maior, em face das emendas levadas a cabo pelo legislador constituinte derivado, ainda assim, o intérprete das questões ligadas aos direitos humanos e individuais deverá aproveitar-se das propostas teleológicas ofertadas pelo nosso ordenamento jurídico, que tem como vértice a Constituição, contendo, em seqüência, a enumeração dos direitos civis básicos.

Desta maneira, entendemos que os passos da autonomia privada, agora mais bem definidos pelo Direito Civil Constitucional, consagram um regime de liberdades públicas e de garantias fundamentais, onde respeitados devem estar os contornos, inclusive, da atuação do Estado ante o exercício pleno dos direitos humanos e dos direitos individuais.

Nunca se perca de vista que ambos, direitos humanos e direitos individuais, devem ser considerados como matizes da realização do sentido existencial e da dignidade do próprio Homem e que, por isso, não podem ser desconsiderados nem pelos particulares, nem pela entidade estatal que os produziu.

8. Conclusão

Com a pesquisa que foi empreendida sobre a transição do voluntarismo para a teoria da autonomia privada, verificou-se que o direito civil não mais pode ser visto como um simples conjunto de regras destinadas a disciplinar os atos e as relações processadas entre os particulares.

O avanço da doutrina e, sobretudo, as mudanças sociais ocorridas no mundo moderno anteciparam o aparecimento do fenômeno do dirigismo contratual, passando a ser cada vez mais crescente a intervenção do Estado nos negócios jurídicos afetos aos particulares.

Malgrado a missão de promover a justiça social comutativa, a interferência estatal na teoria da autonomia privada, *de per si* só, revelou-se ineficaz para alcançar os fins pretendidos pela sociedade, trazendo como principal malefício a hipertrofia do Poder Público e a explosão dos arbítrios das normas públicas.

Uma nova Teoria Geral do Direito Privado pode ser, no entanto, perfeitamente proposta a partir do momento em que regras e princípios basilares de direito privado foram, definitivamente, consagrados no corpo da Constituição.

O Direito Civil, antes focalizado como a espinha dorsal de todo o Direito, hodiernamente, toma um novo rumo e força – na medida em que ocorre o fenômeno da constitucionalização do Direito Privado.

A "socialização" das relações privadas constitui um fenômeno real, que se transmite através do reconhecimento da autonomia estrutural do Direito Civil Constitucional.

O Direito Civil Constitucional, como disciplina nova e revolucionária, mais do que representar, simplesmente, a base da reconstrução e da aplicação de todo o direito privado, deve ser visto ainda como um sistema jurídico articulado, que contém e limita, outrossim, a extensão das chamadas normas públicas.

O propósito deste modesto trabalho não alcançará, por certo, o objetivo de esgotar as novas concepções que formam a Teoria Geral do Direito Privado e o Direito Civil Constitucional, mas apenas identifica uma compatibilização otimista entre os valores práticos e puramente especulativos que se abstraem do cabedal de direitos privados e dos seus aspectos peculiares, à luz do *fenômeno constitucional*.

Em nosso material de pesquisa, pareceu-nos de pouca utilidade a repetição de discussões meramente abstratas sobre as temáticas apreciadas. Igualmente, evitamos retocar as já bem desenvolvidas considerações da doutrina acerca do Direito Civil Constitucional.

O ponto que intentou figurar-se como renovador no presente trabalho foi, todavia, o de proceder a uma reflexão conjunta sobre os elementos correlativos íntimos que permeiam as relações englobadas entre os direitos privados e o sistema constitucional da tutela destes mesmos direitos, formalmente inscritos pelo Estado.

Lançando alguns casos hipotéticos, que foram postos como paradigmáticos, a partir dos exemplos ofertados, e assim comentados sob a perspectiva do Direito Civil Constitucional, identificou-se haver entrecruzamentos entre direitos privados e públicos.

Destes entrecruzamentos de direitos é que extraímos a ilação de que existem o que denominamos *direitos privados-públicos*, ou *direitos originais*, como integrantes verdadeiros de uma nova categoria na Teoria Geral do Direito.

Reservados ao indivíduo, em alguns casos, a existência simultânea de *direitos privados-públicos* demonstra a versatilidade do Direito Civil Constitucional.

Mais do que isso, o reconhecimento desta nova categoria de direitos abre leque, outrossim, para a indagação acerca de outras realidades empíricas que podem vir a ser retiradas do bojo da fenomenologia jurídica.

Sem laivo de dúvidas, as particularidades apresentadas no Direito Civil Constitucional, ao serem examinadas dentro de uma perspectiva de integridade e de complementaridade das fontes normativas posicionadas no ápice do sistema, ou seja, a partir do resultado experimental das regras insertas na Constituição, oportunizam o surgimento de uma *cosmovisão do direito civil*.

De fato, há o desenvolvimento de uma visão dialética e compreensiva do Direito que tem influenciado o Estado a redefinir, do ponto de vista jurídico, os modelos que positivam os direitos privados dos indivíduos, não só considerando-os em si mesmo ou em relação aos seus grupos.

A delimitação destes direitos, em garantia às pessoas, entretanto, deve ser oposta ao Poder Público, surgindo para os particulares na condição de verdadeiros, que não podem ser negados ou barganhados por este mesmo Estado monopolizador das funções administrativas.

Esta cosmovisão da autonomia privada, agora, a par da existência de direitos privados-públicos repõe a questão do homem como *sujeito de alguns direitos universais*.

Reconhecem-se, assim, aos particulares alguns direitos inalienáveis e inegociáveis, situados na esfera da autonomia privada, que podem frear o poder estatal.

Por isso que, nesta monografia, procuramos emprestar uma certa importância à *responsabilidade retributiva* que, primeiro, impõe-se ao próprio Estado, enquanto entidade sujeita, igualmente, às perpetrações constitucionais.

Imbuído da atribuição de positivar o direito dogmático e de ingerir em questões privadas, ao bem do *interesse social*, de outra banda, urge ao Estado assumir um novo comportamento a respeito dos seus *poderes-deveres*, a fim de que, efetivamente, os direitos civis do homem comum sejam observados.

A conotação do direito civil hodierno, obviamente à luz do fenômeno constitucional, informa não só as relações de direitos entre os particulares, mas também justifica a existência teleológica do Estado, devendo haver entre ambos, pessoas e Estado, um dever de mútuo respeito, cada um investido dos poderes que devem ser, sempre, reciprocamente considerados.

Sob esta égide, fácil concluir que o exercício dos direitos dos particulares tanto quanto das prerrogativas conferidas aos Estado é, hoje, instruído por um *sistema de retroalimentação de suas fontes normativas*, que tem na Constituição o seu ponto máximo de equilíbrio.

Isto, em outras palavras, quer dizer que a resolução de casos concretos e dos paradigmas enfrentados sobre a autonomia privada e sobre os limites do poder estatal exige um esforço interpretativo conjunto e integrado, que deve ser orientado sob a batuta do Direito Civil Constitucional.

Assim, de modo transversal, o Direito Civil Constitucional, ao chamar para si a responsabilidade de sistematizar as relações privadas, por outro lado, passa a funcionar, também, como o principal instrumento de definição não só das expressões do direito privado, mas, também, e fundamentalmente, dos limites da ação administrativa do próprio Estado, em matéria de direitos individuais e humanos.

Estando já fora de questão o reconhecimento de uma interpenetração de ambos os ramos, direito público e privado, pode haver plausibilidade na *tese de relativização da prevalência dos direitos públicos produzidos pelo Estado.*

Realmente, casos há onde nem mesmo a vontade pública, exprimida através de seus governantes, pode-se sobrepor diante da liquidez e da certeza de alguns direitos privados-públicos, ou seja, dos direitos originais que afirmam a existência da pessoa humana e que, por conseqüência, justificam a existência do Estado.

Portanto, temos como certo que o desenvolvimento e a dinâmica da Teoria Geral do Direito Privado se dão como legítima reação às pretensões de absolutismo do dirigismo público.

O Direito Civil Constitucional não permite, assim, que sejam aniquilados, expressa ou disfarçadamente, certos direitos civis irrenunciáveis.

Como advertido por João Maurício Adeodato, a função do jurista é diminuir o abismo axiológico e gnoseológico do axioma da Justiça suprema e da Ciência do Direito, e, em tema de direitos privados da pessoa humana, o paradigma a ser seguido tem como destinatários não só o particular, mas também os Poderes institucionais constituídos.

Em epílogo, gostaríamos de fechar estas análises consignando que, à guisa de todo o exposto, os limites dos direitos humanos e dos direitos individuais, de fato, necessitam ser precisos, e conectados com a eficácia prática, pela força efetiva que eles representam contra qualquer abuso.

A técnica de calibragem da autonomia privada segundo o ordenamento constitucional serve, pois, tanto para o particular quanto para o Estado, constituindo um sistema de retroalimentação, enfim uma via de mão única a ser seguida.

O Estado passa, assim, a ser visto como o responsável não só pela inserção e garantia formal dos direitos dos particulares, mas também como *devedor* destes mesmos direitos, contribuindo, decisivamente, para a formação do conceito de autonomia privada, na medida em que cabe a este a injunção de promover o conforto existencial do homem, seja no plano físico ou espiritual.

Neste segmento, é proveitoso acautelar-se contra os que estimam haver soluções fáceis para os problemas que assolam os Poderes constituídos e para a tensão dialética decorrente dos conflitos entre os direitos particulares e direitos públicos.

O Direito Civil Constitucional propõe-nos, assim, em boa hora, uma série de questionamentos acerca da validade pragmática contra as tentativas de quem vê vantagens na *mumificação* ou nos processos de *meca-*

nização do Direito, tal como se tem badalado com a propalação da idéia da adoção das súmulas vinculantes como meio natural para pôr fim à crise institucional da nossa *assustada* Justiça.

O Professor Renan Lotufo, ao asseverar que "o Direito na sua complexidade não pode ficar como algo distante da realidade, precisa atuar concretamente, sob pena de não ser eficaz" – ajuda-nos a dar início a estas respostas em temas já tão velhos, induzindo-nos a conceber que é sempre preciso repensar o direito como algo vivo e atual.

Portanto, é no trabalho constante de revisão das fontes vivas do direito e na possibilidade de surgimento de concepções jurídicas sempre renováveis que residem o percalço e o compromisso do operador da ciência jurídica, que, mais do que operador, precisa ser, sempre, um operário do Direito.

Referências bibliográficas

ALMEIDA, Carlos Ferreira de. *Texto e Enunciado na Teoria do Negócio Jurídico.* Coimbra, Almedina, 1992.

BETTI, Emilio. *Teoria Geral do Negócio Jurídico.* Trad. Fernando de Miranda, Coimbra, Coimbra Editora.

BOBBIO, Norberto. *O Positivismo Jurídico – Lições de Filosofia do Direito.* Ícone, São Paulo, 1995.

CANOTILHO, José Joaquim Gomes. *Direito Constitucional.* Livraria Almedina, Coimbra, 1983.

COMPARATO, Fábio Konder. *A Afirmação Histórica dos Direitos Humanos.* Saraiva, São Paulo, 1999.

DINIZ, Maria Helena. *Norma Constitucional e seus efeitos.* Ed. RT, São Paulo, 1987.

FANGI, Marc. *Constitution et Droit Privé – Les Droits Individuels et les Droits Économiques.*

FERRAZ JÚNIOR, Tércio Sampaio. *A Ciência do Direito.* 2ª ed., Editora Atlas, São Paulo, 1994.

FERRI, Luigi. *La autonomía privada.* Trad. de Luis Sancho Mendizábal, Editorial Revista de Derecho Privado, Madrid. 1969.

FLORES-VALDÉS, Joaquim Arce y. *El Derecho Civil Constitucional.* Ed. Cuadernos Civitas, Madrid, 1991.

KELSEN, Hans. *Teoria Pura do Direito.* Trad. João Baptista Machado, 2ª ed., v. 1 e 2, Coimbra, 1962.

LAFER, Celso. *A Reconstrução dos Direitos Humanos.* Companhia das Letras, São Paulo, 1998.

LARENZ, Karl. *Derecho Civil: parte general.* Trad. Miguel Izquierdo e Macías-Picavea. Madrid, Editorial Revista de Derecho Privado, 1978.

LOTUFO, Renan. *Cadernos de Autonomia Privada.* Juruá, Curitiba, 2001.

_____. *Cadernos de Teoria Geral do Direito.* Juruá, Curitiba, 2000.

NINO, Carlos. *Ética y Derecho Humano.* Buenos Aires, Editorial Paidos, 1984, pp. 23-27

OLIVEIRA, Edmundo. "Direitos Humanos". *CONSULEX* n. 100, 15.3.2001, pp. 19-27.

PERLINGIERI, Pietro. *Perfis do Direito Civil: Introdução ao Direito Civil Constitucional.* Trad. Maria Cristina De Cicco. Rio de Janeiro, Renovar, 1997.

PRATA, Ana. *A tutela constitucional da autonomia privada.* Livraria Almedina, Coimbra, 1982.

REALE, Miguel. *O Direito Como Experiência.* 2ª ed., São Paulo, Saraiva.

_____. *Teoria Tridimensional do Direito.* 5ª ed., São Paulo, Saraiva, 1994.

RECASÉNS SICHES, Luis. *Tratado general de Filosofia del Derecho.* México, 1959.

RIVIERA, Júlio César. "El Derecho Privado Constitucional". *Revista dos Tribunais* 725.

SILVA, José Afonso da. *Curso de Direito Constitucional Positivo.* 21ª ed., São Paulo, Malheiros Editores, 2002.

TELLES JR., Gofredo. *Introdução à Ciência do Direito.* 1972.

TEPEDINO, Gustavo. *Temas de Direito Civil.* Rio de Janeiro, Renovar, 1999.

A IMPORTÂNCIA DOS PRINCÍPIOS CONSTITUCIONAIS NA CONCRETIZAÇÃO DO DIREITO PRIVADO

ADRIANA ROCHA DE HOLANDA COUTINHO

1. Introdução. 2. Normas de princípio e abertura interpretativa. 3. Colisão entre princípios. 4. Constituição de 1988 e o direito privado. 5. A função unificadora dos princípios e seus efeitos na atividade do legislador. 6. Conclusão.

1. Introdução

As questões referentes à chamada "constitucionalização do direito privado" não se podem esgotar na simples observação das matérias de cunho privatístico que invadem o corpo normativo da Constituição. Embora diretamente relacionado com a problemática da efetivação das normas e princípios emanados da Carta Magna, o presente trabalho pretende, através da análise da doutrina e do direito positivo brasileiro, demonstrar a função essencialmente densificadora do hermeneuta constitucional na aplicação ao caso concreto das normas e princípios constitucionais, incluindo a solução das antinomias normativas.

O fenômeno da publicização e posterior constitucionalização de normas antes exclusivas do direito privado, encontra, atualmente, na doutrina brasileira, plena aceitação, sobretudo pelo advento da Constituição de 1988, que fixou novos parâmetros interpretativos, e, mesmo, revogou ou invalidou dispositivos anteriores tratados pelo direito privado infraconstitucional.

Cumpre ainda ressaltar a função de princípios, como a dignidade da pessoa humana, e de direitos fundamentais, como a honra, a intimidade e a vida privada, na clarificação do sentido de disposições normativas de natureza privada, como o sigilo bancário e a autonomia privada sobre o próprio corpo.

2. Normas de princípio e abertura interpretativa

O Estado constitucional surgido após o movimento constitucionalista do século XVIII, sedimentou, em definitivo, a idéia de supremacia da norma constitucional.

A hierarquia normativa, por sua vez, possibilitou a construção do princípio de controle de constitucionalidade das leis na atuação jurisprudencial norte-americana, e que seria utilizada posteriormente por Kelsen na estruturação de um modelo concentrado de controle, realçando, ainda mais, o *status* superior da Constituição.

É inegável o papel exercido pela norma constitucional na interpretação do direito positivo infraconstitucional, que tem a obrigação de adequar-se às regras e princípios estabelecidos pela Lei Maior.

Definindo então, como parâmetro, Constituições que possuam regras especializadas e mais rígidas de modificação, que incorporem cláusulas imutáveis pelo poder reformador, e, ainda, que defendam seus dispositivos através de um sistema de controle de constitucionalidade eficaz, é possível a análise da tipologia das normas constitucionais com base em sua aplicabilidade.

A interpretação da Constituição é tarefa árdua e que deve ser exercida por todos aqueles que estão obrigados a aplicar as normas constitucionais, como o legislador, o juiz e também a administração pública.[1]

A densidade das normas constitucionais vai indicar as possibilidades hermenêuticas para cada ordenamento jurídico constitucional. Os critérios utilizados pela doutrina para aferir o grau de abstração das normas constitucionais têm como base comum o reconhecimento de que sem a existência de princípios a interpretação constitucional estaria claramente prejudicada.[2]

Alguns critérios podem ser nomeados para distinguir-se norma-regra de norma-princípio.[3]

Primeiramente, o *grau de abstração*. É notório o reconhecimento de que os princípios jurídicos possuem um maior grau de abstração, enquanto as regras jurídicas apresentam maior *concretude* e, por isso, uma abstração reduzida, promovem maior segurança jurídica, mas implicam o fechamento interpretativo do sistema.

---

1. J. J. Gomes Canotilho, *Direito Constitucional*, p. 215.
2. Inocêncio Mártires Coelho, *Interpretação Constitucional*, pp. 78, 79-87.
3. J. J. Gomes Canotilho, *Direito Constitucional*, p. 212.

Em segundo lugar está o *grau de determinabilidade*, que obriga a atuação de mediadores (legislador, juiz) para a concretização das normas de princípio, que não são em regra sujeitas à aplicação direta.

Outro critério observado é o *caráter de fundamentabilidade* no sistema das fontes de Direito, em razão da natureza e da própria finalidade dos princípios.

A *idéia de Direito*, que está mais próxima da configuração dos princípios, surge como quarto critério, já que as regras podem abarcar matérias meramente funcionais, ou seja, não são necessariamente *standards* juridicamente vinculantes, calcados nas exigências de "justiça".

Por fim pode-se indicar como critério de distinção a *natureza normogenética*, que reconhece nos princípios o papel de fundamento para a criação das regras jurídicas.

A partir dos traços diferenciadores das regras e princípios, que são, antes de tudo, duas espécies de normas jurídicas, é possível a análise da função e da natureza qualitativa dos princípios na atividade interpretativa do aplicador do Direito.

Interpretar é atividade complexa que tem como finalidade última a concretização da norma jurídica, ou seja, sua aplicação no caso concreto.

A inserção de princípios na Constituição promove a "abertura" das normas constitucionais, ou seja, traz uma menor densidade aos seus dispositivos, o que irá facilitar a exegese e exigir do aplicador da norma a função de mediador para encontrar o real sentido expresso no dispositivo legal, ou, ainda, para constituir um sentido que está implícito mas contido no espírito da norma.[4]

A base da interpretação constitucional não difere da interpretação geral do Direito, cujas regras, no Direito brasileiro, encontram-se na Lei de Introdução ao Código Civil.

O escalonamento da ordem jurídica, que reserva para a norma constitucional o valor hierárquico mais alto, contribui, no entanto, para que surjam características próprias de uma hermenêutica constitucional.

Sucintamente destacam-se duas possibilidades interpretativas: a) a da aplicação direta da norma constitucional; b) a realização de controle através da análise de compatibilidade vertical entre a Constituição e as demais espécies normativas infraconstitucionais.[5]

---

4. Luiz Roberto Barroso, *Interpretação e Aplicação da Constituição*, p. 98.
5. Luiz Roberto Barroso, *Interpretação e Aplicação da Constituição*, p. 100.

Para José Afonso da Silva, as normas-princípios, ou normas constitucionais de princípios gerais, são exatamente as normas fundamentais de uma Constituição, e que irão formar o substrato primeiro para as normas particulares, que derivam, portanto, daquelas.[6] Estas normas-princípios seriam de aplicabilidade plena ou imediata, enquanto as normas constitucionais de princípio seriam de aplicabilidade indireta, ou eficácia limitada.

Cumpre esclarecer que apesar da pluri ou multivocidade do vocábulo *princípio* para a língua portuguesa, é através da distinção proposta anteriormente, entre regras e princípios, que se tentará desenvolver a questão da interpretação constitucional.

No entanto, como salienta Maria Helena Diniz, "há um escalonamento na intangibilidade e nos efeitos dos preceitos constitucionais, pois a Constituição contém normas com eficácia absoluta, plena, e relativa".[7]

É válido ainda acrescentar que as normas de aplicabilidade imediata oferecem todos os elementos para a realização ou vedação dos interesses e situações previstos em seus mandamentos.[8]

A idéia de existência de uma tipologia dos princípios constitucionais relaciona-se diretamente com a consideração de sistema, onde estariam destacados os chamados princípios estruturantes fundamentais, que alcançariam concretização através dos subprincípios e das regras constitucionais.

Então teríamos os princípios estruturantes, os princípios constitucionais gerais, os princípios especiais e as regras constitucionais dentro de um processo "bi-unívoco de esclarecimento recíproco".[9-10]

A atividade do legislador, bem como a prudência do juiz, irá também determinar a possibilidade de aumento na concretização das regras e princípios constitucionais.

As características próprias da norma constitucional, como sua supremacia e seu caráter político, indicam a construção de critérios interpretativos específicos.

---

6. José Afonso da Silva, *Aplicabilidade das Normas Constitucionais*, pp. 120 e ss.
7. Maria Helena Diniz, *Norma Constitucional e seus efeitos*, 3ª ed., p. 115.
8. José Afonso da Silva, *Aplicabilidade das Normas Constitucionais*, p. 171.
9. A opção aqui adotada na tipologia dos princípios constitucionais não esgota as possibilidades de classificação dispostas na doutrina (cf. J. J. Gomes Canotilho, *Direito Constitucional*, pp. 188 e 189).
10. Edilson Pereira de Farias faz a seguinte distinção: "princípios estruturantes ou fundamentais, princípios constitucionais impositivos ou diretivos e princípios-garantia" (*Colisão de Direitos*, p. 40; v., também, Luiz Roberto Barroso, *Interpretação e Aplicação da Constituição*, pp. 141-150).

O fenômeno da interpretação constitucional sofre influência do contexto cultural, social e institucional, da posição do intérprete e da metodologia jurídica.[11]

Os métodos interpretativos desenvolvidos ao longo da história do Direito podem ser traduzidos, *grosso modo*, da seguinte forma: método gramatical, método histórico, método sistemático e método teleológico. A consecução da interpretação de uma norma pode e deve ter a aceitação da pluralidade de métodos, pois é na utilização dos vários métodos que se pode atingir a clarificação do enunciado da norma.

A doutrina reconhece que não há propriamente uma hierarquia predeterminada entre os diversos métodos hermenêuticos, mas destaca a importância da chamada *interpretação conforme a Constituição*, assim como a prevalência dos métodos objetivos (sistemático, teleológico) sobre o método histórico, que carrega maior dose de subjetividade.

Uma Constituição deve conter regras e princípios, e a natureza menos densa das normas constitucionais permite o alargamento da abordagem interpretativa – e, por isso, a utilização dos métodos jurídicos clássicos torna-se insuficiente.

A relevância dos princípios na hermenêutica constitucional é salientada exatamente pela inconveniência do uso de critérios que poluam a interpretação de subjetividade excessiva, o que pode vir a ser controlado com a verificação dos princípios como parâmetros interpretativos.

A função hermenêutica dos princípios é clara, principalmente em situações de dúvidas interpretativas que tornem nebuloso o sentido pretendido pela norma, assim como na solução do conflito entre normas e, ainda, na limitação ou controle da discricionariedade judicial,[12] e até mesmo discricionariedade da atividade legislativa.

3. Colisão entre princípios

A idéia de sistema em Direito conduz à premissa de que não há possibilidade de coexistência de normas antagônicas, ou seja, o próprio sistema jurídico deve fornecer solução para o caso de antinomias normativas.

Mas a solução encontrada para dirimir conflitos entre as normas jurídicas não é única, ou seja, em razão da natureza das normas é possível estabelecerem-se conseqüências diversas.

---

11. Luiz Roberto Barroso, *Interpretação e Aplicação da Constituição*, p. 117.
12. Edilson Pereira de Farias, *Colisão de Direitos*, pp. 50 e 51.

O primeiro critério a ser observado é o da hierarquia normativa, pois a supremacia da Constituição não permite a validação de norma inferior que agrida materialmente ou formalmente seus dispositivos. Mas a disposição escalonada do ordenamento jurídico também possibilitará a exclusão de antinomias entre espécies normativas de hierarquias distintas, a exemplo de uma lei ordinária e de um decreto regulamentar, onde a prevalência será daquela em detrimento deste.

Ainda sobre critérios gerais para a consecução da unidade sistemática da ordem jurídica, pode-se estabelecer a prevalência da regra ou norma especial sobre a geral. É o princípio da *lex specialis derogat generalis*.

No entanto não se esgotam nessas duas possibilidades a resolução dos problemas causados pela existência ou coexistência em uma mesma ordem jurídica de normas conflitantes, seja no espaço ou no tempo.

O direito intertemporal cuida de casos em que dentro de um mesmo sistema surjam conflitos de leis no tempo, enquanto o direito internacional privado responde, em regra, pela solução dos conflitos espaciais.[13]

O direito privado brasileiro fornece os instrumentos básicos para a escolha da lei que deverá prevalecer em conflitos intertemporais e espaciais nas regras da Lei de Introdução ao Código Civil.

A validade é a dimensão que irá determinar a pertinência ou não das regras jurídicas que de alguma forma sejam antagônicas em um dado sistema normativo.

Quando a questão sobre conflito envolve os princípios, não seria viável a utilização dos mesmos critérios, posto que para se considerar a colisão das normas mais abertas, ou menos densas, há que, antes, se reconhecer a sua validade ou pertinência dentro de um mesmo sistema. Então, os princípios são válidos, pois existem para aquele sistema e efetivamente são utilizados na aplicação do Direito.

A conseqüência direta obtida da consideração de que só haverá colisão entre princípios válidos, é a não-exclusão de um princípio ou a prevalência unívoca de outro.

Solucionar o problema da colisão entre os princípios, que não são imperativos-categóricos como as regras jurídicas, implica a conciliação dos enunciados divergentes ou concorrentes para a aplicação ao caso concreto de princípios aparentemente antagônicos.

---

13. Luiz Roberto Barroso, *Interpretação e Aplicação da Constituição*, p. 10.

A interpretação constitucional se concretizará levando em conta a natureza das normas enunciadoras de princípios, que são consideradas "mandatos de otimização" e, por isso, podem e devem ser aplicados na medida do possível e com grau de efetivação distinto.[14]

A pretensão de harmonização do ordenamento pelo exegeta relaciona-se diretamente com a possível colisão de normas responsáveis pela abertura interpretativa; mas, é claro que não se trata apenas da viabilidade de convivência entre princípios concorrentes, já que é possível que a atividade do legislador gere regras incompatíveis, sem exclusão de qualquer um dos dispositivos principiológicos da ordem jurídica.

Em regra, não há que se falar em hierarquização dos princípios; mas ressalta-se o valor constitucional da *dignidade da pessoa humana*, pois a pessoa é o valor-fonte de todos os outros valores.[15]

A concretização dos princípios ocorrerá através da atividade do legislador e do juiz e, portanto, não se reduz à articulação com outros princípios ou mesmo com normas constitucionais que possuam maior densidade de concretização.[16]

A unidade axiológica-normativa da Constituição restaria prejudicada caso não houvesse o reconhecimento de momentos de tensão ou antagonismo entre os princípios, em vez da pretensão de validade absoluta de certos princípios sobre outros, o que geraria incompatibilidade.

Além do princípio da *unidade da Constituição* existem os princípios da *concordância prática* e o da *proporcionalidade*, que auxiliam o intérprete no caso de reconhecimento de colisão entre princípios constitucionais sendo, os mesmos, fruto da prática jurisprudencial norte-americana.

O *princípio da concordância prática* obriga a ponderação do intérprete, no caso concreto, para preservar e concretizar ao máximo os direitos e bens constitucionalmente protegidos – ou seja, é preciso harmonizar os direitos fundamentais e os valores constitucionais.

Por fim, vale especial referência ao *princípio da proporcionalidade* ou *princípio da proibição de excesso*, que na doutrina européia, sobretudo na alemã, se encontra perfeitamente delineado, apesar de não possuir previsão expressa na Lei Fundamental.

---

14. Inocêncio Mártires Coelho, *Interpretação Constitucional*, p. 84.
15. Idem, ibidem.
16. J. J. Gomes Canotilho, *Direito Constitucional*, p. 197.

Pode-se afirmar que a máxima da proporcionalidade "é a realização do princípio da concordância prática no caso concreto",[17] conduzindo o exegeta à perseguição de três outros subprincípios: o *princípio da adequação*, o *princípio da necessidade* e o *princípio da proporcionalidade em sentido estrito*.

A limitação da discricionariedade do mediador na concretização dos princípios, ou ainda na solução das antinomias ou tensões momentâneas, pode ser objetivamente alcançada através do princípio da proporcionalidade e de seus subprincípios.

O *princípio da adequação* focaliza a atuação efetiva do mediador na intenção de resolver a colisão ou promover a concretização da norma constitucional – ou seja, a medida ser adequada ao fim.

Quando não há relação entre a restrição de um direito e a idoneidade do meio para a realização do fim pretendido, não há, também, a efetivação do *princípio da necessidade*.

E, por último, cumpre a delimitação do *princípio da proporcionalidade em sentido estrito*, que determina o equilíbrio na ponderação entre direitos, bens ou interesses. Cuida este princípio de uma otimização de possibilidade jurídica, enquanto o princípio da necessidade preocupa-se com a otimização de possibilidade fática.[18]

A árdua tarefa imposta ao intérprete de resolver as tensões que podem aparecer entre os princípios constitucionais também é a maior garantia de respeito à supremacia e unidade da lei maior. Essa questão envolve diretamente a proteção aos direitos fundamentais, que evoluem historicamente no sentido proporcional do surgimento de novas situações humanas e sociais.

O movimento constitucionalista deflagrado no século XVIII, e que teve como marcos a Revolução francesa e a Constituição norte-americana, estabelece a primeira geração de direitos do homem, calcados em premissas individualistas e no liberalismo. Já no século XX surgem os direitos sociais, ou de segunda geração, englobando matérias como meio ambiente e biogenética.

Mas, como bem lembra Norberto Bobbio: "A linguagem dos direitos tem indubitavelmente uma grande função prática, que é emprestar uma força particular às reivindicações dos movimentos que demandam

---

17. Edilson Pereira de Farias, *Colisão de Direitos*, p. 123.
18. Gustavo Ferreira Santos, "Excesso de poder no exercício da função legislativa", *Revista de Informação Legislativa* 140/283.

para si e para os outros a satisfação de novos carecimentos materiais e morais; mas ela se torna enganadora se obscurecer ou ocultar a diferença entre o direito reivindicado e o direito reconhecido e protegido".

Então, funcionalmente, é indispensável a utilização da hermenêutica constitucional para densificar e concretizar em grau máximo os princípios e valores constitucionais que consagram direitos humanos.

4. Constituição de 1988 e o direito privado

O Direito Constitucional não deve ter a pretensão de perenidade ou imutabilidade, pois a sociedade não é estanque, assim como seus valores e suas necessidades.

Em Estados que estabeleçam Constituições rígidas existem limites formais, circunstanciais e, sobretudo, materiais para a modificação das normas dispostas no texto da Lei Maior.

O exercício do Poder Constituinte originário conduzirá à substituição de uma ordem constitucional por outra, o que traz conseqüências para o direito ordinário que se encontrava sob a proteção da Constituição anterior.

A Constituição é a fonte de validade primeira de todo o ordenamento jurídico positivo do Estado e, por isso, a sua mudança implica a transformação do pressuposto de validade dos dispositivos infraconstitucionais.

A hermenêutica constitucional encontrará a solução para cada caso, utilizando critérios específicos; mas de uma maneira geral toda a ordem normativa anterior que for compatível com o novo texto constitucional deve ser "recepcionada" por este.

As mudanças ou alterações do Direito Constitucional, em regra, não significam a desconsideração das normas de outros ramos do Direito gerados antes do início da vigência da nova Constituição. Mas, por outro lado, é imprescindível o movimento do legislador, do administrador e também do juiz na produção ou concretização dos meios necessários para dar real efetividade aos dispositivos constitucionais recém-positivados.

O direito privado, e em especial o Direito Civil, foi amplamente abordado pela Constituição brasileira de 1988, o que gerou a preocupação dos juristas e aplicadores do Direito com o alcance deste tratamento constitucional nas relações jurídicas entre particulares.

Não há qualquer dúvida quanto à importância do fenômeno da constitucionalização do direito privado para o ordenamento jurídico pátrio. A Constituição, por ser norma superior, responde agora diretamente por alguns temas que tradicionalmente eram dispostos pela ordem jurídica ordinária dentro de uma visão individualista e patrimonialista, própria do direito privado. Constitucionalizar é respeitar os parâmetros mais atualizados do Direito Constitucional e, através dos valores e princípios impostos pela norma superior, interpretar, integrar e concretizar o direito privado.

Cumpre lembrar a atuação das leis especiais na evolução do Direito codificado; mas merece destaque maior a incorporação paulatina pela Constituição de princípios relacionados a temas antes exclusivos do direito privado, como a função social da propriedade, os limites da atividade econômica e a organização da família.[19]

Para entender-se o alcance das normas constitucionais que interferem ou condicionam relações jurídicas de feição privatística é interessante pinçar alguns exemplos.

Primeiramente a abordagem constitucional dos direitos à privacidade e à intimidade relaciona-se com os chamados direitos da personalidade.

O sigilo bancário, também direito da personalidade, deve ser interpretado à luz da Constituição Federal, apesar de não estar diretamente tutelado por esta, mas intrinsecamente relacionado com a inviolabilidade da vida privada e da intimidade. A legislação ordinária sobre o assunto, seja ela recepcionada ou surgida após a Carta Magna de 1988, não pode pretender-se fora dos princípios constitucionais e, sobretudo, dos direitos fundamentais à privacidade e à intimidade.[20]

Quanto à teoria do negócio jurídico, ao direito contratual e às obrigações é indubitável a influência da noção de autonomia privada, que por sua vez deve respeito aos mandamentos principiológicos da Constituição.[21]

As relações de consumo envolvem, por seu turno, a análise obrigatória de outros temas próprios do Direito Constitucional, sobretudo o tra-

---

19. Gustavo Tepedino, *Temas de Direito*, p. 7.
20. Luiz Carlos dos Santos Gonçalves, "O Sigilo Bancário e de Dados Financeiros e a Tutela da Privacidade e Intimidade", in *Direito Civil Constitucional*, Caderno 1, pp. 215-218.
21. Sobre o tema *autonomia privada* merece destaque a obra coletiva coordenada pelo Prof. Renan Lotufo, onde são enfrentados problemas como a liberdade contratual, os poderes da Comissão de Valores Mobiliários e, também, a tutela da autonomia privada na Convenção Americana de Direitos Humanos (*Cadernos de Autonomia Privada*, Caderno 2).

tamento isonômico entre as partes, sem que haja supressão na autonomia da vontade e na liberdade de contratar, mas, antes, o respeito a valores como a dignidade da pessoa humana, do trabalho e da livre iniciativa.[22]

O Direito de Família, já há muito considerado de interesse público, foi largamente disciplinado na Constituição vigente, que interferiu em matérias como as relações de parentesco, casamento e filiação. O Capítulo VII do Título VIII da Lei Magna ("Da Ordem Social") trata "Da família, da criança e do adolescente"; portanto, todos os diplomas legais infraconstitucionais que versarem essas matérias de maneira contrária a seus dispositivos devem ser invalidados, caso sejam anteriores, ou declarados inconstitucionais se forem supervenientes.

Finalmente, merece maior atenção a inovação constitucional que redesenhou um tema caracteristicamente de direito privado: a propriedade.

O texto constitucional garante como direito fundamental a propriedade (art. 5º, XXII), mas também a função social da mesma (art. 5º, XIII), o que reflete a opção do constituinte originário em inibir a propriedade que possua feição exclusivamente individualista e patrimonialista.

Adequar a propriedade à realidade social, que diretamente expõe as desigualdades econômicas, foi ao menos a intenção da norma constitucional, que forneceu ao mediador legislativo a oportunidade de releitura sobre um tema já tão explorado pelo direito privado.

A função social da propriedade pode ser utilizada na realização de direitos humanos elementares, como o de moradia ou de possuir um pedaço de terra para sua subsistência e a de sua família.[23]

A coragem do legislador, do administrador e do magistrado é a grande mola propulsora para a concretização e efetivação dos avanços trazidos pela Constituição brasileira de 1988. Algumas decisões no âmbito do Judiciário refletem a mentalidade mais aberta do intérprete, que busca analisar a Constituição enquanto sistema e não como uma disposição de normas isoladas e não dependentes entre si.

A situação do direito privado diante da intervenção direta do Estado em suas relações não deve ser vista como uma diminuição da importância daquele em relação ao direito público.

---

22. Alexandre Ferreira de Assunção Alves, "A desconsideração da Personalidade Jurídica e o Direito do Consumidor: Um estudo de Direito Civil Constitucional", in *Problemas de Direito Civil-Constitucional*, pp. 243-244.
23. Alexandre Ferreira de Assunção Alves, ob. cit., p. 399.

Quanto à própria nomenclatura hoje tão disseminada na doutrina de "constitucionalização" do direito privado e, em especial, do Direito Civil, fica a advertência do professor Gustavo Tepedino: "A adjetivação atribuída ao Direito Civil, que se diz *constitucionalizado, socializado, despatrimonializado*, se por um lado quer demonstrar, apenas e tão-somente, a necessidade de sua inserção no tecido normativo constitucional e na ordem pública sistematicamente considerada, preservando, evidentemente, a sua autonomia dogmática e conceitual, por outro lado poderia parecer desnecessária e até errônea".[24]

A idéia que fica é da reelaboração do direito privado em razão da evolução do próprio Direito Constitucional, permitindo, assim, uma interpenetração entre a esfera pública e a privada, favorecendo o crescimento do próprio Direito.

A dicotomia direito público e direito privado já há muito está enfraquecida, e, por isso mesmo, a rigidez na distinção entre eles aparece muito mais na doutrina como recurso didático do que como imposição conceitual.

5. A função unificadora dos princípios e seus efeitos na atividade do legislador

A substituição de uma ordem constitucional por outra implicará necessariamente a análise de certos critérios hermenêuticos para solucionar os conflitos porventura existentes entre as normas inferiores e a norma máxima do ordenamento jurídico, a Constituição.

O *princípio da supremacia constitucional* e o *princípio da continuidade da ordem jurídica* destacam-se nesta atribuição do mediador intérprete. Mas a função exegética pode ser exercida com maior ou menor facilidade, dependendo da natureza das normas que compõem o texto da Constituição.

O papel dos princípios reside, fundamentalmente, na abertura interpretativa que eles geram, mas também no fornecimento de elementos essenciais para a análise sistemática da ordem jurídica positiva, e a conseqüente manutenção de sua unidade.

Quando surge novo Direito Constitucional, não é apenas uma atividade negativa do legislador que é imposta – no sentido de não se produzir legislação contrária ao texto constitucional recém-inaugurado –, mas

---

24. Gustavo Tepedino, *Temas de Direito Civil*, p. 21.

da mesma forma há uma exigência positiva na feitura de atos normativos hábeis para a concretização dos valores e preceitos constitucionais.

Recepcionar ou invalidar normas infraconstitucionais representa o cumprimento dos princípios da supremacia e da continuidade da ordem jurídica mas não esgota, e, sim, deflagra o processo exegético que preconiza sobretudo o respeito e cumprimento da vontade do legislador constituinte.

Considerações sobre a aplicabilidade e eficácia das normas constitucionais não interferem na proteção do seu valor como fonte inicial do processo de validação do Direito infraconstitucional.

Portanto, qualquer lei ou código de leis vigentes sob ordens constitucionais pretéritas devem ser reinterpretados e, mesmo, adaptados aos novos princípios eleitos pelo constituinte como fundamentais.

Dentre os princípios constitucionais unificadores do sistema normativo merecem destaque os chamados "direitos fundamentais".

Fala-se em eficácia vertical e horizontal dos direitos fundamentais no âmbito do direito privado.[25]

A eficácia vertical diz respeito à vinculação das entidades estatais, seja o legislador privado ou mesmo o juiz, aos direitos fundamentais quando da aplicação da norma ao caso concreto.

Sendo os direitos fundamentais de aplicação imediata, como dispõe o art. 5º, § 1º, da Constituição de 1988, é indiscutível a qualidade desses direitos para a resolução de conflitos e, mesmo, para a interpretação do direito privado sob a ótica do Direito Constitucional.

A questão da eficácia horizontal diz respeito à vinculação dos particulares (pessoas físicas ou jurídicas) aos direitos fundamentais. Não obstante os vários levantamentos doutrinários sobre o tema, incluindo até a pertinência no uso do termo "eficácia horizontal", reduzir-se-á a esfera de estudo ao problema da eficácia vertical ou ao âmbito das relações entre particulares e o Estado.

Como se sabe, existe para as normas de direito privado, e em especial para as normas de Direito Civil anteriores à Constituição de 1988, a possibilidade de invalidação (seja por revogação ou mesmo inconstitu-

---

25. Ingo Wolfgang Sarlet, "Direitos fundamentais e direito privado: Algumas considerações em torno da vinculação dos particulares aos direitos fundamentais", in *A Constituição concretizada*, p. 109.

cionalidade superveniente),[26] o que irá realçar o caráter imperioso dos dispositivos constitucionais.

Então, o Direito de Família tratado pelo Código Civil de 1916 foi modificado pelos dispositivos constitucionais que diretamente versaram sobre a matéria; mas também deverá exercer uma função específica a consideração dos princípios constitucionais, como a dignidade da pessoa humana, em toda e qualquer interpretação das normas civis que tiverem sido recepcionadas.

Neste sentido também devem ser consideradas as relações obrigacionais, como a consideração do princípio da boa-fé objetiva, que, mesmo não estando explicitamente tratado no Código Civil brasileiro, fortaleceu-se nos parâmetros constitucionais da função social da propriedade e da justiça nas relações de ordem econômica. Posteriormente, por obra do legislador ordinário, surgiu o Código de Defesa do Consumidor (Lei 8.078, de 1990), que introduz claramente o princípio da boa-fé objetiva no ordenamento jurídico brasileiro.[27]

Ainda sobre a questão da propriedade, é possível para o aplicador do Direito enfrentar o abuso em sua utilização quando houver violação da sua função social, o que impediria a criação de uma sociedade justa e solidária, como determina a Carta Magna Brasileira.[28]

Os princípios fundamentais são aqueles que reúnem a ideologia política estruturante do Estado, e por isso agem como limites para mudanças constitucionais que possam ocorrer através do exercício do Poder de Reforma. Outra função específica dos princípios fundamentais é a integração infraconstitucional, que na abordagem deste estudo relaciona-se objetivamente com a problemática dos novos paradigmas interpretativos do direito privado.

De uma forma sucinta podem ser delimitadas as principais atribuições práticas dos princípios, que respondem pela unidade do ordenamento e interferem na ação positiva do legislador.

---

26. A questão da inconstitucionalidade superveniente, apesar de tese derrotada no Supremo Tribunal Federal, merece destaque no direito estrangeiro. V., neste sentido, Luiz Roberto Barroso, *Interpretação e Aplicação da Constituição*, pp. 71-78.
27. Aline Arquette Leite Novais, "Os novos paradigmas da teoria contratual: o princípio da boa-fé objetiva e o princípio da tutela do hipossuficiente", in *Problemas de Direito Civil-Constitucional*, p. 54.
28. André Osório Gondinho, "Função social da propriedade", in *Problemas de Direito Civil-Constitucional*, pp. 399 e 400.

Em primeiro lugar, destaca-se o papel de fundamentar as decisões políticas emanadas do constituinte originário e que são a expressão dos valores inspiradores da própria criação e organização de um Estado.

A função unificadora da ordem jurídica através da compatibilização e integração das normas volta a ser lembrada como outra atribuição prática conferida aos princípios.

Por fim, temos, em uma dimensão operativa, a função de condicionamento das três funções do Estado, quais sejam, a executiva, a legislativa e a judiciária, que devem aplicar as normas a partir dos elementos fornecidos pelos princípios, o que influenciará o exercício da necessária interpretação.[29]

Por serem os princípios normas obrigatórias, desempenham a função hermenêutica, (não obstante a necessária interpretação do seu próprio alcance e sentido), e também a função reguladora, que irá determinar o seu papel de *lex* e não apenas de *ratio legis*, no preenchimento das eventuais lacunas do Direito.[30]

Não há como se desconsiderar a importância dos princípios constitucionais na concretização das normas ordinárias, e na releitura do direito privado à luz da Constituição.

Então, não há também dúvidas acerca da importância da análise desses mesmos princípios constitucionais para que a doutrina, os juízes, os legisladores e os administradores construam, sem preconceitos, uma nova visão do direito privado brasileiro com base nos preceitos e ditames emanados da Constituição de 1988.

6. Conclusão

A Constituição é formada por duas espécies de normas, que possuem graus de densidade diferentes, e isto repercute diretamente na concretização de seus preceitos: a regra, por ser mais densa, fornece elementos diretos para a sua aplicação, enquanto o princípio é carecedor da atividade mais ampla do intérprete, que deverá, para cada caso, definir a sua amplitude e o seu alcance.

A abertura hermenêutica promovida pelos princípios constitucionais não interfere diretamente em sua efetividade, e neste sentido pode-se citar na Constituição Federal o § 1º do art. 5º, que determina a aplica-

---

29. Luiz Roberto Barroso, *Interpretação e Aplicação da Constituição*, p. 146.
30. Edilson Pereira de Farias, *Colisão de Direitos*, pp. 50-52.

ção imediata para as normas definidoras dos direitos e garantias fundamentais.

A Carta Magna brasileira incorporou em seu texto diversos dispositivos considerados, tradicionalmente, como matéria de direito privado. Esta opção do constituinte originário, pela chamada "constitucionalização" do direito privado, incentiva a hermenêutica constitucional e obriga a releitura das normas de direito privado à luz dos princípios e regras constitucionais.

Aumenta, então, a responsabilidade do mediador, seja ele o juiz, o legislador ou o administrador, na tradução do sentido real dos valores e princípios forjados pelo poder constituinte. A atividade legislativa concretizadora não poderá desprezar a supremacia da Constituição e o papel dos princípios na unificação do sistema jurídico.

A "constitucionalização" do direito privado deve ser, antes de tudo, entendida como uma valorização deste, já que direito público e privado devem sempre cumprir o mesmo fim último, que é a construção de uma sociedade mais justa, com o efetivo respeito à dignidade da pessoa humana.

7. Bibliografia

ALVES, Alexandre Ferreira de Assunção. "A desconsideração da Personalidade Jurídica e o Direito do Consumidor: Um estudo de Direito Civil Constitucional", in Gustavo Tepedino (coord.), *Problemas de Direito Civil-Constitucional*.

BARROSO, Luiz Roberto. *Interpretação e Aplicação da Constituição*. São Paulo, Saraiva, 1996.

BOBBIO, Norberto. *A Era dos Direitos*. 8ª ed., Rio de Janeiro, Campus, 1992.

CANOTILHO. J. J. Gomes. *Direito Constitucional*, 5ª ed., Coimbra, Ed. Almedina, 1992.

COELHO, Inocêncio Mártires. *Interpretação Constitucional*. Porto Alegre, Sergio Antonio Fabris Editor, 1997.

DINIZ, Maria Helena. *Norma Constitucional e seus efeitos*. 3ª ed., São Paulo, Saraiva, 1997.

FACHIN, Luiz Edson. *Teoria Crítica do Direito Civil*. Rio de Janeiro, Renovar, 2000.

FARIAS, Edilson Pereira de. *Colisão de Direitos*. 2ª ed., Porto Alegre, Sergio Antonio Fabris Editor, 2000.

GONÇALVES, Luiz Carlos dos Santos. "O Sigilo Bancário e de Dados Financeiros e a Tutela da Privacidade e Intimidade", in Renan Lotufo (coord.), *Direito Civil Constitucional*, Caderno 1.

GONDINHO, André Osório. "Função social da propriedade", in Gustavo Tepedino (coord.), *Problemas de Direito Civil-Constitucional*

KELSEN, Hans. *Teoria pura do Direito*. 4ª ed., tradução de João Baptista Machado, São Paulo, Martins Fontes Editora, 1994.

LOTUFO, Renan (coord.). *Cadernos de Autonomia Privada*. Caderno 2, Curitiba, Juruá, 2001.

_____. (coord.). *Direito Civil Constitucional*. Caderno 1, São Paulo, Max Limonad, 1999.

MIRANDA, Jorge (coord.). *Perspectivas Constitucionais*. v. II, Coimbra, Coimbra Editora, 1997.

NOVAIS, Aline Arquette Leite. "Os novos paradigmas da teoria contratual: o princípio da boa-fé objetiva e o princípio da tutela do hipossuficiente", in Gustavo Tepedino (coord.), *Problemas de Direito Civil-Constitucional*.

SANTOS, Gustavo Ferreira. "Excesso de poder no exercício da função legislativa". Brasília, *Revista de Informação Legislativa* 140/283.

SARLET, Ingo Wolfgang (org.). *A Constituição concretizada*. Porto Alegre, Livraria do Advogado, 2000.

_____. *A eficácia dos direitos fundamentais*. Porto Alegre, Livraria do Advogado, 2001.

SILVA, José Afonso da. *Aplicabilidade das Normas Constitucionais*. 20ª ed., São Paulo, Malheiros Editores, 2002.

TEPEDINO, Gustavo (coord.). *Problemas de Direito Civil-Constitucional*. Rio de Janeiro, Renovar, 2000.

_____. *Temas de Direito Civil*. Rio de Janeiro, Renovar, 1999.

AUTONOMIA PRIVADA E AUTONOMIA DA VONTADE EM FACE DAS NORMAS CONSTITUCIONAIS

Paulo Marcelo Wanderley Raposo

1. Introdução. 2. Direito Civil Constitucional. 3. Autodeterminação individual e justiça social. 4. Autonomia da vontade e autonomia privada em face dos direitos coletivos, difusos ou individuais homogêneos. 5. Função social dos contratos. 6. Conclusão.

1. Introdução

O presente trabalho teve que levar em conta a profunda inércia que o Direito Civil sofreu em face da paralisação que os seus estudiosos se impuseram, no que tange à rapidez dos fatos e à aceleração dos relacionamentos econômicos que o mundo moderno trouxe.

A evolução dos fatos do mundo moderno levou a uma reflexão sobre alguns princípios eleitos no final do século XIX – e considerando que Clóvis Beviláqua começou e terminou o projeto do Código Civil no ano de 1899, resta evidente que esta revolução de pensamento não foi alcançada pelo Código Civil pátrio, de 1916.

Assim, este trabalho pretende, mesmo de forma incipiente, apresentar, no tocante à autonomia privada, excluída assim a autonomia da vontade, um novo entendimento, que deverá ficar mais claro ao longo do trabalho.

Sem embargo, as normas constitucionais de conteúdo ordinário, notadamente de Direito Civil, trouxeram a possibilidade de rever alguns princípios. Aliás, sobre este tema, muito se tem discutido a respeito dessa forma de normas constitucionais.

Durante muito tempo os constitucionalistas eram praticamente unânimes no sentido de que as constituições deveriam ser absolutamente enxutas, contendo exclusivamente normas orgânicas em relação aos poderes, às pessoas jurídicas de direito público interno e outras matérias conexas ou correlatas.

Esta tendência foi sendo alterada – inclusive nas Constituições brasileiras –, o que permitiu o surgimento do estudo do Direito Civil Constitucional. Sob esta ótica o trabalho está sendo apresentado, tendo como esteio as modificações que a Constituição de 1988 trouxe ao entendimento do Direito Civil.

Entretanto, este não é o único aspecto que merece ser tratado neste tema, mas também, e principalmente, a questão da fonte do Direito Civil.

A colocação da Constituição como fonte do Direito Civil revisa uma idéia reinante no império napoleônico, quando o código tinha o monopólio de fonte do Direito Civil. Aquela idéia foi se transferindo à literatura jurídica, atingindo frontalmente o sistema brasileiro.

Apesar da escola pernambucana, que tinha uma clara influência dos juristas alemães, restou de forma evidente a cultura francesa como informadora da intelectualidade dos aplicadores das normas jurídicas no Brasil. Esta influência trouxe, em seu bojo, a idéia do código monopolial como fonte exclusiva das leis que regulavam o ordenamento civil.

A partir desta conceituação constitucional, diversos temas foram revistos, notadamente, em família, sucessões e questão da autonomia da vontade. A idéia da vontade como elemento capaz de gerar obrigações, independentemente de texto legal, começou a ser revisada.

A vontade, como requisito indispensável ao ato jurídico, continua intocável, merecendo, portanto, toda proteção legal. Entretanto, é necessário rever o conceito deste requisito, no momento da validade – especificamente quanto às limitações impostas pelo interesse social, seja ele individual homogêneo, coletivo ou difuso.

A proteção ao consumidor trouxe a necessidade de verificar questão já conhecida, como a cláusula abusiva. É verdade que este tema não é novo no Direito Civil; entretanto, o que mudou foi o seu enfoque e a sua extensão. Além de que houve um entendimento generalizado da necessidade de proteger bens e direitos coletivos ou difusos, trazendo o velho e conhecido conflito entre o individual e o coletivo.

Não há como discutir este tema sem observar o conteúdo ideológico que traz no seu bojo. No final do século XIX e início do XX, o grande dilema a ser resolvido na política, na economia, nas questões sociais – e não poderia faltar, no mundo jurídico –, era a garantia dos direitos individuais, harmoniosos com os interesses coletivos. Já neste século XXI, o tema continua forte e terá papel preponderante neste trabalho.

2. Direito Civil Constitucional

Este tema, como já foi tratado na introdução a este trabalho, deve nortear todo o desenvolvimento, já que o assunto se estabelece a partir do entendimento de que a Constituição deu um novo enfoque ao Direito Civil, a partir de suas disposições a ele relativas.

Foi com o estabelecimento da proteção ao consumidor, da função social da propriedade, da igualdade entre homens e mulheres no Direito de Família, da igualdade entre os filhos, sejam consangüíneos ou adotivos, que a norma constitucional permitiu esta análise.

Em momento algum este trabalho pretende esgotar o tema – muito menos dar respostas definitivas a questões que ainda são objeto de pleno debate no País. Tão-somente tem a pretensão de, modestamente, contribuir para a solução desse assunto.

Se a observação for feita com cuidado, restará claro que o âmago do problema consiste nas fontes do Direito Civil e, em última análise, na questão filosófica, entre o *autopoiesis* e o *alopoiesis*. Este assunto será desenvolvido com maior amplitude no item sobre a "função social". Entretanto, cabe mencionar neste momento que a busca de fontes alternativas do Direito, fora do sistema positivo, não encontra guarida nos dogmáticos. A *autopoiesis* pretende o monopólio das fontes do Direito. De outra sorte, a modernidade pretende impor o entendimento de que os fenômenos sociais são distintos entre si, permitindo ao mundo jurídico ter seus atos e fatos independentes dos morais, sociais, religiosos etc.

Desta forma, neste momento far-se-á, exclusivamente, a busca pela fonte constitucional para o Direito Civil, deixando para mais adiante a questão de busca fora do sistema, pois esta discussão nos leva a um embate filosófico que traremos a este trabalho.

Fica muito evidente que uma Constituição resumida, que trata exclusivamente do Estado, seus poderes, sua organização e outras matérias conexas ou correlatas, está sendo revista por um diploma constitucional mais abrangente, inclusive estabelecendo princípios de direito privado ou público, sem, entretanto, imiscuir-se em matéria condicionante de comportamento.

A crítica que se faz a este tipo constitucional é o caráter contingencial que as normas ordinárias teriam, levando o texto da Constituição a ser revisto tão constantemente que colocaria em dúvida a seriedade da norma maior do país.

No entanto, carecem de maior profundidade estas observações, já que o Direito Civil Constitucional está longe de ser normas de tipificações comportamentais, sendo, na verdade, estabelecimento de princípios que norteiam o Direito Civil. O exemplo mais claro deste fato é a proteção ao consumidor, que mudou completamente o entendimento sobre a função da vontade como determinadora das obrigações.

Retorne-se à fonte do Direito Civil, quando o grande jurista alagoano, Pontes de Miranda, diz:

"O direito no Brasil não pode ser estudado desde as sementes, nasceu do galho de planta, que o colonizador português, gente de rija têmpera, no ativo século XVI e naquele cansado século XVII em que se completa o descobrimento da América, trouxe, e enxertou no novo continente.

"Resta saber se trouxe tudo que tinha, se criou direito novo, ou se, forçado pelas circunstâncias, modificou o que trouxe."

Dessa forma, retomar o Código como fonte monopolial do Direito Civil constitui um equívoco imperdoável – restando assim, também, à Constituição essa tarefa.

Como já foi dito, não se pretende esgotar o tema em sua inteireza, mas salientar os pontos fundamentais que justificariam o desenvolvimento deste trabalho. Demonstrar, de outra sorte, que a constitucionalização do Direito Civil não trouxe qualquer diminuição a este ramo do direito privado; ao contrário, permitiu seu reconhecimento constitucional. Ao mesmo tempo, reviu alguns princípios, atualizando seus condicionamentos comportamentais, permitindo equacioná-los com o mundo moderno.

Carlyle Popp diz:

"Após o advento da Constituição de 1988 o direito pátrio passou por um redimensionamento conceitual que conduziu a uma releitura de todo o sistema jurídico.

"Tal situação não foi claramente percebida pela maioria da comunidade jurídica, pois vinculada a um pensamento liberal no sentido de que a regra constitucional não tem aplicação direta e é direcionada ao legislador.

"À medida que se percebe – e isto o direito europeu há muito tem percebido – a eficácia direta da Constituição a todo o ordenamento jurídico e verifica-se que muitas regras continuam constitucionais, pois não são incompatíveis com a nova ordem, mas geram uma interpretação que afronta os fundamentos da Carta Magna, surge a necessidade de reinterpretar o sistema constitucional, inclusive à luz de regras infraconstitucionais.

"O maior beneficiado com tal reanálise é o homem, protagonista de toda a vivência social, que voltou a ser o centro de todas as atenções."

A parte final do texto foi o motivo determinante para que este tema tenha sido escolhido. Na verdade a dogmática jurídica, assim como a modernidade no Direito como forma de expressão científica, foram, em parte, as causadoras do esquecimento imperdoável de não se ter o *ser humano todo* e *todo ser humano* como o centro das atenções em qualquer estudo do Direito.

Em que consiste o estudo do Direito? Qual o produto final que esta preocupação deve espelhar? A resposta é clara, pois o estudo do Direito é voltado para condicionar o comportamento humano visando à paz social.

Estabelecer regras claras e justas, no sentido de que as pessoas possam conviver em paz, é a única e exclusiva preocupação de um jurista, responsável pelo estudo do que lhe compete.

O jovem e competente jurista e filósofo João Mauricio Adeodato diz: "Finalmente, cabe mencionar que existe a dificuldade lógica, ainda que não impossibilidade, de tentar fazer uma Ciência ou Teoria do Direito entendendo-o como algo fadado e/ou passível de desaparecimento, ou mesmo algo circunstancial, contingente. A mutabilidade de seu objeto sempre foi um problema para os juristas preocupados com a cientificidade de suas pesquisas. Pior do que a mutabilidade parece ser a contingência. Se o Direito não é permanente na sociabilidade humana, não pode se justificar uma ciência ou uma Filosofia do Direito como setor específico do conhecimento".

O que norteia a pesquisa da cientificidade do Direito são as mesmas preocupações dos cientistas naturais. A mutabilidade e a contingência constituem a questão maior dos cientistas jurídicos. Esta influência germânica trouxe alguns benefícios lógicos e alguns prejuízos na aplicação.

O racionalismo crítico inglês, através de Paul Feyerebend demonstra, de forma incontestável, que a mutabilidade não é excludente da cientificidade, posto que todas as grandes leis da natureza já foram, ou provavelmente serão refeitas em face de novas pesquisas ou descobertas eventuais. Ademais, se o fosse, a preocupação excessiva em ser ciência não pode ser motivo para excluir o *ser humano* como o centro das atenções no mundo jurídico.

Indiscutivelmente, o Código não pode ser a única fonte de Direito Civil; a Constituição já o é, trazendo inúmeros benefícios à convivência humana.

Por fim, os fatos e o valor não podem ser alijados da norma jurídica, sob este mesmo argumento de cientificidade. A legitimidade, assim como a axiologia, deve permanecer como elementos indispensáveis à boa aplicação do Direito, lembrando a lição de Miguel Reale, de fato, valor e norma. Com estes elementos o Direito continuará a ser instrumento da paz social.

3. Autodeterminação individual e justiça social

Urge que, inicialmente, se justifique a preocupação em salientar este item. Na verdade o que se tenta demonstrar, a partir desta leitura, é a problemática da preservação dos interesses individuais (conhecimento do individual), sem perder de vista os interesses gerais (contemplação do todo), no dizer de mestre Savigny.

Este assunto merece citações dos mais diversos segmentos, a começar pela liberdade política, até chegar à liberdade jurídica, e, mais precisamente, à liberdade contratual. Neste caso particular, poder-se-ia tentar o entendimento a partir do pensamento de Montesquieu, que diz: "Distingo as leis que formam a liberdade política em sua relação com a constituição, das leis que a formam em relação com o cidadão".

Esta diferenciação, antes de ser uma necessidade da modernidade do Direito, que vê a diferenciação como sintoma do Direito científico, é uma necessidade lógica e didática, para que se possa entender perfeitamente a matéria tratada.

É também verdade que a liberdade tem sempre um destino único. Ao ser implantada no sistema, tem sempre um conteúdo político unificado, pois quando falta a liberdade política, as outras, no mais das vezes, sofrem conseqüências inibidoras.

Pode-se imaginar que a liberdade de contratar, em si, nada tem a ver com a política; entretanto todos os governos monocráticos tendem a concentrar qualquer forma de liberdade, inclusive para preservar o mesmo poder.

De outro lado, os governos liberais tendem a se isentar de qualquer participação nas relações privadas, como se aquele fato não estivesse dentro de um sistema que garantisse a liberdade de todos. Neste sentido o "contrato social" de Rousseau define bem a questão da liberdade, ao determinar que cada cidadão ceda um pouco, para preservá-la. Pode parecer contraditório, mas na realidade com a liberdade ocorre, realmente, desta forma.

A prevalecer o comportamento do "gato contra o rato", no dizer popular, este sentimento liberal pode parecer plena liberdade, quando na verdade é a prevalência do forte sobre o fraco, em todos os aspectos que se conhece: físico, econômico, social etc.

Caio Mario da Silva Pereira diz:

"Em suas linhas gerais, eis o princípio da autonomia da vontade, que genericamente pode enunciar-se como a faculdade que têm as pessoas de concluir livremente os seus contratos.

"Este princípio não é absoluto, nem reflete a realidade social na sua plenitude. Por isso, dois aspectos de sua incidência devem ser encarados seriamente: um diz respeito a restrições trazidas pela sobrelevância da ordem pública, e outro vai dar no dirigismo contratual, que é a intervenção do Estado na economia do contrato".

Primeiro, é preciso lembrar que esta citação consta de obra editada dez anos antes da promulgação da Constituição. Mas, mesmo assim, o festejado jurista já lembrava a intervenção do Estado, negando o Estado liberal, e falava da função social do contrato.

Não há como negar o princípio ideológico que norteia este assunto, notadamente quando se está discutindo comportamentos que interferem diretamente em todos os segmentos da vida humana: liberdade e justiça social.

A justiça social nega este sentimento lúdico de liberdade, que, na verdade, inibe completamente o comportamento dos mais fracos, gerando uma ditadura dos mais fortes e contrariando o dispositivo de que "todos são iguais perante a lei". Ao contrário, quer garantir a liberdade de todos, tratando desigualmente os desiguais, para permitir uma convivência pacífica.

Fugir desta responsabilidade é trazer para o mundo jurídico a lei do mais forte, causadora dos maiores males que a humanidade já teve oportunidade de assistir.

Alexandre Malfatti diz que o conceito de liberdade pode ser apontado no magistério de vários professores: Luigi Ferri, por exemplo, afirma que a liberdade natural é transformada pelo Direito em liberdade jurídica, a qual corresponde ao direito subjetivo, liberdade esta que se afirma na sociedade e que desta recebe sua garantia. O professor José

Afonso da Silva (*Curso de Direito Constitucional Positivo*, 20ª ed., Malheiros Editores, 2002, pp. 229 e ss.) traz os conceitos de liberdade, primeiro num sentido negativo (como resistência à opressão) e segundo, num sentido positivo (quem participa da autoridade ou do poder).

Parece então indispensável pensar em uma liberdade com justiça social, pois, fora disto, a liberdade é uma falácia em que os mais fortes determinam as regras, seja em que campo for – notadamente no campo econômico-social.

Não há dúvida de que contra ditadura que se instala em um país a primeira luta é pelas liberdades políticas. Na normalidade institucional, a luta é transferida para a liberdade dos direitos econômico-sociais, pois só haverá uma verdadeira liberdade, com a justiça social, norteando todos os aplicadores do Direito.

Esta intervenção, inclusive, se dá no binômio capital-trabalho, no sentido de equilibrar as relações entre estes; assim, também, no binômio produtor-consumidor, tentando tirar desse meio as figuras economicamente desnecessárias que criam uma verdadeira exploração neste ambiente.

Observe que o Estado, ao intervir na economia do contrato, tem também seus limites – e quem dá estes limites é a Constituição, quando estabelece regras, como a proteção ao consumidor.

Neste caso, temos claramente, por exemplo, regras que coíbem as situações de formação de cartel, em prejuízo ao consumidor; deve o Estado intervir e solucionar a questão, evitando prejuízos à parte vítima da cartelização. Esta intervenção também pode ocorrer quando, em certas situações econômicas, os contratos são constantemente formados em prejuízo da parte produtora, que permanentemente se vê lesada por intermediários, diminuída de forma drástica na sua liberdade de decidir, como também pelo seu conteúdo, pois as condições são sempre desfavoráveis a ela.

Friedrich Engels já registrava seu surgimento na formação do Estado germânico, quando diz: "Agora, surge uma classe que, sem tomar absolutamente parte na produção, conquista a direção geral da mesma e avassala economicamente os produtores; uma classe que se transforma no intermediário indispensável entre dois produtores, e os explora a ambos".

Evidentemente, tem-se de ter certo cuidado com a intervenção do Estado; no entanto ela se torna imperiosa quando a liberdade de contratar e de definir o conteúdo desse instrumento está cronicamente afetada.

Diga-se de passagem que sempre houve situações em que o contrato é mais interessante para uma das partes. O que é nocivo é quando *permanentemente* uma das partes se encontra com sua liberdade de contratar e de definir o conteúdo do instrumento comprometida. É hora de intervir para garantir a liberdade de contratar.

Não se pretende defender neste contrato a volta do Estado intervencionista, mas condenar o espírito liberalista que reina em situações de profundo e permanente prejuízo para uma das partes na sua relação econômico-social.

Por fim, assinale-se que a simbiose entre liberdade individual e justiça social permite a livre disposição contratual, possibilitando a todos que possam decidir pela contratação, assim como pela definição do conteúdo de cada instrumento contratual.

4. Autonomia da vontade e autonomia privada em face dos direitos coletivos, difusos ou individuais homogêneos

Inicialmente, é necessário salientar a diferença existente entre as autonomias da vontade e privada – uma diferença nem sempre visualizada por todos os doutrinadores. Alguns estabelecem confusão semântica, identificando a autonomia privada sem se dar conta de que estavam falando de autonomia da vontade.

Esta diferença está consubstanciada, porque a autonomia da vontade tem uma conotação subjetiva, psicológica, enquanto a autonomia privada estabelece o poder da vontade, enquanto direito objetivo, concreto e real.

Giovanni Ettore Nanni, citando Luigi Ferri, em sua obra *La autonomía privada*, transcreve: "Igualmente criticable me parece la opinión que prefiere hablar de autonomía de la voluntad mejor que de autonomía privada. Las dos expresiones podrían parecer a la primera vista sinónimas, pero no lo son. Quienes hablan de autonomía de la voluntad en realidad desconocen el problema mismo de la autonomía privada (problema que, visto desde el ángulo subjetivo, se identifica, como veremos enseguida, con la búsqueda del fundamento del poder reconocido a los particulares de crear normas jurídicas) y dan relieve a la voluntad real o psicológica de los sujetos que, según esta opinión, es la raíz o la causa de lo efecto jurídico, en oposición a quienes, por el contrario, ven más bien en la declaración o en la manifestación de voluntad, como hecho objetivo, o en ley, la fuente de los efectos jurídicos".

Essa diferença parece não ter atingido a todos os juristas brasileiros; entretanto, a conceituação dos dois institutos nos leva à conclusão de que não cabe mais falar em autonomia da vontade, em face de limitação do poder voluntário enquanto idôneo a criar direitos e deveres.

Autonomia privada vai merecer, nesta parte deste trabalho, um cotejamento com os direitos individuais homogêneos, coletivos e difusos.

Silvio de Salvo Venosa diz: "No capítulo 14 deste livro, vimos como evolui o conceito da autonomia da vontade. Esse princípio clássico, inspirado no Código Francês, de que o contrato faz lei entre as partes é posto hoje em nova berlinda. Desapareceu o liberalismo que colocou a vontade como o centro de todas as avenças. No entanto, a liberdade de contratar nunca foi ilimitada, pois sempre esbarrou nos princípios de ordem pública".

Pelo que se observa, o renomado jurista não faz diferença semântica – mas conceitualmente fala em autonomia privada, pois a observação de que o liberalismo desapareceu traz imediatamente o sentimento da sua limitação pelos interesses coletivos.

Não resta dúvida, portanto, que autonomia privada é bem mais abrangente que a da vontade, pois enquanto este leva em consideração, exclusivamente, a vontade do indivíduo, aquela preserva esta vontade, mas tendo como norte os interesses sociais.

Os direitos individuais homogêneos são aqueles em que se identifica um grupo de pessoas que são titulares do mesmo direito. Individuais, mas homogêneos, no sentido de que várias pessoas têm o mesmo direito.

Os direitos coletivos pertencem a categorias, em que não se podem identificar as pessoas, mas a categoria a que pertencem.

Os direitos difusos são aqueles em que não se podem identificar pessoas ou categorias a que pertence este direito. Eles são de qualquer pessoa. Como o direito ao meio ambiente.

Nos contratos, na hipótese de conflito entre o direito individual e qualquer destes direitos, deverá prevalecer o sentimento mais geral, independente do direito individual.

A doutrina tradicional traz a autonomia da vontade como princípio essencial à formação do negócio jurídico. O poder de auto-regulamentação, visto por este prisma, prestigia o individualismo exacerbado, que foi a marca registrada do liberalismo francês. Esta tendência teve de mudar em face da velocidade dos fatos da sociedade.

A autonomia privada não pode estar restrita aos negócios patrimoniais, mas se encontra no Direito Real e no Direito de Família. Alguns defendem, inclusive, essa autonomia em negócios de natureza extrapatrimonial. Na verdade ela alcança todos os ramos do Direito Civil, sendo um erro imaginar-se que está restrita aos negócios de caráter patrimonial.

A nova visão conceitual recusa a vontade ilimitada para firmar negócio jurídico. Não mais prevalece a vontade interna do sujeito enquanto subjetiva e elemento único e indispensável à formação do negócio jurídico. Não pode mais representar o livre subjetivismo, como meio de realização de normas jurídicas individuais, conforme a livre disposição da vontade.

J. Cretella Junior diz: "No Direito Romano, o acordo de duas ou mais pessoas sobre o mesmo objeto, ou pacto (*et est pactio duorum pluriumve in idem placitum consensus*, Digesto, 2, 14, 1, 2) e a convenção de *cum + venire*, ou seja, reunir-se num mesmo lugar os que vêm de diversos lugares (*ex diversis locis in unum locum colliguntur ete veniunt*, Digesto 2, 14, 1, 3) não bastam para gerar obrigação contratual".

Parece que, por motivos distintos, o Direito Romano não trazia este império da vontade – pois este surgiu como um variante do liberalismo evocado com a Revolução Francesa.

É indiscutível a tendência de atendimento aos direitos coletivos em detrimento dos interesses individuais, ainda que não se falando de uma publicização do individualismo, pois cada pessoa vale pela sua individualidade, não comportando perdê-la em detrimento do coletivo.

Esta tendência parece não seguir de forma tão homogênea, pois a jurisprudência tem, em vários julgados, determinado a preeminência do direito individual em detrimento do interesse coletivo.

Como exemplo, um julgado que deixa ao critério do indivíduo aceitar ou não exame para efeito de constatação de doença contagiosa. As pessoas devem se submeter a exames para constatar doenças que possam colocar em risco a vida e a saúde dos outros. Não pode ficar a critério de cada um decidir se se submete ou não aos exames necessários à constatação da presença de doenças contagiosas. O Supremo Tribunal Federal, entretanto, decidiu pela inobrigação de as pessoas se submeterem a exames para constatar a presença do vírus HIV. Ora, o interesse difuso é tão evidente que não necessitaria de maiores indagações. O argumento de que esta presença só vitimaria quem tivesse relação sexual é completamente falaciosa, pois qualquer forma de contato com o sangue contaminado pode determinar o contágio fatal.

Parece, dentro deste raciocínio, que a autonomia da vontade não tem mais espaço no mundo moderno, enquanto espectro subjetivo e psicológico, restando a autonomia privada, que tem característica bem concreta. Esta concretude tem o caráter de determinar sua relação bem saudável com a função social.

Aliás, este trabalho não poderia terminar sem que se fizesse uma alusão clara a este sentido do contrato – à sua função social. É preciso distinguir a função social como está tratada neste trabalho, daquela como foi colocada pelos defensores da autonomia da vontade. Torna-se necessário tocar neste assunto para que se possa entender perfeitamente o verdadeiro sentido deste trabalho.

Os liberais falam em "função social" como aquela que o contrato cumpre na circulação da riqueza, enquanto neste trabalho lhe demos o caráter de confrontar-se com os interesses individuais, objetivamente falando, através da autonomia da vontade.

Para terminar este item é necessário lembrar que a autonomia privada tem a concretude como elemento diferenciador a possibilitar que se estabeleça o confronto com os direitos coletivos, para que o contrato exerça sua função social.

5. Função social dos contratos

Pode parecer, à primeira vista, que a função social dos contratos é algo que se antepõe à autonomia privada; mas este entendimento é falso, pois a função social na verdade não nega, mas prestigia a autonomia privada.

Realmente, a função do contrato é mais do que ser um instrumento de circulação de riquezas, devendo mais ter uma função digna e social, evitando a preponderância do individualismo exacerbado, contrariando os interesses da maioria.

Aliás, a função social na Constituição está presente no que se refere à propriedade imóvel, para que esta tenha um destino claro – que é o de servir a coletividade. O direito de propriedade é individual e se qualifica como um direito-poder. Só que com a instituição da função social, este direito real passou a ser um direito-poder-dever.

Evidente que este entendimento se estende aos outros direitos reais, notadamente à posse, iluminando, inclusive, a luta dos movimentos sociais que batalham pela reforma agrária. Isentar os movimentos sociais deste dever não é possível, pois esta função social é difusa.

Darcy Bessone (ob. cit.) diz: "Segundo a doutrina clássica, o contrato é sempre justo, porque, se foi querido pelas partes, resultou da livre apreciação dos respectivos interesses pelos próprios contratantes. Teoricamente, o equilíbrio das prestações é de presumir-se, pois sendo justo o contrato segue-se que aos contratantes deve ser reconhecida ampla liberdade de contratar, só limitada por considerações de ordem pública e pelos bons costumes".

Pelo entendimento do mencionado jurista o entendimento clássico precisou se adaptar às novas condições do mundo moderno.

As graves diferenças sociais já explicitadas neste trabalho levam a se estabelecer um norte social para os contratos, que permita que os contratantes estejam no mesmo plano de negociação.

Dentro deste próprio entendimento Darcy Bessone, na citada obra, completa o entendimento, quando declara: "Efetivamente, em muitas oportunidades, a liberdade de contratar é apenas teórica. Nas relações entre o empregador e o empregado, este, em regra, terá de optar entre a dura lei do patrão e o desemprego, com todas as suas conseqüências".

E, acrescente-se: neste, como em qualquer outro caso onde uma das partes puder impor as condições do contrato. Como o comerciante que explora preços por ter racionamento de determinada mercadoria, ou em qualquer outra circunstância, onde a vontade se encontra pressionada por determinados fatores – aí, a autonomia privada se encontra inibida.

Nestas circunstâncias, no dizer de Francesco Consentini, há igualdade de Direitos e desigualdades de fatos. A liberdade, neste caso, não deve ser o elemento supremo do contrato, pois ela deve ser dividida igualmente entre os contratantes.

Assim, a igualdade é o elemento que neste caso se impõe para corrigir a liberdade, deturpada por fatos circunstanciais que impedem o seu exercício.

Aliás, o professor de Turim demonstra que a liberdade não pode ser um capricho ou exercício de força individual, estribada por fatos ou circunstâncias que possibilitem a exploração de um contratante por outro.

É evidente que é na harmonia entre a autonomia privada e a solidariedade social que repousa o grande ideal da sociedade humana. Assim é que foi substituído o foco no individualismo abstrato e inorgânico por outro que se fixe na finalidade social de um Estado moderno, criando, assim, a função social do contrato.

Fica claro que há uma tendência escatológica no sentido de harmonizar uma moral social transformando o Código de puro Direito Privado em Código de Direito Privado Social.

Neste mesmo sentido opinam Louis Josserand e Gaston Morin e outros juristas de peso, como demonstra Darcy Bessone na obra referida.

Erik Frederico Gramstrup demonstra que a idéia de função social no direito privado vem se cristalizando ao longo das Constituições pátrias. Pela exposição, fica claro que este entendimento passou da propriedade, chegando à *Ordem Econômica e Financeira*, como diz: "Felizmente, como dissemos, nossa Lei Fundamental foi generosa no particular. Refere o direito de propriedade tanto no *caput* do artigo 5º, como inviolável, quanto no inciso XXII do mesmo artigo, para no inciso seguinte determinar que atenda sua função social. Há mais. Fiel à tradição instaurada em 1934, abre um Título VII, agora denominado "Da Ordem Econômica e Financeira" da qual a função social, em nova aparição, é considerada princípio (artigo 170, inciso III)".

Este princípio está consubstanciado hoje no direito privado. Fica claro que o entendimento espelhado na obra de Darcy Bessone está considerando o sentido global do direito privado. Assim, não se pode mais falar em direito privado como um instrumento do individualismo exacerbado; muito menos este ramo do Direito pode se dar ao luxo de ser instrumento de uma autonomia da vontade.

Não há dúvida de que esta tendência, que este trabalho entendeu como finalidade última, é acelerada pela exclusão social, que é uma realidade inafastável. Com este cenário e nestas circunstâncias, onde a vontade é condicionada às necessidades, falta a liberdade, e a autonomia privada fica inexoravelmente comprometida. Dessa forma, torna-se imperioso estabelecer uma função social para todo o direito privado.

Ninguém pode, salvo os adeptos da dogmática jurídica, abstrair da aplicação do Direito os fatos e as circunstâncias fáticas. A realidade social não pode ser só uma referência; mais que isto, deve ser uma fonte jurisfrutificante, devendo alterar o sentido da aplicação do Direito.

É verdade que alguns juristas, que defendem o Direito como Ciência Jurídica, advogam a ausência dos fatos na interpretação e aplicação do Direito. Por este fato, inclusive, não entendem a legitimidade como algo jurídico ou juridicamente considerável.

Pietro Perlingieri diz: "O estudo do Direito e, portanto, também do Direito tradicionalmente definido privado não pode prescindir da análise da sociedade na sua historicidade local e universal, de maneira a permitir a individualização do papel e do significado da juridicidade na unidade e na complexidade do fenômeno social. O Direito é ciência social que precisa cada vez maiores aberturas; necessariamente sensível a qualquer modificação da realidade, entendida na sua mais ampla acepção. Ele tem como ponto de referência o homem na sua evolução psicofísica, existencial, que se torna história na sua relação com os outros homens. A complexidade da vida social implica que a determinação da relevância e do significado da existência deve ser efetuada como existência no âmbito social, ou seja, como coexistência".

Prescindir do embasamento social só pode ser entendido como um equívoco imperdoável, posto que a realidade social pode gerar situações em que a liberdade de contratar é afetada de forma letal. Em determinadas circunstâncias, a liberdade no contrato é atingida tanto na decisão de contratar, como no conteúdo deste mencionado instrumento.

Pressionada em determinados cenários, a parte mais fraca fica sem opção de não contratar e no mais das vezes o conteúdo é "imposto" pela parte fortalecida. Repita-se que não se pretende referir a contratos firmados com melhores condições em determinadas circunstâncias; mas não se pode permitir que estas condições sejam de caráter permanente.

6. Conclusão

É necessário observar que o Código Civil não pode mais monopolizar a fonte do Direito Civil, posto que as normas constitucionais, que têm conteúdo ordinário informam a aplicação do Direito.

O conteúdo constitucional de normas infraconstitucionais tem se tornado um fato em várias constituições, deixando o diploma constitucional de ser, exclusivamente, de normas orgânicas.

Estas normas não se restringem ao conteúdo de autonomia privada, tratando do Direito Real, do Direito de Família, além do Direito do Trabalho.

A autonomia da vontade, que tem um conteúdo exclusivamente subjetivo, teve de ser alterada por uma autonomia privada de uma concretude visível.

A liberdade de contratar, entendida tanto como o poder de decidir por contratar como o de estabelecer o conteúdo destes instrumentos, necessita de um ambiente capaz de desenvolver esta liberdade.

A justiça social passou a ser uma referência fundamental no tratamento do direito privado, excluindo a proteção a um individualismo exacerbado.

Os direitos individuais homogêneos, coletivos ou difusos precisam ser harmonizados com o direito individual, sem a perda da identidade das pessoas, mas preservando o interesse social.

A autonomia privada começa a substituir a autonomia da vontade, pois esta tem como característica o subjetivismo e o caráter psicológico – necessitando ter o direito privado uma função social.

A realidade social é um elemento indispensável à boa aplicação do direito, que deve claramente valorizar a legitimidade como mensagem da vontade da maioria.

A dogmática jurídica não pode ser recebida como norteadora do direito, pois exclui os fatos e estabelece a indiferenciação como dado concreto para a aplicação do Direito.

Assim como a modernidade no Direito deve também ser excluída, pois quer instituir o monopólio do Estado, como fonte do Direito, evitando fontes alternativas.

De outra forma, o contrato necessita atender à função social a que se destina, para evitar determinadas circunstâncias que atentem contra a liberdade de contratar.

O ato de decidir contratar, assim como o conteúdo do instrumento celebrado, necessita de condições em que as partes possam seguir as alternativas que lhes aprouver sem que isto represente um ônus insuportável.

Bibliografia

ADEODATO, João Mauricio. "Pressupostos e diferenças de um Direito dogmaticamente organizado", *Boletim da Faculdade de Direito – Stvdia Iuridica 48, Colloquia 6*, Coimbra, Editora Universidade de Coimbra.

ANDRADE, Darcy Bessone de Oliveira. *Do Contrato – Teoria Geral*. 3ª ed., Rio de Janeiro, Forense, 1987.

CRETELLA JÚNIOR, José. *Curso de Direito Romano*. 4ª ed., Rio de Janeiro, Forense, 1970.

ENGELS, Friedrich. *A origem da Família, da Propriedade e do Estado*. 4ª ed., tradução Leandro Konder, Rio de Janeiro, Civilização Brasileira, 1978.

FEYREBEND, Paul. *Contra o Método*. Trad. Octany S. da Mota e Leônidas Hegenberg, Rio de Janeiro, Francisco Alves Editora, 1977.

GRAMSTRUP, Erik Frederico. *Cadernos de Direito Privado 2*. Coordenação Renan Lotufo, Editora Juruá.

MALFATTI, Alexandre. *Cadernos de Autonomia Privada*. Coordenação Renan Lotufo, Editora Juruá.

MONTESQUIEU, Charles Louis de Secondat. *Do Espírito das leis*. Trad. Fernando Henrique Cardoso e Leôncio Martins Rodrigues, Brasília, Editora Universidade de Brasília, 1995.

NANNI, Giovanni Ettore. *Caderno de Direito Privado 2*. Coordenação Renan Lotufo, Editora Juruá.

PEREIRA, Caio Mario da Silva. *Instituições de Direito Civil*. v. III, 4ª ed., Rio de Janeiro, Forense, 1978.

PERLINGIERI, Pietro. *Perfis do Direito Civil*. Tradução de Maria Cristina de Cicco, Rio de Janeiro, Renovar, 1999.

PONTES DE MIRANDA, Francisco Cavalcanti. *Fontes e evolução do Direito Civil Brasileiro*. 2ª ed., Rio de Janeiro, Forense, 1981.

POPP, Carlyle. "Direito Civil Constitucional". *Caderno de Direito Privado 1*. Coordenação de Renan Lotufo, São Paulo, Max Limonad.

VENOSA, Silvio de Salvo. *Direito Civil*. v. II, São Paulo, Atlas, 2001.

AUTONOMIA PRIVADA
À LUZ DO DIREITO COMUNITÁRIO
– A FORMAÇÃO DO DIREITO CIVIL COMUNITÁRIO

EID BADR

1. Introdução. 1.1 Autonomia Privada: 1.1.1 Terminologia; 1.1.2 Escorço histórico; 1.1.3 Conceito. 2. Breves considerações sobre Constituição, Estado e soberania estatal: 2.1 Considerações preliminares; 2.2 Constituição; 2.2.1 Origem; 2.1.2 Conceito; 2.3 Estado; 2.3.1 Soberania estatal, de Jean Bodin aos dias de hoje. 3. O Direito Comunitário: 3.1 Notas introdutórias; 3.2 Escorço histórico: União Européia e a formação do Direito Comunitário; 3.3 Conceito de Direito Comunitário; 3.4. Natureza jurídica do Direito Comunitário; 3.5 Fundamento constitucional do Direito supranacional. 4. As repercussões do Direito Comunitário sobre as Constituições dos Estados-Membros da União Européia; 4.1 Aspectos gerais; 4.2 As Constituições dos Estados-Membros; 4.2.1 A Constituição da Alemanha; 4.2.2 A Constituição da Áustria; 4.2.3 A Constituição da Dinamarca; 4.2.4 A Constituição da Espanha. 4.2.5 A Constituição da Finlândia; 4.2.6 A Constituição da França; 4.2.7 A Constituição da Grécia; 4.2.8 A Constituição da Holanda; 4.2.9 A Constituição da Irlanda; 4.2.10 A Constituição da Itália; 4.2.11 A Constituição de Luxemburgo; 4.2.12 A Constituição de Portugal; 4.2.13 A Constituição do Reino Unido; 4.2.14 A Constituição da Suécia. 5. Brasil, Mercosul e os diferentes níveis de integração; 5.1 Considerações preambulares; 5.2 As diferentes etapas do processo de Integração Econômica; 5.2.1 Zona de Livre Comércio; 5.2.2 União Aduaneira; 5.2.3 Mercado Comum; 5.2.4 União Econômica e Monetária; 5.3 O estágio de integração econômica em que se situam a União Européia e o MERCOSUL; 5.4 MERCOSUL: Natureza Jurídica; 5.5 O atual ordenamento constitucional brasileiro comportaria o Direito Comunitário? 6. A autonomia privada à luz do Direito Comunitário. 7. Conclusão.

1. Introdução

A busca de um novo estudo sobre a autonomia privada na perspectiva do Direito Comunitário foi impulsionada pelos debates empreendidos durante o nosso Curso de Doutorado, na disciplina "Autonomia Privada e a Constituição Federal", que tem como titular o Professor Renan Lotufo.

Na referida disciplina, os temas são abordados como de Direito Civil Constitucional, a demonstrar a superação do Código Civil como regulador exclusivo da matéria de Direito Civil, abrindo-se espaço ao estudo sobre esta seara à luz dos disciplinamentos constitucionais e do Direito Comunitário.

A autonomia privada estudada sob esta perspectiva tem plena justificativa, na medida em que os ordenamentos constitucionais se tornaram fonte desse Direito. Assim sendo, sem excluir o referencial constitucional, a presente realidade oferece um novo patamar de estudo para a liberdade negocial entre particulares: o Direito Comunitário.

Ressalte-se, entretanto, que o presente trabalho não é um estudo de Direito Internacional Público nem de Relações Econômicas Internacionais. O seu cerne é evidentemente de direito privado, uma vez que o objeto principal em pesquisa é a autonomia privada. Contudo, procurou-se não limitar o seu desenvolvimento, na medida em que se buscou o estabelecimento de parâmetros conceituais e históricos em outras áreas do Direito, sem o quê não seria possível o adequado tratamento do tema.

A atenção dedicada ao modelo integracionista europeu se deve ao fato de que o atual ordenamento constitucional brasileiro ainda não comporta a experiência comunitária e o MERCOSUL ainda está numa fase inicial de integração, a exemplo de outros blocos econômicos existentes.

Nesse sentido, o contexto mundial atual é marcado pelos processos de integração econômica, com amplitude regional ou microrregional, que seguem o caminho pavimentado pela economia globalizada. Esta, por sua vez, calcada no desenvolvimento das comunicações e na organização multipolar do mundo, estabeleceu um processo seletivo a permitir somente a sobrevivência, no mercado mundial, dos espécimes (Estados e empresas privadas) mais bem preparados. Nessa esteira, a regionalização econômica assume grande importância como fator de amortização dos efeitos nocivos dessa globalização econômica.

A realidade contemporânea, como assevera Franco Montoro, vem revelando um mundo multipolar, no qual as nações se organizam em torno de grandes blocos regionais.[1] Prova disto são os seguintes blocos: a União Européia (UE), com quinze Estados-Membros, organizada a

---

1. O autor observa que com a queda do muro de Berlim e a derrubada dos governos do leste europeu, deu-se o fim do mundo bipolar originado com o fim da Segunda Grande Guerra, onde figuravam de um lado os Estados Unidos e de outro a URRS – Capitalismo *versus* Comunismo (André Franco Montoro, *Integração da América Latina em um mundo multipolar*, p. 5).

partir de 1957; o Acordo de Livre Comércio da América do Norte (NAFTA), formado pelos EUA, Canadá e México, em 1988; a Associação das Nações do Sudeste Asiático (ASEAN), composta por dez Estados, em 1967; a Cooperação Econômica da Ásia e do Pacífico (APEC), oficializada em 1993, integrada pelo Japão e outros dezenove países; o Mercado Comum e Comunidade do Caribe (CARICOM), criado em 1973, composto por quatorze países e quatro territórios; a Comunidade da África Meridional para o Desenvolvimento (SADAC), estabelecida em 1992, que conta com quatorze Estados-Membros; o Pacto Andino ou Comunidade Andina, instituído em 1969, composta pela Bolívia, Colômbia, Equador, Peru e Venezuela, tendo o Panamá como observador; a Comunidade dos Estados Independentes (CEI), criada em 19991, reunindo doze das quinze Repúblicas que formavam a URRS. Além da Área de Livre Comércio das Américas (ALCA), surgida em 1994, que pretende eliminar as barreiras alfandegárias entre trinta e quatro Estados. Nesse bloco, os EUA desejam a abertura total do mercado em 2005; já o Brasil e o MERCOSUL preferem ver, no referido ano, apenas iniciado este processo.

A integração econômica entre Estados em estágio mais avançado é sem dúvida alguma a da União Européia. Nesta vigora o Direito Comunitário, experiência única que é fruto de um processo integracionista instaurado em 1957, com óbvias repercussões sobre a autonomia privada.

Nos estreitos limites monográficos do presente trabalho, pretende-se estabelecer uma análise sobre a autonomia privada à luz do Direito Comunitário e especular-se sobre o estabelecimento de uma nova disciplina, o Direito Civil Comunitário, em face dos elementos jurídicos disponibilizados pelo modelo integracionista europeu.

Ao cabo deste estudo que, sem dúvida alguma, é merecedor de maior desenvolvimento pela doutrina, afigura-se-nos ser o tema eleito de suma importância, dada a urgente necessidade da formação de um consistente arcabouço doutrinário pátrio sobre a matéria, haja vista que o nosso país está engajado em um processo de integração que pretende a formação de um Mercado Comum. Aliás, frise-se, o Brasil e os demais integrantes do MERCOSUL, visando a alcançar esta meta, deverão viver a realidade do Direito Comunitário, como nos ensina a experiência européia.

1.1. *Autonomia privada*

1.1.1 Terminologia

A *autonomia privada* é por vezes designada também como *autonomia da vontade*. Entretanto, ao nosso ver, estas expressões comportam distinções. Nesse passo, faz-se uso da lição de Luigi Ferri: "As duas expressões podem parecer à primeira vista sinônimas, mas não são. Aqueles que falam de autonomia da vontade, na realidade menosprezam o problema da autonomia privada (...) e dão relevo à vontade real ou psicológica do sujeito que, segundo sua perspectiva, é a raiz ou a causa dos efeitos jurídicos, em oposição àqueles que, ao contrário vêm antes na declaração ou na manifestação de vontade, como fato objetivo, ou na lei, a fonte dos mesmos efeitos jurídicos".[2]

A questão terminológica, como se observa no trabalho de Luigi Ferri, encerra uma discussão acerca da *teoria da declaração* e da *teoria da vontade*, ou seja, na opção entre a primazia da *declaração* (objetiva) ou da *vontade* (real ou subjetiva) na função de causa de efeitos jurídicos, nos negócios jurídicos.[3]

Na verdade, essa discussão terminológica revela a necessidade de se adaptar o *princípio da autonomia da vontade*, concebido no âmbito ideológico do liberalismo, às hodiernas circunstâncias sociais.[4]

A corrente voluntarista defende que o ato jurídico é, essencialmente, um ato de vontade. Assim sendo, a vontade interna, como elemento psíquico, materializa-se através de uma declaração que lhe deve guardar correspondência, sob pena de, assim não ocorrendo, prevalecer a vontade interna sobre a exteriorizada.[5]

Savigny, ao expor os fundamentos científicos do dogma da vontade, considera a vontade interna e a exteriorizada como elementos indissociáveis. A vontade interna, contudo, seria a única realmente a ter importância e eficácia. Nesse sentido, o erro ou o dolo, na manifestação da vontade, condenaria o ato jurídico ao expurgo do mundo jurídico, por carência de elemento essencial.[6] As posições extremadas dessa teoria foram sendo atenuadas no decorrer do tempo, dando origem a novas concepções, como a *da culpa "in contrahendo"* e *da garantia tácita*.[7]

---

2. Luigi Ferri, *L'automia privata*, p. 3.
3. Nesse sentido, v. Paulo Luiz Neto Lobo, *O contrato: exigências e concepções atuais*, pp. 29-30; Vicente Ráo, *Ato jurídico: noção, pressupostos, elementos*, p. 163.
4. Paulo Luiz Neto Lobo, ob. cit., p. 30.
5. Nelson Nery Junior, *Vícios do ato jurídico e reserva mental*, p. 8.
6. Idem, ibidem, pp. 8-9.
7. No que refere à teoria da *culpa in contrahendo*, Vicente Ráo anota: "Em seu famoso estudo 'De Culpa in Contrahendo', sustenta Ihering que incumbe, a quem contrata, empregar sua maior diligência, quer nas relações pré-contratuais, quer na prática dos atos constitutivos do contrato. Se assim não proceder e, por sua culpa, obstar a formação de um contrato preparado ou ajustado, ou provocar a conclusão de um contrato nulo ou

A teoria da declaração, de início diametralmente oposta à teoria da vontade, superou a sua fase primitiva, na qual importava única e exclusivamente a vontade declarada, mesmo que isso significasse considerar irrelevante a vontade íntima do declarante. Atualmente, a teoria da declaração propugna que a declaração deve ser interpretada com o sentido que razoavelmente lhe atribui ou deveria lhe atribuir o destinatário. A relevância dada à declaração, por essa teoria, fundamenta-se na perspectiva de se proporcionar maior segurança e estabilidade nas relações jurídicas.[8]

Na análise de ambas as teorias (da vontade e da declaração), Antônio Junqueira de Azevedo nega à vontade e à declaração a condição de elementos distintos no negócio jurídico, ou seja, as entende como um único elemento: a declaração de vontade. O autor admite que o processo volitivo interno é que dá origem à declaração; contudo, externamente, esta absorve aquele, de modo que o processo volitivo não é elemento do negócio.[9] O estudo do problema é proposto no plano da existência, validade e eficácia: "Em resumo, analisando o negócio jurídico no plano da existência, vê-se logo que a vontade não faz parte dele; o que ocorre é que a declaração deve resultar de um processo volitivo, sob pena de não valer ou de não produzir efeitos (planos da validade e da eficácia). Com esta visão, o problema muda completamente de figura; será apenas uma 'questão de grau', saber até que ponto o direito positivo admite, ou até que ponto deve ele 'de lege ferenda' admitir as influências da vontade sobre a declaração".[10]

---

anulável, incorrerá na obrigação de ressarcir os danos que causar à outra parte, privando-a das vantagens que ela perceberia se o contrato houvesse sido concluído, ou concluído validamente" (Vicente Ráo, *Ato jurídico: noção, pressupostos, elementos*, p. 167). Como o próprio autor frisa, ainda que essa doutrina sirva como ensaio para atenuação do rigor das posições subjetivistas, não resolve os conflitos com a teoria objetivista, pois tende, apenas, a resolver o problema do procedimento das partes e a responsabilidade decorrente nas negociações pré-contratuais (ob. cit., p. 167). Esclarece Vicente Ráo, no tocante à teoria da *garantia tácita*: "Windscheid, nas primeiras edições de suas 'Pandectas', procurando contornar os excessos da teoria subjetiva sem abandoná-la, propusera uma solução, que se tornou conhecida como teoria da garantia tácita. Todo contraente, dizia, tacitamente assume a obrigação de responder pelos danos causados por sua declaração de vontade se trair a confiança da outra parte, assim se constituindo garante da confiança que nela houver infundido" (ob. cit., pp. 167-168). E em crítica a essa doutrina, o mesmo autor conclui: "Mas semelhante garantia é mera ficção, pois, como diz Ferrara (*Simulazione*, 5ª ed., p. 3), na realidade as partes não a querem, acrescendo que essa antiga doutrina se limitava a enunciar uma regra de responsabilidade, cujo fundamento, aliás, não definia com a necessária precisão" (ob. cit., p. 168).

8. Nelson Nery Junior, ob. cit., pp. 8-9.
9. Antônio Junqueira de Azevedo, *Negócio jurídico*..., p. 96.
10. Idem, ibidem, p. 97.

Essa compreensão acerca das opções do direito positivo no que refere à preponderância da vontade ou da declaração no negócio jurídico, foi objeto de estudo de Hans Kelsen: "Entre a vontade real de uma das partes e a sua declaração de qualquer modo exteriorizada, pode existir uma discrepância, na medida em que a esta declaração é atribuído, pela contraparte no contrato ou pelo órgão aplicador do Direito, um sentido diferente daquele que a própria parte quis exprimir em sua declaração. Quais as conseqüências que tem uma tal discrepância, é questão a que só pode responder-se com base na ordem jurídica (...) A ordem jurídica pode conferir mais peso à declaração do que à vontade efetiva, ou, inversamente, conferir mais peso à vontade real que à declaração. A resposta à questão de saber qual das duas soluções do presente problema deve ser preferida depende dos princípios de política jurídica que determinam o legislador".[11]

Fato é que, seja qual for opção a ser feita, quer em prestígio à vontade subjetiva ou à sua respectiva declaração, ou, ainda, se consideradas estas como elemento único do negócio jurídico, sempre que a vontade do indivíduo é exteriorizada ingressa no plano das relações sociais. Assim sendo, a vontade declarada deve ser socialmente considerada. Supera-se, desta maneira, a tese da supremacia da vontade individual e, ao mesmo tempo, isso significa a necessária adequação do negócio jurídico às valorações de ordem social, juridicamente estabelecidas, mormente quando albergadas pelo ordenamento constitucional.

No presente trabalho é empregada a expressão *autonomia privada*, como indicativo de que se encontra superada a corrente voluntarista e de que a autonomia entre particulares, à luz dos ordenamentos constitucionais contemporâneos, difere da sua compreensão clássica, ou seja, de ser um poder de exclusiva disponibilidade das partes.

1.1.2 Escorço histórico

A *lex privata*, como direito exclusivo dos patrícios, nos primórdios do justinianismo, significou a primeira forma do *jus civile* e conferia à declaração solene (acordo de vontade) a força de norma jurídica.[12]

A queda do Império Romano, no Ocidente, se deu no ano 476 d.C. Nesse período, os germânicos tomam a Europa por meio de invasões demolidoras e sangrentas, fazendo desaparecer a noção de Estado.

---

11. Hans Kelsen, *Teoria Pura do Direito*, pp. 275-276.
12. Francisco dos Santos Amaral Neto, "Autonomia privada como princípio fundamental da ordem jurídica: perspectivas... ", in *Revista de Direito Civil*, p. 14.

Após a violência das primeiras hordas invasoras, surge uma nova concepção de Estado, moldada, conforme as tradições germânicas, no direito natural. Tratava-se de um Estado medieval que fazia uma confusão entre os direitos público e privado.

Por sua vez, o Direito Canônico exigia do contratante o cumprimento dos contratos, com base na palavra firmada, vedando o enriquecimento injusto, a lesão e a usura. Nestes termos, o contrato, livre de qualquer vício de consentimento, contava com proteção divina. A Igreja conseguiu fazer valer a doutrina da supremacia do poder espiritual sobre o poder temporal, desenvolvida no século VII e que atingiu o seu auge a partir do século XI com o Papa Gregório VII.

Na confusão entre direito privado e direito público, os proprietários de terra se investiam de poderes soberanos sobre os habitantes de suas propriedades. Portanto, o proprietário da terra, o senhor feudal, tinha um *status* superior em relação aos demais homens e tinha assegurados os direitos de domínio e de posse, de forma exclusiva e intransferível, salvo pela sucessão *causa mortis,* em que o primogênito recebia todas as propriedades e poderes. Nos feudos, normalmente pequenos e isolados, o senhor feudal assumia os papéis de chefe de Estado, legislador único e administrador da justiça. Além de decidir sobre a guerra.

Nos séculos XI e XII, essa situação passou a mudar dramaticamente, em face do crescimento populacional nos feudos, das reações das populações oprimidas, das idéias racionalistas e do estabelecimento do comércio de bens. A terra deixou de ser o único bem economicamente considerado, cedendo espaço aos bens móveis e incorpóreos. A atividade comercial, calcada inicialmente nas trocas, experimentou um incremento com a moeda e cresceu graças às monarquias absolutas.

A desintegração da sociedade feudal proporcionou o surgimento de uma nova ordem social com o Estado sobre a base de direito público, na forma de monarquias absolutistas. A burguesia comercial, como classe emergente, teve garantido seu pleno desenvolvimento regulado pelo Direito e, em especial, pela *autonomia da vontade*, que teve nessa época o seu nascedouro. Anota Irineu Strenger que, o fim do séc. XII marca a época da escola dos pós-glosadores e o ponto de partida das grandes teorias jurídicas capazes de fundamentar historicamente o papel da vontade, nas relações de direito, decorrente das intensas transações comerciais.[13]

---

13. Irineu Strenger, *Da autonomia da vontade*, p. 91.

A necessidade de dinamizar as transferências de propriedade de todos os bens no comércio originou a teoria moderna do contrato, tendo como condição de validade o simples consentimento e uma correspondente contraprestação. Portanto, a burguesia mercantil, adotando a autonomia privada como princípio imprescindível, confere ao negócio jurídico a sua configuração moderna, a partir das necessidades de liberdade no comércio e da circulação de bens e riquezas.

O negócio jurídico, como instrumento da livre troca de bens e não somente na propriedade da terra, passou a ser fonte de poder político. A autonomia da vontade através do pandectismo (fundado no Direito Romano) é alçada à condição de dogma. Assim, na sociedade burguesa, o negócio jurídico alcançou a condição de sustentáculo de toda a nova ordem social.

A Revolução Industrial proporcionou a união da burguesia comercial e da burguesia industrial. Desta união resultou um novo incremento das relações comerciais. A divisão do trabalho e a especialização aumentaram o intercâmbio de bens e serviços, aumentando a interdependência de todos os setores. A autonomia da vontade passa a ser elemento essencial do pensamento liberal.

A Revolução Francesa teve papel de grande relevância na elevação da liberdade individual à categoria de princípio jurídico, consubstanciada no princípio da autonomia privada. A autonomia conferida aos particulares para se vincularem contratualmente, considerados os princípios basilares revolucionários (liberdade, igualdade e fraternidade), foi conjugada principalmente sob os auspícios da igualdade (formal) e da liberdade. Resultou disso a possibilidade de as partes contraentes produzirem normas jurídicas para si (*pacta sunt servanda*), sendo o seu conteúdo intangível até mesmo ao Poder Judiciário.[14]

O Código Civil francês, ou Código Napoleônico, vigorando a partir de 1804, consagrou a autonomia privada em seu art. 1.134: "As convenções legalmente estabelecidas fazem lei entre as partes". Desta forma, aos particulares era dado o direito de produzir normas jurídicas.

O desenvolvimento industrial e os frutos da Revolução Francesa levam a autonomia da vontade aos extremos. E faz surgir uma nova classe resguardada pela isonomia formal e de total fragilidade em termos de igualdade material diante da classe burguesa: o proletariado.

---

14. Nesse sentido, veja-se: Carlyle Popp, "Princípio constitucional da dignidade ...", in *Direito Civil Constitucional – Cadernos 1*, coord. Renan Lotufo, p. 179.

Este período histórico e as suas conseqüências para o perfil da sociedade, do Estado e das Constituições serão retomados mais adiante neste trabalho.

Entretanto, importa referir, neste momento, a contribuição dada pela Igreja Católica – em 15.5.1891, através da encíclica *Rerum Novarum*, do Papa Leão XIII – ao processo de limitação da vontade dos particulares em favor do desenvolvimento de uma condição social mais justa, propondo a fixação de um salário mínimo compatível com a dignidade humana, limitação das horas de trabalho, regulamentação do trabalho da mulher e dos menores, amparo à gestação e à maternidade, direito de férias, indenização por acidentes, amparo à velhice, assistência nos casos de doença, organização de previdência social etc.

Nesse sentido, além da encíclica do Papa Leão XIII, as idéias socialistas, a partir do *Manifesto Comunista*, de Karl Marx e Friedrich Engels, que tiveram grande repercussão durante todo o século XIX, abriram caminho no século XX às teorias socializantes, com grandes reflexos limitadores sobre a autonomia da vontade.

1.1.3 Conceito

A definição de autonomia privada, como anota Pietro Perlingieri, não é uma tarefa simples, uma vez que a sua conceituação depende, em grande medida, da configuração do ordenamento jurídico ao qual se faz referência.[15]

Antes de estabelecermos conceitualmente a autonomia privada, convém nos reportarmos à ressalva feita por Ana Prata visando a eliminar alguns equívocos que normalmente envolvem a perfeita compreensão do tema: "... autonomia privada não designa toda a liberdade, nem toda a liberdade privada, nem sequer toda a liberdade jurídica privada, mas apenas um aspecto desta última: a liberdade negocial".[16]

Além disso, a liberdade negocial envolve não somente interesses patrimoniais, mas também extrapatrimoniais, como, por exemplo: o reconhecimento de um filho (Direito de Família), atos de disposição do próprio corpo, a doação de órgãos entre vivos etc.

Feitas estas considerações, definimos autonomia privada como sendo o poder conferido a um indivíduo ou a um grupo, pelo seu ordenamento

---

15. Pietro Perlingieri, *Perfis do Direito Civil*, p. 17.
16. Ana Prata, *A tutela constitucional da autonomia privada*, p. 13.

estatal, para que, na condição de sujeitos jurídicos, possam determinar o nascimento, a modificação ou a extinção de relações jurídicas, como conseqüência de comportamentos livremente assumidos.[17]

2. Breves considerações sobre Constituição, Estado e soberania estatal

2.1 Considerações preliminares

Os temas propostos e analisados neste item são passagens obrigatórias no enfrentamento do problema principal posto no presente trabalho, principalmente ao se pretender uma abordagem contemporânea do direito privado e, sobretudo, quando considerado o ambiente comunitário.

O estudo da Constituição, do Estado e o desenvolvimento conceitual de sua soberania estão diretamente implicados com o tema da autonomia privada, se tomarmos em conta que, na primeira metade do século XX, o instrumental teórico do direito privado submergiu em crise, em face das novas realidades econômicas industrial ou pós-industrial que exigiram a superação do individualismo. Ao legislador, então, reclamaram-se soluções objetivistas em termos de estabelecimento de deveres sociais no desenvolvimento da atividade econômica privada.[18]

Assumem, desta forma, os Estados, através de suas Constituições, compromissos a serem levados a cabo pelo legislador doutrinário, demarcando os limites da autonomia privada, da propriedade e do controle dos bens.[19]

Gustavo Tepedino, em termos precisos, assinala essas vicissitudes históricas: "O Código Civil perde, assim, definitivamente, o seu papel de Constituição do direito privado. Os textos constitucionais, paulatinamente, definem princípios relacionados a temas antes reservados exclusivamente ao Código Civil e ao império da vontade: a função social da propriedade, os limites da atividade econômica, a organização da família, matérias típicas do direito privado, passam a integrar uma nova ordem pública constitucional".[20]

Em síntese: as demandas sociais e econômicas da sociedade tornam necessária interpretação civil-constitucional que resguarde a autonomia

---

17. Nesse sentido veja-se: Pietro Perlingieri, ob. cit.; Ana Prata, ob. cit.
18. Gustavo Tepedino, *Temas de direito civil*, pp. 6-7.
19. Idem ibidem, p. 7.
20. Ob. cit., p. 7.

dogmática e conceitual do direito privado e, ao mesmo tempo, garanta uma leitura correta do Direito Civil à luz das Constituições atuais.[21]

2.2 Constituição

2.2.1 Origem

As primeiras Constituições surgem num contexto de contínua limitação e fragmentação do poder absoluto, a exemplo do que ocorreu na experiência histórica européia.

A *Magna Carta* inglesa de 1215, e a *Bula de Ouro* húngara de 1222, são marcos expressivos na história inicial do constitucionalismo.[22] Nesse sentido, a Inglaterra, com a sua tradição liberal[23] e o seu direito público costumeiro, dá o primeiro passo, no século XIII, na história do constitucionalismo.[24] Um segundo passo é verificado com o chamado *Constitu-*

---

21. Nesse sentido, v. Gustavo Tepedino, ob. cit., pp. 21-22.

22. Contudo a esses documentos antigos não se pode emprestar a significação que o direito público atual confere às modernas Constituições, na medida em que as *Cartas* antigas, como as medievais, e todos os documentos fundamentais anteriores ao movimento revolucionário liberal, tinham apenas o caráter de simples tentativas de pacificação entre o príncipe e o povo, não chegando a, efetivamente, limitar o poder soberano absoluto e divinizado. Nesse sentido, v. Said Maluf, *Teoria Geral do Estado,* p. 192; Dalmo de Abreu Dallari, *Elementos de Teoria Geral do Estado,* pp. 168 e 169; José Cretella Júnior, *Elementos de Direito Constitucional,* pp. 18 e 19.

23. Com efeito, existe uma relação direta entre o contratualismo liberal de Locke e os princípios que inspiraram a tutela dos direitos fundamentais do homem no *constitucionalismo,* uma vez que a transição do Estado absolutista para o Estado de Direito é marcada pela preocupação do individualismo em estabelecer limites ao abuso de poder do *todo* em relação ao *indivíduo*. Estes limites, vistos como necessários para que as individualidades possam ser livres, resultaram, na teoria, dos três poderes fundamentais, posteriormente desenvolvida na lição clássica de Montesquieu (Celso Lafer, *A reconstrução dos direitos humanos: um diálogo com o pensamento de Hanna Arendt,* p. 122; Sahid Maluf, ob. cit., p. 69).

24. Nesse sentido, a mais célebre das cartas de franquias medievais dadas pelos reis aos vassalos foi a *Magna Charta Libertatum* de 1215. Embora não se trate de uma manifestação da idéia de direitos fundamentais inatos, mas da afirmação de direitos corporativos da aristocracia feudal em face do seu monarca, ou seja, fundamentalmente de direitos estamentais, proporcionou uma abertura para a transformação dos direitos corporativos em direitos do homem (J. J. Gomes Canotilho, ob. cit., p. 502). Esses direitos corporativos de algumas classes, quatro séculos mais tarde se transformaram em direitos de todos os ingleses (Coke, *apud* J. J. Gomes Canotilho, ob. cit., p. 503).

cionalismo moderno, iniciado no fim do século XVIII, quando surgiram as primeiras *Constituições escritas*,[25] marcando a vitória das idéias da filosofia liberal-individualista, fortemente influenciadas por Rousseau.[26] A positivação das constituições, que se iniciou com as Revoluções Americana e Francesa, tinha como objetivo conferir aos direitos nelas contemplados uma dimensão permanente e segura.[27]

2.1.2 Conceito

Entre as diversas significações[28] que o termo *Constituição* pode apresentar, a de *lei fundamental de um Estado* é a que particularmente interessa ao presente estudo.

25. Said Maluf, *Teoria geral do Estado*, p. 192.
26. Referente a esse conceito e ao atual, Loewenstein assinala quanto à força da Constituição que, "os documentos constitucionais, bem pensados e articulados, foram considerados na época de sua primeira aparição como a chave mágica para a ordenação feliz de uma sociedade estatal. Hoje, manipulada por políticos profissionais, a constituição tem deixado de ser uma realidade viva para a massa dos destinatários do poder" (Karl Loewenstein, *Teoria de la Constitución*, p. 227, trad. livre do autor). Sobre essa conclusão, v. o instigante artigo de Maria Garcia, "O processo legislativo e os sentidos da liberdade: participação e exercício da cidadania", in *Revista dos Tribunais*, Cadernos..., n. 13, pp. 51-53.
27. Para alguns autores a necessidade de uma Constituição escrita era um dos pontos fundamentais da filosofia política do século XVIII, pelos seguintes motivos: "a) a doutrina metafísica então em voga fazia repousar toda a legislação do Estado nos elementos basilares de uma lei fundamental, ato de soberania, à qual iam pedir orientação e legitimidade todos os demais princípios editados de direito; b) dadas as grandes vantagens de firmeza, estabilidade e segurança que a lei escrita oferece, em confronto com o direito costumeiro, foi unânime o acordo dos publicistas em que a lei fundamental do Estado devia revestir uma forma escrita rigorosa; c) uma Constituição formulada por uma assembléia expressamente investida nessa função especial, em conseqüência de um pacto político solene, constituía, no entender dos escritores do direito natural, uma renovação do *contrato social*, base primária de toda organização política; e d) a Constituição escrita, ao mesmo tempo que, com as suas prescrições rigorosas e insofismáveis, dificulta os abusos de autoridade, que encontram fácil escapatória na elasticidade e no indeterminado dos princípios do direito costumeiro, serve de elemento de educação do povo, ao qual se oferece como tábua sagrada em que são traçados os seus direitos e firmados os limites da ação do poder público" (Queiroz Lima, *apud*, Said Maluf, ob. cit., p. 195). Dalmo Dallari observa que a preferência pelas Constituições escritas se dava em função da crença de que as mesmas proporcionariam uma melhor definição das condições políticas e dificuldades a um eventual retrocesso (Dalmo de Abreu Dallari, *Elementos de Teoria Geral do Estado*, p. 170). V., ainda, Marcus Cláudio Acquaviva, *Teoria Geral do Estado*, p. 53; José Horácio Meirelles Teixeira, *Curso de Direito Constitucional*, p. 86.
28. A palavra *constituição* – do latim *constituere, constitutio* – pode ter vários significados, como, por exemplo, de conjunto dos elementos essenciais de alguma coisa

Dentre as leis ordinárias, Aristóteles já distinguia aquelas que definiam a estrutura e os fundamentos estatais,[29] chegando a confundir a Constituição com a idéia de governo, como se vê em sua *A Política*: "A constituição de um Estado é a organização regular de todas as magistraturas, principalmente da magistratura que é senhora e soberana de tudo. Em toda parte o governo do Estado é soberano. A própria constituição é o governo",[30] ou ainda, em outro momento da mesma obra: "Visto que as palavras constituição e governo significam a mesma coisa, visto que o governo é autoridade suprema nos Estados (...)".[31]

A Constituição, entre as muitas funções que lhe podem ser atribuídas, tem o papel de atestar o nascimento, no seio da comunidade internacional, de um novo componente, um novo Estado, que busca a sua afirmação como um de seus membros de pleno direito. Este é o motivo pelo qual todos os novos Estados, logo após a sua independência política, objetivando vencer as resistências formais ao seu nascimento, se apressem em se apresentar no cenário internacional como dotados de uma Constituição própria.[32]

Além da função constitutiva de um Estado, a Constituição também apresenta as funções de *estabilização* e *racionalização* do sistema de poder, visando a dar continuidade à sua concepção da vida associada, protegendo-se, desta forma, a ideologia dominante e os institutos constitucionais fundamentais. Devem-se também destacar os papéis de *propaganda* e de *educação política*, facilmente perceptíveis nas Constituições de elevado conteúdo ideológico, a exemplo das francesas da Revolução, as socialistas e as das repúblicas islâmicas, que não se resumem às normas de caráter organizativo, pois são marcadas, principalmente, pelos princípios de orientação e estímulo de ativação das massas,[33] e nas Cons-

---

(a *constituição* do universo, dos corpos sólidos etc.), bem como a organização ou a formação de grupos humanos (a *constituição* de uma assembléia, de uma comissão etc.), podendo também significar o estabelecimento jurídico de algo (a *constituição* de dote, de renda, de uma sociedade anônima etc.), ou ainda, entre tantas outras possíveis significações: a lei fundamental de um Estado (José Afonso da Silva, *Curso de Direito Constitucional Positivo*, p. 37).

29. José Horácio Meirelles Teixeira, *Curso de direito constitucional*, p. 41; Pinto Ferreira, *Curso de direito constitucional*, p. 14.

30. Aristóteles, *A política*, p. 108. O trecho transcrito dessa obra teve a redação atualizada pelo autor, vez que ocorreram algumas alterações das regras gramaticais vigentes à época da edição utilizada, ou seja, 1960.

31. Aristóteles, *A política*, p. 111.

32. Norberto Bobbio, Nicola Matteucci, Gianfranco Pasquino, *Dicionário de política*, p. 258.

33. Idem ibidem, pp. 258-259.

tituições, de um modo geral, na medida em que consideremos a sua força ativa no ordenamento e conformação da realidade política e social, no dizer de Konrad Hesse.[34]

Mesmo como documento político de um Estado, este termo, *Constituição*, oferece dificuldades para sua conceituação, vez que se presta a mais de um sentido, sendo, por isso, acompanhado de diferentes qualificativos: formal, material, substancial, instrumental, ideal etc.[35]

Celso Bastos, com base nas idéias de Ferdinand Lassalle, define a Constituição na sua acepção material, conforme os *fatores reais de poder* que regem a sociedade.

Sem nos colocarmos na rota de choque das idéias de Ferdinand Lassalle[36] e Konrad Hesse,[37] no que refere à Constituição *real* e à *jurídica* e sua correspondente *força normativa*, definimos, com auxílio das lições de Celso Bastos, a Constituição na sua acepção material, como sendo a revelada pelas faces multiformes dos chamados *fatores reais de poder*, ou seja, *o conjunto de forças políticas, econômicas, ideológicas etc., que conforma a realidade social de um determinado Estado*, configurando, desta forma, *a sua particular maneira de ser*.[38]

Embora mantenha relações com a Constituição *folha de papel*,[39] a Constituição *real* com ela não se confunde, pois "ela é o universo do 'ser', e não do 'dever ser', do qual o Direito faz parte. Ela se desvenda através de ciências próprias, tais como a sociologia, a economia, a política, que formulam regras ou princípios acerca do que existe, e não acerca do que deve existir como se dá com o Direito".[40]

Segue-se, do exposto, que, entendida desta maneira, não há como se falar em Estado sem Constituição, vez que toda sociedade política-

34. Konrad Hesse, *A força normativa da Constituição*, p. 24.
35. Celso Ribeiro Bastos, *Curso de Direito Constitucional*, pp. 41-42.
36. Lassalle entende que a Constituição *jurídica* ou *folha de papel* deve corresponder à Constituição *real* estabelecida pelos *fatores reais de poder*, sob pena de, em confronto, a primeira ser desfeita pela segunda (Ferdinand Lassalle, *A essência da Constituição*, pp. 15 e 61).
37. Hesse defende que a Constituição *jurídica* não deve necessária e simplesmente se amoldar à Constituição *real*, vez que aquela é dotada, ainda que limitadamente, de uma força própria, motivadora e ordenadora da vida do Estado, a que denominou de *força normativa* (Konrad Hesse, *A força normativa da Constituição*, pp. 9-32).
38. Celso Ribeiro Bastos, *Curso de Direito Constitucional*, p. 43.
39. Expressão empregada por Lassale para identificar a Constituição formal (Ferdinand Lassale, *A essência da Constituição*, pp. 11-19).
40. Celso Ribeiro Bastos, *Curso de Direito Constitucional*, p. 43.

mente organizada apresenta uma base estrutural, por mais precária que seja, ainda que não possua uma Constituição *folha de papel*.[41]

Jorge Miranda define a Constituição sob a perspectiva substancial, como sendo a "(...) fonte originária, em termos lógico-jurídicos, do ordenamento, como fundamento de validade das demais normas jurídicas estaduais", necessariamente ligadas, portanto, "(...) à definição do Estado e do poder político em geral".[42]

Em linhas cristalinas, Celso Bastos, define a Constituição, quanto ao seu sentido *substancial*, como sendo as normas que: "(...) dão essência ou substância ao Estado. É dizer, aquelas que lhe conferem a estrutura, definem as competências dos seus órgãos superiores, traçam limites da ação do Estado, fazendo-o respeitar o mínimo de garantias individuais. Em suma, ela é definida a partir do objeto de suas normas, vale dizer, o assunto tratado por suas disposições normativas. Pode-se, segundo esta acepção, saber se uma dada norma jurídica é constitucional ou não, examinando-se tão-somente o seu objeto".[43]

Enfim, do ponto de vista substancial, Constituição é o conteúdo essencial que refere à composição e ao funcionamento do Estado.[44]

Cumpre salientar que, o conceito das normas substancialmente constitucionais é de grande importância em países carecedores de uma Constituição formal, onde se faz necessário proceder, entre os seus usos e costumes, a escolha daqueles que compõem o seu ordenamento jurídico fundamental.[45]

Em Estados como o brasileiro, de tradição jurídica romanística, o conceito *formal* de Constituição assume maior importância, na medida em que o caráter de supremacia, ou seja, de força jurídica superior às

---

41. Paulo Bonavides, *Curso de Direito Constitucional*, p. 63. No mesmo sentido, José Horácio Meirelles Teixeira, *Curso de Direito* Constitucional, p. 43; Jorge Miranda, *Manual de Direito Constitucional*, p. 10, que prefere adotar a denominação *Constituição material em sentido amplo*. Hans Kelsen entende a Constituição no sentido material como sendo as "(...) regras que regulam a criação das normas jurídicas gerais, em particular a criação de estatutos (...) determinam os órgãos e o processo de legislação, é um elemento essencial de todas as ordens jurídicas" (Hans Kelsen, *Teoria Geral do Direito e do Estado*, p. 130).
42. Jorge Miranda, *Manual de Direito Constitucional*, p. 11.
43. Celso Ribeiro Bastos, *Curso de Direito Constitucional*, pp. 43-44; Paulo Bonavides, *Curso de Direito Constitucional*, p. 63; este autor utiliza a denominação *material* para identificação dessas normas.
44. Paulo Bonavides, *Curso de Direito Constitucional*, p. 63.
45. Celso Ribeiro Bastos, *Curso de Direito Constitucional*, p. 45.

demais normas que compõem a ordem jurídica é característica peculiar de todas normas da Constituição formal.[46]

Portanto, a constituição formal não busca apreender a realidade do comportamento da sociedade (*ser*), como ocorre com a material, mas toma em conta apenas a existência de um texto soberano que estabelece a estrutura do Estado e definidor dos direitos e garantias fundamentais do cidadão (*dever ser*). Nesta medida, por ser uma realidade eminentemente normativa, é um conjunto de normas jurídicas que não descrevem a real maneira de ser das coisas, mas prescrevem a maneira como as coisas devem ser.[47]

Canotilho, incumbido da tarefa de construir um conceito geral de Constituição, assevera que, independentemente da "arqueologia" originadora do conceito, pode-se entendê-la como sendo: "(...) uma ordenação sistemática e racional da comunidade política, plasmada num documento escrito, mediante o qual se garantem os direitos fundamentais e se organiza, de acordo com o princípio da divisão de poderes, o poder político".[48]

2.3 Estado

O termo Estado assumiu a sua significação moderna no limiar da Idade Média. Até então as expressões empregadas eram *reich, imperium,*

---

46. Celso Ribeiro Bastos, *Curso de Direito Constitucional*, p. 45; Jorge Miranda, *Manual de Direito Constitucional,* p. 11. Kelsen frisa que a Constituição é o nível mais alto dentro do Direito nacional, por força do seu sentido material (Hans Kelsen, *Teoria Geral do Direito e do Estado*, p. 130) . Nesse sentido, o conceito formal de Constituição se coloca em posição diversa ao de substancial, pois a Constituição seria o conjunto de normas legislativas que se distinguem das demais que compõem o ordenamento jurídico em razão de serem produzidas por um processo legislativo mais dificultoso, vale dizer, um processo formativo mais árduo e solene, podendo ainda ser fruto de um órgão legislativo especialmente constituído para a sua elaboração (Assembléia Constituinte), bem como de exigências quanto ao quórum especial para a sua aprovação, ou ainda, de instrumentos de aprovação popular como o *referendum* (Celso Ribeiro Bastos, *Curso de Direito Constitucional*, p. 46; José Afonso Silva, *Curso de Direito Constitucional Positivo*, p. 41; Hans Kelsen, *Teoria Geral do Direito e do Estado*, p. 130).

47. Celso Ribeiro Bastos, *Curso de Direito Constitucional*, p. 46. Nesse aspecto, Michel Temer, em sua obra *Elementos de Direito Constitucional*, p. 18, afirma que Hans Kelsen, ao estudar a Constituição no seu sentido jurídico, revela a diferença entre o Direito e as demais ciências, pois o jurista para sustentar a Constituição busca soluções no próprio sistema normativo, num plano puramente jurídico (*dever ser*), deixando a cargo do sociólogo e do político, o estudo da mesma sob o ângulo sociológico e político.

48. J. J. Gomes Canotilho, *Direito Constitucional*, p. 12.

land, terrae etc. A palavra *Stato*, ainda com uma significação muito vaga, foi utilizada pela primeira vez na Itália, por Nicolau Maquiavel, ao inserir a palavra, definitivamente, na literatura científica: "Todos os Estados, todos os governos que tiveram e têm autoridade sobre os homens são Estados e são ou repúblicas ou principados".[49]

Como no caso de Constituição, a conceituação de Estado não é um dos trabalhos mais fáceis, na medida em que não há, também, um conceito universalmente aceito, variando a definição conforme o ponto de vista de cada doutrina que se lança nessa tarefa.

O Estado pode ser entendido como sendo a Nação, quando considerado o aspecto da organização política dessa. Portanto, nesse caso, o Estado é um centro político, conformado por normas que lhe dão unidade orgânica, e que exerce a coação física legítima dentro de um território nacional. Podendo ainda, sinteticamente, significar: *a Nação politicamente organizada.*[50]

Tomando-se em conta a soberania e o entendimento mais ou menos geral da doutrina, apresenta-se a seguinte definição de Estado: *É uma organização humana, burocraticamente administrada, sob a qual vive um povo, num território delimitado, e governado por leis que se fundam num poder não sobrepujado por nenhum outro externamente e supremo internamente.*[51]

Os Estados, historicamente considerados, tiveram redefinidos os seus papéis ao fim do século XIX[52] e no início do século XX, como resultado

49. Nicolau Maquiavel, *O Príncipe*, p. 13.
50. Nesse sentido vejam-se, J. J. Gomes Canotilho, *Direito Constitucional*, p. 17, Clóvis Beviláqua, *apud* Said Maluf, *Teoria Geral do Estado*, p. 21. No entender de Dalmo Dallari Estado e Nação não se confundem. O conceito vago e não jurídico de Nação foi uma criação artificial de extraordinária importância no século XVIII, para despertar reações emocionais das populações, que tinham dificuldade para compreender o conceito de Estado, na mobilização contra o poder absoluto. O Estado, que é uma ordem jurídica soberana, ainda hoje tende a criar uma imagem nacional, simbólica e emocional, visando unificar a sociedade política na persecução de seus objetivos (Dalmo de Abreu Dallari, *Elementos de Teoria Geral do Estado*, pp. 112 a 117).
51. Celso Ribeiro Bastos, *Curso de Teoria do Estado e Ciência Política*, p. 10; Manoel Gonçalves Ferreira Filho, *Curso de Direito Constitucional*, p. 39; J. J. Gomes Canotilho, *Direito Constitucional*, p. 39.
52. Antes de 1900, a Inglaterra já possuía uma avançada legislação fabril; já na Alemanha, em 1883 e 1889, concretizou-se um sistema de previdência social, com os primeiros programas de seguro obrigatório contra doença, velhice e invalidez. A Dinamarca, por sua vez, aplicou as disposições pensionistas entre 1891 e 1898; a Bélgica, entre 1894 e 1903. A Suíça, em 1890, através de uma emenda constitucional, permitiu ao

das novas ideologias surgidas de caráter social e da reação da sociedade, voltando-se para as questões sociais, passando, inclusive, a regular em suas Constituições os direitos sociais. Nasce, assim, o constitucionalismo moderno, que substitui o constitucionalismo clássico, despontando a partir da Constituição do México, de 1917,[53] e em seguida, com maior repercussão, da Constituição da Alemanha de 1919[54] e a da Espanha, em 1931.

Um conceito mais abrangente que o de Estado de Direito é o de Estado Democrático de Direito como realizador dos valores de igualdade, liberdade e dignidade da pessoa humana. A superação do Estado de Direito pelas suas deficiências, como já comentado, implicou um Estado Social, que demonstrou nem sempre ser democrático.

O Estado Social surge como legado do socialismo, vale dizer, pelas reivindicações dos desprivilegiados a um direito de participar do "bem-estar social", entendido como os bens que os homens, através de um processo coletivo, vão acumulando no tempo. São os chamados *direitos humanos de segunda geração*, previstos pelo *welfare state*;[55] são direitos de crédito do indivíduo em relação à coletividade. São os direitos à saúde, ao trabalho, à educação etc., que tem como sujeito passivo o Estado, e como titular o mesmo dos direitos de primeira geração, ou seja, o homem na sua individualidade.[56]

Governo federal a organização de um sistema de seguro nacional (Norberto Bobbio, Nicola Matteucci, Gianfranco Pasquino, *Dicionário de política*, p. 403).

53. Paulo Bonavides observa que, a par dos importantes direitos positivados, a grande falha dessa Constituição foi a falta de previsão dos mecanismos que garantissem a aplicação efetiva e imediata das medidas econômicas exigidas pelo interesse social. Assim sendo, não houve uma distribuição mais justa da riqueza e nem a redução da influência do poder econômico sobre o político (Paulo Bonavides, *Constituição e constituinte*, p. 84).

54. Essa Constituição, alerta Paulo Bonavides, elaborada na cidade de Weimar, foi além da Constituição mexicana de 1917, ao dispor de uma série de normas que procuravam impedir a existência de uma classe privilegiada e dominadora frente a outras condenadas à submissão e à miséria (Paulo Bonavides, ob. cit., p. 84).

55. Trata-se do Estado do Bem-Estar, ou Assistencial, definido de início como o Estado que garante "tipos mínimos de renda, alimentação, saúde, habitação, educação, assegurados a todo o cidadão, não como caridade mas como direito políticos". Para alguns autores, as primeiras formas de *Welfare* visavam, na realidade, fazer frente ao avanço do socialismo, procurando colocar o trabalhador na posição de dependência em relação ao Estado, mas, contudo, deram origem a algumas formas de política econômica que acabaram por mudar irreversivelmente a face do Estado contemporâneo (Norberto Bobbio, Nicola Matteucci, Gianfranco Pasquino, *Dicionário de Política,* pp. 416 e 403).

56. Celso Lafer, ob. cit., p. 127; Paulo Bonavides, ob. cit., p. 517.

Nesse sentido, a igualdade puramente formal e abstrata do Estado de Direito foi buscar a sua realização material no Estado Social de Direito, que, no entanto, não conseguiu assegurar a justiça social e nem a verdadeira participação democrática do povo no processo decisório estatal. O Estado Democrático de Direito visa a corrigir essa falha, propondo assegurar a efetiva participação do povo nas decisões políticas do Estado e nas riquezas produzidas.

No Estado moderno, constitucional e democrático "(...) a essência do processo de poder consiste no intento de estabelecer um equilíbrio entre as diferentes forças pluralistas que se encontram competindo dentro da sociedade estatal, sendo garantida a devida esfera para o livre desenvolvimento da personalidade humana".[57]

Observe-se que o Estado Democrático de Direito "(...) não significa apenas unir formalmente os conceitos de Estado Democrático e Estado de Direito. Consiste, na verdade, na criação de um conceito novo, que leva em conta os conceitos dos elementos componentes, mas os supera na medida em que incorpora um componente revolucionário de transformação do *status quo*".[58]

Portanto, podemos concluir que a democracia pretendida pelo Estado Democrático de Direito há de ser: "(...) um processo de convivência social numa sociedade livre, justa e solidária (...), em que o poder emana do povo, e deve ser exercido em proveito do povo, diretamente ou por representantes eleitos (...); participativa, porque envolve a participação crescente do povo no processo decisório e na formação dos atos de governo; pluralista, porque respeita a pluralidade de idéias, culturas e etnias e pressupõe assim o diálogo entre opiniões e pensamentos divergentes e a possibilidade de convivência de formas de organização e interesses diferentes da sociedade; há de ser um processo de liberação da pessoa humana das formas de opressão que não depende apenas do reconhecimento formal de certos direitos individuais, políticos e sociais, mas especialmente da vigência de condições econômicas suscetíveis de favorecer o seu pleno exercício".[59]

2.3.1 Soberania estatal, de Jean Bodin aos dias de hoje

Entre os romanos o poder de soberania era denominado de *suprema potestas*, significando o poder supremo do Estado na ordem política e

---
57. Karl Loewenstein, *Teoría de la Constitución*, p. 27 (tradução livre do autor).
58. José Afonso da Silva, *Curso de Direito Constitucional Positivo*, p. 119.
59. Idem, ibidem, p. 120.

administrativa. Posteriormente, este passou a ser chamado de poder de *imperium*, com amplitude internacional.[60]

O termo soberania vem do latim *superanus, supremitas*, ou *super omnia*, também sofrendo influência da expressão francesa *souveraineté*.

Sinteticamente podemos afirmar ser soberania estatal o poder inerente ao Estado como entidade jurídica dotada de vontade própria. Nesse passo, é um elemento essencial do Estado; por isso, não há falar em Estado sem soberania.

É certo, contudo, que o conceito de soberania estatal vem sofrendo mutações no decorrer do tempo, conforme verificaremos mais adiante.

A *soberania absoluta do rei*, como teoria, foi sistematizada inicialmente no século XVI, na França, e teve como um dos seus principais teóricos Jean Bodin, que a entendia como sendo: "a soberania do rei é originária, ilimitada, absoluta, perpétua e irresponsável em face de qualquer outro poder temporal ou espiritual".[61]

É a soberania na sua visão legal, na medida em que o rei é soberano quando faz a lei sem sofrer limites impostos por ela, estando na condição de *supra legem*. Segundo afirmou Bodin, os costumes, que antes serviam de base para a administração da justiça, já não podem limitar o monarca, pois uma lei pode ab-rogar um costume, enquanto este não pode ab-rogar uma lei.[62]

Isso ocorreu pela imperiosa necessidade de unificação e de concentração do poder, visando a reunir numa única instância o monopólio da força em um determinado território e sobre uma determinada população, sendo, no caso, o Estado o fator de máxima unidade e coesão política.

Considerados esses aspectos, a soberania se traduz como o poder de mando em última instância, realizando-se na figura do monarca, em sua dupla função política: a interna, com a neutralização dos conflitos entre os seus súditos, e a externa, decidindo acerca da paz e da guerra com relação aos demais Estados. Portanto, o monarca internamente é

60. Said Maluf, *Teoria Geral do Estado*, p. 30.
61. Essa doutrina, que tem suas raízes nas antigas monarquias, que tinham seu fundamento no direito divino dos reis, firmou-se nas monarquias medievais e consolidou-se nas monarquias absolutistas, alcançando o seu apogeu com a doutrina de Maquiavel. Na França, os monarcas com base na doutrina de Richelieu, Fénelon, Bossuet e outros "(...) levaram o absolutismo às suas últimas conseqüências, identificando na pessoa sagrada do rei o próprio Estado, a soberania e a lei" (Said Maluf, ob. cit., p. 31).
62. Norberto Bobbio, Nicola Matteucci, Gianfranco Pasquino, *Dicionário de Política*, p. 1.182.

absolutamente supremo com relação aos seus súditos; e, externamente, se vê em situação de igualdade aos demais soberanos.[63]

Entre os contratualistas, afirmava Hobbes que, ao instituírem o Estado por meio de pacto, passava este a ser irretratável e os homens ficavam definitivamente submetidos ao poder do soberano absoluto. Por conseguinte, o cidadão abdica do seu direito de resistir.[64] Além disso, nenhum *dos atos ou juízos do soberano instituído* pode se constituir em injúria contra os súditos. Portanto, aquele que detém o poder soberano não está sujeito às leis formuladas por ele mesmo.[65]

Em seguida, com a Revolução Francesa, surgem duas teorias sobre a soberania: a da *soberania popular* e a da *soberania nacional*.

A teoria da *soberania popular*, defendida por Rousseau, tem como base a idéia do contrato social, em que os homens, verificando as suas limitações, resolvem se agregar, dando origem ao Estado, de forma que *cada indivíduo põe a sua pessoa e todo o seu poder sob a suprema direção da vontade geral*. Esse poder, dirigido pela vontade geral, é identificado como *poder soberano*, que se revela na forma de lei, que é o norte obrigatório a ser seguido pelos que detêm o poder executivo. Nesse aspecto, frisa Rousseau, esses *não são os senhores do povo, mas seus oficiais; que este pode nomeá-los ou destituí-los quando lhe aprouver*.[66]

Considerada, na visão rousseauniana, indelegável, a soberania popular afasta a idéia de representação política. Vale dizer: os deputados não são representantes do povo, mas seus comissários; conseqüentemente, toda lei editada deve ser ratificada diretamente pelo povo. Entretanto, admite Rousseau que a execução cabe ao governo, que pode se apresentar em três formas básicas: a monarquia, a aristocracia e a democracia.[67]

A teoria da *soberania popular*, fulcrada nas idéias de Rousseau, não se confunde com a teoria da *soberania nacional*, preconizada por

63. Norberto Bobbio, Nicola Matteucci, Gianfranco Pasquino, *Dicionário de Política*, p. 1.180.
64. Thomas Hobbes, *"De cive": elementos filosóficos a respeito do cidadão*, pp. 100, 106. Sobre o direito de resistência, veja-se Maria Garcia, *Desobediência civil: direito fundamental*, pp. 134-162.
65. Thomas Hobbes, *Leviatán o la materia, forma y poder de una republica eclesiástica y civil*, pp. 142-145, 218, 266.
66. Jean-Jaques Rousseau, *O contrato social*, pp. 20, 22, 39, 47 e 108. Como se observa, a soberania identificada com o poder de legislar é levada a extremas conseqüências por Rousseau, com o conceito da vontade geral; portanto, o soberano pode fazer única e exclusivamente leis gerais e abstratas, e jamais decretos individuais.
67. Jean-Jaques Rousseau, *O contrato social*, pp. 114 e 120.

Emmanuel Joseph Siéyès. Afirma este autor que a soberania é exercida em nome da nação e não do povo.

Siéyès assevera que *nação* e *povo* representam realidades distintas, pois a primeira é o resultado dos interesses permanentes da sociedade historicamente considerada e envolvem gerações futuras; a segunda, ou seja, o povo, é uma comunidade concreta, portanto, presente. Nesse aspecto, não pode a soberania se resumir na vontade do povo, pois colocaria em risco os interesses das gerações futuras. O supremo poder do Estado deve estar dirigido aos interesses permanentes da sociedade. Enfim, como as gerações que se sucedem formam a nação, esta é o fundamento da soberania.[68]

No decorrer do tempo, as doutrinas da *soberania popular* e a *da soberania nacional* acabaram por se fundir, dada a dificuldade de se definir a *nação*, que passou a ser identificada com o povo. Desta feita, resultou ser o *povo o titular da soberania*; contudo, prevaleceu o entendimento de Siéyès quanto à independência do representante perante o eleitorado.[69]

A soberania popular se manifesta através do poder constituinte, que dá conformidade, através da Constituição, aos órgãos e poderes constituídos, instaurando o ordenamento, onde estão dispostas as regras que permitem a sua modificação e sua aplicação.[70]

A soberania, nos moldes tratados, é entendida como sendo *absoluta, perpétua, indivisível, inalienável* e *imprescritível*.

A soberania popular é *absoluta*, por não sofrer limitações por parte das leis. É *perpétua*, por ser uma característica intrínseca do poder de organização política, não se confundindo com as pessoas físicas que a exercem. É *una*, portanto, *indivisível*, por ser inadmissível mais de uma autoridade num mesmo território; nesse sentido, o poder soberano delega atribuições, divide competências, mas não reparte a soberania. *Inalienável* é a característica intrínseca da natureza da soberania, pois a vontade coletiva do corpo social é personalíssima, portanto, não alienável e não transferível a outrem, sendo exercida, como vimos, através de representantes. Por fim, a soberania nacional é *imprescritível*, significando

---

68. Marcus Cláudio Acquaviva, *Teoria Geral do Estado*, pp. 44-45.
69. Marcus Cláudio Acquaviva, *Teoria Geral do Estado*, p. 46.
70. Norberto Bobbio, Nicola Matteucci, Gianfranco Pasquino, *Dicionário de Política*, p. 1.185.

dizer que não sofre limitações no tempo, de forma que, quando a nação se organiza em Estado soberano, o faz de forma definitiva e eterna.[71]

As Escolas *alemã* e *austríaca* divergem fundamentalmente das doutrinas que afirmam que a soberania tem por fundamento o povo (Rousseau) ou a nação (Siéyès), dando origem à teoria da *soberania do Estado*. Jellinek, expoente máximo dessa teoria, parte do pensamento filosófico de von Ihering, segundo o qual a soberania é apenas uma qualidade do poder do Estado, definindo-a como princípio de capacidade de autodeterminação do Estado por direito próprio e exclusivo, donde se segue que, havendo um Direito, o direito positivo, é antecedido e criado pelo Estado e para o Estado e não o Estado para o Direito; então, a soberania é um poder jurídico, um poder de direito – ela tem a sua fonte e a sua justificativa na vontade do próprio Estado.[72]

Para essas escolas, que têm como seus grandes expoentes Jellinek e Kelsen, a soberania, como já anotado, é um direito do Estado, em caráter absoluto, significando dizer que não sofre limitação de qualquer espécie, nem mesmo do direito natural, que, aliás, tem existência negada. Portanto, o tecnicismo alemão e o normativismo kelseniano levam à conclusão de que toda forma de coação estatal é legítima, porque tende a realizar o Direito como expressão da vontade soberana do Estado.[73]

Em função dessa conclusão, críticas surgiram a essa linha de pensamento, dizendo-se que, com base nela, desenvolveram-se inúmeras teorias *estadísticas*, que serviram de base doutrinária aos Estados totalitários como o nazista e o fascista.[74]

71. Norberto Bobbio, Nicola Matteucci, Gianfranco Pasquino, *Dicionário de Política*, p. 1.181; Said Maluf, *Teoria Geral do Estado*, p. 33.
72. Marcus Cláudio Acquaviva, *Teoria Geral do Estado*, p. 46; Said Maluf, *Teoria Geral do Estado*, p. 34.
73. Said Maluf, *Teoria Geral do Estado*, p. 34.
74. Na dicção de François Ewald, após a Primeira Guerra Mundial, com o surgimento da URSS e o novo modelo de Direito, baseado nas idéias socialistas, a *Teoria Pura do Direito* permanece imune, segundo Kelsen, a qualquer mudança de poder ou de ideologia da União Soviética, servindo, inclusive, para *pensar igualmente o Direito ocidental e o Direito soviético e que devia fornecer-lhes um terreno de entendimento*. Assevera o autor que, na véspera da Segunda Grande Guerra, enquanto os comparatistas celebravam os princípios comuns dos diferentes Direitos europeus (alguns de características fascistas), surge a experiência nazista, que vem mudar tudo, vez que uma nação *civilizada* e com longa tradição de Direito (a Alemanha) acabou produzindo uma ordem normativa não apenas singular, mas contrária até mesmo às suas normas mais fundamentais. Tal fato colocou em cheque a posição positivista segundo a qual *qualquer conteúdo pode ser de Direito*. Em função disso Ewald defende o emprego dos Princípios Gerais do

A *teoria realista* ou *institucionalista* vem ganhando espaço modernamente, em função das novas realidades mundiais. Por essa teoria, entende-se que a soberania é originária da Nação (quanto à fonte do poder). Contudo, só adquire expressão concreta e objetiva quando se institucionaliza no órgão estatal (quanto ao seu exercício). Torna-se, desta feita, questão menor a polêmica entre as citadas correntes doutrinárias da escola francesa e germânica na disputa pela primazia quanto à titularidade do poder e suas conseqüências. Demais disso, se é certo "(...) que Nação e Estado são realidades distintas, uma sociológica e outra jurídica, certo é também que ambas compõem uma só personalidade no campo no Direito Público Internacional. E neste campo não se projeta a soberania como vontade do povo, senão como vontade do Estado, que é a 'Nação politicamente organizada' (...)".[75]

Esse poder que busca a auto-organização nacional e a autodeterminação, uma vez institucionalizado no Estado, tem o *atributo* e a *qualidade* de ser soberano.[76]

No século XX, o conceito político-jurídico de soberania entrou em crise, quer em termos teóricos, quer práticos. Em termos teóricos, em função da prevalência das teorias constitucionalistas. E em termos práticos, com a crise do Estado moderno, que deixa de exercer o papel de centro único e autônomo de poder, sujeito exclusivo da política e protagonista único na seara internacional.[77]

Para o fim deste monismo contribuíram, concomitantemente, as realidades cada vez mais pluralistas das sociedades democráticas e o movimento por uma colaboração internacional progressivamente mais estreita, que desgastou os tradicionais poderes do Estado soberano. Nesse aspecto, o fator mais relevante se verificou com o surgimento das chamadas co-

---

Direito, como forma, tanto em Direito interno como no Internacional, de recorrer-se às declarações solenes dos direitos fundamentais, vistos pela consciência jurídica como princípios incontornáveis. Por fim, na visão do citado autor, os Princípios Gerais do Direito propõem a existência de algo que um pensamento abstrato designava como impossível, que são as maneiras de pensar graças às quais os homens se livram de tão funesto destino (p. ex: o nazismo), e porque exigem maior atenção aos fatos que às exigências da teoria, bem como porque revelam que a Filosofia para estar de acordo com a sua tradição, deve ser uma Filosofia das práticas da História (François Ewald, *Foucault, a norma e o Direito*, pp. 69 a 71).

75. Said Maluf, *Teoria Geral do Estado*, p. 36.
76. Idem ibidem, pp. 36-37.
77. Norberto Bobbio, Nicola Matteucci, Gianfranco Pasquino, *Dicionário de Política*, p. 1.187.

munidades supranacionais, cujo objetivo é limitar acentuadamente a soberania interna e externa dos Estados-Membros.[78]

Além disso, outros aspectos que fogem ao controle do Estado devem ser tomados em conta: o surgimento no mercado mundial de empresas multinacionais, que possuem poder de decisão independente e que fogem a qualquer controle; os novos meios de comunicação de massa, que possibilitam a formação de uma opinião pública internacional, capaz de, muitas vezes, até, influir nas decisões estatais acerca da paz ou da guerra e o equilíbrio bipolar, tripolar, ou pentapolar, do sistema internacional, dissipando as pretensões beligerantes de pequenas potências.[79]

Portanto, o poder estatal, em sua plenitude, se encontra em crise, não podendo tal fato ser ignorado. Contudo, o poder não deixa de existir, apenas muda a sua forma de organização, que teve como ponto basilar o conceito político-jurídico da soberania.[80] Os fenômenos políticos atuais deverão permitir uma nova síntese político-jurídica, que racionalizará e disciplinará, do ponto de vista jurídico, as novas formas de poder e os seus sujeitos.

3. O Direito Comunitário

3.1 Notas introdutórias

A presença do Direito Comunitário significa uma limitação da soberania, quer seja com a *partilha* quer seja com uma *transferência* de funções soberanas.

Neste sentido, João Campos compreende a limitação das competências soberanas dos Estados compatível com o princípio da soberania nacional, o que, no seu entender, já não ocorre com a *transferência irreversível de competências soberanas* por colocar em xeque a essên-

---

78. Norberto Bobbio, Nicola Matteucci, Gianfranco Pasquino, *Dicionário de Política*, p. 1.187.
79. Idem ibidem., mesma página.
80. Acentua Rosemiro Leal que, "com efeito, o fortalecimento das Instituições e Organismos Comunitários Internacionais ainda não obteve a eficácia de torná-los mais soberanos que as soberanias dos Estados signatários dos estatutos (tratados) dessas Entidades. Os termos 'supranacional' e 'soberania comunitária' indicam somente maneiras de exprimir atuações das Comunidades, não significando propriamente a somatória das soberanias dos Estados componentes" (Rosemiro Pereira Leal, *Soberania e mercado mundial* ..., p. 80).

cia da *soberania-independência*, que tem como fundamento o seu caráter *eminentemente nacional*.[81]

Importa, conseqüentemente, neste caso a distinção entre limitações de soberania e transferência definitiva de poderes soberanos. Desde logo, ressalta Campos que "aceitar 'limitações de soberania' nacional não significa, porém, aceitar a possibilidade de 'transferências' (irrevogáveis) de 'competências soberanas'".[82]

Com efeito a *autolimitação da soberania não afeta a independência do Estado*, que continua livre de qualquer ingerência externa nos seus assuntos internos. Entretanto, com a *transferência definitiva de competências soberanas* do Estado, a organização que delas se beneficia adquire o poder de as exercer em seu lugar e de tomar, contra a vontade do Estado, decisões que o vinculam. Tal transferência implica pois, inevitavelmente, a renúncia a uma parcela da independência – e esta não admite partilha, sob pena de destruição de sua própria essência que é a de ser eminentemente nacional.

Contudo, doutrinadores há que entendem que não existe com o Direito Comunitário a expectativa de destruição da soberania estatal. Pelo contrário, há uma revitalização desta, como bem frisa Maristela Basso:

"O que pretendemos dizer é que o conceito de soberania, ministrado nas aulas tradicionais de Direito Constitucional, quando da definição de Estado, qual seja, a de que este é uma unidade jurídico-política que se compõe de um povo, de um território e de um governo soberano, mudou, pelo menos no âmbito da Europa Ocidental.

"(...) o conceito de soberania veio se modificando no tempo e essa nova organização internacional, chamada CEE/UE, deu nova vida à figura do Estado que, de 'Estado-nação', passou a 'Estado-região'".[83]

Maristela Basso nega a possibilidade da perda de soberania com o Direito Comunitário: "Os estados participantes de organizações como a CEE/UE cedem parcelas de suas competências soberanas para os órgãos da organização, que, com isto, se tornam supranacionais. Porém ao fazê-lo, os Estados-membros da organização não perdem a soberania e sim a compartilham entre eles, a soberania, assim, não é perdida ou destruída, mas sim revisada, revitalizada, amadurecida. Esta é a grande inovação,

---

81. João Mota de Campos, *Direito comunitário*, v. 1, p. 536.
82. Idem ibidem, p. 537.
83. Maristela Basso, "O direito comunitário e o destino das soberanias. Evolução...", in *Painel do XIX Congresso Brasileiro de Direito Constitucional*, pp. 213-214.

que não deve ser esquecida, ao se tratar do conceito moderno de soberania, pois, frise-se, o Estado, ao delegar competência soberana aos órgãos da organização da qual participa, não a perde, mas revê o seu significado e, ao mesmo tempo, a compartilha com os órgãos da organização, diretamente, e com os demais Estados, indiretamente".[84]

3.2 Escorço histórico: União Européia e a formação do Direito Comunitário

Após 500 anos de hegemonia, a Europa perde a posição de protagonista no cenário mundial, assumindo papel secundário, uma vez que após a Segunda Guerra Mundial emergem novas superpotências, que alteram significativamente o quadro político e econômico em nível global. Foi neste momento que o antigo discurso de integração europeu passou a se concretizar.

As manifestações de dois chefes de Estado marcam historicamente o início da concretização do velho sonho europeu: o discurso de Winston Churchill na Universidade de Zurique, em 19.9.1946, quando chegou a lançar a palavra de ordem "da necessidade de se criar os Estados Unidos da Europa",[85] e a declaração preparada por Jean Monnet e proferida por Schuman, em 9.5.1950,[86] com a correspondente aceitação do Governo Alemão, através do Chanceler Konrad Adenauer.

---

84. Maristela Basso, ob. cit., p. 214. Veja-se sobre o assunto o trabalho de Isabel Maria Felgueiras T. de Carvalho, *Noções fundamentais de Direito Comunitário*, p. 167. Afirma essa autora que: "De tudo isso se pode concluir que a limitação da soberania nacional operou-se, mas dentro de certos limites e em nome do crescimento da Nação. Não se trata, portanto, de uma violação da soberania nacional, pois como Barbosa de Melo teve oportunidade de referir, 'a soberania não é um dado, é uma idéia dinâmica' e como tal, acrescente-se, deve adequar-se às realidades da sociedade actual e de um Estado moderno".

85. Vera Thorstensen, *Europa: da cooperação à integração*, p. 32. Aqui algo há a se esclarecer: apesar de Churchill defender os "Estados Unidos da Europa", em nenhum momento propôs nesse discurso a participação da Grã-Bretanha na unificação européia; na verdade, havia a preocupação com o avanço do comunismo diante da fragilizada Europa não-comunista do pós-guerra, daí a proposta de Churchill aos vizinhos europeus. Neste sentido, v. João Mota de Campos, *Direito Comunitário*, pp. 43-46.

86. A declaração preparada por Jean Monnet e proferida pelo Ministro dos Negócios Estrangeiros francês, Robert Schuman, propôs "colocar o conjunto da produção franco-alemã do carvão e do aço sob o controle duma Alta Autoridade comum, numa organização aberta a todos os outros países da Europa". Schuman, que via a CECA como "os primeiros cimentos concretos de uma federação européia indispensável à manutenção da paz", entendia que "a Europa não se construirá de uma assentada, nem surgirá

As Comunidades Européias nascem, quando se aliaram à iniciativa da França e Alemanha, a Itália e os membros do BENELUX (Bélgica, Países Baixos e Luxemburgo). Aliás, para alguns doutrinadores,[87] o BENELUX teve o significado de *plano piloto* da integração econômica do continente.

Reunidos os representantes dos "Seis"[88] em Conferência que teve início em Paris, em 20.6.1950, ratificaram um tratado em 18.4.1951, que instituiu a Comunidade Européia do Carvão e do Aço (CECA),[89] e que entrou em vigor em 25.7.1952, com duração prevista para 50 anos e aberta a todos os países da Europa.

Portanto, com a assinatura e posterior entrada em vigor do Tratado de Paris (CECA), ocorre a criação de novo sistema jurídico-político, através da associação dos signatários à nova entidade supranacional, que teve inicialmente o papel de gestão comum da produção do carvão e do aço destes. Nesse sentido, a indústria alemã do aço tinha interesse sobre os depósitos de minério situados no nordeste da França, e a indústria francesa, por sua vez, tinha interesse pelas jazidas alemãs de carvão.[90]

como um conjunto acabado; construir-se-á através de realizações concretas que criem, em primeiro lugar, uma solidariedade de fato" (Jorge de Jesus Ferreira Alves, *Lições de Direito Comunitário*, p. 25).

87. Com relação ao BENELUX, que viu o seu projeto de criação nascer durante a Segunda Guerra Mundial, Celso Ribeiro Bastos, Cláudio Finkelstein (in *MERCOSUL: lições do período de transitoriedade*, p. 15) recomendam maior estudo, em função da similitude entre o tamanho das economias dos países que o compõem e as dos membros do MERCOSUL.

88. França, Alemanha, Itália e os membros do BENELUX (Bélgica, Países Baixos e Luxemburgo).

89. Antes, porém, da criação da CECA uma outra organização foi criada e, por ser insistentemente citada pelos doutrinadores que estudam o assunto, lhe faremos menção. Contudo, frise-se desde logo, tal organização não tinha o caráter de injunção sobre os Estados participantes (as decisões eram por consenso); na verdade tinha a finalidade de *mera cooperação*. Esta organização foi a Organização Européia de Cooperação Econômica-OECE, criada em 16.4.1948, através da Convenção de Paris, visando ao entendimento quanto à forma de divisão e utilização do auxílio econômico-financeiro norte-americano proposto pelo General Marshall em famoso discurso na Universidade de Harvard em 5.6.1947, em função disso, quando este auxílio americano foi concretizado através da Lei de 2.4.1948 (*European Recovery Program)*, passou a ser conhecido como "Plano Marshall". No mesmo sentido, v. João Mota de Campos, *Direito Comunitário*, pp. 56-58.

90. A CECA também teve, na ocasião, uma função pacificadora entre os seus integrantes, uma vez que sequer havia sido assinado um Tratado de Paz entre a França e a Alemanha, inimigos na Segunda Guerra Mundial.

Nesse passo, os "Seis" assinam em Roma, em 25.3.1957, o Tratado da Comunidade Econômica Européia (CEE) e o Tratado da Comunidade Européia de Energia Atômica (CEEA ou EURATOM), ambos entrando em vigor no dia 1º.1.1958.

O Tratado da CEE ampliou o Tratado CECA, abrangendo, além da produção de carvão e aço e da circulação de mercadorias, liberdade de circulação de pessoas e capital. Por sua vez, a CEEA tinha a finalidade de desenvolvimento pacífico da energia atômica.

As Comunidades Européias (CECA, CEE e CEEA) sofrem uma fusão em 1965, passaram a se denominar *Comunidade Européia* (CE). Anota Vera Thorstensen: "O Parlamento Europeu, em 1978, adotou uma Resolução sobre a Denominação Única da Comunidade, considerando que a designação CE-Comunidade Européia é a apropriada para referir o conjunto das instituições criadas pelos Tratados, assim como o agrupamento formado pelos seus Estados-Membros".[91]

A Cimeira de Chefes de Estado e de Governo de Haia em 1º e 2.12.1969 decide por uma nova etapa no processo de integração, ou seja, o estabelecimento da *união econômica e monetária*.

Na cidade de Bruxelas, em 22.1.1972, é assinado o Tratado de Adesão da Noruega, Grã-Bretanha, Dinamarca e Irlanda. Contudo efetivou-se apenas o ingresso de três novos Estados, em função do resultado negativo do referendo realizado na Noruega em 23.9.1972, em que os noruegueses, por 53,9% dos votos, decidiram pelo não ingresso na CE, o que causou grave crise, levando à queda do Ministério norueguês.

O ingresso na CE da Grã-Bretanha significou um grande marco no processo de integração da Europa, passando a CE a ser conhecida como o grupo dos "Nove".

A partir de 1978, a França, liderada por Giscard d'Estaing, e a Alemanha, por Helmut Schmidt, passaram a defender a criação de um Sistema Monetário Comum. Este sistema é criado no Conselho Europeu de Bruxelas, em dezembro de 1978, passando a funcionar em janeiro de 1979.[92] A segunda ampliação se deu com o ingresso da Grécia, mediante o Tratado de Adesão assinado na cidade de Atenas, em 28.5.1979, que entrou em vigor em 1º.1.1981.

O ingresso de Espanha e Portugal caracteriza a terceira ampliação ou alargamento da CE. A entrada da Espanha se deu pelo Tratado de

---

91. Vera Thorstensen, *Europa: da cooperação à integração*, p. 37.
92. Vera Thorstensen, ob. cit., p. 176.

Adesão à Comunidade, assinado em Madri, em 12.6.1985. A entrada de Portugal se deu na mesma data, em razão da assinatura do Tratado de Adesão, na cidade de Lisboa.[93] Ambos os Estados tiveram os seus ordenamentos jurídicos alterados, em função da inserção do Direito Comunitário. A partir de então a CE passou a contar com 12 membros.

A assinatura do Tratado de Maastricht[94] se deu em 7.2.1992 e, após longas discussões, dificuldades para ser referendado na Dinamarca e França e debates acirrados no Parlamento britânico, entrou em vigor no dia 1º.11.1993. A mais ambiciosa meta da Comunidade, que passa a se chamar de *União Européia* por este tratado, foi o projeto de união monetária implementado inicialmente em 1999 com a adoção da moeda única, o *euro*, e, numa fase posterior, a partir de 1º.1.2002 (data limite para que as notas e as moedas metálicas em euro entrassem em circulação com curso legal), a circulação plena dessa moeda.

Assevera Paulo Roberto de Almeida, com relação à União Européia e ao Tratado de Maastricht, o seguinte: "A União Européia é definida pelo Tratado de Maastricht como um 'quadro institucional único', mas essa união não possui uma personalidade jurídica, ao mesmo título que, anteriormente, as comunidades Européias".[95]

Em 1994, Áustria, Finlândia e Suécia que integravam até então a EFTA, se retiram dessa organização. Em seguida, em 1995, os três Estados passam a integrar a União Européia. Desta forma, a União Européia em 1995 alcançou o número de membros atual, ou seja, quinze Estados.[96]

---

93. Por este motivo, Portugal abandona a EFTA (ou AELC).
94. Em 10.12.1991 foi acertada a versão final do Tratado de Maastricht.
95. Paulo Roberto de Almeida, *MERCOSUL: fundamentos e perspectivas*, p. 29. O mesmo autor complementa, com relação às dificuldades e contradições desta nova União Européia de Maastricht, notadamente com relação à direção política delegada ao Conselho Europeu: "Essa realidade é o resultado de uma contradição nunca resolvida, praticamente desde o início do processo de integração, entre as impulsões supranacionais de alguns de seus ideólogos e promotores e as realidades mais prosaicas da afirmação das soberanias nacionais promovida por políticos e burocratas dos países-membros. Com efeito, o debate sobre a estrutura do tratado de Maastricht mergulha suas raízes no passado da integração européia, caracterizada pela oposição sempre renovada entre os partidários de uma abordagem intergovernamental. Ela traduz concepções diferentes da União Européia e se abre, em conseqüência, a controvérsias filosóficas e ideológicas" (ob. cit., p. 29).
96. Atualmente é discutido na UE a sua expansão, já havendo 11 Estados candidatos à adesão como membros. Em 1988, líderes, representando Estados candidatos da Europa Oriental e Central, iniciaram as discussões como os membros da UE. As perspectivas é de que a União possa contar em 2003 com 21 membros e, em 2010 com 26

O último grande e importante tratado firmado no seio da União Européia é o chamado Tratado de Amsterdã, que foi fruto da Conferência Intergovernamental lançada em 2.3.1996, durante o Conselho Europeu de Turim. Adotado no Conselho Europeu de Amsterdã de 16 e 17.6.1997, foi assinado em 2.10.1997. Ratificado por todos os Estados-membros, entrou em vigor em 1º.5.1999.

Os tratados que instituem a União Européia e as Comunidades Européias têm-se tornado cada vez mais complexos e, por isso mesmo, cada vez menos compreensíveis.

A Conferência de 1996 efetuou um trabalho de simplificação dos tratados, num exercício distinto das negociações de fundo sobre a revisão destes. No que se refere à codificação dos tratados, estes sofreram uma fusão sem alterar ou reabrir o debate sobre o acervo, o que levou a Conferência a não proceder a uma codificação oficial, mas a optar por uma consolidação oficiosa de todos os tratados pertinentes, incluindo o Tratado da União Européia.

As alterações ao Tratado, relativas à liberdade, segurança e justiça, permitem, pela primeira vez, a tomada de medidas em caso de violação grave e persistente de direitos fundamentais por parte de um Estado-Membro, visando à proteção dos direitos fundamentais. Neste sentido, é abordada a questão do asilo para os nacionais de Estados-Membros da União.

3.3 Conceito de Direito Comunitário

O Direito Comunitário é ligado à existência de organizações supranacionais, ou seja, as uniões internacionais de Estados. Este Direito necessariamente demanda a limitação da competência das autoridades nacionais em favor dos órgãos que compõem a estrutura das Comunidades.[97] É, portanto, originário das convenções internacionais como a

---

membros. Cinco Estados que faziam parte do "bloco comunista", Polônia, Hungria, República Tcheca, Estônia e Eslovênia e mais o Chipre fazem parte do grupo da chamada "primeira onda" de novas adesões à UE. Em seguida vêm os Estados da "segunda onda", Bulgária, Letônia, Lituânia, Romênia e Eslováquia, e, apesar de já terem iniciado as negociações, têm ainda mais de dez anos pela frente para serem admitidos na UE. A Turquia, por ainda apresentar problemas com vários compromissos relacionados aos direitos humanos e democracia nas instituições, foi deixada de fora da lista de países aspirantes em dezembro de 1997, na conferência da União Européia, realizada em Luxemburgo.

97. J. J. Gomes Canotilho, *Direito Constitucional*, p. 902.

expressão de direito do desejo de integração internacional de âmbito regional, onde se busca a integração econômica e jurídico-institucional.

Podemos resumir a três os princípios básicos desse Direito: a) o de *aplicabilidade direta* de suas normas sobre o ordenamento jurídico interno dos Estados-membros;[98] b) o de *primazia* ou *supremacia* de suas normas sobre o ordenamento jurídico dos Estados-Membros;[99] c) o de *uniformidade na interpretação* de suas normas nos Estados-Membros.[100]

Por derradeiro cumpre observar que a característica principal do Direito Comunitário é a capacidade das organizações comunitárias, ou supranacionais, de vincularem diretamente às suas decisões a pessoa comunitária (física ou jurídica), ou seja, a nacional de um dos Estados-Membros, que, por sua vez, também são vinculados. Tal característica possibilita ao indivíduo comunitário invocar contra o próprio Estado-Membro (efeito direto vertical) ou contra outros particulares (efeito direto horizontal), a aplicação das normas comunitárias.

3.4 *Natureza jurídica do Direito Comunitário*

Existe um acirrado debate sobre a natureza jurídica do Direito Comunitário.

O Direito Comunitário europeu é formado pelas normas de âmbito interno dessa Comunidade, compondo um ordenamento singular, a partir dos tratados constitutivos, caracteristicamente supranacional, obrigando, portanto, diretamente as instituições comunitárias, os Estados-Membros, as pessoas físicas e jurídicas, criando obrigações e direitos. Entendemos que se trata de um ramo independente da Ciência Jurídica, uma vez que se apresenta autônomo e integrado aos Direitos dos Estados-Membros.

---

98. Esse princípio assegura às normas comunitárias efeito direto na esfera jurídica dos particulares (Isabel Maria Felgueiras T. de Carvalho, *Noções fundamentais de Direito Comunitário*, p. 58).

99. Por esse princípio, quando houver um conflito entre as normas que compõem o ordenamento jurídico de um Estado-Membro e as normas de Direito Comunitário, deverse-á decidir sempre em favor destas em detrimento do ordenamento jurídico nacional (Isabel Maria Felgueiras T. de Carvalho, *Noções fundamentais de Direito Comunitário*, p. 58).

100. O princípio se revela na interpretação e aplicação uniformes do Direito Comunitário, asseguradas por um Tribunal das Comunidades, em cooperação com juízes nacionais (Isabel Maria Felgueiras T. de Carvalho, *Noções fundamentais de Direito Comunitário*, p. 59).

Tal Direito não se confunde com o Direito Público Internacional, como bem assinala Paul Reuter, a "existência de vontade própria da organização, elemento solidário da expressão da personalidade jurídica da organização".[101] Portanto, na medida em que o ordenamento jurídico da União Européia é formado por vontade independente da de seus membros, por meio de seus órgãos e segundo suas normas constitutivas, conjugando objetivos econômicos, políticos e sociais, resta evidente o seu caráter supranacional e autônomo, já que passa a se integrar ao ordenamento interno dos Estados-Membros, sobrepondo-se ao Direito nacional.

Cabe notar, no caso da União Européia, que se encontra em avançado estágio de desenvolvimento comunitário a sua tendência a se afastar do modelo tradicional de uma Organização Internacional, para se aproximar de um modelo de Estado federal atípico, na medida em que a maior parte das normas que compõem o seu Direito Comunitário tem aplicação direta no âmbito dos Estados-Membros, que permanecem soberanos.

3.5 Fundamento constitucional do Direito supranacional

A expressão *supranacional* no contexto da unificação européia parece ter sido utilizada pela primeira vez pelo autor Arthur Salter, como bem observa João Campos. Entretanto, a oficialização do termo é conferida a Robert Schuman, em dois momentos: primeiro, na sua manifestação perante a Assembléia Nacional Francesa sobre o projeto da CECA; em seguida, ao favorecer a introdução da expressão no texto do Tratado de Paris (art. 9º, da redação primitiva).[102] Contudo, não foi empregada no texto final desse Tratado criador da CECA.

Robert Schuman, prefaciando a obra sobre a CECA de Paul Reuter, apresentou as linhas gerais do seu conceito de supranacionalidade, definindo-a como um meio-termo entre o individualismo internacional – que considera intocável a soberania, somente limitável pelas obrigações consensuais, ocasionais e revogáveis –, e a federação de Estados.[103]

João Campos, sobre a supranacionalidade das organizações internacionais, conclui que, essencialmente, são duas as suas características:

---

101. Paul Reuter, *Principes de Droit International Public*, RCADI, 1961 – II, t. 103, pp. 425-656.
102. João Mota de Campos, *Direito Comunitário*, v. 1, p. 525.
103. Idem ibidem., mesma página.

"a autonomia dos seus órgãos em relação aos Estados-Membros e o imediatismo dos poderes exercidos".[104]

Evidentemente, quando se afirma que o Direito Comunitário é autônomo, em vista da formação e aplicação de suas normas a despeito da vontade dos Estados-Membros, implica também a afirmação de que há nesse fenômeno *uma limitação da competência das autoridades nacionais a favor dos órgãos comunitários*.[105]

Neste passo, importa saber, no dizer de Canotilho, "(...) qual o fundamento ou autorização constitucional para que esta limitação de soberania, conducente a uma partilha ou transferência de funções soberanas dos órgãos estaduais para os órgãos das organizações supranacionais".[106]

Canotilho identifica na Constituição alemã (art. 24º, 1), na italiana (art. 11º) e na portuguesa (arts. 7º, 6 e 8º, 3), as disposições normativas autorizadoras dessa delegação de funções soberanas.

No presente trabalho, faz-se uma análise das repercussões do Direito Comunitário sobre todas as Constituições dos Estados-Membros da União Européia, indicando-se o fundamento constitucional desse Direito em cada Constituição.

4. As repercussões do Direito Comunitário sobre as Constituições dos Estados-Membros da União Européia

4.1 Aspectos gerais

São de particular interesse para o presente trabalho as mudanças efetivadas nas Constituições dos Estados-Membros da União Européia, a respeito do Direito Comunitário. As alterações constitucionais provocadas por esta nova realidade jurídica, no nosso entender, têm o condão de atestar, cabalmente, que alguns Estados europeus conseguiram retirar do plano meramente retórico o antigo desejo de uma integração econômico-política, para implantá-lo no solo fértil do mundo real.

---

104. Nesse sentido, afirma o autor: "a 'autonomia dos seus órgãos' em relação aos Estados-Membros e o 'imediatismo dos poderes exercidos', traduzido em que a norma ou injunção concreta (decisão) emanada desses órgãos autónomos é 'diretamente aplicável e plenamente eficaz na ordem jurídica dos Estados', independentemente de qualquer acto nacional destinado a operar a sua transformação ('nacionalização')" (João Mota de Campos, ob. cit., v. 1, pp. 527-528).
105. J. J. Gomes Canotilho, *Direito constitucional*, p. 902.
106. Idem ibidem.

Evidente que a amplitude e o sucesso desta inovadora experiência comunitária dependem de uma ilimitada série de fatores jurídicos, políticos, sociais, econômicos e culturais dos povos envolvidos. Por isso mesmo, não se pode assegurar de antemão um maior aprofundamento e sucesso do processo integracionista. Contudo, as alterações constitucionais promovidas pelos membros da União Européia, em seus respectivos ordenamentos, revelam que, juridicamente, foi dado um passo decisivo e firme no sentido de uma maior integração.

Como se verá nas linhas a seguir, as alterações constitucionais promovidas pelos Estados-Membros da União Européia se deram de forma e abrangência diferentes. Alguns optaram por disposições constitucionais genéricas ou resumidas, outros por disposições mais longas e detalhadas acerca do Direito Comunitário e da União Européia. Entretanto, ponto comum entre todas essas realidades constitucionais é a previsão do Direito Comunitário.

As alterações das citadas Constituições revelam, de forma cristalina, dois aspectos sobre a presença do Direito Comunitário: primeiro, que é inevitável uma adequação das Constituições dos Estados envolvidos no processo de integração; segundo, que essa adequação importa em reflexos diretos e importantes sobre o Direito Constitucional e, mais especificamente, com relação à noção de soberania estatal.

Nesse sentido, passaremos à análise dos dispositivos constitucionais dos 15 Estados-Membros, que hoje permitem o ingresso das disposições do Direito Comunitário nos respectivos ordenamentos jurídicos.

4.2 *As Constituições dos Estados-Membros*

4.2.1 A Constituição da Alemanha

A Alemanha Oriental e a Ocidental foram reunificadas em outubro de 1990. O país é agora composto por 16 Estados (*Länder*). Os Estados têm considerável autonomia no quadro da Federação alemã, tal como definido pelas constituições federal e estaduais.

A ratificação do Tratado de Maastricht, em 1992, gerou uma série de reformas de grande envergadura no texto constitucional da República Federal da Alemanha. O art. 23, com o título *A União Européia*, nos seus vários itens, notadamente o número 1, reconhece que o desenvolvimento da União Européia se constitui em um objetivo do Estado alemão, bem como expressamente prevê a possibilidade de cessão de direitos de soberania.

Uma sentença do Tribunal Constitucional Federal, de 12.10.1993, admitiu a legitimidade destas reformas e, uma vez realizadas, a compatibilidade do Tratado de Maastricht com a Lei Fundamental.

Dispõem os arts. 23, 24 e 25 da Constituição alemã de 23.5.1949, com as reformas introduzidas em 27.10.1994, *in verbis*:

"Artigo 23.

"(1) Em ordem à realização de uma Europa unida, a República Federal da Alemanha coopera no desenvolvimento da União Européia, que deverá ajustar-se aos princípios do Estado Democrático, de Direito, Social e Federal assim como ao princípio da subsidiariedade e que garanta uma tutela dos direitos fundamentais equivalente em suas linhas essenciais à dispensada por esta Lei Fundamental. Nesse sentido a Federação poderá transferir direitos de soberania por via de uma lei que requeira aprovação do Conselho Federal. O estabelecido nos itens segundo e terceiro do art. 79 será de aplicação no relativo à fundação da União Européia assim como às modificações dos tratados constitutivos e demais normas equiparáveis, que suponham em si mesmas uma alteração ou complemento dos conteúdos da Lei Fundamental ou possibilitem que eles se levem a cabo.

"Artigo 24 [Sistemas coletivos de segurança]

"(1) Por meio de uma lei a Federação poderá transferir direitos de soberania a organizações interestatais. (...)

"Artigo 25 [O direito internacional como integrante do ordenamento interno]

"As regras gerais do direito internacional público são elemento integrante do direito federal. Têm primazia sobre as leis e geram de modo direto direitos e deveres para os habitantes do território da Federação".[107]

4.2.2 A Constituição da Áustria

As mudanças ocorridas no texto da Constituição da Áustria se assemelham às mudanças verificadas na Constituição alemã, inclusive com a introdução de um novo título, denominado *União Européia*, que, nos artigos 23-a a 23-f, regula extensamente a matéria.

Interessante notar que, na Áustria, as leis ordinárias podem também conter disposições constitucionais, que afetam o próprio texto da Cons-

---

107. Tradução livre do autor.

tituição. Desde a década de vinte, esta Constituição vem sendo reformada, sofrendo contínuas variações de conteúdo.

A Constituição austríaca de 1920 conta com diversos dispositivos que tratam do Direito Comunitário; inclusive, no art. 9, prevê a transferência de direitos de soberania. Portanto, os artigos são os seguintes:

"Artigo 9.

"1. As normas geralmente reconhecidas do Direito Internacional terão validade enquanto parte integrante do Direito federal.

"2. Mediante lei ou tratado de Estado, aprovado segundo o artigo 50, parágrafo 1, poderão transferir-se direitos de soberania da Federação às instituições e aos seus órgãos e poderá ser regulada no âmbito do Direito Internacional a atividade dos órgãos de Estados estrangeiros no país, assim como a dos órgãos austríacos no exterior".

"Artigo 50.

"1. Os tratados internacionais de natureza política e unicamente aqueles outros cujo conteúdo modifique ou complete leis e não estejam previstos pelo artigo 16, item 1, poderão ser concluídos unicamente com a autorização do Conselho Nacional. Na medida em que tais tratados regulem matérias pertencentes ao âmbito de atuação autônoma dos *Länder*, precisarão, além disso, da aprovação do Conselho Federal".

"Artigo 23. (...)

"5. Os *Länder* estão obrigados a tomar as medidas que sejam necessárias em seu âmbito autônomo de decisão para a execução de atos jurídicos no âmbito da integração européia. No caso de que um *Länd* não cumpra, no tempo adequado, tal obrigação e ela seja constatada frente a Áustria por um Tribunal no âmbito da União Européia, transferir-se-á a competência sobre tais medidas, e especialmente as correspondentes à adoção das leis específicas, para a Federação. Uma medida tomada pela Federação conforme este preceito, especialmente uma lei ou um regulamento aprovados de tal modo, deixarão de vigorar tão logo o *Länd* tenha tomado as medidas exigidas. (...)

"Artigo 23-e. (...)

"2. Na hipótese de que se faça presente ante o membro competente do Governo Federal um informe do Conselho Nacional sobre um projeto no âmbito da União Européia que se tenha de realizar mediante lei federal, ou este dirigido para a adoção de um ato jurídico diretamente aplicável, que afete matérias reguláveis mediante lei federal, então estará vinculado o tal informe respectivo às negociações e votações da União Européia. Somente poderá apartar-se do mesmo por motivos imperativos de política exterior ou de integração".[108]

"Artigo 167.

"§ 1º. O Rei dirige as relações internacionais, sem prejuízo da competência das Comunidades e Regiões para regular a cooperação internacional, incluindo a conclusão de tratados para as matérias que correspondam às suas competências por ou em virtude da Constituição.

"Nenhuma cessão, intercâmbio, nenhuma anexação de território, poderá ter lugar salvo em virtude de uma lei.

"§ 2º. O Rei conclui os tratados, com exceção daqueles que se refiram às matérias mencionadas no § 3º. Tais tratados somente terão eficácia depois de haverem recebido o assentimento das Câmaras.

"§ 3º. Os Governos de Comunidade e de Região mencionados no artigo 121, concluirão cada um, no que o afete, os tratados sobre as matérias que correspondam à competência de seu Conselho. Tais tratados somente terão eficácia depois de haverem recebido o assentimento das Câmaras. (...)

"§ 5º. O Rei poderá denunciar os tratados concluídos antes de 18 de maio de 1993 e que recaiam sobre as matérias aludidas no § 3º, de comum acordo com os Governos da Comunidade ou Região afetadas.

"O Rei denunciará tais tratados se os governos da Comunidade ou Região afetadas o propuserem. Uma lei aprovada com a maioria prevista no artigo 4, último parágrafo, regulará o procedimento a seguir em caso de desacordo entre os Governos de Comunidade e de Região afetadas.

"Artigo 168.

"Informar-se-á às Câmaras desde a abertura de negociações tendentes a revisar os tratados que criaram as Comunidades européias e os tratados e atos que as tenham modificado ou completado. Terão conhecimento do tratado antes de sua assinatura.

"Artigo 169.

"A fim de garantir o respeito às obrigações nacionais ou supranacionais, os poderes citados nos artigos 36 e 37 poderão, respeitando as condições fixadas por lei, substituir temporariamente a dos órgãos aludidos nos artigos 115 e 121. Tal lei deverá ser aprovada com a maioria prevista no artigo 4, último parágrafo".[109]

---

108. Tradução livre do autor.
109. Tradução livre do autor.

4.2.3 A Constituição da Dinamarca

A Constituição atual da Dinamarca, entrou em vigor em 5.6.1953. O texto constitucional incorporou um procedimento especial de transferência de poderes de soberania, conforme o art. 20, em função do ingresso da Dinamarca na Comunidade Européia em 1973:

"Artigo 20.

"1. As competências de que estão investidas as autoridades do Reino, nos termos da presente Constituição, poderão ser transferidas, mediante lei, a autoridades criadas mediante acordos recíprocos com outros Estados, a fim de promover a cooperação e a ordem jurídica internacional.

"2. Para a aprovação de um projeto de lei com este efeito, requerer-se-á uma maioria de cinco sextos dos membros do *Folketing*. Se esta maioria não for alcançada, mas se é necessária para a aprovação de projetos de leis ordinárias e o Governo mantiver o projeto, este será submetido ao eleitorado para ser aprovado ou reprovado, conforme as regras fixadas pelo artigo 42 acerca dos referendos".[110]

4.2.4 A Constituição da Espanha

No Capítulo Terceiro – *Dos Tratados Internacionais* –, a Constituição espanhola dispõe o seguinte, *in verbis*:

"Artigo 93.

"Mediante Lei orgânica poder-se-á autorizar a celebração de tratados pelo que se atribuam a uma organização ou instituição internacional o exercício de competências derivadas da Constituição. Corresponde às Cortes Gerais ou ao Governo, segundo o caso, a garantia do cumprimento destes tratados e das resoluções emanadas dos organismos internacionais ou supranacionais titulares da cessão.

"Artigo 94.

"1. Ato de consentimento de Estado para obrigar-se por meio de tratados ou convênios requererá a prévia autorização das Cortes Gerais, nos seguintes casos:

"a) tratados de caráter político;

"b) tratados ou convênios de caráter militar;

---

110. Tradução livre do autor.

"c) tratados ou convênios que afetem a integridade territorial do Estado ou os direitos e deveres fundamentais estabelecidos no Título Primeiro;

"d) tratados ou convênios que impliquem obrigações financeiras para a Fazenda Pública;

"e) tratados ou convênios que suponham modificação ou derrogação de alguma Lei ou exijam medidas legislativas para a sua execução.

"2. O Congresso e o Senado serão imediatamente informados da conclusão dos restantes tratados ou convênios.

"Artigo 95.

"1. A celebração de um tratado internacional que contenha estipulações contrárias à Constituição exigirá a prévia revisão constitucional.

"2. O Governo ou qualquer das Câmaras pode requerer ao Tribunal Constitucional que declare se existe ou não essa contradição.

"Artigo 96.

"1. Os tratados internacionais validamente celebrados, uma vez publicados oficialmente na Espanha, formarão parte do ordenamento interno. Suas disposições somente poderão ser derrogadas, modificadas ou suspendidas na forma prevista nos próprios tratados ou de acordo com as normas gerais do Direito Internacional.

"2. Para a denúncia dos tratados e convênios internacionais utilizar-se-á o mesmo procedimento previsto para sua aprovação no artigo 94".[111]

Como se vê, o artigo 93 autoriza a transferência do exercício de competências constitucionais a organizações e instituições internacionais. Além disso, permite o art. 96, 1, a aplicação direta das normas do Direito Comunitário no direito nacional espanhol.

4.2.5 A Constituição da Finlândia

A Finlândia não possui um texto constitucional único, mas várias leis consideradas fundamentais ou constitucionais. Entre elas se destaca a Lei sobre a Forma de Governo (com influência marcante do constitucionalismo sueco), promulgada em 17.7.1919, e que dispõe o seguinte em seu artigo 33:

"Artigo 33.

---

111. Tradução livre do autor.

"O Presidente determinará as relações da Finlândia com outros Estados; sem embargo o Parlamento ratificará os tratados firmados com ditos Estados se contiverem disposições pertinentes ao âmbito legislativo ou se por outras razões requeiram o consentimento da Câmara, com a qual o Presidente tomará decisões sobre a guerra e a paz.

"Toda comunicação aos Estados estrangeiros ou aos representantes da Finlândia no exterior, se efetuará através do Ministro de Assuntos Exteriores.

"Artigo 33-a.

"O Parlamento participará na preparação nacional de decisões que tomem instituições internacionais, conforme o que estabelece a Lei sobre o Parlamento.

"O artigo 33 não impedirá que o Conselho de Ministros decida sobre a preparação nacional de decisões que tomem instituições internacionais do tipo a que se refere o primeiro parágrafo, e se tal decisão não requeira a autorização do Parlamento e se mesmo o conteúdo da decisão não exigir que se elabore um decreto, poderá também decidir sobre as medidas associadas com dita decisão, que a Finlândia deverá adotar".[112]

4.2.6 A Constituição da França

A Constituição Francesa de 4.10.1958, com o seu texto atualizado pela reforma constitucional ocorrida em 25.1.1999, dispõe o seguinte no Título IV, "Dos tratados e acordos internacionais", *in verbis*:

"Artigo 52.

"O Presidente da República negociará e ratificará os tratados.

"Será informado de toda negociação encaminhada à discussão de um acordo internacional sujeito à ratificação.

"Artigo 53

"Não poderão ser ratificados nem aprovados senão em virtude de uma lei os tratados de paz, os tratados de comércio, os tratados ou acordos relativos à organização internacional, os que impliquem obrigações financeiras para a Fazenda Pública, os que modifiquem disposições de natureza legislativa, os relativos ao estado das pessoas e os que contenham cessão, troca ou aquisição territorial.

112. Tradução livre do autor.

"Não surtirão efeito senão depois de haverem sido ratificados ou aprovados.

"Nenhuma cessão, troca ou aquisição territorial será válida sem o consentimento das populações interessadas.

"Artigo 53-1.

"A República poderá ajustar com os Estados europeus que estão unidos por compromissos idênticos aos seus em matéria de asilo e de proteção dos direitos humanos e liberdades fundamentais, acordos que determinem suas respectivas competências para o exame das solicitações de asilo que sejam apresentadas. Não obstante, ainda que a solicitação não entre no âmbito de sua competência em virtude destes acordos, as autoridades da República estarão sempre autorizadas para dar asilo a todo estrangeiro perseguido por sua ação em favor da liberdade ou que solicite a proteção da França por qualquer outro motivo.

"Artigo 54.

"Se o Conselho Constitucional, requerido pelo Presidente da República, pelo Primeiro-Ministro, pelo Presidente de qualquer das Assembléias ou por sessenta deputados ou por sessenta senadores, declarar que um compromisso internacional contém uma cláusula contrária à Constituição, a autorização para ratificar ou aprovar o referido compromisso internacional somente poderá efetivar-se mediante prévia revisão da Constituição.

"Artigo 55.

"Os tratados ou acordos devidamente ratificados ou aprovados terão, desde o momento de sua publicação, uma autoridade superior às leis, ressalvada, para cada acordo ou tratado, a sua aplicação pela outra parte."[113]

Portanto, o art. 55 dessa Constituição atribui aos tratados e acordos internacionais, ratificados ou aprovados, *status* hierárquico superior ao das leis ordinárias do País.

4.2.7 A Constituição da Grécia

No mês de julho de 1974, chega ao fim a ditadura conhecida como o *regime dos coronéis*, que levou a Grécia ao isolamento na Europa Ocidental. Foi sucedida por um Governo provisório. Em 8 de dezembro de

---

113. Tradução livre do autor.

1974, os gregos, através de referendo, optaram pela forma republicana de governo. Dias antes, em 17.11.1974, foi eleita uma Assembléia encarregada de elaborar uma nova Constituição para o Estado grego. A Constituição da República da Grécia entrou em vigor no dia 9.6.1975. Nesse mesmo ano a Grécia foi readmitida no Conselho da Europa.

Em março de 1985, com os socialistas de Papandreu, o Governo iniciou um processo de reforma constitucional, concluído em 1986. Essa reforma reduziu os poderes do Presidente da República em favor do Primeiro-Ministro.

A Constituição Grega, no artigo 28 e seus itens, prevê expressamente a supremacia das normas de Direito Internacional sobre as do Direito interno, a atribuição de competências constitucionais a organizações internacionais, bem como restrições à soberania nacional. Como se observa a seguir:

"Artigo 28.

"1. As regras de Direito Internacional geralmente aceitas, assim como os tratados internacionais após a sua ratificação por via legislativa e sua entrada em vigor conforme as disposições de cada um deles, formarão parte integrante do direito grego interno e terão um valor superior a toda disposição contrária da lei.

"A aplicação das regras de Direito Internacional geral e de tratados internacionais aos estrangeiros, estará sempre submetida à condição de reciprocidade.

"2. Com objetivo de servir a um interesse nacional importante e promover a colaboração com outros Estados, será possível atribuir, por via de tratado ou de acordo internacional, competências previstas pela Constituição aos órgãos de organizações internacionais. Para a ratificação de tratado ou de acordo será necessária uma lei aprovada pela maioria de três quintos do número total de deputados.

"3. A Grécia procederá livremente, por meio de uma lei aprovada com a maioria absoluta do número total de deputados, a efetuar restrições ao exercício da soberania nacional na medida em que tal restrição seja imposta por um interesse nacional importante, não lesione os direitos do homem nem os fundamentos do regime democrático e seja realizada sob o princípio de igualdade e sob a condição de reciprocidade".[114]

---

114. Tradução livre do autor.

4.2.8 A Constituição da Holanda

A Constituição dos Países Baixos data de 1814 a 1830, período em que a Bélgica se separou do Reino dos Países Baixos, provocando grandes reflexos no Direito deste País.

O texto constitucional atual se caracteriza pela ausência de mecanismos jurisdicionais de controle da constitucionalidade das leis e, principalmente, pela primazia conferida às normas de Direito Internacional sobre as leis internas. O artigo 92 e os seguintes estabelecem a possibilidade de se conferir, mediante tratado, competências legislativas, administrativas ou judiciais a favor de organizações de Direito Internacional, inclusive, prevendo a possibilidade de Tratados derrogarem disposições constitucionais, desde que com a concordância das Câmaras (art. 91, 3):

"Artigo 91.

"1. O Reino não ficará vinculado por tratados, nem estes se denunciarão sem a prévia aprovação dos Estados Gerais. A lei determinará os casos em que não se requererá tal aprovação.

"2. A lei determinará o procedimento de aprovação e poderá prever aprovações tácitas.

"3. Quando um tratado contiver disposições contrárias à Constituição, as Câmaras não poderão dar sua aprovação senão com mais de dois terços ao menos dos votos emitidos.

"Artigo 92. Mediante tratado ou em virtude de um tratado poder-se-ão atribuir competências legislativas, administrativas e judiciais a organizações de Direito Internacional Público, sob a condição de observar, se for necessário, o disposto no artigo 91, parágrafo terceiro.

"Artigo 93. As normas dos tratados e as resoluções das organizações de direito internacional público com efeitos vinculantes gerais por seu conteúdo, terão força obrigatória a partir de sua publicação.

"Artigo 94. As disposições legais em vigor no Reino não serão aplicadas se sua aplicação não for compatível com as normas dos tratados, ou as resoluções das organizações de Direito Internacional Público, com efeitos vinculantes gerais".[115]

4.2.9 A Constituição da Irlanda

A Constituição atual da Irlanda foi aprovada por refendo, em 1º.7.1937, entrando em vigor em 29.12.1937. As reformas empreendi-

---
115. Tradução livre do autor.

das em 1987 e 1992 permitiram a ratificação do Ato Único Europeu e do Tratado da União Européia, respectivamente. O texto constitucional irlandês dispõe serem as normas comunitárias hierarquicamente superiores às normas constitucionais, uma vez que estas não podem contrariar aquelas. Os artigos pertinentes são os seguintes:

"Artigo 29. (...)

"3º. O Estado poderá converter-se em membro da Comunidade Européia de Carvão e de Aço (instituída pelo Tratado firmado em Paris em 18 de abril de 1951) e da Comunidade Econômica Européia (estabelecida pelo Tratado firmado em Roma em 25 de março de 1957) e da Comunidade Européia de Energia Atômica (estabelecida pelo Tratado firmado em Roma em 25 de março de 1957). O Estado poderá ratificar o Ato Único Europeu e dos Estados-Membros das Comunidades (firmado em Luxemburgo em 17 de fevereiro de 1986 e em Haia em 28 de fevereiro de 1986).

"4º. O Estado poderá ratificar o Tratado da União Européia firmado em Maastricht em 7 de fevereiro de 1992 e poderá converter-se em membro da dita União.

"5º. Nenhuma disposição da presente Constituição anulará leis promulgadas, atos realizados ou medidas adotadas pelo Estado e que sejam necessárias para cumprir com as obrigações derivadas da adesão à União Européia ou às Comunidades, nem impedirá que leis promulgadas, atos realizados ou medidas adotadas pela União Européia ou pelas Comunidades Européias ou por instituições pertencentes a estas últimas ou por órgãos competentes em virtude dos Tratados que instituíram as Comunidades, tenham força de lei no Estado".[116]

4.2.10 A Constituição da Itália

A Constituição da República Italiana foi aprovada por uma Assembléia constituinte em 22.12.1944, entrando em vigor em 11.1.1948. O artigo 11, dispõe sobre a possibilidade de limitação de soberania, *in verbis*:

"Artigo 11º. A Itália rechaça a guerra como instrumento de ofensa à liberdade dos povos e como meio de solução das controvérsias internacionais; consente, em condições de paridade com os outros Estados, as limitações de soberania necessárias para um ordenamento que assegure

---

116. Tradução livre do autor.

a paz e a justiça entre as Nações; promova e favoreça as organizações internacionais dirigidas para tal fim".[117]

4.2.11 A Constituição de Luxemburgo

Em 1839, o Grão-Ducado de Luxemburgo alcançou sua independência política. A Constituição atual de Luxemburgo, promulgada em 17.10.1868, foi objeto de grandes reformas nos anos de 1919, 1948, 1956, 1972, 1979, 1983, 1988 e 1989.

A revisão de 1956 tratou da relação entre as normas constitucionais e as de Direito Internacional. O art. 49 (*Dos poderes internacionais*), introduzido por essa revisão, prevê a cessão de atribuições reservadas aos poderes do Estado, em favor de instituições de Direito Internacional, como se vê:

"Artigo 49-bis. Mediante tratado, poderão atribuir-se temporariamente a instituições de Direito Internacional o exercício de competências reservadas pela Constituição aos Poderes legislativo, executivo e judiciário".[118]

4.2.12 A Constituição de Portugal

Presença constante nas evoluções do constitucionalismo português, revelada pelos seus textos constitucionais históricos (1822, 1838, 1911 e 1933), é a experiência revolucionária ou as rupturas com a legalidade anterior (Revoluções de 1820, 1836, 1910 e 1926).

Neste passo a Constituição de 1976 é fruto da revolução de 25.4.1974 (a chamada *Revolução dos Cravos*), que pôs fim aos resquícios do salazarismo, com a convocação das eleições para formação de uma Assembléia Nacional Constituinte em 1976.

Entre outras reformas, a revisão de 1992 se ocupou da ratificação do Tratado de Maastricht. Nesse sentido, transcrevemos os arts. 7º, 6º e 8º, 1 a 3:

"Artigo 7º.

"(Relações internacionais)

"(...)

---

117. Tradução livre do autor.
118. Tradução livre do autor.

"5. Portugal empenha-se no reforço da identidade européia e no fortalecimento da ação dos Estados europeus a favor da democracia, da paz, do progresso econômico e da justiça nas relações entre os povos.

"6. Portugal pode, em condições de reciprocidade, com respeito pelo princípio da subsidiariedade e tendo em vista a realização da coesão econômica e social, convencionar o exercício em comum dos poderes necessários à construção da *união européia*.

"Artigo 8º.

"(Direito Internacional)

"1. As normas e os princípios de Direito Internacional geral ou comum fazem parte integrante do Direito português.

"2. As normas constantes de convenções internacionais regularmente ratificadas ou aprovadas vigoram na ordem interna após a sua publicação oficial e enquanto vincularem internacionalmente o Estado português.

"3. As normas emanadas dos órgãos competentes das organizações internacionais de que Portugal seja parte vigoram diretamente na ordem interna, desde que tal se encontre estabelecido nos respectivos tratados constitutivos".[119]

4.2.13 A Constituição do Reino Unido

O Reino Unido possui uma Constituição do tipo *parcialmente escrita*. Em função disso, quando da sua adesão às Comunidades Européias, o *European Communities Act*, de 17.10.1972, que é um documento integrante de sua Constituição, passou a regular as questões relativas às disposições dos tratados e dos atos comunitários no Direito interno inglês, admitindo que fossem diretamente aplicados no seu ordenamento interno:

"Art. 2º, n.1.

"Todos os direitos, poderes, responsabilidades, obrigações e restrições criados pelos tratados ou instituições em virtude dos tratados, bem como todos os recursos e procedimentos previstos nos tratados ou instituídos em virtude de tratados, devem ser aplicados ou utilizados no Reino Unido de acordo com os tratados, não sendo necessário qualquer outro texto; conseqüentemente, serão reconhecidos legalmente, postos em vigor, autorizados e observados".[120]

---

119. Texto adaptado pelo autor às regras gramaticais brasileiras.
120. Tradução livre do autor.

4.2.14 A Constituição da Suécia

A Suécia não possui um texto constitucional único, consideram-se como Leis Fundamentais do Reino, a Lei da Forma de Governo (de 1810) e a Lei de Liberdade de Expressão. A Lei sobre a *Forma de Governo*, atualmente em vigor, foi aprovada em 1974, entrou em vigor em 1975 e foi objeto de importantes reformas, posteriormente. Os dispositivos que abordam a matéria internacional, de interesse do presente estudo, são:

"Capítulo X – Relações com outros Estados

"Artigo 1. Todo acordo com outro Estado ou com uma organização internacional será concluído pelo Governo.

"Artigo 5. (...).

"Se se estabelecer em uma lei que um acordo internacional produzirá seus efeitos no Direito interno sueco, o Riksdag[121] poderá, de acordo com o indicado no primeiro parágrafo, estabelecer que aplicar-se-á uma modificação futura vinculante para a Suécia e incluída em tal acordo. Tal decisão somente poderá afetar uma modificação futura com alcance limitado.

"O Riksdag decidirá sobre a cessão a outro Estado, a uma organização, ou a uma instituição ou coletividade internacional de competências judiciais ou administrativas não derivadas diretamente desta Constituição. Igualmente poderá habilitar, mediante uma lei, o Governo ou outro poder público para decidir sobre tal cessão em algumas hipóteses. Se isso implicar o exercício de poderes públicos, a decisão do Riksdag exigirá que ao menos três quartas partes dos votantes estejam de acordo. A decisão do Riksdag a respeito de tal delegação poderá ser igualmente adotada conforme o procedimento válido para a aprovação de uma Lei Fundamental".[122]

5. Brasil, Mercosul e os diferentes níveis de integração

5.1 Considerações preambulares

A etapa presente desta monografia tem a finalidade de demonstrar a razão pela qual a questão da autonomia privada, frente ao Direito Comu-

---

121. O Riksdag é o Parlamento sueco, como se vê pelos artigos seguintes: "Artigo 4. O Riksdag é o primeiro representante do povo (...)", e "Capítulo III – O Riksdag. Artigo 1. O Riksdag será designado por eleições livres (...) e compor-se-á de uma Câmara de 349 membros (...)".
122. Tradução livre do autor.

A AUTONOMIA PRIVADA À LUZ DO DIREITO COMUNITÁRIO 141

nitário, não foi proposta em relação ao ordenamento jurídico do Brasil ou do MERCOSUL.

Na verdade, o MERCOSUL, que representa a experiência integracionista brasileira, ainda não vive a realidade jurídica comunitária. Portanto, esclareça-se: a) primeiro, existem diferentes níveis de integração econômica entre Estados; b) segundo, não existe Direito Comunitário no âmbito do MERCOSUL.

5.2 As diferentes etapas do processo de integração econômica

São reconhecidas quatro diferentes etapas no processo de integração econômica: 1) Zona de Livre Comércio; 2) União Aduaneira; 3) Mercado Comum; e, 4) União Econômica e Monetária.

5.2.1 Zona de Livre Comércio

A definição de zona de livre comércio é dada no artigo XXVI do GATT,[123] nos seguintes termos: "(...) entender-se-á por zona de livre comércio, um grupo de dois ou mais territórios aduaneiros entre os quais se eliminem os direitos de aduana e as demais regulamentações comerciais restritivas (...) com respeito ao essencial dos intercâmbios comerciais dos produtos originários dos territórios constitutivos de dita zona de livre comércio".

O estabelecimento das zonas de livre comércio se dá por tratados internacionais, firmados entre os Estados integrantes, visando à livre circulação de mercadorias, independentemente do pagamento de tarifas de importação ou restrições quantitativas, sendo, contudo, assegurada aos Estados-Membros a liberdade para as relações comerciais com terceiros países.[124]

Na criação de zonas de livre comércio, devem ser superadas algumas dificuldades: primeira, é o do estabelecimento de *regras de origem*, que dizem respeito à definição de critérios fixadores de percentuais de matéria-prima, mão-de-obra, fase de elaboração etc., de forma a se saber se o produto é originário da zona de livre comércio, visando a impedir

---

123. O *General Agreement on Tariffs and Trade (GATT)* – Acordo Geral sobre Tarifas e Comércio surgiu no final da Segunda Guerra Mundial (30.10.1947); foi substituído pela Organização Mundial do Comércio (OMC), em 15.4.1994, que tem a finalidade de liberalização e supervisão do comércio internacional.

124. Elizabeth Accioly, *MERCOSUL & União Européia*, p. 29.

que produtos vindos de fora da área abrangida pela respectiva zona contem com os benefícios desta; segunda, é a necessária seleção dos produtos que irão integrar a zona de livre comércio.[125]

Os blocos econômicos existentes, em sua maioria, optaram por essa modalidade de integração. São exemplos, entre outros: a Associação Européia de Comércio Livre – AECL (EFTA), composta pela Islândia, Noruega e Suíça, criada em 1960; o Grupo dos Três, formado pela Colômbia, México e Venezuela; o NAFTA (*North American Free Trade Association*), reunindo os EUA, Canadá e o México.[126]

5.2.2 União Aduaneira

Na configuração de união aduaneira é exigida, além das características de zona livre de comércio, também a adoção de uma tarifa aduaneira comum, abandonado-se, desta forma, o regime das *regras de origem* e, conseqüentemente, a exigência de certificados de origem.

A primeira união aduaneira teria surgido na Alemanha, no séc. XIX, no período de 1834 a 1870, reunindo dezoito Estados Alemães. A segunda, foi o BENELUX, que, como veremos mais adiante neste trabalho, foi composto pela Bélgica, Holanda e Luxemburgo.[127]

O artigo XXIV do GATT assim define a união aduaneira: "Entender-se-á por território aduaneiro todo território que aplique uma tarifa distinta ou outras regulamentações comerciais distintas a uma parte substancial de seu comércio com os demais territórios".

No MERCOSUL a união aduaneira teve origem com a implantação da Decisão 7/94, da *Tarifa Externa Comum* (TEC).

5.2.3 Mercado Comum

O mercado comum é uma etapa posterior à união aduaneira, na medida em que, além das características desta, soma a livre circulação dos fatores de produção – capital e trabalho –, permitindo o livre estabelecimento e a livre prestação de serviços profissionais.

O mercado comum teve origem na experiência integracionista da antiga Comunidade Econômica Européia, na década de 50.

---

125. Luiz Olavo Baptista, *O MERCOSUL, suas instituições e ordenamento jurídico*, pp. 47 e 48.
126. Elizabeth Accioly, *MERCOSUL & União Européia*, pp. 30 e 31.
127. Idem ibidem, p. 33.

O mercado é baseado em cinco liberdades básicas: 1) a livre circulação de bens; 2) a livre circulação de pessoas; 3) a livre prestação de serviços e a liberdade de estabelecimento; 4) a livre circulação de capitais; 5) a livre concorrência.

A *livre circulação de bens* significa a abertura das fronteiras e o fim das barreiras alfandegárias entre os Estados integrantes do mercado comum, permitindo, desse modo, que os produtos possam circular livremente.

A *livre circulação de pessoas* importa na liberdade de trânsito de qualquer cidadão pertencente a um Estado-Membro, nos territórios dos demais, sem o controle nas fronteiras internas destes.

A *livre prestação de serviços* e a *liberdade de estabelecimento* autorizam aos indivíduos de qualquer dos Estados-Membros a se estabelecerem e prestarem serviços em condições de igualdade com os nacionais, sem qualquer discriminação no tocante à nacionalidade.

A *livre circulação de capitais* é a quarta liberdade, de existência imperiosa em face das demais liberdades garantidas, ou seja, a de comércio, de prestação de serviços e a de estabelecimento.

A quinta liberdade, apontada por alguns autores, a *livre concorrência*, permite, no âmbito do mercado comum, o estabelecimento de um quadro único de normas, de natureza econômica, administrativa, fiscal, política e social, que se destinam a proteger o consumidor, impedindo que as empresas e governos adotem práticas lesivas à livre concorrência.

5.2.4 União Econômica e Monetária

A união econômica e monetária é uma experiência vivida pela União Européia, que, como se viu, foi instituída em 1993 pelo chamado Tratado da União Européia ou Tratado de Maastricht, que visa a uma união monetária, calcada numa moeda única, a ser emitida por um Banco Central independente. Isto importa na transferência da política monetária e cambial do âmbito dos Estados-Membros para o comunitário.

5.3 *O estágio de integração econômica em que se situam a União Européia e o MERCOSUL*

O exposto nas linhas anteriores deixa evidente que a União Européia, em sua experiência de integração, já venceu a etapa do mercado comum, estando na fase da União Monetária, com a adoção da moeda única. Inclusive, hoje vive a sua experiência fora do campo econômico. Desta feita, ruma em passos largos para uma união mais estreita de seus Estados-Membros, o que faz sugerir, na opinião de muitos, uma União Política que poderá se dar em termos inéditos.

O MERCOSUL, por sua vez, já superou a fase da zona livre de comércio, estando atualmente em progresso a etapa da União Aduaneira. Nessa etapa, além da livre circulação de mercadorias deveria haver uma tarifa aduaneira comum.

Ocorre que, adotada em 1995 a Tarifa Externa Comum (TEC),[128] foi mantido em relação à mesma um regime de exceção temporária (Regime de Adequação Final à União Aduaneira[129]), que exclui um conjunto limitado de produtos que ficam temporariamente fora do alcance da mencionada Tarifa Comum.[130] Por isso, alguns doutrinadores se referem ao MERCOSUL como *Zona Aduaneira Imperfeita* ou *Incompleta*.[131]

Além disso, o MERCOSUL estabeleceu em San Luis, na Argentina, em 25.6.1996, acordos de complementação econômica com o Chile e a Bolívia, formando com esses Estados uma zona de livre comércio.

128. A Tarifa Externa Comum é um instrumento que foi adotado pelos países como estratégia unificada de relacionamento com terceiros países, para os quais foi acordada uma Tarifa Externa Comum variável de 20% incidente sobre a importação. Esse mecanismo destina-se a submeter o MERCOSUL à competitividade externa e evitar que a indústria de um país seja mais protegida que a dos outros. Contudo, por divergências de interesses econômicos ou setoriais, não foi possível que todos os produtos importados de terceiros países tivessem garantida, inicialmente, a aplicação automática da TEC. Cada país-membro apresentou uma lista de exceções temporárias contendo mercadorias com alíquotas maiores ou menores em relação à TEC. A essas listas foram adicionados os bens de capital, de informática e de telecomunicações, compondo, assim, as listas de convergência. Brasil, Argentina e Uruguai poderiam ter como exceção até 300 produtos até 2001; por sua vez, o Paraguai pode ter até 399 produtos, esgotando o seu prazo em 2006.

129. O Regime de Adequação Final à União Aduaneira compreende os produtos que cada país decidiu proteger da competição dos produtos do MERCOSUL. Selecionaram-se os produtos incluídos nas listas de exceções do ACE (Acordo de Complementação Econômica da ALADI) e os que foram objeto de salvaguarda comunicada ao país exportador antes de 5.8.1994.

130. Paulo Roberto de Almeida entende que o regime de exceções à TEC não compromete o perfil da União Aduaneira, vez que já foram definidos os critérios de desgravação tarifária, pelos quais esses produtos serão progressivamente integrados à TEC (Paulo Roberto de Almeida, *MERCOSUL: fundamentos e perspectivas*, p. 53).

131. Luiz Olavo Baptista, *O MERCOSUL: suas instituições e ordenamentos jurídicos*, p. 49.

5.4 MERCOSUL: Natureza Jurídica

O MERCOSUL, considerado o seu contexto atual, é ainda uma organização de Direito Internacional Público clássico e o seu Direito não é Comunitário, e, sim, Direito Internacional Público clássico. Como bem observa Maristela Basso:

"O MERCOSUL é um organismo intragovernamental e não supranacional. Não seria desejável e, sequer, conveniente, neste momento, um órgão supranacional atuando no MERCOSUL, pois as decisões não seriam mais tomadas por consenso e sim por maioria de votos que seriam colocados nas mãos de cada país, tendo em vista o seu tamanho geográfico, o seu contingente populacional e a sua importância econômica. Então, o Brasil teria mais votos do que o Paraguai, o Uruguai e a Argentina. Desta forma, indubitavelmente, o Brasil tomaria as decisões no MERCOSUL, e isso não é conveniente e nem razoável no momento.

"O MERCOSUL deve entrar numa fase de aprofundamento e isso depende de uma revisão constitucional, sobretudo no Brasil, a exemplo do que já ocorreu na Argentina e no Paraguai".[132]

Compartilha desse pensamento o Prof. Cláudio Finkelstein: "(...) nós simplesmente estamos numa união aduaneira imperfeita, numa união aduaneira com diversos problemas, em que todas as decisões são tomadas por unanimidade na esfera governamental. Não há que se falar, ainda para o MERCOSUL, numa supranacionalidade, esta supranacionalidade sim seria impossível de alcançarmos com o nosso texto constitucional na forma em que se encontra. Nossa soberania é um impeditivo na medida em que não seja adaptada para recepcionar o direito comunitário".[133]

É corretíssima a posição supra adotada pelos autores mencionados. Basta ver as dificuldades vividas pelo MERCOSUL com a crise provocada pela mudança da política cambial do Brasil no início de 2000, quando a Argentina, vendo o "barateamento" dos produtos e serviços brasileiros, ameaçou buscar solução para esta controvérsia nos organismos comerciais internacionais – portanto, fora do âmbito do MERCOSUL –, ou quando da crise gerada pelo caso da Ford no Estado da Bahia.

---

132. Maristela Basso, "O direito comunitário e o destino das soberanias ...", in *10 anos de Constituição: uma análise*, p. 216.
133. Cláudio Finkelstein, "O direito comunitário e o destino das soberanias ...", in *10 anos de Constituição: uma análise*, p. 205.

Contudo, a mudança dos critérios para a solução das controvérsias entre os Estados que compõem o MERCOSUL necessariamente terá que ser enfrentada e significará, mesmo, uma nova etapa do processo integracionista mercossulino. A exemplo do que ocorreu, conforme relatamos, no processo de formação da União Européia.

Além disso, a outra ressalva, quanto às mudanças em nível constitucional, também procede, vez que, como foi ilustrado pela análise das Constituições dos Estados-Membros da União Européia, todos eles procederam em suas Constituições mudanças com vistas à nova realidade Comunitária.

No mesmo sentido, Celso Ribeiro Bastos e Cláudio Finkelstein defendem que a efetiva integração, com a criação de um Tribunal do MERCOSUL, demandará Emenda à Constituição Federal, frisando que uma das maiores dificuldades a ser enfrentada "diz respeito às cláusulas pétreas e à virtual impossibilidade de alterar as normas relativas às matérias por elas legisladas".[134]

5.5 O atual ordenamento constitucional brasileiro comportaria o Direito Comunitário?

Ainda que não seja objeto principal do presente trabalho uma análise acurada sobre as possibilidades constitucionais brasileiras acerca do Direito Comunitário, convém enfrentar o tema, haja vista que alguns doutrinadores, inclusive estrangeiros, vislumbram na Constituição Federal um permissivo à supranacionalidade. Admitidas como verdadeiras estas posições, estar-se-ia derrogando algumas premissas já estabelecidas nesta monografia.

A Constituição Federal brasileira promulgada em 5.10.1988, portanto pouco mais de três anos antes da efetiva criação do MERCOSUL através da assinatura do Tratado de Assunção,[135] apresenta diminuta regulamentação acerca da vontade de integração com outros Estados.

O congressista constituinte de 1987-1988 preferiu optar por uma postura conservadora, ao fazer uma declaração genérica e isolada quanto

---

134. Celso Ribeiro Bastos, Cláudio Finkelstein, *MERCOSUL: lições do período de transitoriedade*, p. 17.
135. Antes do início dos trabalhos constituintes brasileiros de 1987-1988, já estavam em trâmite (desde 1985) as conversações de reaproximação entre Brasil e Argentina e também iniciadas as negociações para formação de um bloco comercial.

à integração, como se vê na redação do parágrafo único do art. 4º da Constituição brasileira, *in verbis*:

"Art. 4º A República Federativa do Brasil rege-se nas suas relações internacionais pelos seguintes princípios: (...)

"Parágrafo único. A República Federativa do Brasil buscará a integração econômica, política, social e cultural dos povos da América Latina, visando à formação de uma comunidade latino-americana de nações."

Sem dúvida alguma o parágrafo único do artigo 4º da Constituição contém uma avançada declaração do Estado brasileiro no sentido da integração – não se limitando ao aspecto *econômico*, indo além, ao dispor sobre a integração *política, social* e *cultural*, visando à criação de uma *comunidade* latino-americana.

Entretanto esta abrangente declaração além de se isolar no texto constitucional, na medida em que nenhuma outra norma da Constituição – salvo a do § 2º do art. 5º, no que tange aos direitos e garantias fundamentais –, parece se amoldar ao espírito integracionista. Além disso, não estabelece os parâmetros em que ocorreria a integração prevista. Resulta, desta forma, um verdadeiro óbice ao avanço da integração no MERCOSUL, notadamente, pela existência de dispositivos constitucionais claramente incompatíveis com a idéia de supranacionalidade, como se verá a seguir.

Nesta esteira, os principais dispositivos constitucionais a sofrer algum impacto, ou que de alguma forma teriam relação com o advento do Direito Comunitário no MERCOSUL, são os seguintes:

1) Parágrafo único do art. 1º, combinado com o art. 14, § 3º, VI, alíneas "a", "b", "c" e "d". O parágrafo único do art. 1º tem implicação ao dispor que o Poder é exercido em nome do povo pelos representantes eleitos ou diretamente *nos termos desta Constituição*. A Constituição, notadamente no art. 14, § 3º, VI, e suas alíneas, não prevê a existência de representantes comunitários, por exemplo, em um parlamento. Tal ausência de normatização significaria um óbice aos órgãos representativos comunitários. Além disso o Capítulo V ("Partidos Políticos"), do Título II, poderia dispor sobre o papel dos partidos políticos nesse processo, se é que teriam algum.

2) O parágrafo único do artigo 4º é relacionado à questão da integração por ser o único a efetivamente dispor sobre a matéria.

3) O inciso II do art. 5º, quando dispõe que *ninguém será obrigado a fazer ou deixar de fazer algo senão em virtude de lei*, importa numa

grave barreira ao Direito Comunitário, pois impede que suas normas vinculem diretamente os nacionais brasileiros. Com efeito, entendemos que somente uma nova norma constitucional poderia conferir às disposições comunitárias a capacidade de incidência direta no ordenamento nacional. Sem isso, as normas oriundas dos órgãos do MERCOSUL têm que seguir o procedimento tradicional de internação de normas estrangeiras, previsto no art. 49, I (aprovação por decreto legislativo pelo Congresso Nacional) e no art. 84, VIII (promulgação por decreto do Presidente da República), o que retira qualquer característica de Direito Comunitário.

4) A alínea "h", do art. 102, que dispõe sobre a execução de cartas rogatórias e de sentenças estrangeiras pelo Supremo Tribunal Federal, representa mais um grave entrave ao Direito Comunitário. O dispositivo obriga que toda carta rogatória ou sentença, antes de ser executada em nosso País, seja homologada pelo Supremo Tribunal Federal. Evidentemente, tal procedimento burocratiza excessivamente a execução de medidas judiciais oriundas de juízes estrangeiros no exercício da jurisdição comunitária, mormente se considerado o grande aumento no número das lides que haveria, em função do incremento das relações econômicas entre os Estados partícipes.

5) No § 2º do art. 5º a Constituição brasileira "abre as portas" aos novos direitos e garantias fundamentais previstos nos tratados internacionais firmados pelo Brasil.

6) O Capítulo I ("Poder Legislativo"), do Título IV, referente à organização dos Poderes (arts. 44 a 75) necessitaria dispor sobre quais matérias seriam de exclusiva competência do Congresso Nacional, consideradas as que poderiam ser objeto de decisão dos órgãos comunitários.

7) O art. 102, que define as competências do STF, exigiria um posicionamento do constituinte derivado, acerca de como seria efetuado o controle de constitucionalidade sobre as normas comunitárias, implicando definir qual a hierarquia destas, haja vista que, na experiência européia, como já visto, os ordenamentos constitucionais dos Estados-Membros regularam diferenciadamente essa matéria.

8) A alínea "e", I, do art. 102, que define ser competência originária e geral do Supremo Tribunal Federal processar e julgar os litígios que envolvam Estado estrangeiro, poderia esbarrar na competência das Cortes comunitárias. Desse modo, tal dispositivo necessitaria ser complementado visando a evitar o conflito de competências.

9) Ao art. 170, referente à Ordem Econômica e Financeira, que em seu inciso I elenca como primeiro princípio a soberania nacional, ser-

lhe-ia exigido a inclusão de um princípio relativo à *integração comunitária*.

Em suma, esses são os dispositivos, apenas para citar alguns, que entendemos terem implicação com o surgimento do Direito Comunitário no MERCOSUL.

Ao termo das considerações expendidas, frise-se: dada a natureza analítica da Constituição e da necessidade de se preservar a sua unidade, a realidade comunitária exige que se faça uma reforma nada diminuta e em partes delicadas do texto fundamental. De sorte que não resiste ao exame a tese que defende ser suficiente apenas o disposto no parágrafo único do art. 4º para permitir a efetiva participação do Brasil em uma entidade de natureza comunitária.

Nem mesmo um esforço extraordinário, em termos de hermenêutica constitucional, permitiria concluir que o parágrafo único do art. 4º da Constituição seria suficiente para permitir a realidade comunitária.

Maria Garcia destaca que *a interpretação do Direito é um contínuo exercício de persuasão*.[136] Entretanto, este exercício de persuasão, que dá origem ao importante fenômeno da *mutação constitucional*, impõe respeitar um limite, qual seja, o próprio texto objeto da interpretação.

A mutação constitucional revitaliza o Direito com a energia emanada da realidade social, garantindo a sua evolução e sobrevivência. A respeito desse fenômeno Celso Bastos enfatiza que: "(...) o Direito define-se tanto pela busca incessante da certeza, traduzida por sua estabilidade, quanto pela procura incessante da sua legitimidade dinâmica, que se traduza numa mutabilidade que acompanhe a evolução histórica operada no seio da sociedade".[137]

Apesar da dificuldade que importa interpretar uma Constituição, esta ação deve se prender ao real sentido do texto fundamental, pois, no dizer de Konrad Hesse, a idéia que origina e legitima a vinculação às

---

136. *Apud* Eid Badr, "Princípio da motivação das decisões judiciais", in *Revista da APG*, p. 111.
137. Celso Ribeiro Bastos, *Hermenêutica e interpretação constitucional*, p. 90. Ainda que assuma grande importância, a adaptabilidade do Direito à evolução social não é uma tarefa fácil. Konrad Hesse ressalta a importância e a dificuldade da interpretação no Direito Constitucional: "para o Direito Constitucional a importância da interpretação é fundamental pois, dado o caráter aberto e amplo da Constituição, os problemas de interpretação surgem com maior freqüência que em outros setores do ordenamento cujas normas são mais detalhadas" (Konrad Hesse, *Escritos de Derecho Constitucional*, p. 36, tradução livre do autor).

decisões proferidas por um Tribunal Constitucional "não é senão a de submetimento de todo o poder do Estado à Constituição e somente poderá fazer-se realidade se as sentenças do Tribunal expressarem o conteúdo da Constituição, ainda que seja a interpretação do Tribunal".[138]

O intérprete não pode avançar sobre aquilo que não foi estabelecido pelo legislador constitucional; esse é o limite da interpretação, pois, caso se lance em sua tarefa interpretativa sobre esse campo, estará desnaturando o seu mister ou, no mínimo, interpretando qualquer coisa, menos a Constituição.[139] Estará, enfim, fazendo prevalecer a sua vontade e não a da Constituição, à qual está vinculado.[140]

Não cabe exigir do Supremo Tribunal Federal que chegue, através da interpretação constitucional, a conclusões a que o constituinte, quer seja o originário ou o derivado, não quis chegar. Vale dizer: a interpretação apresenta limites, sob pena de subversão da racionalização, estabilização e limitação do poder proporcionados pela Constituição.

138. Konrad Hesse, *Escritos de Derecho Constitucional*, p. 36, tradução livre do autor.

139. Nesse aspecto, Paulo Bonavides defende ser fundamental a interpretação sistemática da Constituição: "Vinculada ao conceito de sistema, cada Constituição adquire por conseguinte, um certo perfil ou caráter individual, traço peculiar que o intérprete não deve menosprezar, do contrário jamais logrará penetrar o verdadeiro 'espírito da Constituição', cujo reconhecimento é indispensável para que ele possa inferir o sentido essencial das normas fundamentais.(...) Mas em nome do método mesmo, cumpre advertir contra o seu emprego solitário, como se um único princípio pudesse absorver ou explicar na esfera concreta a ordem constitucional: com isso estaria falseada a essência do sistema" (Paulo Bonavides, *Curso de Direito Constitucional*, pp. 110 e 112).

140. Konrad Hesse elucida a esse respeito: "A interpretação se acha vinculada a algo estabelecido. Por isso os limites da interpretação se situam ali onde não existe algo estabelecido de forma vinculante pela Constituição, onde acabam as possibilidades de uma compreensão lógica do texto da norma ou onde uma determinada solução se encontra em clara contradição com o texto da norma. A este respeito pode haver disposições vinculantes contidas no Direito Constitucional não escrito. Agora bem, posto que o Direito não escrito não pode achar-se em contradição com a 'constitutio scripta' (...), esta última se converte em limite infranqueável da interpretação constitucional. A existência deste limite é pressuposto da função racionalizadora, estabilizadora e limitadora do poder que corresponde à Constituição (...). Dita função admite a possibilidade da mudança constitucional (*Verfassungswandel*) por meio da interpretação; mas exclui o anulamento constitucional (*Verfassungsdurchbrechung*) – desvio do texto em um caso concreto – e a reforma da Constituição por meio da interpretação. Ali onde o intérprete se impõe à Constituição deixa de interpretá-la para mudá-la ou anulá-la. Qualquer das condutas está vedada pelo Direito vigente" (Konrad Hesse, *Escritos de Derecho Constitucional*, pp. 51 e 52, tradução livre do autor).

O Supremo Tribunal Federal não pode se imiscuir na função que cabe ao Poder Constituinte. Tanto assim que, a nossa Corte Suprema vem reafirmando a jurisprudência, já estabelecida, de que as sentenças estrangeiras, mesmo as oriundas de países que compõem o MERCOSUL, devem ser homologadas previamente, na forma do art. 102, I, "f", da Constituição, para surtirem efeito no território brasileiro. Exemplo disso se dá com o Protocolo de Cooperação e Assistência Jurisdicional em Matéria Civil, Comercial, Trabalhista e Administrativa, firmado em 27.6.1992, conhecido como Protocolo de Las Leñas.[141]

Ainda que admitida uma simplificação para o cumprimento de medidas judiciais dos países mercossulinos, graças ao mencionado Protocolo de Las Leñas, tal fato não significou a dispensa da homologação dessas decisões pelo Supremo Tribunal Federal.[142]

141. Esse protocolo foi formalmente incorporado ao sistema de direito positivo interno do Brasil, vez que, aprovado pelo Congresso Nacional através do Decreto Legislativo n. 55/95, veio a ser promulgado pelo Presidente da República mediante edição do Decreto 2.067, de 12.11.1996. Veja-se a seguinte decisão: "Despacho: Trata-se de reclamação formulada contra ato do Juiz de Direito da Comarca de Santana do Livramento-RS, que, havendo alegadamente concedido 'exequatur' a carta rogatória que lhe foi encaminhada diretamente por magistrado estrangeiro (Juiz de Rivera, Uruguai) (...). Consta que o magistrado estadual gaúcho teria invocado, como fundamento jurídico supostamente autorizador de sua decisão, o Protocolo de Las Leñas. (...) No caso, o ato ora impugnado projeta-se, iniludivelmente, sobre a esfera de competência originária e monocrática do Presidente do Supremo Tribunal Federal, a quem incumbe, nos termos do art. 102, I, "h", da Constituição, homologar sentenças estrangeiras e conceder 'exequatur' às cartas rogatórias emanadas de autoridades judiciárias de outros Países. A celebração do Protocolo de Las Leñas em nada alterou essa regra constitucional de competência, mesmo porque os atos de direito internacional público, como os tratados ou convenções internacionais, estão rigidamente sujeitos, em nosso sistema jurídico, à supremacia e à autoridade normativa da Constituição da República. (...) Com o Protocolo de Las Leñas – unicamente aplicável às relações interjurisdicionais entre os Estados subscritores do Tratado de Assunção e integrantes do MERCOSUL – tornou-se possível, mediante simples carta rogatória, promover a homologação e execução, em nosso País, de sentenças proferidas pelos órgãos judiciários da Argentina, Paraguai e Uruguai (...), a própria concessão de 'exequatur' – ainda que com fundamento no Protocolo de Las Leñas – não dispensa e nem afasta a necessária intervenção do Presidente do Supremo Tribunal Federal, com exclusão, por efeito de expressa regra constitucional de competência, de quaisquer outros magistrados brasileiros. Desse modo, tendo presentes as razões expostas, e para evitar dano irreparável, defiro o pedido de medida cautelar e, em conseqüência, ordeno a suspensão do ato ora impugnado e a paralisação do processo em que este foi praticado (...)" (Reclamação n. 717-RS, j. 30.12.1997, Min. Presidente Celso de Mello, *DJU* 4.2.1998, p. 4).

142. As decisões a seguir transcritas referem-se a um julgamento da Presidência da Suprema Corte brasileira e à confirmação deste, em sede de agravo regimental, pelos

É de se concluir que o Supremo Tribunal Federal, dentro do alcance proporcionado pelos meios de interpretação, corretamente vem procedendo diante da realidade constitucional e da realidade mercossulina.

Adotamos, por princípio, a idéia de que formalmente a Constituição deva se manter o mais estável possível, graças ao significado positivo que isso representa em termos de estabilidade política e jurídica, sem falar nas repercussões sobre o seu papel de educação política e de propa-

demais Ministros. A decisão monocrática faz referência a outro Protocolo assinado pelo Brasil junto aos demais membros do MERCOSUL, já aprovado pelo Congresso Nacional, mas que ainda não foi promulgado pelo Presidente da República. A decisão colegiada, por sua vez, menciona o Protocolo de Las Leñas, mas não admite a execução direta de julgados estrangeiros: "Despacho. MERCOSUL. Protocolo de Medidas Cautelares (Ouro Preto-MG). Ato de direito internacional público. Convenção ainda não incorporada ao direito interno brasileiro (...). Trata-se de carta rogatória expedida pela Justiça da República da Argentina com a finalidade de viabilizar a efetivação, em território brasileiro, de atos de caráter executório (...). É que a jurisprudência do Supremo Tribunal Federal, em tema de cartas rogatórias passivas, tem, invariavelmente, repelido a possibilidade jurídica de concessão do 'exequatur' para efeito de realização, em território brasileiro, de diligências de natureza executória (...). Nem se alegue, para justificar a pretendida concessão de 'exequatur', que as diligências rogadas – embora de caráter executório – encontrariam fundamento em convenção internacional consubstanciada no Protocolo de Medidas Cautelares aprovado pelo Conselho do Mercado Comum (MERCOSUL), por ocasião de sua VII Reunião, realizada em Ouro Preto-MG, nos dias 16 e 17 de dezembro de 1994. É que esse ato de direito internacional público, muito embora aprovado pelo Congresso Nacional (Decreto Legislativo n. 192/95), não se acha formalmente incorporado ao sistema de direito positivo interno vigente no Brasil, pois, a despeito de já ratificado (instrumento de ratificação depositado em 18.3.1997), ainda não foi promulgado, mediante decreto, pelo Presidente da República. (...) torna-se necessário reconhecer que o mecanismo de recepção, tal como disciplinado pela Carta Política brasileira, constitui a mais eloqüente atestação de que a norma internacional não dispõe, por autoridade própria, de exeqüibilidade e de operatividade imediatas no âmbito interno, pois, para tornar-se eficaz e aplicável na esfera doméstica do Estado brasileiro, depende, essencialmente, de um processo de integração normativa que se acha delineado, em seus aspectos básicos, na própria Constituição da República (...). O exame da Carta Política promulgada em 1988 permite constatar que a execução dos tratados internacionais e a sua incorporação à ordem jurídica interna decorrem, no sistema adotado pelo Brasil, de um ato subjetivamente complexo, resultante da conjugação de duas vontades homogêneas: a do Congresso Nacional, que resolve, definitivamente, mediante decreto legislativo, sobre tratados, acordos ou atos internacionais (CF, art. 49, I) e a do Presidente da República, que, além de poder celebrar esses atos de direito internacional (CF, art. 84, VIII), também dispõe – enquanto Chefe de Estado que é – da competência para promulgá-los mediante decreto.(...) Assim sendo, e tendo em consideração as razões expostas, nego 'exequatur' à presente carta rogatória. Devolva-se, por via diplomática, a presente comissão rogatória, à Justiça rogante. Publique-se" (Carta Rog. 8279, j. 4.5.1998, Min. Presidente Celso de Mello, *DJU* de 14.5.1998, p. 34).

ganda, notadamente, em relação ao *homem da rua* mencionado por Loewenstein.[143]

Cumpre, todavia, anotar mais uma vez que o importante instrumento da interpretação constitucional, formador da chamada mutação da Constituição, tem no Direito a sua necessária limitação, sob pena de desvirtuamento do equilíbrio e da harmonia da chamada "tripartição" dos Poderes do Estado.

Ademais disto, o Congresso Nacional brasileiro já teve a oportunidade de discutir algumas das mudanças necessárias quanto à matéria supranacional, por ocasião dos trabalhos da Revisão Constitucional levada a cabo em 1994. Quando dos debates parlamentares, saiu vencedor o preconceito quanto à idéia de compartilhamento de funções soberanas. Na ocasião, foi rejeitada a proposta que visava a acrescentar dois parágrafos ao artigo 4º da Constituição Federal, nos seguintes termos:

"Art. 4º. (...):

"§ 1º. As normas gerais ou comuns de Direito Internacional Público são parte integrante do ordenamento jurídico brasileiro.

"Ementa: Sentença Estrangeira – Protocolo de Las Leñas – Homologação mediante carta rogatória. *O Protocolo de Las Lenas* ("Protocolo de Cooperação e Assistência Jurisdicional em Matéria Civil, Comercial, Trabalhista, Administrativa" entre os países do Mercosul) *não afetou a exigência de que qualquer sentença estrangeira* – à qual é de equiparar-se a decisão interlocutória concessiva de medida cautelar – *para tornar-se exeqüível no Brasil, há de ser previamente submetida à homologação do Supremo Tribunal Federal, o que obsta à admissão de seu reconhecimento incidente, no foro brasileiro, pelo juízo a que se requeira a execução*; inovou, entretanto, a convenção internacional referida, ao prescrever, no art. 19, que a homologação (dito reconhecimento) de sentença provinda dos Estados-partes se faça mediante rogatória, o que importa admitir a iniciativa da autoridade judiciária competente do foro de origem e que o 'exequatur' se defira independentemente da citação do requerido, sem prejuízo da posterior manifestação do requerido, por meio de agravo à decisão concessiva ou de embargos ao seu cumprimento" (AgReg. em Carta Rog., n. 7613, j. 3.4.1997, Min. Rel. Sepúlveda Pertence, publ. em 9.5.1997, Ement. *DJU*, p. 18.154, v. 1868-02, p. 223) (grifamos).

143. Esse autor assevera, no tocante à estabilidade e ao papel educativo da Constituição, que: "É evidente que uma constituição necessita tempo para fixar-se na consciência de uma nação. Quanto mais tempo tenha estado em vigor tanto mais haverá aprendido a comunidade a viver com suas vantagens e desvantagens. Somente pelo fato de estar em vigor durante longo tempo uma constituição exerce uma poderosa influência educativa. A forma e maneira de sua adaptação às mudanças sociais têm igualmente repercussões na consciência constitucional do povo; freqüentes emendas podem chegar a produzir o estado de indiferença" (Karl Loewenstein, *Teoria de la Constitución*, p. 227, tradução livre do autor).

"§ 2º. As normas emanadas dos órgãos competentes das organizações internacionais de que a República Federativa do Brasil seja parte vigoram na ordem interna, desde que expressamente estabelecido nos respectivos tratados constitutivos".[144]

No tocante à resistência do legislador pátrio em admitir a evolução do conceito de soberania, concluímos com a observação de Elizabeth Accioly Pinto de Almeida, que soube sintetizar a questão com perfeição, nos seguintes termos: "Se o Brasil pretende obter as vantagens que supõe ao pertencer como membro em igualdade de condições ao clube dos sócios do Mercosul, e tirar as vantagens que isso reporta a nível econômico, social, político e de peso específico dentro da comunidade internacional, deverá mudar sua mentalidade quanto ao conceito de soberania, aceitando sua nova definição dentro do mundo atual, seguindo o exemplo dos seus sócios".[145]

6. A autonomia privada à luz do Direito Comunitário

A autonomia privada, no âmbito da União Européia, não encontra as suas limitações apenas no nível da legislação infraconstitucional ou constitucional, mas também nas normas de Direito Comunitário, que passam a ser fonte jurídica das relações privadas.

Em linhas anteriores sublinhamos que cinco são as liberdades básicas do Mercado Comum, fase de integração já vivida pela União Européia: 1) a livre circulação de bens; 2) a livre circulação de pessoas; 3) a livre prestação de serviços e a liberdade de estabelecimento; 4) a livre circulação de capitais; 5) a livre concorrência.

As liberdades básicas, como se verifica, estão intimamente ligadas à autonomia privada dos cidadãos europeus, pois dizem respeito à propriedade e sua transferência; ao direito ao trabalho, ao estabelecimento,

---

144. O constituinte brasileiro perdeu uma grande oportunidade de introduzir as novidades necessárias no que refere à supranacionalidade, pois na Revisão Constitucional em 1994, conforme previsto no art. 3º do ADCT, o quórum mínimo para aprovação da Emenda Constitucional de Revisão era o de maioria absoluta dos membros do Congresso, bem como o procedimento era bem mais simplificado do que o previsto pelo § 2º do art. 60, que exige votação em dois turnos em cada Casa do Congresso Nacional e de, no mínimo, três quintos dos votos dos respectivos membros. Ainda que a proposta de emenda tenha recebido 168 votos favoráveis e 144 contrários, não obteve a necessária maioria absoluta dos votos.

145. Elizabeth Accioly Pinto de Almeida, *Mercosul & União européia: estrutura jurídico-institucional*, p. 174.

à livre concorrência, todos intimamente ligados ao direito de iniciativa e aos direitos da personalidade, na medida em que, por exemplo, veda-se a discriminação, quanto à origem, em relação aos cidadãos dos Estados-Membros.

A essas liberdades devem ser acrescidos os fatores resultantes da União Econômica e Financeira estabelecida a partir do Tratado de Maastricht, em 1993, calcada numa moeda única, emitida por um Banco Central independente.

As características do Mercado Comum e da União Monetária reunidas representam, nada menos, que os principais interesses de ordem econômica da sociedade moderna. Ao normatizá-los o Direito Comunitário regula as relações jurídicas, por excelência, de direito privado.

Além da regulamentação dessas matérias, deve-se tomar em conta, também, os princípios básicos, já mencionados, do Direito Comunitário: a) o de *aplicabilidade direta* de suas normas sobre o ordenamento jurídico interno dos Estados-membros; b) o de *primazia* ou *supremacia* de suas normas sobre o ordenamento jurídico dos Estados-Membros; c) o de *uniformidade na interpretação* de suas normas nos Estados-Membros.

Assim sendo, tomadas em conta a aplicabilidade direta, a supremacia das normas comunitárias sobre as normas dos ordenamentos nacionais e a interpretação uniforme destas, garantida pelos Tribunais Comunitários, o Direito Comunitário passa a ser um novo referencial jurídico para as relações privadas, sem excluir as regras jurídicas dos ordenamentos estatais, a não ser no caso de absoluta incompatibilidade com os interesses comunitários, em face do princípio da subsidiariedade.

Em alguns casos, o Direito Comunitário amplia a autonomia privada, ao passo que aumenta a liberdade do indivíduo quanto ao direito de ir e vir, de trabalhar, de realizar negócios e de se estabelecer, concorrendo em condições de igualdade em Estado que não o seu.

Desde cedo as Comunidades européias se preocuparam em regulamentar as relações de direito privado. Anota Silvia Fazio: "A Comissão da então 'Comunidade Econômica Européia' editou uma circular, em 22.10.1959, na qual mencionava que um verdadeiro mercado interno comum somente seria concretizado se existissem garantias de uma harmonização jurídica no que concerne ao Direito Civil e Comercial, o que exigiria uma ampla regulamentação do reconhecimento e execução das decisões judiciais entre os Estados-Membros. Caso contrário, remanesceriam sempre problemas e dificuldades no setor econômico da Comunidade. A partir dessa nota, reuniu-se, em 18.2.1960, através de uma decisão dos devidos representantes governamentais, uma comissão de peritos, com a finalidade de elaborar uma convenção européia no âmbito do Direito Civil e Comercial".[146]

A Convenção de Bruxelas assinada em 27.9.1968 regulamentou as questões relativas ao Direito Civil e Comercial, no tocante à eleição e estabelecimento do foro jurisdicional e as formas dos contratos.

O art. 17º do texto atual da Convenção de Bruxelas, motivado pelo princípio da autonomia privada das partes,[147] confere às partes contratantes a possibilidade de escolher o tribunal competente para apreciar as questões oriundas das relações contratuais: "17º. Se as partes, das quais pelo menos uma se encontre domiciliada no território de um Estado Contratante, tiverem convencionado que um tribunal ou os tribunais de um Estado Contratante têm competência para decidir quaisquer litígios que tenham surgido ou que possam surgir de uma determinada relação jurídica, esse tribunal ou esses tribunais terão competência exclusiva".

O mesmo dispositivo estabelece em suas alíneas três formas para a eleição contratual da jurisdição aplicável entre as partes:

a) por escrito, ou verbalmente com confirmação escrita;

b) em conformidade com os usos que as partes estabeleçam entre si; ou

c) no comércio internacional, em conformidade com os usos amplamente conhecidos e regularmente observados e que as partes conheçam ou que devam conhecer.

7. *Conclusão*

Assim sendo, longe da postura simplesmente novidadeira, podemos concluir que, como visto, existem, juridicamente, razões mais do que suficientes para considerarmos a existência da nova disciplina *Direito Civil Comunitário*, no âmbito do processo integracionista europeu.

A autonomia privada que já tinha nos ordenamentos constitucionais sua fonte, agora, ao menos na realidade comunitária européia, encontra no Direito Comunitário, indiscutivelmente, nova fonte reguladora da liberdade negocial entre particulares, sem, necessariamente, excluir o referencial constitucional ou infraconstitucional dos Estados-Membros.

---

146. Silvia Fazio, *Os contratos internacionais na União Européia e no Mercosul*, p. 17.

147. Idem ibidem, p. 42.

Bibliografia

ACQUAVIVA, Marcus Cláudio. *Teoria geral do Estado*. São Paulo, Saraiva, 1994.

ALMEIDA, Elizabeth Accioly Pinto de. *Mercosul & União Européia: estrutura jurídico-institucional*.

ALMEIDA, Paulo Roberto de. *Mercosul: fundamentos e perspectivas*. São Paulo, LTr, 1998.

AMARAL NETO, Francisco dos Santos. "Autonomia privada como princípio fundamental da ordem jurídica: perspectivas estrutural e funcional", *Revista de Direito Civil Imobiliário, Agrário e Empresarial*, n. 46, São Paulo, 1988.

ARISTÓTELES. *A política*. Trad. Nestor Silveira Chaves. São Paulo, Atena Editora, 1960.

AZEVEDO, Antônio Junqueira de. *Negócio jurídico: existência, validade e eficácia*. São Paulo, Saraiva, 2000.

BADR, Eid. "Princípio da motivação das decisões judiciais", *Revista da APG*, n. 18. São Paulo, APG/PUC-SP, 1999.

BAHIA, Saulo José Casali. "Direito Comunitário do MERCOSUL", in BASTOS, Celso Ribeiro, FINKELSTIEN, Cláudio (coords.) *MERCOSUL: Lições do período de transitoriedade*. São Paulo, Instituto Brasileiro de Direito Constitucional, 1998.

BAPTISTA, Luiz Olavo. *O MERCOSUL, suas instituições e ordenamento jurídico*. São Paulo, LTr, 1998.

BASSO, Maristela. "O direito comunitário e o destino das soberanias. Evolução do Mercosul. Harmonização e Integração", in *Painel do XIX Congresso Brasileiro de Direito Constitucional*, São Paulo, Instituto Brasileiro de Direito Constitucional, 1998.

BASTOS, Celso Ribeiro. *Curso de Direito Constitucional*. São Paulo, Saraiva, 1997.

_____. *Hermenêutica e interpretação constitucional*. São Paulo, Celso Bastos Editor-IBDC, 1997.

_____. *Curso de teoria do Estado e de ciência política*. São Paulo, Saraiva, 1995.

BASTOS, Celso Ribeiro, FINKELSTEIN, Cláudio. *MERCOSUL: Lições do período de transitoriedade*. São Paulo, Celso Bastos Editor-IBDC, 1998.

BOBBIO, Norberto, MATTEUCCI, Nicola, PASQUINO, Gianfranco (coord.). *Dicionário de política*. Trad. Carmen C. Varriale *at al*. Trad. João Ferreira; rev. geral João Ferreira e Luis Guerreiro Pinto Cacais. Brasília, Editora UnB, 1999.

_____. *Direito e Estado no pensamento de Emanuel Kant*. Trad. Alfredo Fait, rev. Estevão Rezende Martins. Brasília, UnB, 1995.

BONAVIDES, Paulo. *Curso de direito constitucional*. São Paulo, Malheiros Editores, 2002.

_____. *Do país constitucional ao país neocolonial: a derrubada da Constituição e a recolonização pelo golpe de Estado institucional*. São Paulo, Malheiros Editores, 2001.

CALDAS, Ricardo W. *O Brasil e o mito da globalização*. São Paulo, Celso Bastos Editor-IBDC, 1999.

CAMPOS, João Mota de. *Direito Comunitário*. Lisboa, Fund. Calouste Gulbenkian, 1994.

CANOTILHO, J. J. Gomes. *Direito constitucional*. Lisboa, Almedina, 1993.

CARVALHO, Isabel Maria Felgueiras Teixeira de. *Noções fundamentais de Direito Comunitário*. Porto, Elcla Editora, 1993.

CONGRESSO BRASILEIRO DE DIREITO CONSTITUCIONAL. *10 anos de Constituição: uma análise* (coord. IBDC). São Paulo, Celso Bastos Editor-IBDC, 1998.

CHILD, Jorge. *Fin del Estado*. Bogotá, Editorial Grijalbo, 1994.

CRETELLA JÚNIOR, José. *Elementos de Direito Constitucional*. São Paulo, Ed. RT, 1995.

DALLARI, Dalmo de Abreu. *Elementos de Teoria Geral do Estado*. São Paulo, Saraiva, 1995.

DUARTE, Maria Luísa. *A cidadania da União e a responsabilidade dos Estados por violação do Direito Comunitário*. Lisboa, Lex, 1994.

EDDÉ, Emile. *A Igreja Maronita e o Líbano*.

EWALD, François. *Foucault, a norma e o Direito*. Lisboa, Vega, 1993.

FERREIRA, Pinto. *Curso de Direito Constitucional*. São Paulo, Saraiva, 1996.

FERREIRA ALVES, Jorge de Jesus. *Lições de Direito Comunitário*. Coimbra, Coimbra Editora, 1989.

FERREIRA FILHO, Manoel Gonçalves. *Curso de Direito Constitucional*. São Paulo, Saraiva, 1995.

FREITAS, Juarez. *Interpretação sistemática do Direito*. São Paulo, Malheiros Editores, 1995.

FUENTES, Jorge. "La UE y la unidad militar", in *Política Exterior*, n. 74, março/abril/2000.

GARCIA, Maria. *Desobediência civil: direito fundamental*. São Paulo, Ed. RT, 1994.

_____. "Federalismo brasileiro: a repartição de rendas tributárias e o município. Uma proposta", in Celso Ribeiro Bastos (coord.), *Por uma nova Federação*, São Paulo, Ed. RT, 1995.

_____. "Dos direitos sociais: previdência social, educação e saúde", in *Congresso Brasileiro de Direito Constitucional. 10 anos de Constituição: uma análise* (coord. IBDC). São Paulo, Celso Bastos Editor-IBDC, 1998.

GILISSEN, John. *Introdução histórica ao Direito*. Lisboa, Fundação Calouste Gulbenkian, 1995.

HESSE, Konrad. *A força normativa da Constituição.* Trad. Gilmar Ferreira Mendes. Porto Alegre, Sérgio Antônio Fabris Editor, 1991.

_____. *Escritos de derecho constitucional.*

HOBBES, Thomas. *"De Cive": Elementos filosóficos a respeito do cidadão.* Trad. Ingeborg Soler. Petrópolis, Vozes, 1993.

_____. *Leviatán o la materia, forma y poder de una republica eclesiástica y civil.* Trad. Manuel Sánchez Sarto. México, Fondo de Cultura Económica, 1994.

KELSEN, Hans. *Teoria Geral do Direito e do Estado.* Trad. Luís Carlos Borges; rev. Péricles Prade. São Paulo, Martins Fontes, 1992.

LAFER, Celso. *A reconstrução dos direitos humanos: um diálogo com o pensamento de Hanna Arendt.*

LASSALLE, Ferdinand. *A essência da Constituição.* Trad. Walter Stönner. Porto Alegre, Editorial Villa Martha, 1980.

LEAL, Rosemiro Pereira. *Soberania e mercado mundial: a crise jurídica das economias nacionais.* Leme, Editora de Direito, 1999.

LÓPES-ARANDA, Ricardo. "Después de Helsinki", in *Política Exterior*, n.73, jan./fev. 2000.

LORENZETTI, Ricardo Luis. *Fundamentos do direito privado.* São Paulo, Ed. RT, 1998.

LOTUFO, RENAN (coord.). *Direito civil constitucional: Cadernos 1.* São Paulo, Max Limonad, 1999.

MALUF, Said. *Teoria Geral do Estado.* São Paulo, Saraiva, 1995.

MAQUIAVEL, Nicolau. *O Príncipe.* Trad. Maria Lucia Cumo. Rio de Janeiro, Paz e Terra, 1996.

MARTINS, Ives Gandra da Silva. *As constituições brasileiras – Constituição de 1967.* São Paulo, 1993.

MIRANDA, Jorge. *Manual de direito constitucional.*

_____. *Textos históricos do Direito Constitucional.* Lisboa, Imprensa Nacional – Casa da Moeda, 1990.

MONTESQUIEU, Charles de Secondat, Barão de. *O espírito das leis.* Trad. Cristina Muracho. São Paulo, Martins Fontes, 1996.

MONTORO, André Franco. *Integração da América Latina em um mundo multipolar.* São Paulo, ILAM, 1998.

PIAM, Silvestre. "El Estado y la competitividad de la economía", in *El rediseño del Estado*, trad. Simy Juliette Benarroch, Monica Vaisberg, Marie Toulian.

PIRES, Alice Catarina de Souza. *Soluções de controvérsias no Mercosul.*

PIRES, Francisco Lucas. *Introdução ao Direito Constitucional europeu.* Coimbra, Almedina, 1997.

_____. *Introdução à Ciência Política.* Porto, Coimbra Editora, 1998.

PERLINGIERI, Pietro. *Perfis do Direito Civil*. Trad. Maria Cristina De Cicco. Rio de Janeiro, Renovar, 1997.

PRATA, Ana. *A tutela constitucional da autonomia privada*. Coimbra, Almedina, 1982.

REUTER, Paul. *Principes de Droit International Public*, t. II. RCADI, 1961.

RIBEIRO JÚNIOR, João. *Teoria geral do Direito Constitucional*. Bauru, Edipro, 1997.

ROUSSEAU, Jean-Jaques. *O contrato social*. Trad. Antônio de Pádua Danesi, rev. Edison Darci Heldt. São Paulo, Martins Fontes, 1998.

SILVA, José Afonso da. *Curso de direito constitucional positivo*. São Paulo, Malheiros Editores, 2002.

SILVEIRA, Paulo Antônio Caliendo da. *Defesa da concorrência no Mercosul: acordos entre empresas, abuso de posição dominante e concentrações*. São Paulo, 1998.

SÜSSEKIND, Arnaldo *et al. Instituições de Direito do Trabalho*. São Paulo, LTr, 1995.

TEIXEIRA, José Horácio Meirelles. *Curso de Direito Constitucional*. Texto rev. e atual. por Maria Garcia. São Paulo, 1991.

TEMER, Michel. *Elementos de direito constitucional*. São Paulo, Malheiros Editores, 2002.

TEPEDINO, Gustavo. *Temas de direito civil*. Rio de Janeiro, Renovar, 1999.

THORSTENSEN, Vera. *Europa: da cooperação à integração*. São Paulo, Brasiliense, 1992.

VIANNA, Hélio. *História do Brasil*. São Paulo, Melhoramentos, 1994.

APONTAMENTOS A RESPEITO DO DIREITO DE PROPRIEDADE

GETÚLIO TARGINO DE LIMA

1. Introdução. 2. Notícia breve sobre o direito de propriedade e sua justificação ou assento. 3. O conflito entre a natureza individual e a função social da propriedade: 3.1 A indefinição legal do direito de propriedade; 3.2 Situações de nomenclatura titubeante quanto ao direito de propriedade na legislação brasileira; 3.3 Propriedade: aparência ou substância? 4. A problemática da função social da propriedade: 4.1 A idéia conceitual de função social da propriedade; 4.2 A função social dos bens. O papel do direito de propriedade; 4.3 A questão da função do direito de propriedade no direito estrangeiro: 4.3.1 A posição da doutrina italiana; 4.3.2 A posição da doutrina francesa; 4.4 A situação no Direito Civil Brasileiro; 4.4.1 A questão vista pelo Código Civil; 4.4.2 A questão vista pelo novo Código Civil. 5. O direito de propriedade visto sob o crivo constitucional; 5.1 O princípio dos princípios; 5.2 A regra constitucional a respeito da propriedade; 5.3 A questão dos estatutos proprietários; 5.4 A tutela da pessoa humana e a função social da propriedade. 6. Conclusão.

1. Introdução

A escolha do tema *Apontamentos a respeito do direito de propriedade* não se deu aleatoriamente, mas atendendo a uma vocação que sempre me empurrou para o estudo dos direitos reais. Resolvi-me por este tema, atiçado pela curiosidade e desejo de conhecer mais a respeito do direito de propriedade em si, como, também, dos efeitos de seu bom ou mau exercitamento.

O direito de propriedade, por sua vez, está no centro das grandes questões mundiais, sendo o responsável por sistemas políticos e econômicos terem surgido e terem desaparecido.

Na atualidade, acentua-se mais ainda a relevância do assunto, não porque se deva travar batalha grotesca para afirmar o capitalismo ou o comunismo, ante a derrocada deste, mas, exatamente em razão disto, porque se deve estabelecer uma linha difícil e escorregadia que, inaceitando os exageros da propriedade absoluta e da propriedade social, consiga conciliar idéias que resguardem o direito à propriedade como inerente à natureza humana, mas o submeta a estatutos tais que imponham sua redefinição, de instituto autoritário, absoluto e egoísta, em instituição complexa, intersubjetiva e de caráter misto, isto é, com doses de subjetividade e de socialidade (como o quer Miguel Reale).

A metodologia utilizada sugeriu-nos procedimentos dedutivos, próprios da tópica, passando pela dogmática, a nos sugerir o uso da *translatio*, passando pela fase *conjectural* e chegando à *definitio,* mas, em razão da provisoriedade dos resultados, atravessando para a zetética, mais investigativa, utilizadora da análise, da crítica e da metacrítica, até se completar a heurística, geradora de conclusões aceitáveis.

A busca bibliográfica estendeu-se até os autores estrangeiros, por óbvio, dada a amplitude e abrangência conceitual do instituto, sem perder de vista, todavia, que o interesse final é o de alcançar e entender a situação no Direito brasileiro.

2. Notícia breve sobre o direito de propriedade e sua justificação ou assento

Embora sem ter a pretensão de um trabalho de resgate da história deste instituto na vida dos povos, o que, aliás, não é o projeto da monografia, tal qual idealizada, torna-se necessária, a nosso ver, breve revisitação, da Antigüidade ao momento atual, à propriedade, seja como instituição, seja como prática de um princípio, como relembra Norberto Bobbio.[1]

Também não se deseja pôr em dúvida a anterioridade da posse, visto que esta se traduzia, de pronto, na apropriação do homem quanto aos bens que a própria natureza lhe apresentava, como resultado de algo inato, de um sentimento que lhe indicava este comportamento, nada importando que, mais adiante, o destinatário de tal desfrute não fosse o homem, isoladamente, mas o grupo, visto como família, clã ou tribo. Também mostra-se irrelevante que o bem da vida não mais servisse ao homem ou ao grupo, em seu estado natural, mas já modificado, trabalhado, para atender a um objetivo mais sofisticado do homem. Assim, o galho ou o tronco se transformou numa borduna ou num arco e a pedra passou a ser uma ponta de flecha ou uma faca, de acordo com a necessidade pessoal ou social mais complexa.

De qualquer forma, todavia, esta relação entre os homens e os bens era fática, indiscutivelmente fática, material, sem caráter de juridicidade

---

1. *Dicionário de Política,* p. 1.030.

e, obviamente, de propriedade, como hoje entendida, sem embargo de denunciar claramente a inata inclinação e a expressa necessidade que o ser humano sempre sentiu de ter as coisas para si, com exclusividade, como uma verdadeira condição de sua auto-afirmação e felicidade.

Há que se reconhecer, porém, que na Grécia antiga já ocorria a divisão de terras, atribuindo-se quinhões entre os grupos familiares, dando assim uma idéia de propriedade familiar, que somente se individualizou no início do séc. VI a C.

Idéia, todavia, de propriedade, com certa aproximação daquilo que hoje temos, viu-se no período pós-clássico do Direito Romano, embora não se possa afirmar a existência de um conceito de propriedade nos textos da época. A conhecida expressão *proprietas est jus utendi, fruendi et abutendi*, na verdade, só aparece na menção dos autores do séc. XIV em diante.

Nota-se, no Direito Romano, uma passagem do individual para o social, da época antiga para a clássica e justinianéia, ocorrendo nesta a unificação da propriedade, que se completou no direito bizantino, dando-se, aí, também, o desaparecimento das diferenças entre as *res mancipi* e as *res nec mancipi*, conforme alude José Cretella Júnior.[2]

Na Idade Média, como sabido, predominou o feudalismo. Interessante observar que, sob o feudalismo, a propriedade perdeu as características que arduamente ganhara no Direito Romano.

Na verdade, instituía-se, de fato e de direito, a bipartição do domínio em domínio direto e domínio útil. O domínio direto era o do proprietário, muitas vezes o senhor feudal e outras vezes o próprio Rei. Assim, o titular do domínio direto cedia parte dele a um vassalo, para que o mesmo pudesse explorar, da forma que lhe parecesse mais correta, em troca de dias de trabalho, homens, armas, alimentos etc. Se a cessão se dava com o Rei, este o fazia em favor do senhor feudal e este, por sua vez, o fazia também com terceiros, formando-se assim uma longa cadeia, que partia do Soberano e podia chegar até ao mais ínfimo servo.

Em razão destas características, a propriedade, no feudalismo, era um símbolo político de poder. Não tinha, necessariamente, que significar a grandeza do patrimônio do senhor feudal. O que se estampava com maior força e brilho era o poder político do senhor feudal. Nos limites territoriais de suas terras ele era o senhor, o governante, o legislador e o juiz. A insignificante liberdade de que desfrutava o vassalo, no cultivo

---

2. *Curso de Direito Romano*, pp. 173-174.

do pequeno trecho que lhe era delimitado, não afastava a servidão do trabalho direto para o senhor feudal, ou o pagamento de impostos pesados, ou a entrega de alimentos. O chamado domínio eminente, que os senhores feudais ostentavam, era sustentado pelo domínio útil, realizado pelos vassalos, à medida em que cultivavam o solo. E, diga-se de passagem, tal cultivo era absolutamente importante e indispensável, pois representava a sobrevivência de todos.

Como afirma Luciano de Souza Godoy, este modelo de transmissão de direitos, na verdade, serviu de base e de estrutura para o instituto da enfiteuse, como hoje se encontra no direito civil brasileiro.[3]

O desprestígio crescente da nobreza, além de sua descapitalização, uma vez que os burgueses se detinham nas atividades comerciais, bancárias e afins, o desenvolvimento das sociedades por ações e outros fatos desta natureza formaram o palco perfeito para a deflagração da Revolução Francesa de 1789, para a qual a propriedade era um dos pilares da sociedade, e um direito inafastável do homem e do cidadão, ao lado da liberdade e da igualdade. Aliás, em escritos da época, muitas vezes o elemento *fraternidade*, que compõe a tríade emblemática da Revolução Francesa, aparece substituído por *propriedade*, como lembra Marc Frangi.[4]

O Código Civil Francês conseqüente, de 1804, famoso Código de Napoleão, colocou a propriedade privada como verdadeiro núcleo do ordenamento jurídico.

O problema foi que, por liberdade, compreendeu o direito francês o fato de qualquer cidadão poder contratar, estabelecer, com outro, as regras da avença, com inteira franquia e sem qualquer dirigismo, a não ser a própria vontade. No exato momento em que se deu a Revolução Francesa, tal conclusão foi, factual e racionalmente falando, absolutamente lógica, uma vez que ocorreu uma grande transferência de propriedade: o domínio eminente (posto nas mãos dos senhores feudais) para o domínio útil (colocado nas mãos dos vassalos, os verdadeiros trabalhadores da terra), e isto sem qualquer indenização, daí a relevância que ao direito de propriedade deu a Revolução Francesa, posto que, com ela, desapareceram as imensas propriedades, os latifúndios franceses.

É esta a lição que cristalinamente nos demonstra Luis Martín Ballestero Hernández, nesta passagem especial: "La lucha dirigida contra el

---

3. *Direito Agrário Constitucional*, p. 21.
4. *Constitution et Droit Prive: les droits individuels et les droits economiques*, p. 227.

dominio eminente condujo a la noche del 4 de agosto de 1789: los nobles fueron obligados a renunciar, sin indemnización, a sus privilegios (feudales) o sea, al dominio eminente. Como ha escrito Taine, la Revolución Francesa fue así 'una transmisión de propiedad'; la propiedad pasó del dominio eminente al dominio útil. Por haber desaparecido la dualidad, los revolucionarios pudieron plegarse a la 'concepción romana'. Al proclamar la libertad individual, al afirmar los derechos del hombre, tenían que hacer, con toda naturalidad del derecho de propiedad un derecho individual y absoluto. Cada uno es dueño y soberano de lo que le pertenece. Se lee en el art.17 de la Declaración de los Derechos del Hombre y del Ciudadano: 'Por ser la propiedad un derecho inviolable y sagrado (...)'. La Revolución Francesa tuvo por resultado la desaparición de las inmensas propiedades inmobiliarias. Por tanto, evitó la intervención posterior del legislador para dividir las fincas".[5]

Daí, no entanto, a se entender que tal liberdade, mesmo com o passar dos tempos, gerava a igualdade vai uma grande distância, uma vez que, no contrato entre o fraco e o forte, se não interferir o direito, antes mesmo da contratação, equilibrando as partes interessadas, não se terá qualquer exercício de igualdade. E, obviamente, isto se refletiu fortemente no direito de propriedade, ficando os bens novamente nas mãos de poucos.

E também não se pode negar a enorme influência que o Código Civil da França exerceu sobre o Continente Europeu e sobre a América, que editaram seus Códigos com regras muito aproximadas das francesas, notadamente sobre família, propriedade e autonomia da vontade, erigidos pilares do direito privado e positivação mesma do direito natural.

Aos movimentos antipropriedade privada, seja no seio da filosofia, seja no seio da política, profundamente golpeados com a queda do muro de Berlim e o desfazimento da URSS, opôs-se, no final do século XIX, a teoria da função social, pela qual o conceito de propriedade perde a condição de absoluto, sujeitando-se ao cumprimento da mencionada função social, a qual atribui à propriedade um conteúdo específico, que lhe configura, inclusive, um novo conceito, uma redefinição de seus elementos essenciais e integrantes.

É assim que a Constituição Federal garante o direito de propriedade, mas cobra o cumprimento de sua função social.

Tem-se, no momento, mencionado o caráter socioeconômico da propriedade, uma vez que, na composição dos requisitos a serem cumpridos para que a função social seja atingida, aparece também a economia.

---

5. *Derecho agrario: estudios para una introducción*, p. 116.

Sem embargo da eminência dos nomes de Ricardo Zeledon Zeledon e Antônio Carozza, que utilizaram tal nomenclatura, temos que a mesma não prospera, porque a expressão *função social* está tomada no seu sentido mais genérico, além do que, também o direito ambiental se inclui nos requisitos elencados pela lei ordinária e pela Lei Constitucional, notando-se, então, que a idéia de função social não é apenas jurídica e, mesmo neste sentido, se apresenta sob variados aspectos.

Tem-se, através dos tempos, procurado justificar este direito por diversas teorias, como a da ocupação, que justifica a propriedade por este fato, que, todavia, terá que estar mencionado na lei; a teoria da lei ou positivista, que entende que a lei é que criou a propriedade e é que a garante, não havendo, pois, como se falar em propriedade antes que os estatutos jurídicos a reconhecessem e definissem; a teoria da especificação, que é de natureza econômica ou do trabalho, pois este sendo capaz de transformar a coisa apropriada, para lhe dar contornos próprios, é capaz de gerar a propriedade a favor do especificador; a teoria da natureza humana, que vê na propriedade elemento inerente à própria natureza da pessoa humana, representando condição de existência e de liberdade de cada ser, inerente que é à estrutura psicológica e individual dos seres humanos, conduzidos, desde o nascimento, por uma idéia de apropriação das coisas encontradas ao derredor, como garantia de sua sobrevivência e de sua liberdade; e, finalmente, a teoria da função social, pela qual a propriedade privada só se justifica se buscar atender não só os interesses dos proprietários, mas também os interesses gerais dos demais que o cercam.

3. O conflito entre a natureza individual e a função social da propriedade

3.1 A indefinição legal do direito de propriedade

Conquanto Códigos Civis, como o francês e o alemão, chegassem a definir a propriedade, tendo o Código Napoleônico visto a mesma como a implicar as prerrogativas de usar, gozar e dispor da coisa da maneira a mais absoluta, em clara absorção do que, na Idade Média, se dizia ser do Direito Romano antigo, isto é, o *ius utendi, fruendi et abutendi,* não ousou o Código Civil brasileiro de 1916 conceituar o direito de propriedade, preferindo elencar os direitos que a lei garante ao proprietário, como se vê do seu art. 524, *verbis*: "Art. 524. A lei assegura ao proprietário o direito de usar, gozar e dispor de seus bens e o de reavê-los do poder de quem quer que injustamente os possua".[6]

De sua vez, veio o art. 527 do mesmo Diploma a tratar da exclusividade e ilimitação do domínio, salvo prova em contrário, assim: "Art. 527. O domínio presume-se exclusivo e ilimitado, até prova em contrário".

De modo diferente não o faz, proximamente a nós, o direito português, posto que, como se vê do art. 1.305º do Código Civil Português, a lei lusitana, como a brasileira, não definiu a propriedade, mas enumerou os direitos de que goza o proprietário, *verbis*: "Art. 1.305º. O proprietário goza de modo pleno e exclusivo dos direitos de uso, fruição e disposição das coisas que lhe pertençam, dentro dos limites da lei e com observância das restrições por ela impostas".

Na verdade, é a doutrina que vem, sob a alegação de que o texto legal não é o melhor lugar para definições das instituições por ela reguladas, a dar o tratamento conceitual às mesmas, o qual infere da análise contextual da lei, de modo a traçar o perfil e a substância da instituição estudada.

Tal fato não seria grave se os textos codificados tratassem de modo uniforme e com rigor terminológico o instituto regulado, ao longo de seu corpo. Não é assim, porém, como se demonstrará a seguir.

3.2 Situações de nomenclatura titubeante quanto ao direito de propriedade na legislação brasileira

Como adverte Luís da Cunha Gonçalves, o termo *propriedade* tem diversas acepções, uma vez que "As leis, a doutrina e a linguagem usual designam este direito também pela expressão abreviada de propriedade, como se vê dos arts. 2.168º, 2.171º e outros do Código Civil. Freqüentemente, porém, a palavra propriedade é usada no sentido restrito de direito exercido na terra ou em bens rústicos e urbanos. Em alguns casos, porém, chama-se propriedade a própria cousa imóvel ou móvel que pertença aos homens, especialmente se for uma cousa rústica: uma herdade, uma quinta, um terreno, etc.".[7]

E o mesmo autor prossegue a informar que este sentido especial (que toma o direito pelo seu objeto) é a causa de muitas confusões e até disparates doutrinários.[8]

---

6. V., adiante, na nota 23, os artigos correspondentes do novo Código Civil, de 2002.
7. *Da Propriedade e da Posse*, p. 7.
8. Idem, ibidem, p. 7

Somente a título ilustrativo, podem-se ver os seguintes exemplos: os arts. 525, 526, 527 do Código Civil brasileiro de 1916 falam claramente do direito de propriedade, ao declararem: "É plena a propriedade quando todos os seus direitos elementares se acharem reunidos no do proprietário (...)" ou "A propriedade do solo abrange a do que lhe está superior e inferior (...)" ou ainda "O domínio presume-se exclusivo e ilimitado até prova em contrário" (v. arts. 1.228 a 1.231 do novo CC).

Não se pode dizer o mesmo do art. 530 do CC de 1916,[9] que declara: "Adquire-se a propriedade imóvel (...)". Ora, móveis ou imóveis são os bens, que assim se classificam, segundo a lei (arts. 43 a 46 e 47 a 51 do Código Civil de 1916; v. arts. 79 a 81 e 82 a 86 do novo CC). A propriedade é um direito que se exerce sobre eles, não sendo ela mesma, enquanto direito, móvel ou imóvel. É que, como já dito alhures, às vezes o direito de propriedade é expresso pela palavra propriedade, apenas, ou então, o que é pior, confunde-se o direito de propriedade com a coisa objeto deste direito, falando-se em propriedade quando se refere a uma quinta, um terreno etc. Assim, na verdade, *adquire-se a propriedade sobre bens imóveis* pelos modos previstos nos incisos de I a IV do art. 530 do Código Civil.

Já nos arts. 550 e 551 do Código Civil de 1916, o legislador cuidou de usar a locução 'domínio sobre o imóvel', até porque soaria simplesmente dantesco falar-se em adquirência do domínio da propriedade (???), aprofundando-se mais ainda o fosso da incompreensão, inclusive sobre o direito de propriedade e o direito dominial.

Vê-se, nitidamente, esta mistura terminológica nos arts. 554 e 555 do diploma civil brasileiro (de 1916), que declaram:

"Art. 554. O proprietário, ou inquilino de um prédio tem o direito de impedir que o mau uso da propriedade vizinha possa prejudicar a segurança, o sossego e a saúde dos que o habitam."

"Art. 555. O proprietário tem o direito de exigir do dono do prédio vizinho a demolição ou reparação necessária, quando este ameace ruína, bem como que preste caução pelo dano iminente."

É evidente que a palavra propriedade, aí, foi tomada como sinônimo do imóvel objeto do direito de propriedade, até porque não se poderia pensar de outra maneira, sob pena de conclusões absurdas. Assim, imaginando-se que por *propriedade vizinha* estivesse o legislador tomando o direito de propriedade, teríamos os seguintes absurdos: o direi-

---

9. V. arts. 1.238 e ss., do novo CC.

to de propriedade pode ser vizinho de um outro prédio? Ou, ainda, poder-se-ia falar em mau ou bom uso do direito de propriedade, quando o uso é exatamente um dos direitos que se asseguram ao proprietário?

Os exemplos poderiam se multiplicar, mas a dimensão deste trabalho não o permite, exceto para elencarmos, ainda, como o tema também é assim sofridamente tratado na Constituição Federal.

Realmente, com absoluto rigor terminológico, o art. 184 da Constituição Federal afirma que somente a União pode desapropriar, para fins de reforma agrária, o imóvel rural que não esteja cumprindo a sua função social. Vê-se, aí, o legislador separando distintamente o direito de propriedade do imóvel sobre o qual o mesmo se exerce, mostrando que o imóvel pode ser desapropriado, ou seja, entregue à propriedade de outrem, no caso a União.

Já não acontece o mesmo nos arts. 185 e 186,[10] onde a Constituição fala em pequena e média propriedade rural, numa clara tomada do conteúdo pelo continente, uma vez que pequena e média são as extensões dos imóveis rurais sobre os quais alguém exerça o direito de propriedade, o mesmo se podendo dizer do termo *produtiva*, pois, a nosso ver, produtivo é o imóvel, que a isto pode ser levado, ou não, pelo proprietário, no mau ou correto uso de seu direito de propriedade sobre ele.

3.3 Propriedade: aparência ou substância?

Importante aspecto aborda-se, neste passo, que se refere à questão material da propriedade, enquanto direito, ou, em outras palavras, o que, efetivamente, caracteriza e identifica o direito de propriedade.

---

10. "Art. 184. Compete à União desapropriar por interesse social para fins de reforma agrária, o imóvel rural que não esteja cumprindo sua função social, mediante prévia e justa indenização (...)."

"Art. 185. São insuscetíveis de desapropriação para fins de reforma agrária:

"I – a pequena e média propriedade rural, assim definida em lei, desde que seu proprietário não possua outra;

"II – a propriedade produtiva.)."

"Art. 186. A função social é cumprida quando a propriedade rural atende, simultaneamente, segundo critérios e graus de exigência estabelecidos em lei, aos seguintes requisitos:

"I – aproveitamento racional e adequado;

"II – utilização adequada dos recursos naturais disponíveis e preservação do meio ambiente;

"III – observância das disposições que regulam as relações de trabalho;

"IV – exploração que favoreça o bem-estar dos proprietários e dos trabalhadores.)."

Em instigante trabalho doutrinário, Glauber Moreno Talavera teve oportunidade de citar passagem relevante de José Antonio Alvarez Caperochipi, onde fica bastante explicitado o problema da aparência no direito de propriedade, o seu caráter formal mas dependente dos mecanismos aparentes que geram a titulação.

Eis a passagem mencionada: "La propiedad es, simplemente, apariencia dogmáticamente convertida en realidad por razones de seguridad. Por tanto, la propiedad para el derecho está inseparablemente ligada a su prueba y la antología del derecho de propiedad es puramente formal (titulación). La sola apariencia es, además, por si misma, titulación (la posesión y el registro) y instrumento privilegiado de prueba de la propiedad. Por todo ello el estudio jurídico de la propiedad y los derechos reales debe iniciarse por el estudio de los mecanismos aparentes generadores de la titulación (la posesión y el registro) dada la unión inseparable e indisoluble de la realidad de la propiedad con la prueba de la propiedad".[11]

Na verdade, a bem pensar, ao se dar o registro do título como forma de aquisição da propriedade, tem-se uma sujeição ímpar à formalidade, no direito de propriedade, quando, na verdade, o poder sobre a coisa, o uso, o gozo e a disposição, como conteúdos do direito de propriedade, é que o mostram, *in re ipsa*. Neste sentido, tem razão a lição de Ihering de que "La posesión es una posición avanzada de la propiedad (...) La protección de la posesión, como exterioridad de la propiedad, es un complemento necesario de la protección de la propiedad, una facilitación de la prueba en favor del propietario, la cual aprovecha necesariamente también al no propietario".[12]

Neste vetor, qual seja, o de mostrar o conteúdo material da propriedade, a posse é, sem dúvida, seu maior instrumento, o que, todavia, não retira o valor da posse em si, mesmo quando travestida de simples *imago domini*, posto que, individualmente, sem precisar estar escorada ou garantida pela propriedade, a posse, como instituto autônomo, se afirma e consagra e, mesmo quando decorrente da propriedade, a posse produz seus efeitos particulares, que dela resultam, pelo seu extraordinário papel de realizar a função social da propriedade, pois é pelo exercício pos-

---

11. *Curso de derechos reales*, apud Glauber Moreno Talavera, "A função social como paradigma dos direitos reais limitados de gozo ou fruição sobre coisa alheia", in *Temas Atuais de Direito Civil na Constituição Federal*, Rui Geraldo de Camargo Viana e Rosa Maria de Andrade Nery (coordenadores), p. 279.

12. Rudolf von Ihering, *La posesión*, versión española de Adolfo Posada.

sessório que tal desiderato pode ser atingido, transformando o imobilismo da propriedade num dinamismo atuante e de conseqüências abrangentes no meio da sociedade em geral.

4. A problemática da função social da propriedade

4.1 A idéia conceitual de função social da propriedade

Parece fora de qualquer dúvida que, hoje, a mais importante teoria a respeito do direito de propriedade seja a da função social. Há quem defenda que a propriedade tem uma função social e os que a declaram uma função social.

Mas, de começo, esta passagem importante de André Osório Gondinho, onde se ressalta o desconhecimento mais ou menos generalizado do conceito substancial da função social da propriedade. Assim o proclama o jurista: "Este quadro, em grande parte, se explica pelo alarmante desconhecimento do verdadeiro alcance do princípio da função social da propriedade e sua integração com a própria estrutura do direito de propriedade. Não é raro, apesar da boa produção científica existente, encontrar-se, no meio jurídico, a idéia de que o princípio da função social da propriedade não passa de mera norma programática, de eficácia limitada, conteúdo impreciso, sem força cogente para regular condutas sociais".[13]

Mais adiante, alude o Autor que "a função social da propriedade é princípio normativo de conteúdo certo e determinado pela Constituição Federal, parte integrante e inseparável da estrutura do direito de propriedade".[14]

Conforme Luiz Edson Fachin, a função social da propriedade imobiliária corresponde a "uma formação contemporânea da legitimação do título que encerra a dominialidade".[15]

Em trecho lapidar escreve Giselda Hironaka:

"Tudo deflui suavemente na doutrina de Santo Tomás: a circunstância de decorrer o direito de propriedade do direito natural; a circunstância de que o homem, exatamente para sobreviver, urge se alimentar; a

---

13. "Função Social da Propriedade", in *Problemas de Direito Civil Constitucional*, Gustavo Tepedino (coord.), pp. 398 e ss.
14. Idem, ibidem, pp. 398 e ss.
15. "A Cidade Nuclear e o Direito Periférico: reflexões sobre a propriedade urbana", *RT* 743/109.

circunstância de que esta necessidade básica deriva da produção levada a cabo pelo homem sobre a terra; a circunstância de se compreender que a sociedade justa é aquela que garante a todos pelo menos o essencial, ainda que compreenda ser legítimo o fato de que alguns possuam mais que os outros, desde que a estes últimos não escasseie o vital.

"Eis a função social entendida como essência qualitativa do direito de propriedade, a exigir dela a produção, sua atribuição primeira, com a intenção justa, divina e única de permitir a sobrevivência da humanidade".[16]

4.2 A função social dos bens. O papel do direito de propriedade

Sem embargo da já demonstrada mixórdia na utilização da palavra propriedade, ora significando o direito de propriedade, ora significando a coisa objeto deste direito, de início há que se reconhecer que a função social existe, primeiramente, nos bens objeto do direito de propriedade, para depois se ver destacada e atingida com o exercício do direito de propriedade sobre eles, conforme o estatuto proprietário reconheça ou não a função social deste direito.

Já havíamos, em outra oportunidade, acentuado:

"A terra é, reconhecidamente, bem de produção; e o que a terra produz ou pode produzir está intimamente ligado à sobrevivência dos seres. A obrigação de fazê-lo e o modo de atingir este desiderato estão na base do campo de atuação do Direito Agrário e, conseqüentemente, no fenômeno agrário.

"Começa-se com a denominada função social da terra, por alguns equivocadamente denominada função social da propriedade, em Direito Agrário, trocando o continente pelo conteúdo, pois a função social da terra é o gênero, do qual a função social da propriedade é espécie, como o são também a função social da posse, a função social dos contratos etc".[17]

Muitas vezes, quando se afirma tal fato, querem alguns que se esteja pondo em oposição a função social da propriedade e a função social do bem, de tal forma que, reconhecendo uma (a do bem) estaríamos negando a outra (a da propriedade), o que, todavia, não é verdadeiro.

Cada coisa que existe na natureza tem uma função natural. Nada foi feito por acaso, e, criacionistas ou evolucionistas, hemos de reconhecer

---

16. "A Função Social do Contrato", *Revista de Direito Civil*, 45/142.
17. Getúlio Targino Lima, *A Posse Agrária sobre Bem Imóvel*, p. 42.

que os bens da vida existentes na natureza têm uma finalidade natural, às vezes desconhecida do homem; tal ignorância, porém, não implica inexistência da finalidade.

Também, em qualquer das hipóteses acima, hemos de aceitar que tal finalidade natural, por óbvio, nem sempre resolve o problema dos interesses do homem, enquanto indivíduo que se apropriou do bem, ou da comunidade a qual ele pertence, exigindo-se, sobre a coisa possuída, faça o homem os melhoramentos que sua inteligência determina e a necessidade pede, adaptando-a, para que seja mais útil, tanto a si quanto à comunidade.

Obviamente, exercendo direito de propriedade sobre tal bem, pode o homem conduzi-lo ou não ao atingimento de sua finalidade natural, sem prejuízo de finalidades econômicas e sociais que o estágio da sociedade, em que se insere aquele proprietário, exige. Se o proprietário é cobrado, exigido quanto a isto, como decorrência natural do próprio direito de propriedade, então temos a função social da propriedade.

Darci Bessone não tergiversa a respeito, e, embora não seja adepto da teoria da função social da propriedade, tece importantíssimos comentários a respeito da função social das coisas, com o brilhantismo de seu raciocínio privilegiado, assim:

"Seria fácil intuir-se, ainda que os historiadores do direito se omitissem a respeito, que, antes de qualquer formulação jurídica, já as coisas se submetiam ao poder do homem, como condição de fato, para o uso e gozo delas.

"Convenha-se, contudo, em que, mesmo antes de qualquer experiência de direito, antes do Estado e do ordenamento jurídico, o homem já usava, gozava e dispunha materialmente das coisas.

"Então, pode-se concluir que o poder de fato sobre as coisas preexistiu ao de direito.

"Aconteceu, contudo, que os bens necessários ou úteis ao homem não se ofereceram, na natureza, em condições de uso e em quantidade bastante. A insuficiência engendraria lutas terríveis e destruidoras, se não se encontrassem formas de apropriação e uso, convenientemente disciplinadas. A escassez dos bens lhes conferiu sentido econômico e exigiu técnicas jurídicas que ordenassem e disciplinassem a posição do homem, em face da coisa, e as relações entre os homens, a respeito dela.

"O poder de fato erigiu-se, assim, em poder de direito.

"Surgiu, obviamente, o direito de propriedade como um produto cultural, uma criação da inteligência, considerada adequada à organização da vida em sociedade, isto é, da vida social. Seria contraditório que o direito subjetivo de propriedade fosse anterior ao direito objetivo, pois, na conhecida definição de Ihering, entende-se por direito subjetivo o interesse protegido pela lei, o que quer dizer que a sua caracterização requer, além do elemento material – o interesse, o elemento formal, que a lei, o direito objetivo, estabelece. Até porque Adolfo Merkl aponta, como condição prévia e necessária do direito subjetivo, a presença do direito objetivo, pois aquele é conteúdo deste.

"Se o poder de fato sobre as coisas precedeu o direito objetivo, o direito de propriedade, como direito subjetivo, é conteúdo e fruto dele, como forma técnica de ordenamento da vida social".[18]

Tem-se, então, que a função social das coisas, como poder de fato do homem sobre elas, ao se transformar em poder de direito (direito de propriedade), pelo encontro de fórmulas que regulem as formas de apropriação e uso delas, será mantido e melhorado, mais bem adequado, ou não, conforme o estatuto jurídico da propriedade reinante na época e no local, sem se falar nos interesses econômicos e políticos, a controlarem a vida social do povo, naquela determinada situação, sem que, com isto, se tenha, necessariamente, que a propriedade nasce exatamente com a lei, ou é fruto exclusivo dela.

4.3 A questão da função social do direito de propriedade no direito estrangeiro

4.3.1 A posição da doutrina italiana

Põe-se em destaque, no direito italiano, que a Constituição daquele país não inclui, à moda da Constituição francesa, o direito de propriedade entre os direitos invioláveis do homem; todavia, a Lei Maior italiana enuncia, a respeito da propriedade, dois princípios basilares que lhe servem de apoio e sustentação substancial: o da garantia constitucional da propriedade e o da função social.

Assegura-se que o princípio da função social, na verdade põe sob nova luz, sob nova iluminação, o direito de propriedade, posto que, reconhecido que está pelo texto constitucional, não ficará ao alvedrio das partes interessadas, mas somente se sujeitará à lei, que determinará os limites do direito de propriedade e o asseguramento do alcance de sua função social.

18. *Direitos Reais*, pp. 52-53

De outra parte, não há como confundir-se função social da propriedade com a noção de interesse ou utilidade pública. Na lição de Massimo Bianca as coisas ficam claras, assim:

"La nozione di funzione sociale appare più ampia di quella di interesse pubblico. Interessi publici soni i bisogni della colletività fatti propri dallo Stato e dalli altri enti pubblici mentre la funzione sociale va ravvisata nella sua utilità collectiva, cioè, nel vantaggio che esso apporta alla comunità generale e alle comunità locali.

"La proprietà può dunque essere limitata a fine di rendere il bene vantaggioso per la comunità, favorendo il turismo, creando nuovi posti di lavoro, salvaguardando l'ambiente, incrementando la disponibilità delle case di abitazione, favorendo la produttività dei beni strumentali, ecc.".[19]

Tem-se também do direito italiano que a Constituição determina um acordo entre os interesses particulares e coletivos, porém ressalva que somente a lei poderá determinar as bases ou as linhas deste acordo, ficando certo que a previsão da função social da propriedade não se insere no conteúdo do direito de propriedade, na sua própria definição, posto que, inclusive, impõe-se a necessidade de uma identificação prévia de quais os bens suscetíveis de uma função social, determinando-se os limites de tal situação.

Fica portanto bastante claro que, para a doutrina italiana, o direito de propriedade não pode chegar ao extremo de se deixar determinar ou de deixar determinar o seu conteúdo, em relação a um interesse externo, que não o do proprietário.

É, ainda, seguindo o pensamento de Bianca que se tira a conclusão de que, mesmo não incluída entre os direitos fundamentais da pessoa humana, a propriedade resta garantida e assegurada pela Constituição italiana. Aliás, pode-se constatar um duplo significado desta garantia. Primeiramente, é o asseguramento da propriedade privada como instituto, até como resposta do Estado italiano ao pensamento comunista, que não admitia tal instituto quanto aos bens de produção. Para tanto, tal garantia se manifesta na inconstitucionalidade de qualquer norma que tendesse a abolir o direito de propriedade. A segunda etapa da garantia seria no sentido de que a expropriação somente poderia acontecer, com estrita obediência à disposição legal, inclusive protegida a propriedade contra limitações legais abusivas. Assim, a lei limitadora teria que traçar o seu perfil, sempre considerando o seu objetivo: a condução do bem ao

19. *Diritto Civile* VI: *la proprietà*, pp. 170-185.

atingimento de sua função social, respeitado um conteúdo mínimo da propriedade, que não possa jamais ser desatendido.

Outro importante aspecto a ser analisado é o da criação de um direito constitucional de propriedade, uma propriedade constitucional, diferente do instituto contido na lei civil, uma espécie de *new property*, mencionada no direito norte-americano. Com isto não concorda o pensamento civilista italiano, que considera tal hipótese conflitante com o ditado constitucional da Itália.

4.3.2 A posição da doutrina francesa

Diferentemente da doutrina italiana, a francesa, figurada no pensamento de Marc Frangi, mostra um direito de propriedade integrando o elenco das prerrogativas individuais do cidadão, na esteira do pensamento firmado na Revolução Francesa, *verbis*: "Le droit de proprieté a figuré dès l'origine dans le texte constitutionnel comme une prérrogative individuelle devant bénéficier d'une protection fondamentale tout particulièrement renforcée. Il a continué à bénéficier d'une telle sacralisation dans la presque totalité des constitutions françaises (l'exception de celle de 1875 qui était totalement dénuée de préambule ou de proclamation ou de principes)".[20]

Na observação deste autor, no entanto, não ficava o Estado impossibilitado de se apropriar de tais bens, móveis ou imóveis, por vias como a reaquisição, a expropriação ou a nacionalização, sempre mediante pagamento em dinheiro ou *in natura*, no valor correspondente ao prejuízo sofrido pelo proprietário.

Observa-se que, embora os termos particularmente fortes da Constituição francesa a respeito do direito de propriedade, inclusive com menções à Constituição Montagnarde, à Constituição Thermidorienne e à própria Declaração de 1789, verifica-se que, na realidade, tem havido uma atenuação prática dos mesmos.

Tenha-se em mente que o tema propriedade, muitas vezes, é tratado com certas e fortes doses de paixão. E, com fortíssimas razões, tal aconteceu na França, de tal modo que, inclusive, aparece na Declaração dos Direitos do Homem e do Cidadão e depois na maior parte dos textos constitucionais. Relata-se que, em documentos da época, vê-se o termo

---

20. *Constitution et Droit Privé: les droits individuels et les droits economiques*, Segunda Parte, Título II, caps. I/II, Conclusão Geral.

propriedade substituindo fraternidade, na formação do tríptico *Liberdade, Igualdade e Fraternidade*.

Frangi relembra este texto de Maximilien de Robespierre: "La première loi sociale est (...) celle qui garantit a tous les membres de la société les moyens d'exister; il ne pas vrai que la proprieté puisse jamais être en opposicion avec la subsistence des hommes (...) Tout ce qui est indispensable pour conserver (la vie) est une propriété commune a la société entière Il n'y a que l'excèdent qui soit une propriété individuelle".[21]

Dele se constata que, mesmo não lançado no corpo escrito da Declaração dos Direitos do Homem e do Cidadão, de 26 de agosto de 1789, no espírito dos subscritores dela, estavam bem presentes, e eles bem sabiam os limites que se poderiam opor à propriedade, em nome do interesse geral.

Assim, no direito francês, a propriedade tem natureza constitucional, tendo-se por muito antiga a idéia de proteger a propriedade privada das espoliações impostas pelo poder público e de garantir o interesse geral contra a cupidez e o egoísmo dos particulares.

4.4 A situação no Direito Civil Brasileiro

4.4.1 A questão vista pelo Código Civil

O Código Civil brasileiro, de 1916, é, sem dúvida, e na avaliação de autoridades imparciais, um verdadeiro monumento legal.

O gênio de Clóvis Beviláqua conseguiu sintetizar as grandes correntes do pensamento jurídico de então, formulando um texto de quase impecável tessitura, mormente após as observações e correções que o Senador Rui Barbosa apôs a ele, com o fulgor de sua também genial inteligência, não sendo desusado lembrar que a *Réplica*, de Rui Barbosa, e a *Tréplica*, de Ernesto Carneiro Ribeiro, se constituíram em obras de consulta obrigatória para qualquer filólogo, sendo que a *Réplica*, sem favor, é hoje considerada a maior obra de filologia da língua portuguesa, ao menos entre nós brasileiros.

Embora o que se tenha verificado, com raríssimas exceções, tenha sido a análise do Direito Civil brasileiro codificado, mediante o estudo comparativo da doutrina francesa, sendo muito presente nos escritores

---

21. Ob. cit., Segunda Parte, Título II, caps. I/II, Conclusão Geral.

brasileiros o entendimento dos jurisconsultos franceses, está vivamente marcada no pensamento e na obra de Clóvis Beviláqua a forte influência do direito germânico.

Todavia, à época de seu aparecimento, não havia, ainda, o pensamento inicialmente exposto por Leão XIII, em sua famosa encíclica *De Rerum Novarum*, assumido, nem mesmo no seio da Igreja Católica, o caráter referencial que hoje exibe, uma vez que somente após a Primeira Grande Guerra Mundial é que Pio XI escreveu a encíclica *Quadragesimo Anno*, onde rompe mais abertamente com certos excessos capitalistas, vindo a Igreja, com isto, a se engajar mais na reorientação das questões sociais no mundo, o que se confirmou, mais tarde, com João XXIII, em *Mater et Magistra*, e Paulo VI, em *Populorum Progressio*.

Destarte, não era de se esperar que, no Direito Civil brasileiro codificado, fôssemos encontrar um direito de propriedade afinado com estas idéias modernas. Na verdade, o que se tem é a compreensão privatística do direito de propriedade, com seus elementos e características, tais como ser um direito geral, coletivo, unitário, perpétuo, absoluto, exclusivo e elástico.

Como certos destes elementos e características parecem se contrapor uns aos outros, necessárias breves considerações, com assento em Darcy Bessone. A propriedade é um direito geral, no sentido de que o proprietário é o titular das utilidades todas da coisa, pode tudo sobre ela, salvo as exceções. Os outros direitos reais são limitados. É direito coletivo, no sentido de que abrange muitos direitos, tantos que talvez não se possam enumerá-los de modo completo. Diz-se ser a propriedade unitária porque, mesmo se compondo de tantos direitos, a ponto de ser qualificada como coletiva, tais direitos se unem, não apenas numa soma, mas numa verdadeira fusão. É perpétua, porque não se extingue pelo não uso. Tem-se a propriedade como direito absoluto, sob duas acepções: a) é absoluto, no sentido de que é oponível a todos; b) é absoluto, no sentido individualista, o que confere ao proprietário o poder de extrair da coisa, sem qualquer limitação, todas as vantagens que possa oferecer. Obviamente, tal concepção do absolutismo da propriedade é contestável. Afirma-se ser o direito de propriedade exclusivo, no sentido de que não pode haver a incidência de dois domínios sobre a mesma coisa. Observe-se que o condomínio não significa quebra desta característica, porquanto, mesmo no condomínio, o direito de cada um condômino é autônomo, a coisa é que é indivisa, sem se falar na transitoriedade do condomínio. Finalmente, tem-se a propriedade como elástica, porquanto, como acentuam certos juristas, ela é suscetível de reduzir-se a um mínimo ou alcançar um certo máximo, sem deixar de ser propriedade.[22]

Assim, não se vai encontrar no Código Civil de 1916, na parte em que regulamenta o Direito das Coisas, norma que transpareça a função social da propriedade. Ao contrário, o Código se empenha em dar à propriedade, enquanto direito, o caráter privatístico, sobrepondo o interesse individual sobre o coletivo, salvo situações excepcionais, devidamente mencionadas e indispensáveis à vida das pessoas em sociedade e às relações intersubjetivas conseqüentes, caracterizando restrições ao direito de propriedade.

Por exemplo, os arts. 524, 526 e 527 do Código Civil atestam este caráter patrimonialista.

Com efeito, pelo art. 524 elencam-se direitos que exornam a propriedade, em proveito do proprietário, figura central e única.

Pelo art. 526, verifica-se uma extensão da propriedade do solo para cima e para baixo, em altura e profundidade que sejam úteis ao seu exercício, limitando-se esta ampliação apenas se os trabalhos a serem empregados se realizem a uma altura ou a uma profundidade tal que o proprietário não tenha interesse em impedi-los. Não se discute a natureza dos trabalhos, mas o interesse do proprietário em impedi-los ou não, o que é sintomático. Obviamente, legislação posterior, inclusive constitucional, veio a tratar de jazidas, de um modo geral, de jazidas de petróleo, de quedas d'água e águas subterrâneas.

Na dicção do art. 527, então, mais se caracteriza o perfil patrimonialista e privatístico do instituto, ou seja, com a declaração de que o domínio se presume exclusivo e ilimitado, até prova em contrário. Assim, a exclusividade e a ilimitação independem de qualquer prova, presumindo-se as mesmas, somente cedendo, a presunção relativa, ante prova em contrário.

Dir-se-á que existem limites, sem sairmos do âmbito do Direito Civil, consagrados em passagens do Código, como as ligadas aos chamados direitos de vizinhança, que se referem, diretamente, ao uso nocivo da propriedade, às árvores limítrofes, às águas, ao direito de construir, à passagem forçada etc.(arts. 554 a 588 do Código Civil).

É verdade; porém, as limitações ou restrições ao direito de propriedade não se confundem com a função social da mesma. Ao contrário, dela se afastam, até pela sua designação: limitações ou restrições – que

22. Darcy Bessone, ob. cit., pp. 74-78

dão a idéia de que aquilo que era de direito do proprietário, que deveria estar inserido na substância do direito de propriedade, está sendo restringido, diminuído, por um motivo especial, enquanto a função social da propriedade não se apresenta como uma limitação desta, mas como uma finalidade legitimadora do título dominial.

4.4.2 A questão vista pelo novo Código Civil

A Lei 10.406, de 10.1.2002, que instituiu o novo Código Civil brasileiro – que entrará em vigor em janeiro de 2003 – resultou do Projeto de lei n. 634-D, de 1975, originário do Poder Executivo, que tramitou dessa data até a edição do Projeto n.118/84, da Câmara dos Deputados, com posteriores Emendas do Senado Federal, que geraram o Texto Consolidado. É projeto de mais de 26 anos, portanto.

Vêem-se, no mesmo, algumas alterações substanciais referentemente ao direito de propriedade.[23]

---

23. "Art. 1.228. O proprietário tem a faculdade de usar, gozar e dispor da coisa, e o direito de reavê-la do poder de quem quer que injustamente a possua ou detenha.

"§ 1º. O direito de propriedade deve ser exercido em consonância com as suas finalidades econômicas e sociais e de modo que sejam preservados, de conformidade com o estabelecido em lei especial, a flora, a fauna, as belezas naturais, o equilíbrio ecológico e o patrimônio histórico e artístico, bem como evitada a poluição do ar e das águas.

"§ 2º. São defesos os atos que não trazem ao proprietário qualquer comodidade, ou utilidade, e sejam animados pela intenção de prejudicar outrem.

"§ 3º. O proprietário pode ser privado da coisa, nos casos de desapropriação, por necessidade ou utilidade pública ou interesse social, bem como no de requisição, em caso de perigo público iminente.

"§ 4º. O proprietário também pode ser privado da coisa se o imóvel reivindicado consistir em extensa área, na posse ininterrupta e de boa-fé, por mais de cinco anos, de considerável número de pessoas, e estas nela houverem realizado, em conjunto ou separadamente, obras e serviços considerados pelo juiz de interesse social e econômico relevante.

"§ 5º. No caso do parágrafo antecedente, o juiz fixará a justa indenização devida ao proprietário; pago o preço, valerá a sentença como título para o registro do imóvel em nome dos possuidores."

"Art. 1.229. A propriedade do solo abrange a do espaço aéreo e subsolo correspondentes, em altura e profundidade úteis ao seu exercício, não podendo o proprietário opor-se a atividades que sejam realizadas, por terceiros, a uma altura ou profundidade tais, que não tenha ele interesse legítimo em impedi-las."

"Art. 1.230. A propriedade do solo não abrange as jazidas, minas e demais recursos minerais, os potenciais de energia hidráulica, os monumentos arqueológicos e outros bens referidos por leis especiais.

Realmente, no art. 1.228, o novo Código Civil fala em faculdade que o proprietário tem de usar, gozar e dispor da coisa, não mais se referindo ao direito de usar, gozar e dispor de seus bens, como o texto que se deseja revogar.

Da mesma forma, e de maneira explícita, o § 1º desse artigo determina que o direito de propriedade deve ser exercido levando em conta sua finalidade econômico-social, preservados, do mesmo modo, a flora, a fauna, as belezas naturais, o equilíbrio ecológico e o patrimônio histórico e artístico e evitando a poluição das águas e do ar.

O § 2º deste artigo, proíbe ao proprietário, embora o seja, a prática de atos sobre a coisa que é sua, mas que não tragam a ele qualquer utilidade e sejam animados pela intenção de prejudicar os outros, numa limitação que associou o resultado prático dos atos efetivados sobre a coisa pelo proprietário com a questão íntima, a *intentio* com a qual os mesmos sejam feitos – vedando que o sejam com o fito de prejudicar os outros –, numa clara demonstração de que os demais sujeitos da relação proprietária, no pólo passivo, não só têm a obrigação negativa de respeitarem o direito de propriedade do dono sobre a coisa como também têm o direito de não serem sequer potencialmente prejudicados por atos praticados pelo proprietário, os quais não lhe tragam utilidade alguma e sejam motivados pela intenção de prejudicar os demais.

O § 3º, ainda deste artigo, reúne as modalidades existentes de desapropriação (por necessidade ou utilidade pública e por interesse social), não olvidando o instituto da requisição (que se movimenta quando houver perigo público iminente).

Causou, todavia, maior impacto, o § 4º do art. 1.227, ao constituir a desapropriação judiciária, por interesse social, desde que a coisa reivindicada se constitua de extensa área, na posse ininterrupta e de boa-fé, por mais de 5 (cinco) anos, de considerável número de pessoas e estas nela houverem realizado, em conjunto ou separadamente, obras consideradas pelo juiz de interesse social e econômico relevante.

Na sentença, completa o § 5º do artigo em tela, o juiz fixará a justa indenização devida ao proprietário, e, paga esta, a sentença servirá de título para transcrição em nome dos possuidores.

"Parágrafo único. O proprietário do solo tem o direito de explorar os recursos minerais de emprego imediato na construção civil, desde que não submetidos a transformação industrial, obedecido o disposto em lei especial."
"Art. 1.231. A propriedade presume-se plena e exclusiva, até prova em contrário."
"Art. 1.232. Os frutos e mais produtos da coisa pertencem, ainda quando separados, ao seu proprietário, salvo se, por preceito jurídico especial, couberem a outrem."

Trata-se de evidente norma de conceito aberto, cabendo ao aplicador, quando da realidade prática da vida, mensurar, dar perfil e substância a expressões como *extensa área, considerável número de pessoas* e *obras e serviços de interesse econômico e social relevantes*.

Não é, porém, estranho que assim tenha agido o legislador, posto que muito mais perigoso seria fechar o conceito substancial da norma, correndo o risco de a mesma não encaixar em seu bojo incontáveis situações não previstas ou imaginadas pelo agente legiferante.

Tal não é estranho, na Ciência do Direito de hoje, ensejando ao aplicador ou ao intérprete o uso da tópica, a qual, pela argumentação dogmática, levanta respostas, sem questioná-las. Alcança tal objetivo através de fases como a *translatio*, em que busca saber se o dúbio conflitivo é jurídico, partindo daí para a fase conjectural, em que são analisados os fatos e provas dos autos e chegando a *definitio*, onde se interpreta a norma em vigor. Tal convencimento, todavia, ainda é provisório, partindo o julgador, daí, para a zetécnica, na qual se questiona a solução encontrada, através da análise, da crítica e da metacrítica, até se consolidar a resposta, valendo tudo isto como a heurística jurídica, conforme a lição de Maria Helena Diniz.[24]

O princípio da função social da propriedade, por força da imposição constitucional, antes mesmo do Projeto de Código Civil vir a se transformar em lei, já se impunha, não apenas em área rural, mas em área urbana, como se vê desta Ementa de Acórdão proferido pelo egrégio Tribunal de Justiça de São Paulo, em interessantíssimo caso de ação reivindicatória de proprietários de um loteamento, tomado por uma favela, *verbis*: "Ação Reivindicatória – Lotes de terreno transformados em favela dotada de equipamentos urbanos – Função social da propriedade – Direito de indenização dos proprietários – Lotes de terreno urbanos tragados por uma favela deixam de existir e não podem ser recuperados, fazendo, assim, desaparecer o direito de reivindicá-los. O abandono dos lotes urbanos caracteriza uso anti-social da propriedade, afastado que se apresenta do princípio constitucional da função social da propriedade. Permanece, todavia, o direito dos proprietários de pleitear indenização contra quem de direito".[25]

De se ver, por verdadeiro, que o Projeto que viria a se transformar no novo Código Civil, já na sua versão primeira, bem antes da Constitui-

---

24. *As Lacunas no Direito*, pp.123-133.
25. TJSP, 8ª Câm. Ap. cível 212.726-1-8-São Paulo; Rel. Des. José Osório; j. 16.12.1994, v.u., apud André Osório Gondinho, "Função social da propriedade", in Gustavo Tepedino (coordenador) *Problemas de Direito Civil-Constitucional*, p. 422.

ção, antevia situação como a apreciada pelo Poder Judiciário, dando-lhe a solução, inclusive mais minudente.

Mas não foi neste ponto (o da função social) que o, então, Projeto sofreu críticas, pelo disposto no § 4º do art. 1.227 (que viria a se tornar o art. 1.228), mas sim no fato de o mesmo ser apontado no Senado, por alguns Senadores, como inconstitucional, por afrontar, a exemplo, o art. 184 da Constituição Federal.

Ninguém melhor, todavia, do que o Prof. Miguel Reale, Presidente da Comissão Revisora e Elaboradora do Anteprojeto do Código Civil, para tratar desta temática e, inclusive, rebater as críticas, dadas, às vezes, por infundadas ou inoportunas. Começa o mestre por dizer que se não houve uma vitória do socialismo, houve o triunfo do princípio de socialidade, *verbis*:

"O 'sentido social' é uma das características mais marcantes do Projeto, em contraste com o sentido individualista que condiciona o Código Civil ainda em vigor. Seria absurdo negar os altos méritos da obra do insigne Clóvis Beviláqua, mas é preciso lembrar que ele redigiu sua proposta em fins do século passado, não sendo segredo para ninguém, que o mundo nunca mudou tanto como no decorrer do presente século, assolado por profundos conflitos sociais e militares.

"Se não houve a vitória do socialismo, houve o triunfo da 'socialidade', fazendo prevalecer os valores coletivos sobre os individuais, sem perda, porém, do valor fundante da pessoa humana. Por outro lado, o Projeto se distingue por maior aderência à realidade contemporânea, com a necessária revisão dos direitos e deveres dos cinco principais personagens do direito privado tradicional: o proprietário, o contratante, o empresário, o pai de família e o testador".[26]

A respeito especificamente das críticas apresentadas contra o § 4º do art. 1.227 do Projeto (art. 1.228 da versão definitiva do novo Código Civil), escreveu o eminente mestre:

"O proprietário também pode ser privado da coisa se o imóvel reivindicando consistir em extensa área, na posse ininterrupta e de boa-fé, por mais de cinco anos, de considerável número de pessoas, e estas nela houverem realizado, em conjunto ou separadamente, obras e serviços considerados pelo juiz de interesse social e econômico relevante. Nesse caso o juiz fixará a justa indenização devida ao proprietário. Pago o preço, valerá a sentença como título para transcrição do imóvel em nome

---

26. Miguel Reale, *O Projeto do Novo Código Civil*, pp. 7-8.

dos possuidores. Trata-se, como se vê, de inovação do mais alto alcance, inspirada no sentido social do direito de propriedade, implicando não só novo conceito desta, mas também novo conceito de posse, que se poderia qualificar como sendo de posse-trabalho, expressão pela primeira vez por mim empregada, em 1943, em parecer sobre o projeto de decreto-lei relativo às terras devolutas do Estado de São Paulo, quando membro de seu 'Conselho Administrativo'.

"Na realidade, a lei deve outorgar especial proteção à posse que se traduz em trabalho criador, quer este se corporifique na construção de uma residência, quer se concretize em investimentos de caráter produtivo ou cultural. Não há como situar no mesmo plano a posse, como simples poder manifestado sobre uma coisa, 'como se' fora atividade do proprietário com a 'posse qualificada', enriquecida pelos valores do trabalho. Este conceito fundante de 'posse-trabalho' justifica e legitima que, em vez de reaver a coisa, dada a relevância dos interesses sociais em jogo, o titular da propriedade reivindicanda receba, em dinheiro, o seu pleno e justo valor, tal como o determina a Constituição.

"Vale notar que, nessa hipótese, abre-se, nos domínios do Direito, uma via nova de desapropriação, que se não deve considerar prerrogativa dos Poderes Executivo ou Legislativo. Não há razão plausível para recusar ao Poder Judiciário o exercício do poder expropriatório em casos concretos, como o que se contém na espécie analisada".[27]

5. O direito de propriedade visto sob o crivo constitucional

5.1 O princípio dos princípios

O valor estrutural dos princípios, na Ciência, evidencia-se no fato de ser impossível fazer ciência sem princípios.

Na introdução de seu excelente *Princípios no Processo Civil*, acentua Rui Portanova:

"Costuma-se mesmo definir ciência como conjunto de conhecimentos ordenados coerentemente segundo princípios. Claus-Wilhelm Canaris (1989, p. 280) define o sistema jurídico como 'ordem axiológica ou teleológica de princípios jurídicos gerais'. Em verdade, há estudos tão avançados de doutrinadores como Dworkin (1986) que autorizam pensar-se mesmo numa principiologia.

"Geraldo Ataliba (1981, p. 11) garante: 'o princípio é muito mais importante do que uma norma'. E, citando Agostinho Gordilho, comple-

27. Ob. cit., pp. 82-83.

menta: '(...) (o princípio) é uma norma; mas é mais do que uma norma, uma diretriz, é um norte do sistema, é um rumo apontado para ser seguido por todo o sistema. Rege toda a interpretação do sistema e a ele se deve curvar o intérprete, sempre que se vai debruçar sobre os preceitos contidos no sistema'".[28]

A Constituição Federal, como não poderia deixar de ser, sendo como é o grande princípio geral, a nortear toda a legislação infraconstitucional que forma o sistema, ela mesma se assenta em princípios fundamentais, como assim os chamou, no seu título I, ficando consignado, no art. 1º, que a República Federativa do Brasil, formada pela união indissolúvel dos Estados e dos Municípios e do Distrito Federal, constitui-se em Estado Democrático de Direito e tem como princípios a soberania, a cidadania, a dignidade da pessoa humana, os valores sociais do trabalho e da livre iniciativa e o pluralismo político.

A simples leitura desta menção do art. 1º e seus incisos da Carta Magna brasileira mostra que, em verdade, o mais importante dos princípios elencados nos seus incisos de I a V é o da dignidade da pessoa humana, até porque, a bem pensar, giram todos os demais em torno deste, que se apresenta como força atrativa, em torno da qual gravitam e se aglutinam os demais.

Assim, o princípio por excelência da Constituição Brasileira é o da dignidade da pessoa humana, sob cuja ótica se interpreta toda a Constituição, a qual, por sua vez, é a base, a inspiração e o norte de toda a legislação que lhe é inferior.

Desta forma, não se poderá interpretar e aplicar lei alguma, codificada ou esparsa, sem que sobre ela recaia o manto da Constituição, sacralizador da legislação ordinária, sendo que, no respeitante à Constituição, o mais importante princípio é o da dignidade da pessoa humana. Daí o dizer-se que este é o princípio dos princípios, porque norteia a própria Lei Fundamental e, por sua vez, presidirá a interpretação das leis ordinárias, as quais não mais podem ser vistas sem que sobre elas se aplique o espírito fundante e finalístico da Constituição, numa releitura que lhes demonstrará o seu real desiderato.

5.2 A regra constitucional a respeito da propriedade

Sobre o direito de propriedade, assim se pronunciou, em diversos locais de seu texto, a Constituição Federal:

---

28. Ob. cit., p. 13.

"Art. 5º. (...):

"XXII – é garantido o direito de propriedade;

"XXIII – a propriedade atenderá a sua função social;"

"Art. 170. A ordem econômica fundada na valorização do trabalho humano e na livre iniciativa tem por fim assegurar a todos existência digna, conforme os ditames da justiça social, observados os seguintes princípios:

"I – (...);

"II – propriedade privada;

"III – função social da propriedade;"

"Art. 182. (...).

"§ 2º. A propriedade urbana cumpre sua função social quando atende às exigências fundamentais de ordenação da cidade expressas no plano diretor."

"Art. 184. Compete à União desapropriar por interesse social, para fins de reforma agrária, o imóvel rural que não esteja cumprindo sua função social, mediante prévia e justa indenização em títulos da dívida agrária com cláusula de preservação do valor real, resgatáveis no prazo de até vinte anos, a partir do segundo ano de sua emissão, e cuja utilização será definida em lei.

"§ 1º. As benfeitorias úteis e necessárias serão indenizadas em dinheiro.

"§2º. O decreto que declarar o imóvel como de interesse social, para fins de reforma agrária, autoriza a União a propor a ação de desapropriação.

"§ 3º. Cabe à lei complementar estabelecer procedimento contraditório especial, de rito sumário, para o processo judicial de desapropriação.

"§ 4º. O orçamento fixará anualmente o volume total de títulos da dívida agrária, assim como o montante de recursos para atender o programa de reforma agrária no exercício.

"§ 5º. São isentas de impostos federais, estaduais e municipais as operações de transferência de imóveis desapropriados para fins de reforma agrária."

"Art. 185. São insuscetíveis de desapropriação para fins de reforma agrária:

"I – a pequena e média propriedade rural, assim definida em lei, desde que seu proprietário não possua outra;

"II – a propriedade produtiva.

"Parágrafo único. A lei garantirá tratamento especial à propriedade produtiva e fixará normas para o cumprimento dos requisitos relativos à sua função social."

"Art. 186. A função social é cumprida quando a propriedade rural atende, simultaneamente, segundo critérios e graus de exigência estabelecidos em lei, os seguintes requisitos:

"I – aproveitamento racional e adequado;

"II – utilização adequada dos recursos naturais disponíveis e preservação do meio ambiente;

"III – observância das disposições que regem as relações de trabalho;

"IV – exploração que favoreça o bem-estar dos proprietários e dos trabalhadores."

Fica evidenciado, às escâncaras, que a Constituição Federal adotou, no que respeita à propriedade, a teoria da função social. Aliás, é postura diferenciada daquela adotada no direito francês e daquela adotada no direito italiano, isoladamente, sem, todavia, deixar de contemplar posicionamentos encontradiços em abas as Escolas do pensamento jurídico.

Assim, em uma primeira análise, constata-se que a Constituição optou por assumir o direito de propriedade privada sobre bens, sejam de consumo sejam de produção, acolhendo, desta forma, o pensamento segundo o qual o direito à propriedade tem que ser sempre resguardado pelo sistema jurídico, uma vez que a propriedade se afigura como algo a que todos devem ter direito, mesmo porque a natureza humana implica ter a pessoa esta tendência de poder ter algo seu, consigo, como resultado de seu labor, podendo, então, entre os bens da vida, ter um ou alguns de sua propriedade exclusiva, para facilitar-lhe a existência terrena ou para seu deleite ou gozo pessoal, sendo o asseguramento de tal poder corolário do direito à liberdade e do direito à vida, algo pessoal e inviolável. É a linha do direito francês.

Porém, não parou aí o nosso Constituinte de 88. Tendo por certo que a Constituição, como um todo, gira em torno do princípio da dignidade da pessoa humana, é impossível a visualização do direito de propriedade como uma relação intersubjetiva em que, de um lado, se postem os sujeitos ativos, titulares dos direitos, vantagens e faculdades, e do outro, os sujeitos passivos, responsáveis pela obrigação passiva de não molestar o exercício pleno das faculdades do dono. Tal visão, absolutamente retrógrada, inexiste, ante o princípio da função social das coisas e dos direitos, inclusive do direito de propriedade. Assim, no pólo passivo da relação intersubjetiva denominada propriedade, figuram pessoas, titulares também de direitos, os quais dimanam do novo conteúdo do direito de propriedade, voltado para o atendimento dos interesses coletivos. Assim, no pólo passivo, estão os não proprietários, a coletividade, em geral, com referência àquele determinado bem, objeto do direito de propriedade de uma determinada pessoa. Aos sujeitos passivos compete o direito de terem, ao seu alcance, potencialmente, todos os benefícios de caráter social ou coletivo que o bem possa produzir, produção esta que é papel (obrigação) do proprietário.

Assim, determinado bem de produção deve ser conduzido, pelo proprietário, a esta produção, de tal modo que os interesses do proprietário (lucro, por exemplo, ou subsistência) sejam alcançados, mas, também, que os dos demais o sejam.

Da mesma forma que há interesses proprietários, há interesses não-proprietários, todos precisando ser resolvidos.

Destarte, o que a coisa tinha que produzir, produziu, de modo que ela e o direito de propriedade, manejado pelo proprietário, cumpriram seu papel. Se os bens por ela produzidos, de interesse comum, não foram adquiridos por algumas pessoas, que, assim, deles não puderam desfrutar, digamos, por falta de dinheiro, não se pode culpar nem o bem, nem o proprietário dele nem o direito de propriedade. Já se tratará de questão envolvendo o sistema político e o sistema econômico, falhos quanto à justa distribuição de renda entre todos os cidadãos.

5.3 A questão dos estatutos proprietários

Ao observador desatento, a linha do discurso que se vem desenvolvendo parece agredir a propriedade, como direito, ou, ao que parece, torná-la tão inodora e não palatável que a ninguém mais interesse.

Ao contrário disto, porém, é que se pensa.

Deseja-se uma propriedade que desborde de uma simples imagem formal, versando um conteúdo, o qual terá conotação social.

Pietro Perlingieri já exortava: "A propriedade, não importa que aspecto tenha, não se pode exaurir em uma mera forma, mas necessita de um conteúdo".[29]

---
29. *Perfis do Direito Civil: Introdução ao Direito Civil Constitucional*, p. 231.

A lição do mestre, ao contrário do que aparentemente pareça, deseja preservar o direito de propriedade, que não pode ficar apenas como um título de nobreza, como o querem os extremados do socialismo, mas tem que ter um conteúdo mínimo que o justifique, de tal modo que, ao lado da conformação do estatuto proprietário à função social, também se garanta que o conteúdo mínimo que respeite e justifique este direito, que deve estar acessível a todos. É o que se colhe desta passagem: "Uma coisa é o problema da conformação do estatuto proprietário, outra é aquela da expropriação. (...) Não é possível, portanto, chegar a propor um estatuto proprietário conformativo que seja substancialmente expropriativo (fala-se em conformação da propriedade privada quando os limites legais não tocam o conteúdo mínimo, de 'expropriação' no caso oposto). A conclusão pela qual é preciso falar de conteúdos mínimos da propriedade deve ser interpretada não em chave jusnaturalista, mas em relação à reserva de lei prevista na Constituição, a qual garante a propriedade, atribuindo à lei a tarefa de determinar os modos de aquisição, de gozo e os limites, com o objetivo de assegurar a função social e de torná-la acessível a todos".[30]

No caso brasileiro, constatam-se duas diferenças: a inserção do direito de propriedade entre as garantias fundamentais da pessoa humana, garantindo-a e exigindo o cumprimento da função social (art. 5º, incisos XXII e XXIII, da Constituição Federal)

Verifica-se, da análise do texto constitucional brasileiro, que a propriedade é tratada de diversas formas, conforme seja produtiva ou não, conforme seja rural ou urbana, conforme seja pequena e média ou não etc., e isto faz remeter à necessidade de diversos estatutos proprietários, e não como, enganadamente, alguns entenderam, de diversas propriedades. Pensamos que o direito de propriedade é um, mudando de matiz de acordo com os princípios adotados para a sua regulamentação e funcionamento, até porque somente agora é que se está despertando para isto, para o fato de que o nosso direito privado cuidou da propriedade enquanto finalística e substancialmente patrimonial, nada se dizendo do aspecto funcional desse direito, coisa que o novo Código Civil Brasileiro já faz, como se vê dos §§ 1º e 2º do art. 1.228, por exemplo.

É de Gustavo Tepedino a advertência: "Tais poderes (refere-se aos poderes elencados no art. 524 do CC de 1916, correspondente ao art. 1.228 do novo CC), expressão do elemento interno ou econômico do domínio (faculdade de usar, gozar, e dispor) e do elemento externo ou

---

30. Idem, ibidem, p. 231.

jurídico (as ações de tutela do domínio) compõem o aspecto estrutural do direito de propriedade, sem nenhuma referência ao aspecto funcional do instituto".[31]

5.4 A tutela da pessoa humana e a função social da propriedade

Havendo o Direito Constitucional perdido aquele caráter antigo que o dava como tendo por conteúdo, de um lado, a constituição do Estado e dos Poderes do Governo e, do outro, as relações dos instituidores (cidadãos) com o Poder Público, e sendo certo que, hoje, permeia todas as atividades privadas, dando-lhes um cunho de significação mais responsável e social, até mesmo em razão da opção declarada pela adoção do princípio do respeito à dignidade da pessoa humana, não haveria como o direito de propriedade continuar sendo visto como um conceito abstrato.

Urgia que se lhe conferisse função social, capaz de torná-lo uma relação intersubjetiva, além de torná-lo um repositório de interesses proprietários mas também de interesses não-proprietários, afastando-se, de uma vez por todas, a idéia de um direito egoísta, por individualista e completamente mouco aos reflexos de seu exercício, fosse em face do meio ambiente, fosse em face das demais pessoas que dependessem de certos resultados a serem obtidos pelo bem objeto do direito de propriedade.

Daí o que se tem hoje: um direito de propriedade garantido, assegurado pela Constituição contra abusos do Poder Público, mas absolutamente comprometido com a realização da função social do bem objeto dele e do direito que se consubstancia no exercício das franquias que lhe são próprias, abandonada a idéia de conceito absoluto do direito de propriedade e substituída pela de uma relação complexa, com conteúdo substancial variável.

O desrespeito a tais exigências coloca o direito de propriedade e o seu titular em condições precárias, podendo gerar a transferência da propriedade do particular para outras pessoas que tenham, de uma forma ou de outra, buscado conduzir o bem ao alcance de sua razão de ser, sepultada de vez a idéia de um direito de propriedade como símbolo de poder, transmudado em verdadeiro monumento à dignidade da pessoa humana, a qual deve o Estado assegurar, seja pelo atingimento desse direito, seja pelos benefícios decorrentes do exercício dele, pelas pessoas, sobre bens da vida que interessem, direta ou indiretamente, à coletividade.

---

31. *Temas de Direito Civil: contornos constitucionais da propriedade privada*, p. 269.

6. Conclusão

Do que foi exposto, parece correto ressaltar que a propriedade tem como razão fundante de sua existência a teoria da natureza humana, que instiga a criatura a se apoderar dos bens da vida, de forma exclusiva e pessoal, mas se justifica socialmente ante uma funcionalidade que lhe dê contornos de respeito aos interesses coletivos e, finalisticamente, sirva a assegurar, de uma ou de outra forma, a dignidade da pessoa humana.

Obviamente, num sistema positivado, tudo isto se fará, nos termos da lei, que, todavia, não tem poderes para extingui-la.

Sendo diversas as coisas sujeitas ao direito de propriedade e de diversa natureza jurídica, a propriedade, enquanto direito, sujeitar-se-á a diversos estatutos proprietários, considerando-se os bens objeto do direito e as pessoas ligadas intersubjetivamente por ele.

A função social, assim, permeia os bens e os direitos, sendo indispensável à vida cidadã, em decorrência do Estatuto Básico nacional, que reconhece a função social da propriedade, assim como a propriedade privada, como princípios, os quais devem conviver pacificamente, resguardados o conteúdo mínimo da propriedade e o atingimento de sua função social.

O conteúdo da função social da propriedade não pode ser o mesmo para todos os bens, competindo à lei fazê-lo especificar, caso a caso, desde quando já não o tenha feito a própria Constituição.

Bibliografia

ARAÚJO, Vandyck Nóbrega de. *Fundamentos Aristotélicos do Direito Natural*. Porto Alegre, Sergio Antonio Fabris Editor, 1988.

ARONNE, Ricardo. *Propriedade e Domínio: reexame sistemático das noções nucleares de direitos reais*. Rio de Janeiro, Renovar, 1999.

ASCENÇÃO, José de Oliveira. *Direito Civil: Direitos reais*. Coimbra, Coimbra Editora, 1993.

BARROSO, Luís Roberto. *Interpretação e Aplicação da Constituição: fundamentos de uma dogmática constitucional transformadora*. 3ª ed., São Paulo, Saraiva, 1999.

BESSONE, Darcy. *Direitos Reais*. São Paulo, Saraiva, 1996.

BEVILAQUA, Clóvis. *Direito das Coisas*, v. I, 5ª ed. atualizada, Rio de Janeiro, Forense, s/d.

BIANCA, Massimo C. *Diritto Civile VI: La proprietà*. Milano, Giuffrè, 1999.

CARROZZA, Antonio. *Lezioni di Diritto Agrário: Elementi di teoria generale*. Milano, Giuffrè, 1988.

DINIZ, Maria Helena. *As Lacunas no Direito*. São Paulo, Saraiva, 2000.

FACHIN, Luiz Edson. "A Cidade Nuclear e o Direito Periférico: reflexões sobre a propriedade urbana", *RT* 743/109.

FRANGI, Marc. *Constitution et Droit Privé: les droits individuels et les droits economiques*. Marseille, Presses Universitaires D'Aix.

GOMES, Orlando. *Direitos Reais*. 6ª ed., Rio de Janeiro, Forense, 1978.

GONDINHO, André Ozório. "Função Social da Propriedade", in *Problemas de Direito Civil Constitucional*, Gustavo Tepedino (coord.). Rio de Janeiro, Renovar, 2000.

HIRONAKA, Giselda. "A Função Social do Contrato", *Revista de Direito Civil*, 45/142.

KAUTSKY, Karl. *A questão agrária*. Brasília, Linha Gráfica Editora, 1998.

LIMA, Getúlio Targino. *A Posse Agrária sobre Bem Imóvel*. São Paulo, Saraiva.

LIMA, Ruy Cirne. *Pequena História Territorial do Brasil: Sesmarias e Terras Devolutas*. 4ª ed., Brasília, ESAF, 1988.

LORENZETTI, Ricardo Luis. *Fundamentos do Direito Privado*. São Paulo, Ed. RT, 1998.

MEIRA, Silvio A B. *Instituições de Direito Romano*. São Paulo, Max Limonad, 1971.

PAREDES, Vicente Santamaria de. *La Defensa del Derecho de Propiedad y Sus Relaciones con el Trabajo*. Madrid, Tipografía del Colegio Nacional de Sordo-Mudos y de Ciegos, 1874.

PORTANOVA, Rui. *Princípios do Processo Civil*. 2ª tir., Porto Alegre, Livraria do Advogado, 1997.

REALE, Miguel. *O Projeto do Novo Código Civil: situação após a aprovação pelo Senado Federal*. São Paulo, Saraiva, 1999.

TEPEDINO, Gustavo. *Temas de Direito Civil: contornos constitucionais da propriedade privada*. Rio de Janeiro, Renovar, 1999.

SILVA, Leandro Ribeiro da. *Propriedade Rural*. Rio de Janeiro, Lumen Juris, 2001.

VOCI, Pasquale. *Corso di diritto romano: Modi di acquisto della proprietà*. Milano, Giuffrè, 1952.

WALD, Arnoldo. *Curso de Direito Civil Brasileiro: Direito das Coisas*. 2ª ed., São Paulo, Sugestões Literárias, 1970.

DIREITOS E GARANTIAS FUNDAMENTAIS DA PESSOA HUMANA, INCLUSIVE SEUS DIREITOS SOCIAIS

ALBINO QUEIROZ DE OLIVEIRA JÚNIOR

1. Introdução. 2. Do direito à vida. 3. Do direito à liberdade. 4. Dos direitos sociais da pessoa humana. 5. Conclusão.

1. Introdução

O ser humano deve ser o centro do universo. Deus ao criar o mundo fez tudo em função do homem.

O Apóstolo São Paulo ao se referir ao homem usou desta expressão: "omnia vestra sunt". Tal máxima é racional. No convívio social o indivíduo ao buscar bens materiais ou imateriais o faz para satisfazer suas necessidades. Tal busca ocorre em meio aos seus semelhantes, nos diversos agrupamentos sociais. A sociabilidade do ser humano é natural instrumento de sua realização pessoal.

E, na busca desta realização, o indivíduo mantém relacionamentos com o outro. Tais relacionamentos, para serem equilibrados, carecem de normas que os regulem. Daí voltar-se o sistema de norma para regular relacionamentos em agrupamentos sociais. Sem relacionamentos a regular, inócua a norma.

E um relacionamento sem norma não atinge o desejável equilíbrio. A necessidade de regulamentação no convívio social remonta a épocas primitivas. Os romanos já diziam: "ubi societas ibi jus; ubi jus ibi societas". Há quem o admita, como o Professor Doutor João Maurício Adeodato, em seu trabalho intitulado "Modernidade e Direito" (ob. cit., p. 256).

Pode-se, então, começar admitindo que uma ordem jurídica mais primitiva organiza-se de forma indiferenciada, o que significa, entre outros aspectos, que as ordens normativas, éticas que regulam a conduta humana, uma das quais é o Direito, estão todas coligadas, sem funções definidas separadamente no contexto social. A separação das normas de conduta humana tem seus primeiros requisitos históricos, a exemplo de quando o próprio Cristo afirma: "a César o que é de César, a Deus o que é de Deus". O estudo histórico da transformação das normas, a modernização do Direito, está muito bem realizado por Adeodato em seu artigo já acima indicado.

O importante para o raciocínio a ser trabalhado, visando ao estudo dos direitos do ser humano, é fazer registro de que ditos direitos já foram objetos de análise por operadores do Direito à luz das várias estruturas de normas vigentes a cada época, até a atual, em vários países. As legislações existem, em um crescendo, umas mais que outras, na tentativa de melhor se adequarem à regulamentação do relacionamento social.

O emérito doutrinador Antonio Baldassarre, em seu livro sobre direitos da pessoa e valores constitucionais (ob. cit., p. 56), comenta: "Molti di questi diritti non sono altro che aspetti di diritti già esistenti nella nostra Carta constituzionale". E, então, indica como exemplo "la libertà di informare".

Há, pois, universalmente, um elenco de direitos inerentes à pessoa humana que foram assegurados paulatinamente, e que, graças a avanços, foram contribuindo de forma a resultar no aprimoramento do exercício de tais direitos, como ainda salienta o mestre Antonio Baldassarre, em seu livro indicado (loc. cit.): "Ma l'articolo della Constituzione più 'aggredito' da presunti 'nuovi diritti' è indubbiamente l'art. 13, che, riconoscendo la libertà personale nel suo duplice aspetto di libertà fisica e di libertà morale, tutela e garantisce una serie di 'beni' giuridici strettamente attinenti alla propria persona: il diritto all'integrità fisica e psichica, il diritto alla vita, la libertà sessuale, il diritto di aborto, il diritto alla contraccezione non son altro che construzioni ricadenti sul diritto che ogni persona há in relazione al proprio corpo e alle proprie energie spirituali".

A transcrição deste texto a visa a demonstrar que, universalmente, as constituições procuram se preocupar com o ser humano, com a pessoa humana. Há, inclusive, a regulamentação de certos direitos sobre a vida, como o aborto, o suicídio, a eutanásia – que constituem, no meu modesto entendimento pessoal, direitos indisponíveis.

A vida, dom de Deus, dela não pode o homem dispor, para com ela terminar. O direito à vida deve ser respeitado por seu titular e por terceiros. É o maior direito de que dispomos; sem vida todos os demais direitos falecem. Dom de Deus, não nos assiste a faculdade de com ela terminar. O aborto, seja a que título for, consiste em tirar a vida de um ser vivo sem que ele faça opção pela continuação de sua vida. Será que, se possível auscultar o nascituro, mesmo tratando-se de *estupro*, ele não manifestaria sua vontade de viver – até em meio a outra família? Assim, a Constituição, em meio aos direitos fundamentais do ser humano jamais poderá elencar figuras atentatórias ao exercício do mais fundamental direito: o de viver. O espiritualista faz uma pergunta: será que o suicida, após a morte, arrepende-se de seu gesto, sem mais poder recuperar sua vida? A defesa do direito à vida deve ser argüida mesmo por quem não adota qualquer teoria religiosa. Na sustentação dos direitos do nascituro, em respeito ao ser humano, inclui-se sua não-violação pelo aborto, resultante na perda de seu mais fundamental direito: o de viver!

Há autores porém que admitem que o suicídio e a eutanásia estão incluídos no âmbito da liberdade pessoal. Porém, talvez até haja vício de vontade naqueles que fazem opção pelo suicídio e pela eutanásia, envolvidos por problemas físicos – dores –, ou psíquicos – depressão.

Em nosso sistema constitucional vigente, o art. 5º, *caput*, da Constituição Federal de 1988, em meio aos "direitos individuais" *intuitu personae* incluiu a "inviolabilidade do direito à vida (...) à segurança" – esta, meio para manutenção da vida. E, mais, o mesmo art. 5º, § 1º, diz que "as normas definidoras dos direitos e garantias fundamentais têm aplicação imediata". Então, o art. 5º, *caput*, da Constituição Federal, ao assegurar, expressamente, "a inviolabilidade do direito à vida", sendo norma definidora de direito e garantia fundamental, tem aplicação imediata, sem necessidade de qualquer interpretação: "interpretatio cessat in claris".

Assim, embora o tema específico deste trabalho seja referente ao direito da pessoa humana no agrupamento do trabalho, considerei necessário analisar este direito fundamental do ser humano no que é inerente à vida humana. Aliás, respeitar o natural e constitucional direito à vida não se resume em vedações – não matar, não praticar suicídio, não praticar o aborto, não praticar a eutanásia –, pois há direitos outros, *intuitu personae*, vinculados à própria existência humana, elencados no sistema infraconstitucional, como no Código Civil e na legislação social.

2. Do direito à vida

A própria Norma Maior reservou aos arts. 6º, 7º, 8º e 9º a instrumentalização o direito à vida em seus aspectos materiais e imateriais. Preocupado com esse direito fundamental do ser humano, o Constituinte de 1988 consagra no art. 6º, em meio aos "direitos sociais" – ou seja, aqueles inerentes ao indivíduo na sociedade –, "a proteção à maternidade, à infância, a assistência aos desamparados". Saliento estes direitos por primeiro, embora não o tenha feito o art. 6º, porque não os indicou em seu início. Sem assistência à maternidade, à infância, ao desamparado, como se poderá garantir o direito à vida?

Começando pela assistência à maternidade, ressalta-se o direito do nascituro. O art. 2º do novo Código Civil brasileiro diz: "(...) mas a lei põe a salvo, desde a concepção, os direitos do nascituro".[1] Ao assim fazê-lo, obviamente, assegurou ao nascituro o seu mais sagrado e indispensável direito, que é o da vida. Dito dispositivo infraconstitucional se vincula ao art. 6º da Lei Magna Brasileira, assegurador da "proteção à maternidade e à infância". Esta proteção à maternidade é um respeito ao direito de viver do nascituro, afrontado inclusive pela idéia do aborto.

O art. 2º do novo Código Civil, ao repetir o disposto no art. 4º do Código Civil brasileiro de 1916, que já se referia aos direitos do nascituro desde sua concepção, desde os idos de sua elaboração e conseqüente vigência, deve ter uma interpretação que leve a que ditos direitos sejam extensivos em seu asseguramento. A respeito há um elogiável avanço na jurisprudência ao decidir pretensões à tutela de direitos materiais, objetivos, do nascituro.

Faço menção, necessariamente honrosa, ao Acórdão proferido na ApCív 193.648-I da lavra do então Des. Renan Lotufo, Relator (então componente da 1ª Câmara Cível da 1ª Secção Cível do Tribunal de Justiça de São Paulo) na pretensão de investigação de paternidade e alimentos em favor do nascituro. Quero, neste trabalho, comentar o entendimento do mestre Renan Lotufo ao examinar a pretensão à tutela jurisdicional do direito do nascituro.

Começa ele a enfatizar a figura trazida pelo art. 5º da Constituição Federal de 1988 ao dispor, como direito individual da pessoa humana, "a inviolabilidade do direito à vida". Citando Cretella Júnior, Renan Lotufo entende que dito dispositivo constitucional "tem dupla acepção, sendo a primeira do direito de se continuar vivo, e a segunda de ter vida digna quanto à subsistência" (lembro que na acepção do "direito de continuar vivo" não se pode aceitar o aborto).

E, baseado nestes dois direitos, o Des. Renan Lotufo desenvolve toda a fundamentação jurídica do seu acórdão, entendendo que, em sentido lato, são devidos ao nascituro alimentos civis, para que ele possa nutrir-se, se desenvolver com normalidade. Trata-se, no caso, de propiciar ao nascituro meios naturais para que ele possa viver, inclusive no

---

1. Art. 4º do Código Civil de 1916.

seu momento uterino. E, em tais meios naturais inclui-se, até, a assistência à sua própria mãe.

Daí serem esses direitos assegurados no art. 5º da Constituição Federal de 1988 – "inviolabilidade do direito à vida" –, no art. 6º da mesma Constituição – "a proteção à maternidade e à infância", e nos arts. 4º do Código Civil Brasileiro de 1916 e 2º do Código Civil de 2002 – "a lei põe a salvo, desde a concepção, os direitos do nascituro". Indubitavelmente, cabe ao nascituro o direito de ser protegido em sua vida biológica.

Aliás, a própria norma processual, chamada de secundária pelo Prof. Lourival Villanova, elenca, em meio às Medidas Cautelares nominadas, a "posse em nome do nascituro" (art. 877 do CPC, que diz: "A mulher que, para garantia dos direitos do filho nascituro quiser provar seu estado de gravidez requererá ao juiz, ouvido o órgão do Ministério Público, mande examiná-la por médico de sua nomeação"). Algumas edições do CPC fazem remissão: "ver art. 4º CC".[2] Tal vinculação é benéfica, para se ter a idéia exata de que, em verdade, a cautelar nominada prevista pelo art. 877 do CPC prepara, assegura a existência do processo principal, em que pretenderá a genitora algum dos direitos necessários à manutenção do direito à vida pelo nascituro. O *periculum in mora* pode ocorrer para o nascituro. Humanitário, racional é, pois, o entendimento da jurisprudência que assegura direitos ao nascituro, meios necessários à sua manutenção, que resguardam sua vida e a da sua genitora durante a gravidez: alimentos, investigação de paternidade etc.

3. *Do direito à liberdade*

A liberdade, em seus diversos segmentos, é direito da pessoa humana, não só o de locomoção – ir e vir –, como de expressão, de comunicação, de escolha, na prática de atos (a coação é um vício de vontade) etc.

Quando o art. 5º, *caput*, da Constituição de 1988, garante o direito de liberdade, em seu inciso II, enfatiza: "ninguém será obrigado a fazer ou deixar de fazer alguma coisa, senão em virtude da lei". É nos limites do sistema jurídico que se exercita a liberdade. Respeitado o ordenamento jurídico o indivíduo é livre na prática de atos jurídicos. A liberdade de consciência, de crença igualmente elencadas no inciso VI do art. 5º da Constituição de 1988, deve de ser respeitada. Até Deus respeita a vontade do ser humano, a ponto de poder ele dizer que não acredita em Deus! A variedade de crenças, de religiões, de cultos, de liturgia deve ser res-

---

2. A exemplo do da Ed. RT.

peitada. O ser humano tem o direito à liberdade de escolher a religião que usará como meio para se unir a Deus! E o Estado tem o dever de garantir esta liberdade religiosa.

Os incisos VI, VII, VIII, do art. 5º da nossa Lei Maior, bem expressam o direito que é assegurado ao ser humano pelo poder estatal, no atinente à sua liberdade de crença, de aderir, de se agrupar a uma religião.

O legislador constituinte de 1988 preocupou-se em regular, de forma mais específica, direta, os direitos fundamentais do homem; daí, o elenco dos mesmos, contido em seu art. 5º. E quanto aos direitos sociais especificou-os nos arts. 6º, 7º (principalmente), 8º (onde se garante a liberdade de associação) e 9º.

Já, outros diplomas constitucionais internacionalmente se preocuparam com os direitos fundamentais do homem. O mestre Antonio Baldassarre, em sua obra já citada (p. 55), afirma: "In altre parole i diritti fondamentali posti a garanzia della libertà umana, i quali sono gli unici diritti nei cui confronti il progresso della civiltà può far emergere "nuovi dimensioni" che non necessitono di una specifica previsione positiva (per i diritti politici e sociali c'è infatti bisogno di una specifica sanzione normativa), non sono definiti nella nostra constituzione (...)".

E o ilustre autor, em seu referido trabalho, diz que os "diritti fondamentali enumerati in Constituzione non lasciano alcuno spazio vuoto o interstizio", indicando, a seguir, os direitos fundamentais do ser humano elencados pela Constituição italiana, destacando a "libertà personale" (art. 13), que, segundo o autor, é "principio assiomatico nella relazione dell'uomo singolo con se stesso, con il suo corpo e la sua interiorità". Em verdade, a liberdade pessoal diz bem da relação do indivíduo consigo mesmo. Outro direito é a "libertà di domicilio" (art. 14), que visa, consoante o autor, a proteger a própria intimidade: "materiale diretto a proteggere la propria intimità". A "libertà di circolazione" (art. 16) é outro direito fundamental da pessoa humana previsto pela Constituição italiana, segundo Baldassarre, além dos seguintes: "la libertà di comunicazione (art. 15); (...) la libertà di manifestazione del proprio pensiero (art. 21); (...) la libertà de riunione (art. 17); (...) la libertà di associazione (art. 18); (...) e infine, le altre libertà (religiosa, d'insegnamento)".

Ao enumerar os direitos fundamentais do homem garantidos pela Constituição italiana, e mencionados por Baldassarre, eu o fiz para frisar a universalidade de tais direitos. Nossa Constituição Federal, como já salientado, insere ditos direitos entre os seus dispositivos. A liberdade de associação, prevista no art. 8º de nossa Carta Magna, não inclui, como a italiana – e no comentário de Antônio Baldassarre –, a liberdade religiosa – "e infine, le altre libertà (religiosa, d'insegnamento)". Mas a Constituição de 1988 registra, como não poderia deixar de ser, a liberdade religiosa no inciso VI do seu art. 5º.

Para Baldassarre ditos direitos fundamentais são, "como si vede, di paradigmi generali che coprono categorialmente tutte le possibilità materiali nelle quali possomo realizzarsi l'azione dell'uomo e, quindi, i suoi diritti". Diria, mais ainda: os direitos fundamentais do homem possibilitam a realização de suas necessidades imateriais e materiais; daí o art. 5º da Constituição indicar uma série de direitos, uns de natureza material (incs. XXII a XXVI, direito de propriedade, por exemplo) e outros de natureza imaterial (liberdade de pensamento, inc. IV; direito de resposta, inc. V; liberdade de crença, incs. VI, VII, VIII; direito de ação, inc. XXXV; e de defesa e de recursos, inc. LV).

4. Dos direitos sociais da pessoa humana

O art. 6º da Constituição de 1988 enumera, de forma expressa, os direitos sociais: a educação, a saúde, o trabalho, a moradia, o lazer, a segurança, a previdência social, a proteção à maternidade e à infância, a assistência aos desamparados. Ditos direitos assegurados aos cidadãos são básicos, fundamentais; constituem alguns deles necessidade pública, devendo ser eles satisfeitos pelo Poder Estatal, via tributação por este cobrada, ou via concessão a particulares. E, no art. 7º, a Constituição regula os direitos dos trabalhadores urbanos e rurais.

Em seu inc. I, art. 7º, a Constituição de 1988 cogita da relação de emprego, protegendo-a "contra despedida arbitrária ou sem justa causa, nos termos da lei complementar, que preverá indenização compensatória, dentre outros direitos" (a proteção contra despedida arbitrária depende de Lei Complementar, que até hoje não existe; o dispositivo constitucional, infelizmente, tornou-se inaplicável, deixando o empregado sujeito à demissão arbitrária).

Antes, porém, merece consideração a expressão "relação de emprego". Na relação de emprego o legislador infraconstitucional contempla o empregado de modo especial. O mestre Orlando Gomes em seu livro *Curso de Direito do Trabalho*, já nos idos de 1987 (p. 16), enfatizava: "O Direito Individual do Trabalho tem por finalidade a proteção que o Estado dispensa, por via direta, à vida e à saúde do trabalhador conferindo-lhe uma tutela econômico-social". Daí, já a preocupação do Constituinte em indicar no art. 6º da Constituição de 1988 o "trabalho" como direito de todo indivíduo na sociedade, juntamente com "a previdência social"; e no art. 7º, enumerar os direitos "dos trabalhadores urbanos e rurais", continuando, no art. 8º, a regular a livre associação sindical, direito sindical, a liberdade de associação profissional; a representação do empregado via sindicato na defesa de direitos e interesses coletivos ou individuais – figura processual comumente usada pelos sindicatos em reclamações trabalhistas (exceção à regra do art. 6º do CPC e por ele prevista, quando dispõe: "Ninguém poderá pleitear em nome próprio direito alheio, *salvo quando autorizado por lei*". No caso, o sindicato, *autorizado por lei* – art. 8º, inc. III, da CF 88 –, pode pleitear "direito alheio", ou seja, do empregado, até na ação individual, reclamação trabalhista).

Quando assim cogitou o Constituinte, ele o fez para mais facilmente propiciar ao empregado seu direito de ação, também constitucional, inclusive no atinente à assistência técnica, via advogado sindical, de forma gratuita.

Importante, porém, é voltar à afirmação do mestre Orlando Gomes ao dizer que há uma finalidade do Estado em proteger o empregado, por via direta, em sua vida, em sua saúde. Daí, a natureza tutelar e protetora do Direito do Trabalho. Nos mais diversos agrupamentos civis, o relacionamento de indivíduo a indivíduo ocorre em igualdade de condições quando todos são civilmente capazes. No agrupamento de trabalho, a dependência econômica do empregado à empresa lhe retira condições de igualdade para contratar.

O Estado assegura meios ao empregado na tentativa de suprir as suas deficiências em face da sua dependência econômica. A pessoa humana do empregado carece de garantias individuais, de respeito, inclusive em seus direitos! Orlando Gomes, em sua obra já citada (p. 48), ao se referir às fontes do Direito do Trabalho, entende: "Dentre as fontes formais de produção estatal, a Consolidação das Leis do Trabalho é a que encerra maior contingente de normas imperativas". Em verdade, isto ocorre com inteira racionalidade!

Em um relacionamento que já nasce desequilibrado, em face da dependência econômica, se faz necessária, imperiosamente, a presença do Estado, via norma material, para, principalmente, garantir o respeito à pessoa humana do empregado.

No emprego, o ser humano busca, precipuamente, sua realização como pessoa humana, afora a satisfação das suas mais primordiais carências: alimentação, salário com natureza lógica de alimento, saúde, moradia, recreação etc. O art. 7º, inciso IV, da Lei Maior diz que o salário mínimo deve ser "capaz de atender as suas necessidades vitais básicas e às de sua família com moradia, alimentação, educação, saúde, lazer, vestuário, higiene, transporte e previdência social, com reajustes periódicos que lhe preservem o poder aquisitivo".

Ao assim determinar – definindo, inclusive, os fins a que se destina o salário mínimo –, o Estado se fez presente na Lei Maior visando a proteger o empregado naquilo que ele tem de mais humanamente necessário: os meios para sobreviver.

A figura humana do empregado, buscando a satisfação dos seus interesses materiais e imateriais, mantendo um relacionamento desequilibrado, carece, e muito, da tutela do Estado que, via sistema jurídico, lhe assegurará meios de equilíbrio, de respeito a seus fundamentais direitos de natureza humana.

E se desrespeitados tais direitos, o empregado, provocando o Estado-Juiz, via ação individual (reclamação trabalhista) – obedecido o princípio de isonomia processual, de origem processual constitucional –, quando terminada a fase cognitiva do processo, se possível ao Juízo acolher seu pedido (dele, reclamante) (art. 269, I, do CPC, aplicável subsidiariamente: art. 769 da CLT), a tutela jurisdicional se fará. Então, ao decidir o mérito, aplicando o Direito material do Trabalho, o Juiz tornará efetiva a vontade da norma, que é de natureza protetora ao empregado.

Assim, a norma processual, que é de natureza instrumental, aplicará a de natureza material, que é tutelar e protetora ao empregado, desde a Lei Maior, a Constituição, até as infraconstitucionais de Direito Individual e/ou de Direito Coletivo do Trabalho e legislação extravagante.

De passagem, deve-se salientar que no relacionamento processual a Justiça do Trabalho deve obedecer o princípio de isonomia processual, garantindo a todas as partes os direitos vinculados à ação e à defesa, e à tutela coercitiva, sancionadora da norma material, que se efetivará quando da sua aplicação, via solução do conflito, pela sentença ou pelo acórdão.

Salientada a importância da natureza tutelar e protetora da norma material trabalhista, é de se estudar os direitos fundamentais do empregado junto à empresa.

A respeito da necessidade da presença do Estado, o Professor Francisco Solano Godoy Magalhães, que foi Presidente do TRT da 6ª Região, jurista prematuramente falecido, ao escrever no *Diário de Pernam-*

buco do 21.3.1993 sobre "Negociação Coletiva" disse: "temos que reconhecer que o conflito é uma realidade cotidiana no trato das relações trabalhistas. Esta circunstância incontestável não tenderá a diminuir, motivando ao Estado Moderno decidir a sua forma de intervenção por meio de duas modalidades: a prevenção e a solução".

Mais uma vez é de se salientar a grande necessidade de o Estado intervir na relação de emprego para "prevenir" e "solucionar" conflitos existentes nessa relação, visando a diminuí-los. E tal intervenção é de natureza tutelar, protetora do mais fraco, do dependente econômico – o empregado. Como exemplo, há princípios como a irrenunciablidade dos direitos trabalhistas, a coação presumida etc.

Aliás, até mesmo um magistrado buscou a origem de direitos trabalhistas, como o salário – cuja proteção, consoante acima já foi salientado, está expressa na CF 88 –, na própria Bíblia. Assim, na Ementa do julgamento do processo TRT-6ª R, RO-AC 3962/89, 1ª Turma, Relator o juiz Josias Figueiredo, ex-presidente daquele Tribunal, cita o evangelista São Lucas: "O operário é digno de uma recompensa" (Lc 10, 7) e ainda o Apóstolo São Paulo: "E cada qual haverá na medida de seu trabalho" (Coríntios 3, 8)" *(DO-PE* de 13.7.1990, p. 27).

A citação pelo culto e eminente Juiz Josias Figueiredo dos dois textos bíblicos nos faz entender que a preocupação de tutelar direitos fundamentais do ser humano, no caso específico do empregado, remonta aos apóstolos, delegados por Jesus Cristo como seus representantes.

O princípio de proteção ao salário, meio de subsistência humana, está consolidado nos livros sagrados, na Lei Maior e em lei infraconstitucional, no resguardo e respeito a tão fundamental direito da pessoa humana. Aliás, já a Consolidação das Leis do Trabalho, com vigência desde os idos de 1.5.1943, pelo texto do Decreto-lei 5.452, em seu art. 76, ao definir o salário mínimo, disse de seus objetivos humanos, no atinente à satisfação dos direitos materiais, fundamentais e humanos da pessoa do empregado. É o Estado definindo o que é salário mínimo pelo imperativo de satisfação das necessidades individuais e familiares do empregado.

Até ao definir a outra parte que compõe a relação de emprego, o art. 2º da CLT diz que: "Considera-se empregador a empresa, individual ou coletiva, que assumindo os riscos da atividade econômica, admite, assalaria e dirige a prestação pessoal de serviço". O ilustre jurista Ministro Mozart Victor Russomano, em seu *Comentários à CLT* (p. 6), de forma ainda atualizada, afirma acertadamente: "Essa norma deriva do chamado fenômeno de despersonalização do empregador". O próprio mestre Orlando Gomes, citado pelo renomado jurista Ministro Mozart Victor Russomano (ob. e loc. cits.) define: "Empregador é a pessoa natural ou jurídica que utilizar serviços de outrem, em virtude de um contrato de trabalho".

Esta despersonificação do empregador como parte da relação contratual de emprego é uma demonstração cabal da tutela do Estado em benefício do empregado. Nem o próprio Poder estatal se personifica como empregador; é "empresa", e a sanção, a coercibilidade da norma do direito material atua de forma tutelar e protetora do empregado, igualmente como ocorre com a empresa privada, sem qualquer privilégio.

Alguns doutrinadores trabalhistas chegam a entender o Direito do Trabalho com *jus in re*. Prova de tal entendimento é o critério de sucessão na obrigação de pagar créditos trabalhistas estabelecido no art. 10 da CLT, em que não é adotado o sistema *intuitu personae*, pois, "qualquer alteração na estrutura jurídica da empresa não afetará os direitos adquiridos por seu empregado". É um instrumento de proteção, de tutela do direito do empregado, pela intervenção do Estado *via legis*, para manter direitos que devem ser invioláveis, aplicando-se o princípio da isonomia – que deve reinar em meio a todos os cidadãos, assegurado pelo *caput* do art. 5º da CF 88, que trata dos direitos individuais, fundamentais – que deve atender à necessidade de se estabelecerem medidas especiais de proteção àqueles que, como os empregados, são débeis economicamente. Daí o necessário cunho protecionista e tutelar da norma material trabalhista. Sua autonomia como sistema jurídico próprio nasceu da necessidade de criação de uma norma protecionista ao economicamente desigual.

Até no início do vínculo o consentimento do empregado pode ter forma de simples adesão. Inclusive, não tem o empregado liberdade suficiente para discutir cláusulas e condições, porque a necessidade premente do emprego fará com que aceite imposições ilegais ou abusivas do empregador. O vício de vontade, às vezes, nasce com a contratação do empregado, correndo ele o risco de continuar viciado no seu relacionamento. Em geral o empregado se prende à vontade do empregador, às vezes à revelia da lei. Ocorre, até, que é negada a forma escrita do contrato de trabalho, sequer feitas as anotações em sua CTPS. Daí a figura do contrato-realidade. São tais circunstâncias fáticas que gritam pela intervenção do Estado para tutelar os direitos do empregado

As próprias anotações de vida funcional do empregado resultam, às vezes, em inverdades, fraudes à lei. Por isso tais anotações gozam, apenas, de presunção *juris tantum* (art. 40 da CLT). A cada passo da relação de emprego há necessidade de que a norma reguladora tenha caráter protetor. A sanção prevista para transgressão da norma é a nulidade do ato, a exemplo da alteração unilateral do contrato de trabalho que resulte direta ou indiretamente em prejuízo ao empregado.

Mesmo que o empregado aceite a decisão ilícita do empregador, para manutenção do seu emprego, poderá, posteriormente, pretender na Justiça do Trabalho a decretação de tal nulidade e a conseqüente reparação dos danos. Em meio às alterações merecem importância aquelas relativas ao salário, ao local de prestação de serviço e à categoria do empregado, inclusive função na empresa. Há certas alterações das condições contratuais, mesmo na vigência do "contrato-realidade" que ofendem o empregado como pessoa humana, necessitando da incidência de uma norma tutelar.

Sobre este "contrato-realidade" afirma o Prof. Orlando Gomes em seu livro *Direito do Trabalho: Estudos* (p. 79): "A idéia do contrato realidade assenta na diferença que se deve fazer entre os contratos de direito civil e o contrato de trabalho sob o ponto de vista do momento de sua perfeição, e é essa diferença que segundo Mario de La Cueva justifica a necessidade de distinguir o contrato da relação de trabalho. A expressão 'contrato' significa apenas 'o acordo de vontade' (...) A relação de trabalho, ou de emprego seria a troca efetiva e continuada das prestações que incubem aos contratantes, a dinâmica do acordo, sua execução sucessiva". Em verdade, quando o Prof. Orlando Gomes fala sobre "diferença que se deve fazer entre os contratos de direito civil e o do trabalho sob o ponto de vista de sua perfeição", é de se lembrar o Prof. Torquato da Silva Castro, quando em vários conceituados trabalhos ("Da causa no Contrato" e "Tutela Processual dos Contratos Preliminares") fala do contrato regulado pelo Direito Civil e da "execução específica da obrigação das promessas de contratar" (art. 2.932 do Código Civil italiano). No atinente ao cumprimento, executoriedade da obrigação de fazer, oriunda do contrato, o novo Código Civil de 2002 (arts. 247 a 251; no CC de 1916, arts. 878 a 883), está em consonância com os arts. 621 a 643 do CPC. É a norma processual procurando instrumentalizar a aplicação da norma material, vinculando-se a seus expressos textos. E, referindo a vontade no contratar, o Prof. Torquato de Castro em seu trabalho *Da Causa no Contrato*, ensina: "Implícito no próprio conceito do ato jurídico é o legislador considerar a vontade manifestada, que gera o consentimento. (...) A vontade é elemento essencial do ato jurídico, ainda que, como tal, não venha enunciada no art. 82 do Código Civil Brasileiro" [*de 1916*]. E, em seu *Tutela Processual dos Contratos Preliminares* (p. 9), o Prof. Torquato de Castro afirma: "Nenhuma sentença produz contrato, mas sim no caso, tão-somente seus efeitos (os mesmos efeitos) do contrato". Os ensinamentos do Prof. Torquato de Castro merecem um estudo no atinente ao contrato no Direito do Trabalho.

A vontade do empregado na relação de trabalho é, em geral, viciada, como já foi dito anteriormente. Daí, o elemento primordial do ato jurídico, a "vontade", em face da coação presumida, necessitar da interferência do Estado, não só pela elaboração de uma norma tutelar e protetora do empregado, como, também, o Estado-Juiz, ao aplicar a norma material, denominada pelo Prof. Lourival Villanova de primária, procura, no caso, assegurar o que o Prof. Torquato de Castro chama de "seus efeitos". E, se a vontade foi viciada, o Estado-Juiz, acolhendo o princípio da indisponibilidade dos direitos pelo empregado, a não renunciabilidade de seus direitos, declara nulo o ato, quando contrário ao empregado – ou o aproveita, se não lhe trouxer –, e se atingiu sua finalidade. Daí, o critério de nulidade adotado pelo Direito do Trabalho ser diferente daquele acolhido pelo Direito Civil.

As normas do Direito do Trabalho em sua maioria se preocupam menos com o contrato, inclusive em seu aspecto formal, do que com sua execução pela efetiva prestação de serviço. Por isso a denominação de "contrato-realidade". O Juízo, quando negado o vínculo de emprego, busca, via prova, que é instrumento de seu convencimento, a realidade fática havida na relação de trabalho, para constatar a existência dos requisitos dos arts. $2^{\underline{o}}$ e $3^{\underline{o}}$ da CLT para configuração do vínculo. Convencido da realidade fática na prestação de serviço, em consonância com os arts. $2^{\underline{o}}$ e $3^{\underline{o}}$ da CLT, no dizer do Prof. Torquato de Castro, o Juízo assegura "os efeitos do contrato", no caso de trabalho. No entender do Prof. Lourival Villanova, é a norma secundária, a processual, sendo instrumento para aplicação de norma primária, a de direito material, fazendo atuar sua sanção, coação.

O Prof. Orlando Gomes, em seu *Direito do Trabalho* (p. 80), entende que "quanto à aplicação das leis trabalhistas sob a condição do começo da execução da obrigação de trabalhar, vimos que é exatamente essa particularidade que empresta à relação jurídica de trabalho, *latu sensu*, sua fisionomia característica. (...) Bastaria, por si só, para consagrar a distinção, posto que nem todas as disposições da legislação do trabalho se apliquem no pressuposto do cumprimento efetivo e atual da obrigação cardeal do trabalhador. Algumas há que atuam até mesmo quando a relação já deixou de existir".

Então, é protegendo a pessoa humana do empregado que tanto o direito material como o instrumental, buscando na realidade fática os requisitos para configuração do vínculo de emprego, asseguram, no dizer do Prof. Torquato de Castro, os efeitos desse contrato, no que pesem as tentativas do empregador, aproveitando-se da dependência econômica do empregado, para fraudar a lei e evitar a ocorrência dos efeitos do vínculo de emprego. Até mesmo o que o Prof. Torquato de Castro chama de "condições de validade de um contrato", os indicados no art. 82 do Código Civil de 1916 (art. 104 do novo CC), ou seja, "a forma, a licitude do objeto e a capacidade do sujeito" (*Tutela Processual dos Contratos Preliminares*, p. 14); se tais condições inexistirem, a exemplo da forma (art. 40 da CLT, anotações do período trabalhado, do valor de salário, das férias etc.) ou objeto ilícito (trabalho em casa de prostituição, em casas de jogos ilícitos), o Estado Juiz assegura os efeitos do contrato de trabalho.

A presença do Estado na norma material acompanha todo o relacionamento mantido entre empregado e empregador, inclusive no atinente a seus efeitos. O art. 177 da CLT considera nulo de pleno direito qualquer estipulação de remuneração inferior ao salário mínimo. Tal dispositivo garante, inclusive, ao empregado a satisfação de suas necessidades as mais primárias, conceituadas no art. 76 da CLT, referendando o art. 7º, inc. IV, da Constituição Federal, que, igualmente, determina o que ele deve ser capaz no atinente à satisfação das necessidades humanas primordiais do empregado. Aliás, é de se repetir que no art. 7º da CF de 1988 o Constituinte se preocupou com a pessoa humana do trabalhador, inclusive o rurícola e o doméstico, ampliando os direitos deste último. E, como já salientado, em meio aos direitos fundamentais do ser humano o legislador elencou os resultantes da relação de emprego, tais como o Fundo de Garantia do Tempo de Serviço (art. 7º, inc. III); irredutibilidade do salário (princípio geral de proteção ao salário que tem natureza alimentar condizente à satisfação das necessidades do empregado, evitando a diminuição do orçamento do empregado e conseqüente perda do seu poder aquisitivo); décimo terceiro salário, com integração do seu valor à remuneração (art. 7º, inc VIII), extensivo ao aposentado; jornada de trabalho (incs. XIII, XIV, XVI, do art. 7º); gozo de férias, com um terço de acréscimo, extensivo até aos domésticos – férias cujo gozo visa a refazer as energias do empregado para seu retorno às atividades laborais, daí a vedação do recebimento apenas em dinheiro do valor correspondente, permanecendo o empregado no trabalho –; licenças maternidade, paternidade, o seguro-desemprego etc.

Verdade é que não houve avanços consideráveis que atendessem ao objetivo tutelar da norma trabalhista. O sistema do Fundo de Garantia do Tempo de Serviço de modo algum atendeu a seus objetivos sociais. Sua obrigatoriedade, a exclusão do sistema indenizatório de forma dobrada, quando estável o empregado, o afastamento definitivo da estabilidade decenária, fazem deste sistema fundiário ineficaz à aspiração do empregado no tocante à justa indenização por seu efetivo tempo de serviço.

"A relação de emprego protegida contra despedida arbitrária ou sem justa causa, que preverá indenização compensatória dentre outros direitos" (inc. I do art. 7º CF 88), porque propositadamente deixada aos "termos de lei complementar", mantém-se inócua até hoje, lamentavelmente, à inteira falta do nascer da prevista "lei complementar". Resultou, então, que o empregado não tem segurança alguma em seu emprego, ficando à mercê, inteiramente, da vontade de seu empregador, que poderá demiti-lo, arbitrariamente, ou "sem justa causa", sem qualquer "indenização compensatória". A segurança do emprego deve prevalecer sobre qualquer indenização, claro, pois é o emprego que propicia a realização pessoal, humana do empregado, porém se impossível mantê-lo, em face da vontade do empregador, que seja devida uma indenização compensatória.

As tentativas, via convenção coletiva, de substituir tal "indenização compensatória", a exemplo do aviso prévio em dobro, estipulado pela idade e tempo de serviço, não alcançam a *mens legis*, deixando muito a desejar.

A própria estrutura legal do sistema do FGTS economicamente não satisfaz sua função social, sua natureza indenizatória. Em um estudo comparado com o sistema indenizatório, concluir-se-á que economicamente, em face dos seus valores, o do FGTS deixa muito a desejar, até pela exclusão da estabilidade decenária, inclusive quando desaconselhável a reintegração, o pagamento da indenização dobrada.

O estudo comparado dos dois sistemas de indenização, de estabilidade decenária com o do FGTS, bem demonstra que o Estado não se preocupou em proteger o trabalhador do desvínculo laboral, deixando de efetivar princípios fortes de tutela do direito do ser humano ao trabalho. A natureza constitucional dos princípios fundamentais inerentes ao trabalhador deveria ser mais abrangente, mais cogente, mais eficaz, mais forte, mais efetiva, inclusive no concernente a seu direito de trabalhar, de se realizar profissionalmente e de se auto-sustentar com sua família.

Em seu "Princípio da Proteção: Uma Nova Leitura" (Revista cit., p. 29), a Profa. e Juíza do Trabalho Eneida Melo Correia de Araújo, do

TRT-6ª Região, em tese aprovada no VIII Encontro dos Magistrados do Trabalho da 6ª Região, sobre "Os Princípios do Direito do Trabalho como Justificativa de Manutenção da Justiça do Trabalho", diz: "O Direito do Trabalho como direito social, acha-se permeado dessa idéia oriunda da Declaração Universal: a concepção de igualdade e de proteção ao cidadão, enquanto ser humano trabalhador, havendo uma tendência a conservar esses postulados em suas cartas constitucionais". Neste texto, Eneida Melo diz bem sobre "a necessidade de princípios constitucionais norteadores dos direitos humanos do trabalhador empregado". Mais adiante (p. 31), afirma: "Ademais considerou-se que seria a tutela jurídica do trabalhador capaz de propiciar uma razoável igualdade entre as partes, aspecto necessário ao contrato". E, com maestria, a Profa. Eneida Melo, continuando a falar sobre o "princípio da proteção", enfatiza: "As diversificadas transformações que atingem as relações de trabalho, em escala mundial, revelam uma tendência a que sejam aumentados os níveis de produção, restringindo-se o emprego de trabalhadores, configura-se um quadro de desemprego estrutural".

É exatamente nesta conjuntura, onde haverá escassez de emprego, a elevação do número de desempregados, que se faz necessário que o Estado estabeleça, via sistema jurídico constitucional e infraconstitucional, instrumentos de tutela do direito do trabalhador ao emprego, o que, infelizmente, inocorreu, em face do determinado pelo art. 7º da CF de 1988, que delegou à lei complementar a proteção contra despedida arbitrária, sem justa causa, e a previsão de indenização compensatória.

Quando fala do princípio de continuidade da relação de emprego, a Juíza Eneida Melo, em seu trabalho (p. 32), diz: "Trata-se de um outro princípio universal do Direito do Trabalho. Em razão dele é regra geral que as partes celebrem contratos sem determinação de prazo, ou seja, os chamados por tempo indeterminado, com uma perspectiva de continuidade, de inserção e de possibilidade de profissionalização do trabalhador. Decorre dele, ainda, as formas de manutenção do emprego e os mecanismos restritivos de terminação do contrato por parte do empregador". Exatamente "as formas de manutenção do emprego" e "os mecanismos restritivos de terminação do contrato" não foram assegurados – como era dever do Estado fazê-lo imperiosamente –, em meio aos direitos sociais na Constituição Federal. Pelo contrário, mais fácil é hodiernamente o empregador, até vaziamente, cessar o vínculo laboral. Sua continuidade, que "atenda aos postulados universais consagrados pelo Direito Internacional: o direito ao emprego, a dignidade do trabalhador e o de segurança", como entende Eneida Melo (Revista cit., p. 32), devem ser garantia constitucional efetiva em meio aos princípios dos direitos fundamentais do ser humano.

Outro princípio fundamental é o de irrenunciabilidade. Tal princípio nasceu da constatação de que o Estado reconheceu que, na relação de emprego, existe uma desigualdade em meio às partes contratantes. A autonomia individual da vontade do empregado é sufocada por sua dependência econômica, que lhe retira a ideal liberdade. Daí o Estado elaborar um sistema jurídico, um conjunto de normas que instrumentalizam a igualdade no contratar o emprego.

A subordinação econômica do empregado e o poder de mando do empregador contribuem para um relacionamento desequilibrado; não acontece aquela razoável igualdade em meio aos contratantes, a exemplo do Direito Civil, em face do desequilíbrio em que se encontra o empregado ao contratar seu emprego; por isso a necessária intervenção do Estado e dos sindicatos na busca do desejável equilíbrio.

Eneida Melo (Revista cit., p. 32), afirma: "Todavia um pensamento universal o de que os princípios construídos ao longo da formulação do Direito do Trabalho, e que fizeram nascer regras jurídicas de proteção ao hipossuficiente, não podem ser afastados pela manifestação das partes no contrato de trabalho".

É em defesa da dignidade humana, do bem comum, do equilíbrio social que o Estado deve intervir na elaboração do sistema jurídico trabalhista que deve ser aplicado pelo magistrado, um direito objetivando a realização da justiça social. Então, havendo a tutela jurisdicional na aplicação da norma trabalhista haverá "o predomínio da razão, da justiça". A importância social do processo, máxime no caso do trabalhista, resultará na relevância da função jurisdicional trabalhista. Ao aplicar a norma, ao tornar efetiva sua vontade de tutelar a pessoa humana do empregado, ela contribui em muito para gerar o equilíbrio do empregado em um agrupamento onde seu relacionamento é desequilibrado.

5. Conclusão

É de se considerar, finalmente, que os direitos fundamentais do ser humano têm suas dimensões na liberdade, igualdade, solidariedade, equilíbrio social, instrumentos necessários para sua efetivação. Tais direitos, inclusive os sociais indispensáveis à pessoa humana, devem ser trazidos à sociedade como um todo, via direito material – Constitucional, Civil, do Trabalho –, e via direito instrumental – Processual Civil, Penal, Trabalhista –, para que o ser humano, pessoa, titular que é dos direitos assegurados nos textos do direito material, da norma primária, possa pretender, em caso de desrespeito, via Judiciário, a efetivação dos mesmos, aplicadas, inclusive, a sanção e a coercibilidade.

O Estado, porém, deve, por seu sistema jurídico atualizado, propiciar meios para que a pessoa humana, em um verdadeiro Estado Democrático de Direito, obtenha os meios necessários à sua realização, tanto no campo imaterial como no material.

Bibliografia

ADEODATO, João Maurício. "Modernidade e Direito", *Revista da ESMAPE*, v. 2, n. 6, out.-dez./1997, p. 256.

ARAÚJO, Eneida Melo Correia de. "Princípio da proteção: Uma nova leitura", *Revista da AMATRA*, Recife, ano 3, n. 7, jun./1999, p. 29.

BALDASSARRE, Antonio. *Diritti della persona e valori constituzionali*. Torino, Giappichelli.

CASTRO, Torquato da Silva. *Da causa no Contrato*. Editora da Imprensa Universitária, 1966.

_____. *Tutela Processual dos Contratos Preliminares*. Florença, 1950.

GOMES, Orlando. *Direito do Trabalho – Estudos*. 3ª ed., São Paulo, LTr, 1979.

RUSSOMANO, Mozart Victor. *Comentários à CLT*. Rio de Janeiro, Forense, 1986.

DIREITOS DA PERSONALIDADE: UMA INTRODUÇÃO

JALES DE ALENCAR ARARIPE

1. Apresentação. 2. Introdução. 3. Direitos da personalidade: terminologia. 4. Perspectiva histórica. 5. Um conceito de direitos da personalidade. 6. Patrimonialidade ou extrapatrimonialidade dos direitos da personalidade. 7. Inalienabilidade e outras características. 8. Previsão legislativa no Brasil. 9. Inserções no Código Civil, em declarações de direitos e nas Constituições. 10. A concepção monista e pluralista ou atomística. 11. Pessoas jurídicas e direitos da personalidade. 12. Conclusão.

1. Apresentação

Intentamos, no exercício subseqüente, sob o título *Direitos da Personalidade: uma introdução*, observar as referências principais em torno dos direitos da personalidade, de modo a ressaltar sua evolução, a partir da matriz comum do nosso Direito, ou seja, a fonte romana, sua concepção, as características, extensão, perspectivas, exigências gerais, e as específicas – nestas, com atenção ao tratamento legislativo deles no Brasil.

Sem o propósito de inovar, restritos ao sentido de pesquisa, num ponto ou noutro poderemos ter incorrido em tom crítico ou reclamatório. A despeito da idade, se não por isso, desperceba-se como "topete" de principiante.

O estímulo para adoção do tema foram as aulas do Professor Doutor Renan Lotufo, memoráveis na crônica da UNICAP, ao tempo do seu primeiro mestrado, em convênio com a PUC-SP.

2. Introdução

Em face das restrições e limitações da proposição e os contornos do exercício, perfunctório por natureza, restringe-se a pesquisa, de começo, ao exame da corrente do desenvolvimento dos direitos da personalidade, com o zelo prévio da determinação terminológica e conceptual.

A partida é dos estágios do Direito Romano ao medievo, incorrendo, após, na menção aos suportes ideológicos da Revolução Francesa e tratamentos posteriores, fundados nas novas idéias.

Volteia-se na busca de uma visão da problemática no Brasil, atentos à sua origem colonial. Momento para incursões nas características dos direitos da personalidade, tendências e grandeza, pois não nos conformamos com a imprecisão, insuficiência ou a trivialidade do termo importância.

Grandeza para a qual já acordara Pontes de Miranda:[1] "Com a teoria dos direitos de personalidade, começou, para o mundo, nova manhã do Direito. Alcança-se um dos cimos da dimensão jurídica".

Na conclusão, o reclamo quanto ao tratamento legislativo e nos programas das universidades.

3. Direitos da personalidade: terminologia

Direitos da personalidade, ou direitos de personalidade – nunca direitos personalíssimos, para que se evite confusão com os *intuitu personae*, da técnica dos direitos pessoais, ou seja, os exercitáveis apenas pelo titular. Nesse sentido, a referência do Código Civil de 1916 a obrigação personalíssima no art. 928.

A problemática que suscitam marca-se, de princípio, por esse aspecto primário, resultante de sua relativamente recente elaboração dogmática.

Dirão outros, direitos à personalidade, direitos essenciais, ou direitos fundamentais, e também direitos sobre a própria pessoa ou direitos individuais. No novo Código Civil (art.11) prevalece a mais usual e significativa, "direitos da personalidade".

Pontes de Miranda adota, no *Tratado de Direito Privado*, "direitos de personalidade".[2]

Aparecida Amarante[3] suscita ainda outras terminologias: direitos primordiais, direitos inatos, direitos extrapatrimoniais, direitos fundamentais da pessoa, direitos subjetivos essenciais e, por fim, direitos da personalidade, acentuando que "esta última é a proposição de Gierke, Ferrara e, entre nós, Orlando Gomes, Limongi França, Antônio Chaves, etc., que ganha, na doutrina moderna, maior número de adeptos".

1. *Tratado de Direito Privado*, p. 6.
2. V. v. 7.
3. *Responsabilidade civil por dano à honra*, p. 114.

Nas *Lecciones de Derecho Civil*,[4] Henri, Léon e Jean Mazeaud a consagram.

Aparentemente uma problemática de menores conseqüências, ela é inescapável como critério inicial do trabalho. Talvez tema embaraçoso, posto as sugestões acentuem aspectos verdadeiros ou não desprezíveis. As menções a respeito servem, ao menos, para o destaque ou lembrança dessas considerações de adequação.

A imediatidade do alvitre contido em direitos da personalidade confere apego ao seu uso, eis que a contração é, aí, indicativa do objeto. Outros direitos designam-se do mesmo modo. Por isso, são ditos direito das coisas aqueles que têm por objeto coisas. Ou reais, em referência à correspondente expressão latina (*res*).

4. Perspectiva histórica

No Direito Romano a personalização do homem derivava da integração dos diversos aspectos do seu *status: familiae, civitatis, libertatis,* não lhe bastando a condição biológica. Cumpria-lhe ser *pater familias*, cidadão e livre.[5]

Na Roma antiga os patrícios, primeiro estamento, eram os donos do solo e comandavam as armas, enquanto a plebe constituía a grande parte do povo. O poder era daquela classe onde os *patres familiae* assoberbavam o domínio familiar e político, posto compusessem o Senado, expressiva força, ainda na Monarquia.

Fonte do direito era o costume, incorporado nas decisões judiciais e vinculado à religião, cujos sacerdotes as emitiam, porque intérpretes e aplicadores do rudimentar ordenamento.

Tendenciosas então, a interpretação e aplicação do direito por causa da origem dos sacerdotes, procedentes do patriciado.

Ofensas a direitos que hoje incluímos entre os da personalidade, como morte ou lesões corporais, fundamentavam a vingança privada.

No período monárquico pouco mudaria dessa diretriz, "pois o monarca, na maior parte dos casos, limitava-se a autorizar a vingança privada, a estabelecer as formas que ela devia revestir e a controlá-la bem como a impedir ou reprimir o seu excesso, o que deixava ainda largo

---

4. Parte Primera, p. 259.
5. Pedro Bonfante, *Instituciones de Derecho Romano*, p. 37.

campo de ação aos grupos familiares mais fortes", assinala Rabindranath V. A. Capelo de Sousa.[6]

Instaurada a República, a plebe conquista o direito a seus próprios órgãos, cenários para os seus reclamos, e, entre estes, um direito preciso e definido. O patriciado acede, à força do conflito, originando-se daí a Lei das XII Tábuas (451/449 a.C).

"Sólo excepcionalmente interviene la *lex*, propuesta por el magistrado y votada por los comicios populares, para oponer un dique a las aplicaciones abusivas de la costumbre (...)", assim expressaria Vincenzo Arangio-Ruiz[7] aquele sentido de conquista na sobreposição da lei à prática arbitrária do costume.

Demonstração de que não se evolvera tanto, observa-se, por exemplo, no negócio do *nexum*, quando o mutuário rendia-se ao credor, tornando-se seu escravo, se inadimplente, ou na constância da vingança privada, em razão de sentença pública, sancionando ofensas aos bens da personalidade.

De novo, assinala-se evolução na previsão de indenização pecuniária para lesões leves, verdade que maiores se o ofendido fosse pessoa livre e não um escravo. Ademais, em casos de lesões graves, como a inutilização de um membro do corpo, as partes poderiam compor-se em dinheiro, extinguindo-se a lide com o respectivo *pactum*.

Então começava-se a distinguir os casos em razão da culpa. Em algumas situações de homicídio involuntário, por exemplo, a sanção constava da entrega de um carneiro e, para o doloso, a pena era a morte.[8]

Apropositado, Vincenzo Arangio-Ruiz alude que a idéia da *culpa* "como base de la responsabilidad es tardia".[9]

A grandeza de Roma, alcançada na República, agravaria as diferenças entre seus habitantes, crescendo o número dos escravos e a afluência de estrangeiros. Aqueles eram objeto de direito e junto a estes constituíam categorias não personalizadas.

No Império, o édito de Caracala (212 d.C.) estende aos estrangeiros livres, habitantes nos seus domínios, a cidadania, menos para os peregrinos deditícios, ou seja, aqueles que pugnaram contra os romanos, embora rendidos incondicionalmente.

---

6. *O Direito Geral de Personalidade*, p. 48.
7. *Instituciones de Derecho Romano*, p. 2.
8. Rabindranath V. A. Capelo Sousa, ob. cit., p. 49.
9. Ob. cit., p. 429.

À evolução que se processava serviria o *ius honorarium*, ou, *ius praetorium*, refletindo a praticidade do direito romano em adaptar-se às mudanças sociais, de modo a vencer as deficiências da Lei das XII Tábuas, quanto à proteção dos direitos da personalidade.

A *actio iniuriarum*, de matriz pretoriana, viria substituir as duras penas da Lei das XII Tábuas, dentre elas a de Talião, originando a *actio iniuriarum aestimatoria*, pela qual a punição se transmudaria em pecuniária.

Por *iniuria* entendia-se o ato que atingia física ou moralmente à própria pessoa, podendo consistir em palavras ou fatos.[10]

Acentua Rabindranath V. A. Capelo de Sousa que "esta tutela jurídica da personalidade foi ainda coadjuvada, na época clássica, sobretudo por disposições da *lex Aquilia*" sobre lesões contra escravos.[11]

Em seqüência, o mesmo autor refere a *lex Cornelia* sobre as injúrias com agressões físicas e a violação do domicílio para ajuntar, conclusivo, que "enquanto a *lex Cornelia* tipificava taxativa e concretamente as injúrias que punia (...), o édito do pretor qualificava a sua noção de injúria abstratamente, como cláusula penal (...), o que permite sustentar que, com a *hybris* grega,[12] a *injuria* romana constituiu o embrião do direito geral da personalidade".

No Baixo Império a cidadania deixava, consideravelmente, de justificar desigualdades jurídicas, mas persistiriam as diferenças de tratamento em razão dos desníveis da fortuna, da religião e da condição de bárbaro ou romano, enquanto o *satus libertatis e o status familiae* originavam estatutos jurídicos distintos.

Ao tempo de o Cristianismo alçar-se como religião do Estado (séc. IV), os aderentes do culto oficial adquiririam a plena cidadania e os demais seriam tidos como estrangeiros, e, por isso, juridicamente desfavorecidos e até perseguidos.

Negava-se a liberdade de culto aos pagãos, acossavam-se os heréticos do culto oficial, agravavam-se os judeus.

10. Pedro Bonfante, ob. cit., p. 533.
11. Ob. cit., p. 53.
12. Em *hybris* expressavam-se as idéias de excesso, injustiça, desequilíbrio, insolência e soberba. A ação correspondente era, inicialmente, de caráter penal, para punir ultrajes ou sevícias a um cidadão e, depois, abrangendo outros tipos penais, mediante ações públicas ou privadas, tais como ofensas corporais, difamação, violação de uma jovem etc., segundo anotações de Rabindranath V. A. Capelo de Sousa, ob. cit., p. 44.

A influência cristã não percutiria na estrutura ideológica dominante para ampliar as idéias de igualdade e capacidade jurídica, durante o Baixo Império.

A conclusão de Rabindranath V. A. Capelo de Sousa, a cujo subsídio histórico freqüentemente recorremos, é que "a moral cristã teve alguma influência em zonas periféricas do direito romano, *v.g.*, na atenuação da escravatura, na condenação dos jogos dos gladiadores em 325 (cth 15,12,1), na repressão da prostituição em 343 (cth 18,8,1), na limitação da usura, na supressão do suplício da cruz e na abolição do cárcere privado (cth 9,3,4 e 9,11,1 e c. 9,4,6)".[13]

Esfacelado o Império Romano do Ocidente, no tempo posterior, notadamente durante o feudalismo, ao estilo dos regimes senhoriais, estratificaram-se grupos e subgrupos sociais com estatutos jurídicos dessemelhantes, configurando um ambiente impróprio para o ressalto dos direitos da personalidade.

Inobstante, o pensamento doutrinário do medievo evoluiria marcando os rastros precursores da concepção dos direitos da personalidade. Foram os tratadistas da teologia moral os primeiros que se ocuparam dos bens da personalidade (vida, integridade corporal, reputação). Já Santo Tomás de Aquino os consideraria sob a tríplice visão do pecado, do delito e da pena, enquanto os cultores do direito civil "reducen su atención al entendimiento y glosa" do *Corpus Juris Civilis*, adita Federico de Castro y Bravo.[14]

O mesmo autor aponta, a seguir, o *Tractatus de potestate in se ipsum*, de Gómez de Amézcua, publicado em Palermo no ano de 1604, como a primeira monografia sobre a matéria, onde se proclama "o princípio liberal" de que: "Tudo está permitido ao homem, *a respeito de si mesmo*, exceto o que está *expressamente* proibido pelo direito". Conclusivo, ainda acentua Castro y Bravo: "Mas tarde, la misma aspiración liberal lleva a la proclamación de 'los derechos del hombre' y a su colocación en la cabecera de las constituciones".

O ideário inspirador dos direitos da personalidade não é recente, mas sua projeção legislativa os assinalaria primeiramente em textos constitucionais, ou leis políticas e penais, de modo a estimular os estudos de penalistas e constitucionalistas.

Castro y Bravo, explica, alusivamente: "El actual interés de los civilistas por los bienes de la personalidad, es de hace relativamente poco

13. Ob. cit., p. 57.
14. *Temas de Derecho Civil*, p. 7.

tiempo, pero de ritmo creciente". Duas as razões para essa tendência. A pouca praticidade das leis penais para esse desiderato e a configuração programática das declarações dos direitos do homem, pouco eficazes, exatamente por causa dessa natureza inobjetiva.[15]

À ilicitude criminal juntar-se-ia a civil, por um reclamo da consciência social exigente da reparação pecuniária para os danos aos bens da personalidade.

O suporte ideológico dessa progressão seriam o cristianismo, defensor da igualdade, e a filosofia escolástica, esta lhe dando base técnica, "ao considerar que o homem possui bens em sua pessoa, além dos bens externos".[16]

Contrastavam o conhecimento doutrinário e idealista dos direitos da personalidade e a sua precária inserção legislativa, assinalada pelas limitações da *actio iniuriarum* e da *Lex Cornelia*, do Direito Romano.

Este seria limitador, pois os civilistas permaneceriam voltados à interpretação e glosa do *Corpus Juris Civilis*.

O marco histórico da Declaração dos Direitos do Homem e do Cidadão dos constituintes franceses (1798) arrebataria o sonho daqueles direitos inatos dos defensores do Direito Natural, para assinalar a conquista do individualismo em face dos tempos de arbítrio do feudalismo.

À concepção dos direitos inatos opor-se-iam os adeptos da Escola Histórica para os quais os direitos do homem não seriam senão resultado de uma conquista e uma realização do progresso civilizatório.

A evolução do Estado, entretanto, positivaria diversos daqueles direitos que os jusnaturalistas consideravam inatos, ou seja, próprios da condição humana.

Os Mazeaud, assinalando os princípios daquelas escolas, já delineados, notam que "a observação histórica e sociológica demonstra, ao menos, a existência de uma fecunda fé em certos direitos cujo reconhecimento se impõe ao legislador", lembrando então que o direito à vida está inserido no *Gênesis* "como uma regra religiosa essencial, superior a todos os direitos humanos, e como conseqüência da criação do homem à imagem de Deus".[17]

Com o Iluminismo europeu (sec. XVIII), criava-se o ambiente ideal para assentamento dos direitos subjetivos, em consonância ainda com o

---

15. Ob. cit., p. 8.
16. Aparecida I. Amarante, ob. cit., p. 33.
17. Ob. cit., p. 265.

ideário da Revolução Francesa, e que se projetaria, por fim, no liberalismo do século XIX.

"Assiste-se, com efeito, no início do século XVIII ao triunfo das idéias individual-contratualistas de Locke e do sistema antropocêntrico da Escola do Direito Natural, agora mais marcadamente individualista, no qual tinha primazia o direito natural sobre o direito positivo, fundando-se o próprio direito natural nos direitos "inatos", "originários" e irrenunciáveis do homem pré-político, e no qual a liberdade individual e o seu subjetivismo prevaleciam sobre a ordem objetivamente estabelecida".[18]

A conjuntura do despotismo esclarecido e do Estado sob as leis da Razão, fundado no contratualismo, permite a assunção, por aquele, da destinação essencial e proclamada de proteção dos chamados direitos humanos originários, de matriz naturalista mas que, positivados, adquirem o contorno de direitos subjetivos.

Tempo para a pugna contra a escravidão, a pena de morte e abominação dos castigos corporais.

O *Codex Maximilianeus Bavaricus Civilis*, de 1756, e o Código Civil Austríaco de José I, de 1786, procurariam cristalizar as concepções do iluminismo e do jusnaturalismo.

O desate desses modismos ideológicos da época ocorreria como projetação da Revolução Industrial inglesa, das idéias políticas liberais de filósofos franceses (Rousseau, Voltaire, D'Alembert etc.), de Kant, da Revolução Americana e de sua Carta, e, máxime, da Revolução Francesa, conjunto de fatores "geradores do liberalismo político, econômico e jurídico que iria engrossar no séc. XIX".[19]

Entre os séculos XIX e XX, os direitos da personalidade, açambarcados pelos chamados direitos do homem, orbitados no Direito Público, notadamente no Direito Penal, inclinam-se, grande parte deles, a uma proteção de maior largueza.

Os extremos da vida moderna, o incremento da atividade econômica na agricultura, no comércio e na indústria, a participação ativa da mulher nesse processo, a aceleração e a multiplicidade dos meios de transporte, o crescimento estupendo das cidades e dos meios de comunicação, o desenvolvimento técnico-científico e todo um conjunto de no-

---

18. Rabindranath V. A. Capelo de Sousa, ob. cit., p. 65.
19. Idem, ob. cit., p. 66.

vas condições de vida, tornariam extremamente imperiosa uma acendrada proteção dos direitos da personalidade.

Do complexo de fatores dessa ordem germinaria uma cultura excelente e propícia à agressão dos bens da personalidade, atingindo os limites da ameaça de universalização, na tormentosa época dos totalitarismos alemão e soviético.

Secularmente, era já corriqueira a proteção aos direitos sobre os bens exteriores ao homem, sedimentava-se no âmbito do que chamamos hoje de "mundo ocidental", e era comum nos códigos e noutras leis civis.

Civilmente, a reparação vinculava-se à concepção penalista desses delitos, o que era extremamente restritivo, posto que ofensas à honra possam advir de fatos estranhos àqueles conceitos. Nosso Código Civil é exemplificativo.[20]

Impunham essa percepção àqueles fatores conjunturais, supra referenciados, que remeteriam Aparecida I. Amarante à menção de que "arrimado em Gangi, Gastán Tobeñas afirma que, no *campo civil*, a honra atinge uma grande amplitude. Os autores costumam considerar que ela abraça 'todas las manifestaciones del sentimiento de estima de la persona (honor civil, honor comercial, honor científico, literario, artístico, profesional, político, etc)'.[21]

Carlos Lasarte Álvarez acentua, com pertinência, ser "necesario reconocer que la doctrina civilista (que hoy considera, con razón, que la temática de los derechos de la personalidad es uno de los puntos clave del desarrollo del Derecho Civil contemporáneo) se ha ocupado del tema muy tardíamente. En efecto, sólo a partir del primer tercio del siglo XX, partiendo de las consideraciones realizadas por el gran jurista alemán Otto Von Gierke se ha subrayado doctrinalmente la trascendental importancia del tema. La razón de semejante retraso parece radicar en el seguimiento del método exegético de los Códigos civiles, los cuales no llegaron a establecer normativamente la categoría de los derechos de la personalidad".[22]

Neste princípio de século, ao influxo do florescente pensamento da centúria morta, abala-se a estrutura do Direito Civil, compactada nas tradicionais codificações vigentes, alicerçadas estas em institutos fundamentais como a família, a propriedade, o contrato e a sucessão hereditária.

20. Art. 953 do CC de 2002; art. 1.547 do CC de 1916.
21. Ob. cit., p. 36.
22. *Principios de Derecho Civil*, t. 1, p. 209.

Enseja-se um tempo de sobrelevo doutros valores, também exigentes de patrocínio jurídico assinalado, destacadamente aqueles contidos no homem e defluentes da sua condição de ser jurídico, ou seja, de pessoa.

A nuclearidade da pessoa, em face do Direito Civil, já fora acentuada por seus conceituadores. "Las grandes instituciones sobre que versa el Derecho Civil, nos dice Hernández Gil, son la persona, la familia y el patrimonio. La persona es la base y el centro del Derecho Civil; la persona en su significación más general e elemental", acentuaria Juan Manuel Pascual Quintana.[23]

"Nesse sentido revolta-se o direito contra as concepções que o colocavam como mero protetor de interesses patrimoniais, para postar-se agora como protetor do direito da pessoa humana. Ao proteger (ou regular) o patrimônio, se deve fazê-lo apenas e de acordo com o que ele significa: suporte ao livre desenvolvimento da pessoa humana",[24] evidencia Eroulths Cortiano Júnior.

Essa evolução é indicativa dos novos rumos do Direito Civil, aos quais deveriam estar atentos os legisladores, quando não seus assessores, quando cuidam de um novo Código para o País. Nos termos postos, a obra não corresponde a um anseio, pois repete mais de setecentos artigos do Código de Clovis Beviláqua – herança, portanto, de ponderável influência.

5. Um conceito de direitos da personalidade

Nos limites deste trabalho entremostra-se o sentido da concepção dos direitos da personalidade e sua importância,[25] dispensando, talvez, esse bosquejo. Entretanto, aos que procuram uma síntese a respeito, pode parecer relevante a disponibilidade de uma generalização dessa ordem.

Karl Larenz, indicativo quanto ao conteúdo, elucida: "Ha de entenderse por 'derecho general de la personalidad' el derecho al respeto, a no la lesión de la persona en todas sus manifestaciones inmediatas dignas de protección (tales como lo declarado oralmente o escrito por la misma) y en la esfera privada e íntima, sustraída a la curiosidad y la ino-

---

23. *En torno al concepto del Derecho Civil*, p. 110.
24. Eroulths Cortiano Júnior, "Alguns apontamentos sobre os chamados direitos da personalidade", in *Repensando os fundamentos do direito civil brasileiro contemporâneo*, coletânea coordenada por Luiz Edson Fachin, p. 33.
25. Importância precursoramente ressaltada por Pontes de Miranda: "Com a teoria dos direitos de personalidade, começou, para o mundo, nova manhã do direito. Alcança-se um dos cimos da dimensão jurídica". *Tratado de Direito Privado*, p. 6.

portunidad de otros, sin que con ello se dé ya una delimitación terminante y segura".[26]

Em texto recente, Francisco Amaral define direitos da personalidade como "os direitos subjetivos que têm por objeto os bens e valores essenciais da pessoa, no seu aspecto físico, moral e intelectual".[27]

Conformam-se os direitos da personalidade como projeções da própria condição do homem personalizado, ou emanações dessa sua qualificação, ou elementos integrativos dela.

Desse modo, personalizado o homem, e todo ele o é, conforme o critério legal vigente, agregam-se-lhe, atributivamente, os direitos correlatos.

6. Patrimonialidade ou extrapatrimonialidade dos direitos da personalidade

Uma indagação inicial procedente nos remete ao exame da posição desses direitos em face da distinção, talvez clássica, de uns como patrimoniais e doutros como extrapatrimoniais, fundada no valor econômico ou moral ressaltado neles, pois, nos últimos, se observaria uma carência de estimação pecuniária.

Certamente os direitos reais e os pessoais estariam classificados como patrimoniais. O direito de propriedade ou um crédito destacam esse aspecto, enquanto a honra, a vida ou a integridade corporal, acentuando valores caracteristicamente morais, posicionam-se como direitos extrapatrimoniais.

Suporte da classificação seria a economicidade do patrimônio, abrangente somente dos direitos dependentes dessa apreciação. Os outros estariam fora do patrimônio, ditos, por isso, extrapatrimoniais.

Nessas bases a diferenciação das duas classes é fortemente restritiva, desprezando feição comum às duas categorias. A reparabilidade da ofensa a bens como uma coisa móvel qualquer, ou à honra, identifica-se pela compensação do equivalente monetário.

O advogado vilipendiado na sua reputação profissional, do mesmo modo que ao ser danificado seu veículo, poderá obter a indenização por tais ofensas, quantificando-se sua satisfação por aquele valor nos dois casos.

26. Karl Larenz, *Derecho Civil, Parte General*, p. 161.
27. Francisco Amaral, *Direito Civil – Introdução*, p. 245.

Os Mazeaud acentuam pertinentemente: "La distinción entre los derechos pecuniarios y no pecuniarios no es, pues, absoluta; significa tan sólo que *ciertos derechos tienen sobre todo un valor pecuniario; y otros, mas bien un valor no pecuniario*".[28]

Funcional essa distinção para separação de uns direitos como patrimoniais, porque de valor pecuniário, e doutros como extrapatrimoniais, porque sem esse valor.[29] Explicaria essa conclusão o conteúdo essencialmente econômico do patrimônio.

A impenhorabilidade dos direitos da personalidade fundamentaria a exclusão deles do patrimônio, embora outros, de valor econômico, como o de alimentos, sejam identicamente impenhoráveis, ou o imóvel residencial da família (Lei n. 8.009, de 29.3.1990).

Por outro lado, os reflexos econômicos dos direitos da personalidade são evidentes, notadamente quando ofendidos, pois ensejam direito à reparação pecuniária.

Diante de ponderações dessa ordem, os Mazeaud, em seqüência, arrematam: "Parece difícil, en tales condiciones, separar por un compartimiento estanco los derechos pecuniarios y los derechos no pecuniarios. Unos y otros están fundidos en el continente de todos los derechos de la persona, que es el patrimonio; *porque unos y otros están afectados a esa persona*" (destaque nosso).

Nos termos habituais, a distinção dos direitos como patrimoniais e extrapatrimoniais parece, então, insubsistente. Poderá permanecer por mérito histórico, salvo a condescendência de reduzi-la à definição de uns como de preponderante valor econômico e de outros como de preponderante valor moral, aqui legitimamente situados os da personalidade.

7. *Inalienabilidade e outras características*

"Nasçam com a pessoa, ou se adquiram depois, os direitos de personalidade são intransmissíveis", assinala Pontes de Miranda, explicando, a seguir, resultar esse aspecto da "infungibilidade da mesma pessoa

---

28. Henri, Léon y Jean Mazeaud, *Lecciones de Derecho Civil – Parte Primera*, v. I, p. 255.
29. Adriano De Cupis, *Os Direitos da Personalidade*, p. 29. Patrimoniais, distingue esse autor, seriam aqueles direitos que têm por objeto bens capazes de assegurar imediatamente (diretamente) uma utilidade econômica ao indivíduo. Quanto aos direitos da personalidade, *"sendo um modo de ser físico ou moral da pessoa,* bem se compreende como ele nunca contenha em si mesmo uma utilidade imediata de ordem econômica".

e da irradiação de efeitos próprios (os direitos de personalidade). (...) Toda transmissão supõe que uma pessoa se ponha no lugar de outra; se a transmissão se pudesse dar, o direito não seria *de personalidade*".[30]

Noutras palavras se dirá indisponibilidade, ou intransmissibilidade, em correspondência à expressão matriz, *alienar,* de *alienare*,[31] alterar, mudar, fazer diferente, ou, como anota o Moraes,[32] passar a outro dono ou senhor por venda ou outro modo.

Carlos Alberto Bittar[33] esvaece o rigor dessa particularidade reconhecendo *temperamentos quanto à circulação jurídica*, defluentes do interesse negocial e da expansão tecnológica, para permitir ao titular melhor fruição do seu direito.

Nas hipóteses dos direitos morais do autor, quando adaptadas suas obras nos meios de comunicação, ou nos casos de uso da imagem de pessoas notórias em finalidades promocionais, remunerado o sujeito e nos limites pactuados, admitem-se, e são freqüentes as concessões, porque em favorecimento do sujeito.

Contratos para cessão de partes do corpo são permitidos, especialmente daquelas recuperáveis. Onerosamente quanto aos cabelos, gratuitamente quanto ao sangue. Para finalidades altruísticas ou científicas. A Lei 9.434, de 4.2.1997, ordena os pressupostos respectivos.

Nas prefigurações sugeridas, veja-se bem, não se moldam transmissões do direito. Na demonstração de casos semelhantes, Pontes de Miranda é esclarecedor. Não se transmite o direito. Trata-se de *exercício* dele. Se não, seria "possível o negócio em que A permitisse a B dizer que a voz (de A), que se iria ouvir, seria a sua (de B). Tal negócio não entra no mundo jurídico".[34]

Entendendo-se a personalidade como um complexo agregador de atributos e direitos (estado civil e direitos da personalidade), concorrente para sua identidade e eficácia, o conjunto formado é indissociável. Razão da intransmissibilidade e, também, da irrenunciabilidade.

Ainda na lembrança de Pontes de Miranda, são ligados à vida, "inextinguíveis, salvo morte da pessoa. Não podem ser adquiridos por

---

30. Pontes de Miranda, *Tratado de Direito Privado*, p. 7.
31. F. R. dos Santos Saraiva, *Novíssimo Diccionario Latino-Portuguez*, 7ª ed., Rio de Janeiro/Paris, Garnier, s/d.
32. Antonio de Moraes Silva, *Diccionario de Lingua Portuguesa*, Rio de Janeiro, Fluminense, 1922, ed. fac-simile da original de 1813.
33. Carlos Alberto Bittar, *Curso de Direito Civil*, v. 1, p. 208.
34. Ob. cit., p. 59.

outrem, nem são sujeitos a execução forçada. As pretensões e ações, que se irradiam deles, não prescrevem. Nem precluem as exceções".[35]

A despeito de molestados, por longo tempo que seja, a desídia do titular não esvaece a pretensão suscitada.

A vinculação íntima dos direitos da personalidade ao titular não permite separação de sujeito e objeto. Quando este é exterior, como as coisas, objeto de direito real, a disponibilidade é conseqüente, mutável – portanto, o senhorio delas.

"Por el contrario, *los derechos de la personalidad no pueden ser separados de la persona de su titular*; forman cuerpo con ella; porque constituyen un elemento de la persona misma", explicitam os Mazeaud.[36]

Incisivamente, Pontes de Miranda salienta que "nenhum dos direitos de personalidade é relativo".[37] Alberto Trabucchi já acentuara do mesmo modo: "son absolutos *erga omnes*".[38]

Francisco Amaral[39] explica esse aspecto em razão da eficácia dos direitos da personalidade "contra todos (*erga omnes*), admitindo-se, porém, direitos da personalidade relativos, como os direitos subjetivos públicos, que permitem exigir do Estado uma determinada prestação (...)".

Bem, Pontes de Miranda já o dissera, "nenhum dos direitos de personalidade é relativo" e aduziria a seguir, com a proficiência de sempre: "Direitos a sujeitos passivos totais, como são os direitos à personalidade, o Estado é apenas um dos sujeitos que se compreendem na totalidade dos sujeitos".[40]

Se não todos, a maioria dos direitos da personalidade é de aquisição originária, por isso caracterizados como inatos no sentido de que aderem ao titular quando integrados os elementos do suporte fático da personalização.

A concepção dos direitos originários radica-se no pensamento da escola clássica do direito natural do século XVII (Grócio, Pufendorf e outros), resultando do enfrentamento do poder absoluto da realeza a que se oporiam.

35. Idem, p. 8.
36. Ob. cit., *Parte Primera*, p. 265.
37. Ob. cit., p. 6.
38. Alberto Trabucchi, *Instituciones de Derecho Civil*, p. 106.
39. Ob. cit., p. 248.
40. Ob. cit., p. 6.

Adriano De Cupis[41] já acentuara esse aspecto. A raiz dos direitos da personalidade estaria "nas condições que se criaram seguidamente à compressão e absorção do indivíduo pelos poderes absolutos", a despeito "de um estado primitivo de existência ao qual deveriam ter correspondido os direitos inatos", advertindo o mestre de Perugia que "a teoria dos direitos inatos, foi, assim, a conseqüência da reação contra o superpoder do Estado de polícia".

A Declaração dos Direitos do Homem e do Cidadão, de 1789, e o Código Civil austríaco, de 1811, sintonizaram-se com esse suporte ideológico.

Nos tempos correntes seria inconcebível a admissão de direitos derivados apenas da condição humana, embora se admita que subordinados a um alicerce ético inspirador.

O que se entremostra é o reconhecimento de direitos consectários da aquisição da personalidade, porque projeções ou emanações dela. Inatos em razão de a subjetivação coincidir com a capacidade jurídica. "São inatos, no sentido de nascerem com o homem" – é a síntese precisa de Pontes de Miranda.[42]

Essa sintonia não é adversa à aquisição derivada desses direitos, quando exigentes daquela relevância.

"Com efeito, há poderes jurídicos emergentes da tutela geral da personalidade que só posteriormente ao momento da aquisição da personalidade jurídica são reconhecidos na esfera jurídica do seu titular, como *v. g.* os poderes relativos ao direito ao nome, ao direito moral do autor, ao sigilo das cartas-missivas, à não divulgação de retratos e à reserva sobre factos íntimos da vida familiar", anota Rabindranath V. A. Capelo de Sousa.[43]

8. Previsão legislativa no Brasil

Vivera o país, na Época Colonial, sob regência do direito reinol. Assinala, apropositado, José Lopes de Oliveira,[44] aplicar-se no Brasil, àquele tempo, as "vetustas Ordenações do Reino", "antiquadas e contraditórias", que, com as leis extravagantes, "vigoraram entre nós até 1916".

---

41. Adriano De Cupis, *Os Direitos da Personalidade*, p. 18.
42. Ob. cit., p. 10.
43. Ob. cit., p. 416.
44. "Aspectos da Vida e Obra de Teixeira de Freitas", in *Symposium, Revista da Universidade Católica de Pernambuco*, pp. 103-110.

"Com o advento de Lei da Boa Razão, de 18 de agosto de 1769, registrou-se uma mudança na legislação", completa o mestre sua observação.

Efetivamente, o advento da nova lei significava a ascensão do racionalismo e do iluminismo "no plano das idéias e da prática política" e também de "suas expressões jurídicas": o jusnaturalismo racionalista e o *usus modernus pandectarum*,[45] remetendo a *boa razão* à integração do Direito pela *recta ratio* do Direito Natural.

Nesse entrecho desponta a obra de Pascoal José de Mello Freire, figura cimeira nos trabalhos de codificação tentados no reinado de D. Maria.[46]

Mello Freire publicara, a partir de 1778, as *Institutiones Juris Civilis Lusitani tum publici cum privati*, que, adotadas como compêndio universitário, teriam considerável ascendência no nosso pensamento jurídico-iluminista.

O pensamento de Mello Freire identificava as noções de homem e de pessoa e, em razão das idéias jusnaturalistas, opinava que o direito da pessoa precede o direito das coisas, em oposição ao direito justinianeu, embora os homens estivessem ainda "muito discriminados em função do seu estado, ou seja, da sua concreta liberdade, da respectiva cidadania e dos laços familiares hierárquicos".[47]

Após a Independência, à falta de pronta legislação, determinou-se a continuidade da aplicação do direito português.

Sob a determinação da Constituição do Império (1824),[48] em 1830 foi promulgado o Código Criminal, considerado por Vicente de Azevedo "monumento de saber que (...) ainda hoje nos honra", encerrando idéias, quanto à reparação do dano, "cujos apanágios Garofalo pretendeu, meio século depois, atribuir à Escola Positiva".[49]

Continha-se no Código Criminal de 1830, sob o título *Da Satisfação*, regramento que, "nas linhas gerais, se antecipava ao que até hoje domina o assunto", ao qual "os tribunais brasileiros, mesmo nos nossos tempos, poderiam recorrer como orientação segura para apreciar os ca-

---

45. Rabindranath V. A. Capelo de Sousa, ob. cit., p. 67.
46. José de Oliveira Ascenção, *O Direito. Introdução e Teoria Geral*, p. 119.
47. Rabindranath V. A. Capelo de Sousa, ob. cit., p. 68.
48. Art. 179, XVIII. Organizar-se-á quanto antes um Codigo Civil, e Criminal, fundado nas sólidas bases da Justiça e da Equidade.
49. José de Aguiar Dias, *Da Responsabilidade Civil*, p. 30.

sos da responsabilidade civil", ressalta José de Aguiar Dias (v. nota 40), com subsídio inestimável.

A tutela dos direitos da personalidade fora então exaltada em diversos dispositivos. O mal que resultasse à pessoa seria "avaliado por árbitros em todas as suas partes e conseqüências", devendo a indenização ser sempre a mais completa possível e, em caso de dúvida, a favor do ofendido (arts. 800-801).

No art. 1.024, prevenia a lesão de direitos individuais ou subjetivos por atos da administração pública, assegurando as prerrogativas do ofendido e garantindo a submissão da autoridade à decisão pertinente.

Noutro passo, "adotou-se, ainda, a reparação do dano moral, arbitrado com moderação, não só cumulativamente com o de caráter patrimonial, mas também nos casos em que este não se verifica ou surge com importância insignificante (arts.181-182)".[50]

Quase cem anos após, a regra do Código Civil vigente a partir de 1917 (art. 1.547; art. 953 do novo CC) extremava a insignificância da reparação do dano moral, subordinando-a ao dobro da multa no grau máximo da pena criminal respectiva. Frustrava, a injusta limitação, a possibilidade de arbitramento e adequação da indenização às proporções da ofensa.

9. Inserções no Código Civil, em declarações de direitos e nas Constituições

Não escapando aos padrões do tempo, o Código de Clovis Beviláqua não sistematizou os direitos da personalidade, mas, ao correr do seu texto, repontam diversos dispositivos assinalando a tutela respectiva, a par daquela que se tornara usual, no direito público, especialmente nos códigos penais, desde o de 1830.

Essa tutela é, constantemente, projeção da concepção penal dos direitos da personalidade, normatizando os critérios para reparação correspondente aos delitos que a ensejam. A técnica legislativa, tantas décadas passadas, não admitiria mais, num código penal, semelhante inclusão, como ocorrera no de 1830, sob o título *Da Satisfação*.

Refletem essa orientação diversas regras para liquidação das obrigações resultantes de atos ilícitos, a contar do art. 1.537 (art. 948 do novo CC). Neste, em relação ao homicídio, no seguinte sobre ferimento

---

50. Idem, p. 40.

ou outra ofensa à saúde (arts. 949 e 950 do novo CC), no 1.547, para as ofensas à honra (art. 953 do novo CC), no 1.548, quanto aos agravos à honra da mulher etc.

José de Oliveira Ascensão acentua, dentro do Direito Civil, a tendência justificada dos que autonomizam os direitos da personalidade, expressando que "há aqui uma matéria suficientemente específica e unitária para dar origem a um novo ramo".[51] Porém os códigos não fazem a desejável inserção, e será ao tratar das pessoas, agora chamadas de naturais, que em algum preceito destacam a matéria.

"Porque se faz assim?", indaga o mestre português. "Porque a maior parte dos preceitos relativos aos direitos da personalidade consta da própria Constituição Política, onde vêm tratados como direitos e garantias individuais. Não se sentiu por isso a necessidade de especificar um novo termo no Código. Da mesma forma se apresenta o problema nos currículos de estudos jurídicos.

"Isso quer dizer que as matérias integráveis nos Direitos da Personalidade são estudadas, ou na disciplina Teoria Geral, quando se referirem às pessoas, ou no Direito Constitucional, quando se examinarem os direitos e garantias individuais", completa aquele autor.

Estimando previsões dessa natureza, quando inseridas nas Declarações dos Direitos do Homem, como *flatus vocis*, Goffredo Telles Júnior professa e adverte "que os chamados *Direitos do Homem* nem sempre são direitos. Enquanto não se fundarem na legislação positiva dos Estados, enquanto não forem *permissões* dadas efetivamente por normas do Direito Objetivo, tais Direitos não serão mais que *ideais de Direito*. Poderosos ideais, com extraordinária força de persuasão, mas *ideais*, e nada mais"[52] (destaque nosso).

Mais recentemente, Gustavo Tepedino,[53] em concerto de rara qualidade, atento ao apogeu das codificações no Século XIX, definiria como diminuto o papel das Declarações de Direitos Políticos e dos textos constitucionais nas relações de direito privado, *em razão da completude*[54] do Código Civil, "modelo fechado, auto-suficiente, para o qual as Constituições, ao menos diretamente, não lhe diziam respeito".

A codificação bastaria na regulamentação dos direitos privados que, rigidamente separados dos direitos públicos, supria cada situação e, de-

---

51. Ob. cit., p. 293.
52. Goffredo Telles Júnior, *Direito Quântico*, p. 413.
53. Gustavo Tepedino, *Problemas de Direito Civil-Constitucional*, pp. 1-16.
54. Destaque nosso.

finindo as posições dos sujeitos, nas relações ensejadas, excluía quaisquer outras, restando às normas constitucionais a organização do Estado.

Evidencia-se uma subversão à hierarquia normativa, aduzindo Tepedino resultar esse procedimento em "relegar a norma constitucional, situada no vértice do sistema, a elemento de integração subsidiário, aplicável apenas na ausência de norma ordinária específica e após terem sido frustradas as tentativas, pelo intérprete, de fazer uso de analogia e de regra consuetudinária".

Adiante, completaria o mesmo autor: "O entendimento ora criticado mostra-se, no entanto, bastante coerente com a lógica do individualismo oitocentista, sendo indiscutível o papel que o Código Civil desempenhava *como referência normativa exclusiva no âmbito das relações de direito privado*" (destaque nosso).

10. A concepção monista e pluralista ou atomística

Nos idos da década de 40 do passado século San Tiago Dantas, "atingindo a culminância de sua vocação para o magistério superior", conforme destaca o juiz José Gomes Bezerra Câmara ao prefaciar a coletânea das aulas do mestre,[55] preservada por seus ex-alunos, não vacilaria na adoção da teoria pluralista, a despeito da unidade da personalidade, o que não seria obstáculo às diferenciações.

Raciocina à base de uma comparação com o patrimônio que, sendo único, nele "podem-se distinguir várias espécies jurídicas".[56]

A especificação dos direitos componentes da universalidade é afirmativa da própria natureza desta, um coletivo abrangente de todos os direitos. Aliás, continente de todos os direitos da pessoa, na asserção dos Mazeaud.[57]

Os monistas se compõem na idéia da personalidade una, conducente a um direito geral consectário, incompatível com uma tipificação de seus diversos aspectos (honra, nome, liberdade etc).

Faltaria entre nós suporte normativo para firmar a assertiva de que é lembrança dispositivo do Código Civil português: "Art. 70. A lei protege os indivíduos contra qualquer ofensa ilícita ou ameaça de ofensa à sua personalidade física ou moral".

55. San Tiago Dantas, *Programa do Curso de Direito Civil. Parte Geral*, p. 7.
56. Idem, p. 193.
57. V. nota 27.

À generalidade ensejada, não sendo incompatível com a adoção de critérios e limites para situações específicas, subseguem-se regras sobre ofensas aos mortos, direito ao nome, correspondência etc.

Gustavo Tepedino, expondo a insuficiência doutrinária amarrada nessa dicotomia, apegada acentuadamente ao dado ressarcitório e dominical, deduzíveis dos direitos de personalidade, lembra o juízo adverso às construções dogmáticas que assimilam a sua tutela à do direito de propriedade.[58]

Pietro Perlingieri, opondo-se à tipificação, lembra que nessa orientação a cerca fechada pelas hipóteses descritas no Código Civil, na Constituição ou noutras leis "exaure a relevância de tais direitos no aspecto patrimonial, no ressarcimento dos danos".[59]

Ao modo da Carta italiana, base para as conclusões daquele autor, nosso estatuto máximo contém dispositivos indutores da tutela genérica da personalidade. Os arts. 1º, I a III, 3º, III, 5º e § 2º são impositivos como regra para o intérprete e para limitação do legislador ordinário. Um e outro estão adstritos aos pressupostos da cidadania, da dignidade da pessoa humana, ao princípio da igualdade substancial, a par da isonomia formal, inscritos naquelas regras.

"Com efeito, a escolha da dignidade da pessoa humana como fundamento da República, associada ao objetivo fundamental de erradicação da pobreza e da marginalização, e de redução das desigualdades sociais, juntamente com a previsão do § 2º do art. 5º, no sentido da não exclusão de quaisquer direitos e garantias, mesmo que não expressos, desde que decorrentes dos princípios adotados pelo texto maior, configuram uma verdadeira *cláusula geral de tutela e promoção da pessoa humana,* tomada como valor máximo pelo ordenamento", demonstra Tepedino[60] (destaque nosso).

Não se traspassa ao legislador ordinário poder desmedido. Ele submete-se, em matéria de Direito Civil ou doutros ramos, ao impedimento da imposição de restrições às garantias individuais, não fundamentadas na própria dignidade da pessoa humana.

Supera-se o critério que os Mazeaud[61] defenderam, em sintonia com a dogmática tradicional, para distinguir os direitos de personalidade dos

---

58. *Temas de Direito Civil*, p. 44.
59. *Perfis do Direito Civil*, p. 154.
60. *Temas de Direito Civil*, 1999, p. 48.
61. Ob. cit., Parte Primeira, p. 268.

direitos do homem, destinados estes, segundo aquela corrente, à garantia da pessoa em face do risco de agressão pelo Estado, à qual serviriam as garantias individuais.

Voltando a Perlingieri, confirma-se que "A tutela da pessoa não pode ser fracionada em isoladas *fattispecie* concretas, em autônomas hipóteses não comunicáveis entre si, mas deve ser apresentada como problema unitário, dado seu fundamento representado pela unidade do valor da pessoa. Este não pode ser dividido em tantos interesses, em tantos bens, em isoladas ocasiões, como nas teorias atomísticas".[62]

11. Pessoas jurídicas e direitos da personalidade

Não se restringindo a personalização ao ser humano, a coletividades e patrimônios pode ser atribuída a capacidade jurídica, embora desfalcada da generalidade própria da pessoa natural.

A concessão lhes permitirá a titularidade e o exercício de direitos e obrigações necessários e apropriados ao cometimento dos seus objetivos, prefixados estes pela vontade dos instituidores.

Porque inclui uns e exclui outros, cumpre fins limitados, prestando-se, a capacidade jurídica adquirida, restritamente a eles.

Direitos fluentes da condição humana da pessoa natural esbarram numa invencível aversão ao confronto das pessoas jurídicas. A referência de alguns é exemplo de contrariedade à razão: direitos à vida, à integridade corporal, a ir e vir, sobre o cadáver etc.

Manuel A. Domingues de Andrade destaca a exclusão da capacidade das pessoas jurídicas nas relações que, "pela natureza das coisas ou pela disciplina legal a que estão subordinadas, pressupõem nos respectivos sujeitos, ou nalguns deles, um organismo fisio-psíquico – a individualidade humana, a personalidade singular".[63]

Ajunta, noutro passo, não poderem aquelas pessoas "ser sujeitos de relações jurídicas (...) que não sejam conforme aos seus fins estatutários".

Ao tratar inicialmente do problema, o autor já assuntara que poderiam ser titulares de direitos da personalidade, tais como ao nome, a distinções honoríficas e até ao bom nome (honra).

Indicadamente lhes são extensivos direitos como os de sigilo, de forma peculiar quanto à correspondência, comunicações e informações

---

62. Ob. cit., p. 155.
63. *Teoria da Relação Jurídica*, p. 123.

sobre estrutura, funcionamento, dados tecnológicos e experiência da empresa.

E por que não direito à liberdade? Exatamente para atuação e execução dos seus fins, exercitando-se por todas as vias e meios legais, inclusive na imprensa e noutros modos de comunicação.

Para admissão do dano reparável será atendida a proporção da ofensa, medida pelos embaraços provocados no desempenho das atividades da pessoa jurídica, vez que, padecimentos morais ou físicos estarão excluídos, porque próprios da pessoa natural.

12. Conclusão

Porque incomportáveis noutras categorias de direitos privados, os direitos da personalidade integram-se numa classe de direitos subjetivos autônomos.

A peculiaridade do seu objeto, indutora dessa essencialidade, unida à "não patrimonialidade com o caráter absoluto", instigam e impõem o reconhecimento da plena autonomia dos direitos da personalidade, concorda Adriano De Cupis.[64]

José de Oliveira Ascensão já admitira, como justificada, a assinalada tendência de autonomização.

A importância e extensão desses direitos, estimulando aprofundadas monografias, longos e destacados ensaios em tratados e compêndios, conforme os exemplos de Rabindranath V. A. Capelo de Sousa, Adriano De Cupis, Pontes de Miranda, Carlos Alberto Bittar, San Tiago Dantas e incontáveis outros, aqui referenciados ou não, proclamam o suporte doutrinário necessário para essa destinação, a par de sua freqüente incidência jurisprudencial.

Essa conjunção de fatores recomenda o correspondente trato legislativo, ora destoante, restando o recurso à largueza das disposições constitucionais, posto auto-aplicáveis, mas de generalidade muitas vezes inibidora.

A maneira do Código Civil português é sugestiva. Um dispositivo abrangente sobre a tutela geral da personalidade (art. 70), e especificações como ofensas a pessoas já falecidas, direito ao nome, ao pseudônimo, à proteção do sigilo da correspondência, das memórias familiares e dou-

---

64. V. nota 28 e ob. cit., p. 31.

tros escritos, direito à imagem, direito à intimidade da vida privada etc. (arts. 71-81).

A técnica da omissão opera sincrônica nos programas de Direito Civil das universidades brasileiras, com ressalvas para eventuais menções naqueles da Parte Geral, que, por sua natureza restrita, não compartem maior destaque entre os múltiplos temas para estudo no semestre escolar.

Se o procedimento não se configura como uma negativa, mostra um contra-senso entre tantas preferências ao supérfluo na formação científica do profissional do Direito.

Na limitação desta pesquisa esperamos o alcance do propósito da fixação, na perspectiva histórica, da idéia de luta para sagração desses direitos, ao lado daqueloutros sobre os bens externos, numa inversão de valores imoral, como se o econômico fundasse e inspirasse todo o ordenamento jurídico.

Traçando sucintamente os dados básicos e caracterizadores dos direitos da personalidade, procuramos o seu matiz constitucional, induzido à força de exegese restritiva, assentada na pretendida completude das codificações.

Por fim, reacendemos o império da mudança de mentalidade para admissão dos direitos da personalidade no novo Código Civil (arts. 11 e ss.), em posição cimeira em face dos outros direitos privados, condicionantes mesmo para o pleno exercício destes.

Bibliografia

ÁLVAREZ, Carlos Lasarte. *Principios de Derecho Civil*. t. 1, 5ª ed., Madrid, Trivium, 1996.

AMARAL, Francisco. *Direito Civil – Introdução*. Rio de Janeiro, Renovar, 2000.

AMARANTE, Aparecida. *Responsabilidade Civil por dano à honra*. Belo Horizonte, Del Rey, 1998.

ANDRADE, Manuel A. Domingues. *Teoria Geral da Relação Jurídica*. v. I, Coimbra, Almedina, 1974.

ARANGIO-RUIZ, Vincenzo. *Instituciones de Derecho Romano*. Trad. José M. Caramés Ferro. Buenos Aires, Depalma, 1973.

ASCENSÃO, José de Oliveira. *O Direito. Introdução e Teoria Geral*. Lisboa, Gulbenkian, 1978.

BERCOVITZ Y RODRÍGUEZ-CANO, Rodrigo. *Derecho de la Persona*. Madrid, Montecorvo, 1976.

BOBBIO, Norberto. *Direito e Estado no Pensamento de Emmanuel Kant*. Brasília, Ed. UnB, 1992.

_____. *Teoria do Ordenamento Jurídico*. Trad. Maria Celeste Cordeiro Leite dos Santos. 10ª ed., Brasília, Ed. UnB, 1999.

BONFANTE, Pedro. *Instituciones de Derecho Romano*. Trad. Luis Bacci y Andres Larrosa. Madrid, Reus, 1965.

CAPELO DE SOUSA, Rabindranath. *O Direito Geral de Personalidade*. Coimbra, Coimbra Editora, 1995.

CASTRO Y BRAVO, Federico de. *Temas de Derecho Civil*. Madrid, Rivadeneyra, 1976.

DANTAS, San Tiago. *Programa de Direito Civil – Parte Geral*. 1ª ed., 2ª tir., Rio de Janeiro, Ed. Rio, 1979.

DAVID, René. *Tratado de Derecho Civil Comparado*. Trad. Javier Osset. Madrid, ERDP, 1953.

DE CUPIS, Adriano. *El Daño*. Trad. Ángel Martínez Sarrión. Barcelona, Bosch, 1975.

_____. *Os Direitos da Personalidade*. Trad. Adriano Vera Jardim e Antônio Miguel Caeiro. Lisboa, Morais, 1961.

DIAS, José de Aguiar. *Da Responsabilidade Civil*. v. II, 6ª ed., Rio de Janeiro, Forense, 1979.

ENNECCERUS, Ludwig y NIPPERDEY, Hans Carl. *Tratado de Derecho Civil*. t. I. Trad. Blas Pérez González y José Alguer. Barcelona, 1950.

FACHIN, Luiz Edson (Coordenador). *Repensando Fundamentos do Direito Civil Brasileiro Contemporâneo*. Rio de Janeiro, Renovar, 1988.

GOMES, Orlando. *Introdução ao Direito Civil*. Rio de Janeiro, Forense, 1971.

LARENZ, Karl. *Derecho Civil – Parte Geral*. Trad. Miguel Izquierdo y Macías-Picavea. Madrid, ERDP, 1978.

LEHMANN, Heinrich. *Tratado de Derecho Civil*. v. I. Trad. José M. Navas. Madrid, ERDP, 1956.

LORENZETTI, Ricardo Luis. *Fundamentos do Direito Privado*. Trad. Vera Maria Jacob Fradera. S. Paulo, Ed. RT, 1998.

LOTUFO, Renan (Coordenador). *Cadernos de Autonomia Privada* (Caderno 2). Curitiba, Juruá, 2001.

_____ (Coordenador). *Cadernos de Teoria Geral do Direito*. Curitiba, Juruá, 2000.

_____ (Coordenador). *Direito Civil Constitucional* (Cadernos 1). São Paulo, Max Limonad, 1999.

MAZEAUD, Henri, MAZEAUD, Léon, e MAZEAUD, Jean. *Lecciones de Derecho Civil – Parte Primera*. v. II. Trad. Alcalá-Zamora y Castillo. Buenos Aires, EJEA, 1959.

OLIVEIRA, José Lopes. "Aspectos da Vida e da Obra de Codificação de Teixeira de Freitas", in *Revista da UNICAP, Symposium*, v. 26, n. 2, 1984, p. 103.

PERLINGIERI, Pietro. *Perfis do Direito Civil. Introdução ao Direito Civil Constitucional*. Trad. Maria Cristina De Cicco. Rio de Janeiro, Renovar, 1999.

PONTES DE MIRANDA, Francisco Cavalcanti. *Tratado de Direito Privado*. v. 7, 2ª ed., Rio de Janeiro, Borsoi, 1956.

QUINTANA, Juan Manuel Pascual. *En Torno al Concepto del Derecho Civil*. Salamanca, Ed. Salamanca, 1959.

TEPEDINO, Gustavo. *Problemas de Direito Civil-Constitucional*. Rio de Janeiro, Renovar, 2000.

_____. *Temas de Direito Civil*. Rio de Janeiro, Renovar, 1999.

TRABUCCHI, Alberto. *Instituciones de Derecho Civil*. v. I, Trad. Luis Martínez-Calcerrada, Madrid, ERDP, 1967.

TUHR, A. Von. *Derecho Civil*. v. I. Trad. Tito Ravá. Madrid, Marcial Pons, 1999.

WIEACKER, Franz. *História do Direito Privado Moderno*. Trad. A. M. Botelho Hespanha. Lisboa, Fundação Gulbenkian, 1980.

A DIGNIDADE DA PESSOA HUMANA COMO LIMITE AO EXERCÍCIO DA LIBERDADE DE EXPRESSÃO

CARINE DELGADO CAÚLA REIS

1. Introdução. 2. Direitos fundamentais: noções gerais. 3. Regras e princípios jurídicos. 4. O princípio constitucional da dignidade da pessoa humana. 5. Os limites ao exercício do direito à liberdade de expressão. 6. Critérios para solução do conflito apontado. 7. Conclusões.

I. Introdução

Nos dias atuais, existem em todo o mundo, e notadamente no Brasil, inúmeros programas televisivos sensacionalistas, que, em busca de um número maior de telespectadores, expõem indivíduos a situações as mais bizarras possíveis. Tal constatação, a que todos chegam com facilidade, faz exsurgir com força total o debate sobre os limites da liberdade de imprensa e de expressão.

Infelizmente, programas desse jaez vêm mostrando cenas das mais diversas espécies de degradação da pessoa humana, expondo pessoas ao ridículo, apontando crimes e condenando indivíduos antes mesmo, até, da instauração de inquérito. A cada novo programa, aumentam os índices de degradação ética, exibindo-se cenas de desrespeito explícito a direitos fundamentais da pessoa humana, com a finalidade de obter mais espectadores e anunciantes.

Ante tal realidade, há de se indagar acerca dos limites ao direito de se expressar, bem como a respeito da existência efetiva ou não de conflito entre essa liberdade e outros direitos fundamentais.

Considerando-se que a Constituição Brasileira de 1988 proíbe toda e qualquer censura de natureza política, ideológica e artística, é possível que o Estado venha a impedir a divulgação, pelos meios de comunicação, de fatos ou idéias que atentem contra o próprio princípio constitucional da dignidade da pessoa humana?

Não obstante tratar-se o tema dos direitos fundamentais de um dos mais difíceis do Direito Constitucional, por exigir do intérprete a difícil tarefa de harmonização de valores em conflito primordiais para o ser humano, tentar-se-á, em linhas gerais e sem maior aprofundamento, discutir o problema acima delineado, tendo como núcleo da abordagem o conflito entre direitos fundamentais.

Examinar-se-á a distinção entre regras e princípios jurídicos, assunto bastante conhecido da dogmática constitucional e, em seguida, discorrer-se-á sobre as normas constitucionais que tratam da liberdade de expressão e de imprensa e as limitações eventualmente admitidas a esses direitos. Enfim, será empreendida uma análise de como a Constituição pode resolver a colisão entre essas liberdades e outros direitos fundamentais.

2. Direitos fundamentais: noções gerais

Em sede de noções amplas acerca dos direitos fundamentais, cumpre, de início, apontar, de forma sintética, as principais reflexões de Norberto Bobbio[1] sobre o tema:

1) por mais fundamentais que sejam, são os direitos do homem direitos históricos, isto é, nascidos em dadas circunstâncias caracterizadas por lutas em defesa de novas liberdades contra antigos poderes;

2) nascidos, também, de modo gradual – não todos de uma vez e nem de uma vez por todas;

3) tem-se na paz a condição essencial ao reconhecimento e à efetiva proteção dos direitos do homem, em cada sistema jurídico estatal e no sistema internacional;

4) a paz que se almeja, a paz estável, só ocorrerá quando houver cidadãos não de uma ou de outra Nação, mas verdadeiros cidadãos do mundo, ou seja, tratados no mundo como seres humanos dignos de respeito;

5) não é concebível a evolução do processo de democratização do sistema internacional sem uma gradual ampliação da proteção dos direitos do homem;

6) três são os pressupostos necessários de um mesmo movimento histórico: direitos do homem, democracia e paz. Sem direitos do homem verdadeiramente tutelados não há que se falar em democracia e, sem esta, inexistem condições para a pacífica composição dos conflitos;

---

1. *A Era dos Direitos*, pp. 2-67.

7) os súditos só se transformam em cidadãos quando a eles são reconhecidos alguns direitos fundamentais;

8) surgem primeiramente os direitos do homem como direitos naturais universais, desenvolvem-se como direitos positivos particulares e, finalmente, encontram sua realização completa como direitos positivos universais;

9) com o evolver dos tempos, a evolução da técnica, as modificações nas condições econômicas e sociais, a ampliação dos conhecimentos e a intensificação dos meios de comunicação produzem e produzirão mudanças na organização da vida humana e das relações sociais que conduzirão ao surgimento de novos conhecimentos e, por conseguinte, de novas demandas de liberdade e de poderes.

A idéia de vinculação essencial dos direitos fundamentais à liberdade e à dignidade humana, enquanto valores históricos e filosóficos, conduz sem obstáculos ao significado de universalidade inerente a esses direitos como ideal da pessoa humana. Tal universalidade manifestou-se, pela primeira vez, com a notável Declaração dos Direitos do Homem, de 1789. Os direitos do homem ou da liberdade eram "direitos naturais, inalienáveis e sagrados", direitos tidos também por imprescritíveis, abraçando a liberdade, a propriedade, a segurança e a resistência à opressão. A Revolução Francesa exprimiu em três princípios cardeais todo o conteúdo possível dos direitos fundamentais: liberdade (1ª geração), igualdade (2ª geração) e fraternidade (3ª geração). Na ordem institucional, os direitos fundamentais passaram a manifestar-se em três gerações sucessivas, que traduzem, sem dúvida, um processo cumulativo e qualitativo, o qual tem por bússola uma nova universalidade abstrata e, de certo modo, metafísica daqueles direitos, contida no jusnaturalismo do século XVIII.[2]

Neste passo, vale registrar a preocupação demonstrada por Willis Santiago Guerra Filho[3] em diferençar as expressões "direitos fundamentais" e "direitos humanos": "De um ponto de vista histórico, ou seja, na dimensão empírica, os direitos fundamentais são, originalmente, direitos humanos. Contudo, estabelecendo um corte epistemológico, para estudar sincronicamente os direitos fundamentais, devemos distingui-los, enquanto manifestações positivas do Direito, com aptidão para a produção de efeitos no plano jurídico, dos chamados direitos humanos, enquanto pautas ético-políticas, 'direitos morais'(...), situados em uma di-

---

2. Conforme as lições de Paulo Bonavides, *Curso de Direito Constitucional*, pp. 516 e ss.
3. *Processo Constitucional e Direitos Fundamentais*, p. 38.

mensão suprapositiva, deonticamente diversa daquela em que se situam normas jurídicas – especialmente aquelas de direito interno".

Nesse contexto, impende resumir, em seguida, a sistematização apresentada por Paulo Bonavides[4] ao tratar da teoria dos direitos fundamentais:

Os direitos de primeira geração consistem nos direitos da liberdade, ou seja, são os primeiros a figurarem no instrumento normativo constitucional, a saber, os direitos civis e políticos, que em grande parte correspondem, sob o ponto de vista histórico, àquela fase inaugural do constitucionalismo do Ocidente. Os direitos de primeira geração – direitos civis e políticos – já se consolidaram na sua projeção de universalidade formal, pelo que não há Constituição formal que os não reconheça largamente. Tais direitos são oponíveis ao Estado, tendo por titular o indivíduo, e traduzem-se como faculdades ou atributos da pessoa, ostentando uma subjetividade que é seu traço mais peculiar.

Por sua vez, os de segunda geração correspondem aos direitos sociais, culturais e econômicos, bem como aos direitos coletivos ou de coletividades, insertos no constitucionalismo das distintas formas de Estado Social. São, ao contrário dos direitos de primeira geração, direitos "que exigem do Estado prestações materiais nem sempre resgatáveis por exigüidade, carência ou limitação essencial de meios e recursos".

Os direitos de terceira geração tendem, porquanto dotados de altíssimo teor de humanismo e universalidade, a cristalizar-se, a partir do fim de século passado, enquanto direitos que não se destinam especificamente à proteção dos interesses de um indivíduo, de um grupo ou de um determinado Estado. Advêm, pois, da reflexão sobre temas referentes ao desenvolvimento, à paz, ao meio ambiente, à comunicação e ao patrimônio comum da humanidade.

São direitos da quarta geração o direito à democracia, o direito à informação e o direito ao pluralismo.

Enfim, os direitos da 1ª, 2ª e 3ª gerações implicaram "uma nova concepção de universalidade dos direitos humanos fundamentais, totalmente distinta do sentido abstrato e metafísico de que se impregnou a Declaração dos Direitos do Homem de 1789. (...) A nova universalidade dos direitos fundamentais os coloca assim, desde o princípio, num grau mais alto de juridicidade, concretude, positividade e eficácia".

---

4. Ob. cit., nota supra n. 2, pp. 516-526.

3. Regras e princípios jurídicos

As normas jurídicas, e dentre elas as normas de direitos fundamentais, dividem-se em princípios e regras. Princípios são, na acepção que importa para este estudo, as normas jurídicas de natureza lógica anterior e superior às regras, e que servem de base para a criação, aplicação e interpretação do Direito. Na precisa conceituação de Celso Antônio Bandeira de Mello, princípio é o "mandamento nuclear de um sistema, verdadeiro alicerce dele, disposição fundamental que se irradia sobre diferentes normas compondo-lhes o espírito e servindo de critério para sua exata compreensão e inteligência, exatamente por definir a lógica da racionalidade do sistema normativo, no que lhe confere a tônica e lhe dá sentido harmônico".[5]

As regras, por sua vez, são normas jurídicas destinadas a dar concreção aos princípios.

Nesse sentido é que Willis Santiago Guerra Filho[6] diferencia "normas que são 'regras' daquelas que são 'princípios'", obtemperando que estes "não fundamentariam diretamente nenhuma ação, dependendo para isso da intermediação de uma regra concretizadora", porquanto possuem um grau de abstração e generalidade consideravelmente mais elevado. Ainda, conforme Willis Santiago,[7] na "estrutura lógico-deôntica" das regras haveria "a descrição de uma hipótese fática e a previsão da conseqüência jurídica de sua ocorrência", enquanto nos princípios haveria a "prescrição de um valor, que assim adquire (...) positividade".

De acordo com Dworkin,[8] dois são os critérios que permitem apartar os princípios das regras. O primeiro deles é de origem lógica: as regras são aplicadas de forma disjuntiva, ou seja, ocorrendo a hipótese de incidência e sendo a norma válida, a conseqüência jurídica deve necessariamente ocorrer. Os princípios, por seu turno, não são automaticamente aplicados, comportando inúmeras exceções não previstas pela própria norma. O segundo critério pelo qual se pode distinguir regras de princípios é de natureza axiológica. Os princípios possuem uma dimensão de peso valorativa, ausente nas regras.

5. Celso Antônio Bandeira de Mello, *Curso de Direito Administrativo*, pp. 807-808.
6. Ob. cit., nota supra n. 3, p. 44.
7. Ob. cit., nota supra n. 3, p. 52.
8. Ronald Dworkin. "El modelo de las normas (I)", in *Los Derechos en Serio*, pp. 75-80.

Princípios denotam proposições normativas com alto grau de abstração, caracterizando-se, em conseqüência, por sua indeterminabilidade, pelo que necessitam sempre de mediação concretizadora.

Enquanto tais, os princípios absorvem integralmente os valores, conformando-se, neste instante, o fenômeno da jurisdicização dos valores, na busca do "ideal de justiça" segundo a perspectiva ideológica vigente, fundamentando, em segundo momento, todas as demais regras jurídicas. Daí dizer-se possuírem natureza normogenética.[9]

As regras, por sua vez, definem-se como prescrições diretas de conduta, com pouco grau de abstração, possibilitando-se a aplicação normativa direta e, como visto, baseiam-se nos princípios.

Ambos, princípios e regras, levam à consecução da segurança jurídica, por permitir um modelo jurídico aberto às influências valorativas, ao mesmo tempo em que se garante a resolução coercitiva dos conflitos postos, sendo indispensáveis a uma Constituição dinâmica e eficaz.

Dentre os princípios, identificam-se: a) os princípios estruturantes, ou conformadores das linhas mestras da Constituição; b) os princípios gerais fundamentais que buscam concretizar os princípios estruturais, considerados subprincípios; c) os princípios constitucionais especiais, destinados a materializar os princípios constitucionais gerais.

No dizer de Canotilho, estabelecer-se-ia um processo de densificação principiológica, também, não se deve olvidar, realizado através das regras.[10]

Incontestável a afirmativa de que se estabelece entre os princípios e regras uma relação de derivação, acarretando a fundamentação, se se parte dos princípios estruturais para as regras constitucionais, ou a subsunção, acaso se inicie das regras constitucionais até se atingirem os princípios estruturantes.

Adotando-se por pressuposto o fato de a Constituição consistir na fonte jurídica fundamental e, assim, organizadora de um organismo estatal, há que, por outro lado, presumir-se a unicidade das normas constitucionais, vislumbrando que a relação entre princípios e regras, além de densificação, compreende esclarecimento recíproco, buscando-se sentido e significado entre eles.

Todavia, muitas vezes, conflitos podem ocorrer. Havendo o conflito entre dois ou mais princípios em um determinado caso, deve o intér-

---

9. J. J. Gomes Canotilho, *Direito Constitucional e Teoria da Constituição*, p. 1.087.
10. Ob. cit., nota supra n. 9, mesma página.

prete considerar o peso relativo de cada um deles e verificar, naquele caso concreto, qual deve prevalecer, afastando o princípio incompatível. Situação diversa ocorre com as regras. Havendo conflito entre duas regras, uma delas será inválida e deverá ser excluída do sistema jurídico. Nesta hipótese, os critérios para a solução da antinomia são de ordem técnica (*lex posterior derogat priori, lex superior derogar inferioris, lex specialis derogat generali*), não demandando ao aplicador do direito nenhum juízo de valor. Observa ainda Dworkin que, no caso de conflito entre princípios, não há propriamente uma discricionariedade do intérprete em definir qual deles deve prevalecer. Essa determinação resulta, na expressão do constitucionalista alemão, de um juízo de ponderação entre os diversos valores jurídicos envolvidos, segundo critérios de razoabilidade e proporcionalidade.

Eros Roberto Grau,[11] lançando mão do estudo e da sistematização proposta por Ronald Dworkin (em quem também se baseou, em boa parte da sua abordagem, Canotilho), ensina que: "– as regras jurídicas, não comportando exceções, são aplicáveis de modo completo ou não o são, de modo absoluto, não se passando o mesmo com os princípios; – os princípios jurídicos possuem uma dimensão – a dimensão do peso ou importância – que não comparece nas regras jurídicas". Há antinomia (antinomia jurídica própria) quando existe incompatibilidade entre regras jurídicas, pelo que uma delas deve ser extirpada do sistema. Já o eventual conflito entre princípios não resulta em antinomia, não levando a opção do intérprete por um deles em desobediência do outro. E arremata Eros Grau: "Isso significa que, em cada caso, armam-se diversos jogos de princípios, de sorte que diversas soluções e decisões, em diversos casos, podem ser alcançadas, umas privilegiando a decisividade de certo princípio, outras a recusando".[12]

Impõe-se enfatizar, ainda em sede de conflitos entre regras e entre princípios, a opinião de Willis Santiago Guerra Filho,[13] segundo a qual "caso sejam duas regras que dispõem diferentemente sobre uma mesma situação ocorre um excesso normativo, uma antinomia jurídica, que deve ser afastada com base em critérios que, em geral, são fornecidos pelo próprio ordenamento jurídico, para que se mantenha sua unidade de coerência. (...) Já com os princípios tudo se passa de modo diferente, pois eles, na medida em que não disciplinam nenhuma situação jurídica espe-

---

11. *A Ordem Econômica na Constituição de 1988*, p. 105.
12. Ob. cit., nota supra n. 11, p. 107.
13. Ob. cit., nota supra n. 3, p. 54.

cífica, considerados da forma abstrata como se apresentam para nós, no texto constitucional, não entram em choque diretamente, são compatíveis (ou compatibilizáveis) uns com os outros. Contudo, ao procurarmos solucionar um caso concreto, que não é resolvido de modo satisfatório aplicando-se as regras pertinentes ao mesmo, inquirindo dos princípios envolvidos no caso, logo se percebe que esses princípios se acham em um estado de tensão conflitiva, ou mesmo, em rota de colisão. A decisão tomada, em tais casos, sempre irá privilegiar um (ou alguns) dos princípios, em detrimento de outro(s), embora todos eles se mantenham íntegros em sua validade e apenas diminuídos, circunstancial e pontualmente, em sua eficácia".

Vê-se que é de suma importância enquadrar certo postulado como princípio constitucional (e não como regra), inclusive pelo fato de que, consoante adverte Souto Maior Borges,[14] "a violação de um princípio constitucional importa em ruptura da própria Constituição, representando por isso mesmo uma inconstitucionalidade de conseqüências muito mais graves do que a violação de uma simples norma, mesmo constitucional", de modo que válido é concluir, ainda com o jurista pernambucano, "pela eficácia eminente dos princípios na interpretação das normas constitucionais. É o princípio que iluminará a inteligência da simples norma; que esclarecerá o conteúdo e os limites da eficácia das normas constitucionais esparsas, as quais têm que harmonizar-se com ele".

Boa parte das normas de direitos fundamentais é composta por princípios. Igualdade, privacidade, função social da propriedade, liberdade de consciência, saúde, trabalho, meio ambiente, dentre outros direitos, constituem, antes de tudo, princípios orientadores de todo o ordenamento jurídico, devendo, pois, ser necessariamente considerados pelo aplicador do Direito, pois, como diz Canotilho,[15] são os princípios "fundamentos de regras jurídicas e têm uma idoneidade irradiante que lhes permite 'ligar' ou cimentar objectivamente todo o sistema constitucional".

4. O princípio constitucional da dignidade da pessoa humana

Um dos fundamentos da República Federativa do Brasil, previsto no inciso III do art. 1º da Magna Carta, consiste na dignidade da pessoa humana.

---

14. "Pro-dogmática: Por uma hierarquização dos Princípios Constitucionais", in *Revista Trimestral de Direito Público* n. 1, pp. 140-146.
15. Ob. cit., nota supra n. 9, pp. 1.088 e 1.089.

A dignidade corresponde a um valor moral inerente à pessoa, que, nas palavras de Alexandre de Moraes,[16] "se manifesta singularmente na autodeterminação consciente e responsável da própria vida e que traz consigo a pretensão ao respeito por parte das demais pessoas, constituindo-se um mínimo invulnerável que todo estatuto jurídico deve assegurar, de modo que, somente excepcionalmente, possam ser feitas limitações ao exercício dos direitos fundamentais, mas sempre sem menosprezar a necessária estima que merecem todas as pessoas enquanto seres humanos".

Apresenta-se referido princípio sob dois aspectos. Um, como direito individual protetivo, quanto ao próprio Estado ou em relação aos demais indivíduos. Dois, como autêntico dever fundamental de tratamento isonômico dos próprios semelhantes. "Esse dever configura-se pela exigência do indivíduo respeitar a dignidade de seu semelhante tal qual a Constituição Federal exige que lhe respeitem a própria".[17]

Carlyle Popp[18] bem sintetiza o fundamento da dignidade da pessoa humana como pressuposto de um Estado Democrático de Direito, aduzindo que significa "a superioridade do homem sobre todas as demais coisas que o cercam; é o homem como protagonista da vida social". Representa, então, a subordinação do objeto ao sujeito de direito.

Toda a concepção de direitos fundamentais, individuais, sociais ou coletivos passa por uma origem comum: a dignidade. Este ponto intangível é a mola mestra de todo o ordenamento. Dignidade é indissociável de autonomia, de liberdade. Por isso que a maior parte dos direitos individuais refletidos no art. 5º e incisos da Constituição representa reafirmação deste valor supremo.

Jorge Miranda, para deixar mais clara a importância e alcance deste princípio constitucional, assevera as suas diretrizes básicas: "a) A dignidade da pessoa humana reporta-se a todas e cada uma das pessoas e é a dignidade da pessoa individual e concreta; b) cada pessoa vive em relação comunitária, mas a dignidade que possui é dela mesma, e não da situação em si; c) o primado da pessoa é o do ser, não o do ter; a liberdade prevalece sobre a propriedade; d) a proteção da dignidade das pessoas está para além da cidadania portuguesa e postula uma visão universalista da atribuição dos direitos; e) a dignidade da pessoa pressupõe a autono-

---

16. *Direitos Humanos Fundamentais*, p. 60.
17. Ob. cit., nota supra n. 16, p. 61.
18. "Princípio Constitucional da Dignidade da Pessoa Humana e a Liberdade Negocial – A Proteção Contratual no Direito Brasileiro", *Cadernos*, cit., pp. 170 e 171.

mia vital da pessoa, a sua autodeterminação relativamente ao Estado, às demais entidades públicas e às outras pessoas".

Há um inafastável choque com o fundamento da dignidade da pessoa humana – com o direito à honra, à intimidade e à vida privada –, tornar meio de diversão, a partir da divulgação pelos meios de comunicação, assuntos de natureza íntima, como as inúmeras desgraças alheias, que não têm qualquer relação com fins públicos, descaracterizando o cunho jornalístico e informativo de sua propalação. Desta forma, resta evidente que a divulgação de imagens ou notícias que desnudem uma situação humilhante e vexatória em que se encontre determinado ser humano, em quase todas as oportunidades, enfatize-se, com o único fim de aumentar o "Ibope", os anunciantes (e os lucros) e a venda de jornais, enseja indenização por danos materiais e morais.

Cabe ao jornalista respeitar a verdade substancial dos fatos, tendo como pontos norteadores a lealdade e a boa-fé. Assim é que a liberdade de imprensa como função e exercício de um direito individual deve se conformar com os princípios fundamentais. Mesmo sendo verídicos os fatos, a sua valoração e divulgação são indevidas quando efetivadas com inútil lesão à dignidade da pessoa. Desse modo, a atividade de informação há de ser exercida com total respeito ao valor da pessoa.[19]

5. Os limites ao exercício do direito à liberdade de expressão

A faculdade de o indivíduo exprimir, sem impedimentos, suas idéias e opiniões foi posta como um valor fundamental pelo pensamento iluminista. No conhecido artigo de Kant sobre o movimento, a liberdade de fazer uso público da própria razão perante a totalidade do público do mundo de leitores é condição para que o homem saia de seu estado de minoridade, caracterizado pela incapacidade de servir-se do próprio entendimento, sem a direção de um outro.

Seguindo essa orientação, a Declaração dos Direitos dos Homens e do Cidadão, de 1789, estatuiu em ser art. 11: "La libre communication des pensées et des opinions est un des droits les plus précieux de l'homme; tout citoyen peut donc parler, écrire et imprimer librement, sauf à répondre de l'abus de cette liberté dans les cas déterminés par la Loi".

Como aponta Celso Lafer, a proteção à liberdade de opinião e expressão destina-se precipuamente a permitir uma adequada, autônoma e

[19]. De acordo com Pietro Perlingieri, *Perfis do Direito Civil – Introdução ao Direito Civil Constitucional*, p. 186.

igualitária participação dos indivíduos na esfera pública.[20] Daí ser essa liberdade um dos pilares de nosso Estado Democrático de Direito (Constituição Federal, art. 1º), posto que este pressupõe uma situação de pluralismo político (art. 1º, inciso V) em que todos os cidadãos têm a possibilidade de formar suas idéias e de as exprimir sem impedimentos. Representa, enfatize-se, além do direito do autor de exprimir seus pensamentos, também o direito de terceiros de conhecerem esses pensamentos, sem a imposição de obstáculos indevidos.

Não por outro motivo, vem a liberdade de expressão declarada em todos os grandes documentos internacionais de direitos humanos, inclusive pela Declaração Universal dos Direitos Humanos, art. XIX ("toda pessoa tem direito à liberdade de opinião e expressão; este direito inclui a liberdade de, sem interferências, ter opiniões e de procurar, receber e transmitir informações e idéias por quaisquer meios e independentemente de fronteiras").

Elaborada em contexto de redemocratização da sociedade brasileira, após mais de duas décadas de regime de exceção, a Constituição de 1988 protege de forma especial o direito fundamental do indivíduo de informar e expor seus pensamentos. Assim, no art. 5º, inciso XIV, assegura-se a todos o acesso à informação, "resguardando o sigilo da fonte, quando necessário ao exercício profissional".

Mais adiante, no Título VIII, há um capítulo inteiro dedicado à comunicação social, com destaque para as seguintes normas:

"Art. 220. A manifestação do pensamento, a criação, a expressão e a informação, sob qualquer forma, processo ou veículo não sofrerão qualquer restrição, observado o disposto nesta Constituição.

"§ 1º. Nenhuma lei conterá dispositivo que possa constituir embaraço à plena liberdade de informação jornalística em qualquer veículo de comunicação social, observado o disposto no art. 5º, IV, V, X, XIII e XIV.

"§ 2º. É vedada toda e qualquer censura de natureza política, ideológica e artística.

"§ 3º. Compete à lei federal:

"I – regular as diversões e espetáculos públicos, cabendo ao Poder Público informar sobre a natureza deles, as faixas etárias a que não se

---

20. Celso Lafer, *A Reconstrução dos Direitos Humanos: um diálogo com o pensamento de Hannah Arendt*, p. 241.

recomendem, locais e horários em que sua apresentação se mostre inadequada;

"II – estabelecer os meios legais que garantam à pessoa e à família a possibilidade de se defenderem de programas ou programações de rádio e televisão que contrariem o disposto no art. 221, bem como da propaganda de produtos, práticas e serviços que possam ser nocivos à saúde e ao meio ambiente.

"§ 4º. A propaganda comercial de tabaco, bebidas alcoólicas, agrotóxicos, medicamentos e terapias estará sujeita a restrições legais, nos termos do inciso II do parágrafo anterior, e conterá, sempre que necessário, advertência sobre os malefícios decorrentes de seu uso. (...)

"Art. 221. A produção e a programação das emissoras de rádio e televisão atenderão aos seguintes princípios:

"I – preferência a finalidades educativas, artísticas, culturais e informativas;

"II – promoção da cultura nacional e regional e estímulo à produção independente que objetive sua divulgação;

"III – regionalização da produção cultural, artística e jornalística, conforme percentuais estabelecidos em lei;

"IV – respeito aos valores éticos e sociais da pessoa e da família."

Concluída a leitura desses dispositivos, podem-se distinguir dois direitos distintos e protegidos pela Constituição, ambos organizados sob a forma de princípios: a liberdade de expressão e a liberdade de informação jornalística. Na lição de José Afonso da Silva, esta última "alcança qualquer forma de difusão de notícias, comentários ou opiniões por qualquer veículo de comunicação social".[21] Por informação – esclarece Albino Greco –, se entende "o conhecimento de fatos, de acontecimentos, de situações de interesse geral e particular que implica, do ponto de vista jurídico, duas direções: a do direito de informar e a do direito de ser informado".[22]

A *liberdade de informação jornalística* somente admite aquelas restrições estabelecidas diretamente pela Constituição (o que Canotilho denomina "restrições constitucionais imediatas"[23]), posto que, nos ter-

---

21. José Afonso da Silva, *Curso de Direito Constitucional Positivo*, pp. 252 e ss.
22. Albino Greco, *La Libertá di Stampa nell'Ordinamento Giurídico Italiano*, apud José Afonso da Silva, ob. cit., nota supra n. 21, p. 259.
23. José Joaquim Gomes Canotilho, *Direito Constitucional e Teoria da Constituição*, pp. 1.142-1.143.

mos do art. 220, § 1º, "nenhuma lei conterá dispositivo que possa constituir embaraço à plena liberdade de informação jornalística em qualquer veículo de comunicação social". Também nos termos do citado parágrafo, as restrições admitidas à liberdade de informação são aquelas necessárias à preservação dos princípios constitucionais de proteção à intimidade, à vida privada, à honra e à imagem das pessoas (art. 5º, X). Isto porque, como ressalta Celso Lafer, o direito à informação exata e honesta é um ingrediente do juízo indispensável para a preservação da esfera pública, enquanto algo comum e visível,[24] sendo vedado à imprensa, portanto, ingressar na esfera privada do indivíduo. Esta deve permanecer oculta, não por seu conteúdo ser vergonhoso ou imoral, mas porque sua transposição para a esfera pública importa na banalização dos sentimentos da pessoa.

Com relação ao tema, pronunciou-se o Tribunal de Justiça de São Paulo, nos seguintes termos: "A liberdade de informação deve ser compatibilizada com a inviolabilidade à honra e imagem das pessoas".[25]

O ponto de destaque da presente abordagem, registre-se logo, consiste na constatação em torno da *relatividade da proteção constitucional à informação*, pelo que é óbvia a necessidade de se apartar a informação atinente a fatos de interesse público da informação que venha a vulnerar condutas íntimas e pessoais que estão sob o *manto protetitivo da inviolabilidade à vida privada*, não podendo ser expostas de maneira degradante e vexatória.

É importante lembrar que o direito à privacidade encontra guarida também na Declaração Universal dos Direitos Humanos (art. XII: "ninguém será sujeito a interferências na sua vida privada, na sua família, no seu lar ou na sua correspondência, nem a ataques à sua honra e reputação. Toda pessoa tem direito à proteção da lei contra tais interferências"), no Pacto Internacional de Direitos Civis e Políticos (art. 17) e na Convenção Americana de Direitos Humanos (art. 11).

A *liberdade de expressão* "da atividade intelectual, artística, científica e das comunicações" (art. 5º, IX, c/c o art. 220, CF), por outro lado, admite limitações de ordem infraconstitucional, uma vez que o próprio preceito garantidor da liberdade autoriza a possibilidade de restrição desta mediante a edição da lei (art. 220, § 3º). Trata-se, portanto, de norma

---

24. Ob. cit., nota supra n. 20, p. 241. Para este autor, *a privacidade* é o direito fundamental de todo indivíduo de excluir do conhecimento de terceiros aquilo que só a ele se refere e que diz respeito ao seu modo de ser na esfera privada (ob. cit., p. 239).

25. TJSP, MS n. 213.144-1, j. 24.2.1994.

constitucional de eficácia contida, com a peculiaridade de que os limites da regra restritiva estão previamente estabelecidos pelo legislador constituinte nos §§ 3º e 4º do art. 220. São eles: a) limite formal: somente lei federal poderá restringir a liberdade de expressão, b) limite material: a lei apenas poderá ter por conteúdo o estabelecimento dos meios legais que garantam à pessoa e à família a possibilidade de se defenderem de programas ou programações de rádio ou televisão que contrariem o disposto no art. 221, da CF, bem como o da propaganda de produtos, práticas e serviços que possam ser nocivos à saúde e ao meio ambiente, ou, o procedimento pelo qual o Poder Público regulará as diversões e espetáculos públicos, informando sobre a natureza deles, as faixas etárias a que não se recomendem, locais e horários em que sua apresentação se mostre inadequada. Fora destas hipóteses, é vedado ao legislador infraconstitucional estabelecer qualquer espécie de limitações à liberdade de expressão.

Ademais, o art. 220, § 2º, da CF, reproduzindo o preceito contido no art. 5º, IX, proíbe "toda e qualquer censura de natureza política, ideológica e artística". Pois bem, considerando ser vedada toda e qualquer intervenção dos Poderes Públicos objetivando impedir a circulação das idéias, como proceder, então, quando a idéia transmitida violar direitos fundamentais de terceiros – assim, por exemplo, no caso de uma propaganda que pregue o racismo ou da divulgação, por um jornal, de fatos pertencentes à esfera de privacidade da pessoa? Por certo que as liberdades de expressão e informação jornalística não são absolutas, como já dito em linhas transatas; são, sim, princípios constitucionais e como tais podem ser objeto de restrições, objetivando sua harmonização com outros princípios igualmente fundamentais.

Com facilidade, observa-se, nesse caso, que "a regra de colisão" adotada pela Carta de 1988 é a responsabilidade posterior do indivíduo ou órgão que abusou de sua liberdade de manifestação ou informação. Nesse sentido, o § 1º do art. 220 remete expressamente aos incisos V ("é assegurado o direito de resposta, proporcional ao agravo, além de indenização por dano material, moral ou à imagem) e X ("são invioláveis a intimidade, a vida privada, a honra e a imagem das pessoas, assegurado o direito à indenização pelo dano material ou moral decorrentes de sua violação") do art. 5º.

A solução da responsabilização resta ainda mais clara na Convenção Americana de Direitos Humanos ("Pacto de San José da Costa Rica"), tratado internacional de direitos humanos, com natureza de norma constitucional, ratificado pelo Brasil em 25 de abril de 1992:

"Art. 13. *Liberdade de Pensamento e de Expressão*.

"1. Toda pessoa tem o direito à liberdade de pensamento e de expressão. Esse direito inclui a liberdade de procurar, receber e difundir informações e idéias de qualquer natureza, sem considerações de fronteiras, verbalmente ou por escrito, ou em forma impressa ou artística, ou por qualquer meio de sua escolha.

"2. O exercício do direito previsto no inciso precedente não pode estar sujeito à censura prévia, mas a responsabilidades ulteriores que devem ser expressamente previstas em lei e que se façam necessárias para assegurar:

"a) o respeito dos direitos da reputação das demais pessoas;

"b) a proteção da segurança nacional, da ordem pública, ou da saúde ou da moral públicas."

Portanto, *em geral*, não pode o Estado impedir uma informação ou idéia de circular, ainda que essa informação ou idéia afronte direitos fundamentais. A pessoa ou órgão que, no exercício de seu direito de expressão ou informação, violar direitos de terceiros deverá responder civil, penal e mesmo administrativamente[26] pelo abuso, nos termos da legislação infraconstitucional em vigor.[27] A indenização, expressamente prevista no art. 5º, V e X, da Constituição, terá nessa hipótese uma dupla função: a satisfação material e moral do ofendido e a punição do infrator pelo fato de haver ofendido um bem jurídico da vítima.[28]

Deveras, trata-se de uma opção política do legislador constituinte: ainda que eventualmente possam ocorrer abusos no exercício da liberdade de expressão e de informação, a Constituição assumiu o risco de não impedir previamente a circulação das idéias.

6. *Critérios para solução do conflito apontado*

Adverte-se, contudo, que a adoção de solução constitucional sem a devida ponderação de valores pode conduzir, em alguns casos, a situa-

---

26. Nos termos do art. 21, XII, "a", da Constituição Brasileira, a atividade de radiodifusão sonora e de sons e imagens é serviço público de competência da União. Desde que imposta por decisão judicial (CF, art. 223, § 4º), pode a lei estipular como sanção administrativa, nos casos de graves e reiteradas violações a direitos fundamentais, a rescisão, pois se trata de contrato, da concessão outorgada à empresa explorada do serviço.
27. Atualmente, no Brasil, a Lei de Imprensa (Lei 5.250, de 9.2.1967), bem como os Códigos Penal e Civil.
28. Caio Mario da Silva Pereira, *Responsabilidade Civil*, p. 317.

ções de flagrante injustiça, totalmente incompatíveis com a idéia de razoabilidade e de *primazia da dignidade humana* (art. 1º, III, CF) que devem orientar a interpretação do sistema constitucional.

Como observa Fabio Konder Comparato,[29] a consciência de que a informação não representa apenas a transmissão de fatos ou idéias, mas é também um meio para formar (ou deformar) opiniões remonta aos antigos. No último século, porém, o advento dos meios de comunicação de massa multiplicou essa capacidade em muitas vezes, transformando o que era antes apenas um direito, em um instrumento de poder e até de manipulação. É certo que o regime da concorrência entre os órgãos de informação favorece, numa certa medida, a quebra do monolitismo informativo, evitando, assim, a manipulação. Mas isso não é suficiente para impedir que uma informação ou opinião produza danos irreparáveis a um indivíduo ou mesmo a toda uma coletividade.

É verdade que a Constituição Brasileira contém regra proibindo qualquer intervenção estatal na livre circulação das idéias e das informações, prevendo a responsabilização ulterior daqueles que exercitarem seu direito de forma abusiva. Esta proibição, entretanto, não é absoluta, mas sim o que Alexy denomina de proibição *prima facie*.

Para Alexy,[30] diferentemente da posição de Dworkin, nem todas as regras possuem um caráter definitivo, podendo elas, excepcionalmente, conter cláusulas de exceção não previstas, desde que essas cláusulas estejam fundadas em princípios.

"As disposições de direito fundamental – observa o constitucionalista alemão – podem ser consideradas não apenas como positivações de princípios (...), mas também (...) como expressão da vontade de estabelecer desta maneira um caráter duplo. Através delas, por um lado, positivam-se princípios; mas, por outro, na medida em que apresentam tipos de garantias e cláusulas restritivas diferenciadas, contêm as normas de direitos fundamentais determinações com respeito às exigências de princípios contrapostos. Não obstante, as determinações apresentadas por elas têm um caráter incompleto. De modo algum possibilitam, em todos os casos, uma decisão livre de ponderação (...). Quando, mediante uma disposição de direito fundamental, se leva a cabo alguma determinação relacionada com as exigências de princípios contrapostos, estatui-se com ela não apenas um princípio, mas também uma regra. Se a regra não é

---

29. Fabio Konder Comparato, *Para Viver a Democracia*, pp. 137-138.
30. Robert Alexy, *Teoria de los Derechos Fundamentales*, pp. 98-103.

aplicável sem ponderação prévia, então, como regra, é incompleta. Na medida que é incompleta, a decisão jusfundamental pressupõe um recurso ao nível dos princípios, com todas as inseguranças que isto implica. Mas isto não muda em nada o fato de que, na medida de seu alcance, as determinações devem ser levadas a sério. A exigência de levar a sério as determinações estabelecidas pelas disposições de direito fundamental (...) é uma parte do postulado de sujeição à constituição (...) porque tanto as regras estatuídas pelas disposições constitucionais, como os princípios estatuídos por elas são normas constitucionais. Isto leva à questão da relação de hierarquia entre ambos os níveis. A resposta somente pode indicar que, do ponto de vista da sujeição à Constituição, existe uma prioridade do nível da regra (...). Mas a sujeição à Constituição significa a sujeição a todas as decisões do legislador constitucional. Portanto, as determinações adotadas no nível das regras precedem as determinações alternativas, que levando em conta princípios, são igualmente possíveis".[31]

Aplicando o modelo de Alexy ao problema posto, tem-se que as regras constitucionais de vedação da censura e de responsabilização ulterior do indivíduo ou órgão emissor são o meio pelo qual o legislador constituinte pretendeu harmonizar o conflito entre a liberdade de expressão e informação jornalística e outros direitos igualmente fundamentais. Isto significa que, havendo um caso concreto de colisão, não pode, de modo geral, o magistrado, em sua atividade de aplicação do direito, impedir liminarmente a circulação da idéia ou informação, devendo se limitar a punir o responsável, se constatar a violação a direitos de terceiros.

Então, a solução do conflito na Constituição de 1988 está confiada ao legislador, quando o texto constitucional permite-lhe a restrição dos direitos, que, no caso da liberdade de expressão, salvaguarda-se o direito à imagem, à honra, à liberdade, à privacidade; no entanto, não se pode obstar tal liberdade, sendo cabível a indenização posterior.

Entretanto, mesmo prevendo o ressarcimento do dano, pode ocorrer, como vem ocorrendo no mundo real, que a manifestação de idéias venha a causar verdadeira ofensa ao núcleo essencial do direito fundamental. Daí caber a perquirição: seria possível ao magistrado restringir, mais do que o legislador o fez, um direito fundamental a fim de preservar o núcleo essencial de outro direito fundamental?

Impende responder afirmativamente, porquanto a incidência da regra não é automática. Em todas as hipóteses, cabe ao intérprete proceder

---

31. Ob. cit., nota supra n. 30, pp. 133-134.

à necessária ponderação dos valores em jogo, a fim de verificar se a solução constitucional geral (responsabilização posterior) não conduz, naquele caso concreto, à aniquilação do direito ameaçado de lesão. Se o magistrado constatar que há a possibilidade real dessa aniquilação ocorrer, deverá, então, obstar o exercício da liberdade de expressão ou informação, a fim de preservar o bem jurídico de maior relevo e, indiretamente, o princípio orientador de toda a ordem jurídica e função dos direitos fundamentais, que é a *dignidade humana*.

A doutrina estabelece alguns passos para se solucionar a colisão de direitos fundamentais. Segundo Gomes Canotilho e Vital Moreira caberia, inicialmente, ao intérprete-aplicador determinar o âmbito de aplicação dos direitos envolvidos, isto é, aquelas situações de fato protegidas pela norma constitucional, com o escopo de verificar a existência ou não de uma verdadeira colisão, porquanto essa primeira etapa poderia excluir, desde logo, a hipótese de colisão, sendo esta apenas aparente. À guisa de exemplificação, não haveria colisão entre a liberdade de expressão e a honra em casos de calúnia, difamação e injúria, uma vez que não está coberto pelo âmbito de proteção da liberdade de expressão o direito à difamação, calúnia ou injúria.[32] No entanto, se efetivamente existente a colisão, o intérprete deve realizar a ponderação dos bens envolvidos, visando resolver a colisão através do sacrifício mínimo dos direitos em jogo. Nessa tarefa deve orientar-se pelos princípios da unidade da Constituição, da concordância prática e da proporcionalidade.[33]

Dessarte, verificando-se que o direito à liberdade de expressão atingirá o direito à imagem e à privacidade, por exemplo, de maneira a retirar-lhes todo o sentido, o magistrado, ainda que a restrição seja de competência do legislador, deve sacrificar tal direito em prol de outro, de maneira a equilibrar o exercício de ambos.[34]

Situação muito semelhante, aliás, ocorre com a regra constitucional que proíbe a utilização, no processo, de provas obtidas por meio ilícito

---

32. J. J. Gomes Canotilho e Moreira, Vital, *apud* Edilsom Pereira de Farias, *Colisão de Direitos: A honra, a intimidade, a vida privada e a imagem versus a liberdade de expressão e informação*, p. 97.
33. Edilson Pereira de Farias, *Colisão de Direitos: A honra, a intimidade, a vida privada e a imagem versus a liberdade de expressão e informação*, p. 98.
34. Pelo princípio da harmonização, objetiva-se, quando da confrontação de valores jurídicos em conflito, estabelecer qual deverá prevalecer, evitando-se o sacrifício total de um em prol do outro. Entende-se que a partir daí é que se introduz a análise da proporcionalidade no problema da hermenêutica constitucional (conforme obtempera Willis Santiago, ob. cit., nota n. 3, p. 59).

(art. 5º, LVI). A posição da doutrina e da jurisprudência anteriores à Constituição de 1988 era pela admissão da prova relevante, punindo o responsável pelo ato ilícito praticado na colheita integral da prova. Com a promulgação da Carta Magna de 1988, passou-se a entender que a prova obtida por meios ilícitos deveria ser excluída do processo, por mais relevantes que fossem os fatos apurados (regra geral). Hoje, contudo, tem-se, em situações de extrema gravidade e excepcionalmente, admitido a prova ilícita, com fundamento no princípio da proporcionalidade ou equilíbrio entre valores fundamentais colidentes. É o caso, por exemplo, da admissibilidade das provas obtidas por meio ilícito *favor rei*. A esse respeito, observam Ada Pellegrini Grinover, Antonio Scarance Fernandes e Antonio Magalhães Gomes Filho "(...) embora reconhecendo que o subjetivismo ínsito no princípio da proporcionalidade pode acarretar sérios riscos, alguns autores têm admitido que sua utilização poderia transformar-se no instrumento necessário para a salvaguarda e manutenção de valores conflitantes, desde que aplicado única e exclusivamente em situações tão extraordinárias que levariam a resultados desproporcionais, inusitados e repugnantes se inadmitida a prova ilicitamente colhida".[35]

Diante do grande dilema em torno da interpretação constitucional, consistente no conflito entre princípios constitucionais, cumpre recorrer, pois, ao "princípio dos princípios": o princípio da proporcionalidade. Representa a busca por uma "solução de compromisso", em que se respeitará mais, em dada situação, um dos princípios envolvidos, tentando desrespeitar, minimamente, o outro, i. e., sem lhe ferir o núcleo essencial. O princípio da proporcionalidade, a partir do seu desenvolvimento no direito constitucional alemão, desdobra-se em três aspectos, quais sejam: proporcionalidade em sentido estrito, adequação e exigibilidade. Dito desdobramento é bem apresentado por Willis Santiago Guerra Filho: "O meio a ser escolhido deverá, em primeiro lugar, ser adequado para atingir o resultado almejado, revelando conformidade e utilidade ao fim desejado. Em seguida, comprova-se a exigibilidade do meio quando esse se mostra como 'o mais suave' dentre os diversos disponíveis, ou seja, menos agressivo dos bens e valores constitucionalmente protegidos, que porventura colidem com aquele consagrado na norma interpretada. Finalmente, haverá respeito à proporcionalidade em sentido estrito quando o meio a ser empregado se mostra como o mais vantajoso, no

---

35. Ada Pellegrini Grinover, Antonio Scarance Fernandes e Antonio Magalhães Gomes Filho, *As Nulidades no Processo Penal*, p. 134.

sentido da promoção de certos valores com o mínimo de desrespeito de outros, que a eles se contraponham, observando-se, ainda, que não haja violação do 'mínimo' em que todos devem ser respeitados".[36]

Em resumo, Teori Albino Zavascki[37] diz ser indispensável ao agente criador da regra de solução do conflito (legislador ou o juiz) a observância de certos princípios ínsitos ao sistema constitucional, os quais sintetiza: a) princípio da necessidade, segundo o qual a regra de solução somente será legítima quando for real o conflito; b) princípio da menor restrição possível ou da proibição de excessos, que está ligado de certa forma ao princípio da proporcionalidade, pelo qual a restrição a direito fundamental, concretizada pela regra de solução, não poderá ultrapassar o limite mínimo indispensável à harmonização pretendida; e c) princípio da salvaguarda do núcleo essencial, que se pode entender contido no anterior e de acordo com o qual não é válida a regra de solução que opera a eliminação de um deles ou elide sua substância elementar.

O princípio da proporcionalidade, que impõe o exercício da ponderação pelo aplicador da lei, é o principal mecanismo de solução para a colisão entre direitos fundamentais, devendo aquele velar pela preservação do núcleo essencial destes, restringindo-os na medida em que seja necessário.

Enfim, assim é que o Poder Judiciário, lançando mão da aplicação do princípio da proporcionalidade e em prol da preservação da dignidade da pessoa humana, pode obstar a divulgação de determinada idéia ou notícia exatamente dentro do contexto proposto e examinado neste breve estudo.

7. Conclusões

Os direitos à vida privada, à intimidade, à honra, à imagem surgem como uma decorrência imediata do princípio da dignidade da pessoa humana, fundamento da República Federativa do Brasil.

A liberdade de expressão e informação jornalística são direitos fundamentais do ser humano e constituem um dos pilares do Estado Democrático de Direito, nos termos do art. 1º, *caput*, e inciso V, da Constituição de 1988.

---

36. Ob. cit., nota supra n. 3, pp. 59 e 60.
37. "Antecipação da Tutela e Colisão de Direitos Fundamentais", in http://buscalegis.ccj.ufsc.br/arq...isao-de Direitos-Fundamentais.htm, pp. 1-20, 18.4.2001, 12h30, p. 3.

A liberdade de expressão e informação não são, contudo, princípios absolutos, encontrando seu limite na proteção constitucional à privacidade, à honra e à imagem das pessoas e no respeito aos valores éticos e sociais da pessoa e da família (CF, arts. 5º, IV, V, IX, X, 220, *caput*, e § 1º, e 221, IV).

A colisão entre os princípios da liberdade de expressão e de informação e os demais direitos fundamentais da pessoa é, em geral, solucionada pelas regras constitucionais de proibição da censura e de responsabilização ulterior do indivíduo ou entidade que abusar de sua liberdade (CF, arts. 5º, V, IX e X, e 220, §§ 1º e 2º, e Convenção Americana de Direitos Humanos, art. 13).

Em situações excepcionais, contudo, entende-se que pode o Judiciário impedir a circulação de determinada idéia ou notícia, com fundamentos nos *princípios da proporcionalidade* e *da proteção à dignidade da pessoa humana*.

Realmente, na prática, como se viu na colisão apontada neste estudo, nem sempre é possível estabelecer a convivência harmônica e simultânea de todos os direitos fundamentais. Bem demonstrado restou o fenômeno de tensão entre o direito à intimidade da vida privada e do direito à liberdade de expressão e de informação jornalística. E por não serem absolutos os direitos fundamentais, sofrem, além das restrições escritas na própria Constituição, também restrições não escritas, mas imanentes ao sistema.

Bibliografia

Livros

ALEXY, Robert. *Teoria de los Derechos Fundamentales*. Madrid, Centro de Estudios Constitucionales, 1997.

BOBBIO, Norberto. *A Era dos Direitos*. Rio de Janeiro, Campus, 1992.

BONAVIDES, Paulo. *Curso de Direito Constitucional*. 12ª ed., São Paulo, Malheiros Editores, 2002.

CANOTILHO, José Joaquim Gomes. *Direito Constitucional e Teoria da Constituição*. Lisboa, Almedina, 1998.

COMPARATO, Fabio Konder. *Para Viver a Democracia*. São Paulo, Brasiliense, 1989.

DWORKIN, Ronald. *Los Derechos en Serio*. Barcelona, Ariel, 1989.

FARIAS, Edilsom Pereira de. *Colisão de Direitos. A honra, a intimidade, a vida privada e a imagem "versus" a liberdade de expressão e informação*. Porto Alegre, Sergio Antonio Fabris Editor, 1996.

GUERRA FILHO, Willis Santiago. *Processo Constitucional e Direitos Fundamentais*. São Paulo, Celso Bastos Editor, 1999.

GRAU, Eros Roberto. *A Ordem Econômica na Constituição de 1988*. 7ª ed., São Paulo, Malheiros Editores, 2002.

GRINOVER, Ada Pellegrini, FERNANDES, Antonio Scarance e GOMES FILHO, Antonio Magalhães. *Das Nulidades do Processo Penal*. São Paulo, Ed. RT, 1997.

LAFER, Celso. *A Reconstrução dos Direitos Humanos: um diálogo com o pensamento de Hannah Arendt*. São Paulo, Companhia das Letras, 1991.

MELLO, Celso Antônio Bandeira de. *Curso de Direito Administrativo*. 14ª ed., São Paulo, Malheiros Editores, 2002.

MORAES, Alexandre de. *Direitos Humanos Fundamentais*. São Paulo, Atlas, 1998.

PEREIRA, Caio Mario da Silva. *Responsabilidade Civil*. Rio de Janeiro, Forense, 1995.

POPP, Carlyle. "Princípio Constitucional da Dignidade da Pessoa Humana e a Liberdade Negocial – A Proteção Contratual no Direito Brasileiro", in Renan Lotufo (coord.) *Direito Civil Constitucional, Cadernos I*, São Paulo, Max Limonad, 1999.

PERLINGIERI, Pietro. *Perfis do Direito Civil – Introdução ao Direito Civil Constitucional*. Rio de Janeiro, Renovar, 1999.

SILVA, José Afonso da. *Curso de Direito Constitucional Positivo*. 20ª ed., São Paulo, Malheiros Editores, 2002.

Artigos

BORGES, José Souto Maior:"Pro-dogmática: Por uma hierarquização dos Princípios Constitucionais", in *Revista Trimestral de Direito Público* n. 1, São Paulo, Malheiros Editores, 1993.

ZAVASCKI, Teori Albino. "Antecipação da Tutela e Colisão de Direitos Fundamentais", in http://buscalegis.ccj.ufsc.br/arq...isao-de Direitos-Fundamentais.htm, pp. 1-20, 18.04.2001, 12:30h.

A CULPA CONJUGAL FRENTE AO PRINCÍPIO DA DIGNIDADE DA PESSOA HUMANA: UMA AFRONTA À CONSTITUIÇÃO?

CHRISTIANA BRITO CARIBÉ

1. Apresentação. 2. Intróito. 3. A Constituição e os princípios.: 3.1 A Constituição e os reflexos de sua substituição no Ordenamento Jurídico; 3.2 Princípios; 3.2.1 Conceito; 3.2.2 Normas jurídicas: princípios e regras; 3.2.3 As funções dos princípios; 3.2.4 Aplicabilidade dos princípios fundamentais. 4. A dignidade da pessoa humana; 4.1 Noções gerais; 4.2 Desenvolvimento histórico; 4.3 As teorias personalista e transpersonalista; 4.4 A dignidade da pessoa humana na Constituição Federal: princípio fundamental e vetor do ordenamento jurídico na ponderação de interesses. 5. A dignidade da pessoa humana na separação judicial: 5.1 Os requisitos da separação judicial fundada na culpa; 5.2 As conseqüências da separação culposa; 5.3 A investigação da culpa na separação judicial: uma injustificada intromissão. 6. Conclusão

1. Apresentação

Esta monografia foi desenvolvida com o fim específico de analisar se a perquirição da culpa pelo fracasso do matrimônio, no processo de separação judicial, ofende o princípio da dignidade da pessoa humana.

Inicialmente, o presente trabalho trará noções básicas a respeito dos princípios, quando será dada sua conceituação, mencionadas suas funções e estudada sua aplicação.

Posteriormente, será analisado, especificamente, o princípio da dignidade da pessoa humana. Nesta oportunidade, estudar-se-ão as teorias humanistas e anti-humanistas, como também o conteúdo e abrangência de tal princípio, que, com a proclamação da Constituição Federal de 1988, foi erigido à categoria de princípio fundamental da República Federativa do Brasil.

Por fim, serão feitas considerações sobre a separação judicial culposa, momento no qual será investigado se a busca de culpa pelo cônjuge afronta o princípio da dignidade da pessoa humana.

2. Intróito

A proclamação da Constituição da República Federativa do Brasil, em 1988, representou um marco para a sociedade brasileira, uma vez ter inserido no ordenamento jurídico pátrio uma nova gama de valores, dentre os quais o princípio da dignidade da pessoa humana. Ademais, a Constituição ampliou seu campo de atuação, passando a tratar de temas antes exclusivos aos códigos.

Em conseqüência dessa nova postura metodológica, os princípios constitucionais passaram a ser fundamentais quando da interpretação e análise das relações privadas. Devido à inserção de novos valores no ordenamento jurídico brasileiro, a família deixou de ter um valor intrínseco, de modo que a "paz doméstica" não mais justifica o sacrifício individual dos membros da família, pois, na nova ordem, a família só é tutelada na medida em que se constitui num núcleo capaz de propiciar a realização espiritual e o desenvolvimento da personalidade de seus membros – cônjuges e filhos – com a promoção da dignidade dos mesmos.[1]

A família fundada no casamento era um bem em si mesmo, e, por isso, devia ser protegida a qualquer custo, mesmo que em detrimento da felicidade dos indivíduos que a formavam. Essa concepção, no entanto, não mais vigora. Nesse diapasão, foram facilitados os meios de dissolução do vínculo matrimonial e protegidas outras formas de entidades familiares, como a união estável e a família monoparental.

A inserção desses novos valores, por sua vez, gerou a necessidade de se reinterpretar todo o sistema normativo. Isso porque, com a proclamação de uma nova Constituição, há uma alteração no fundamento de validade das normas infraconstitucionais preexistentes, que passa a ser a Constituição nova. As normas incompatíveis com a nova Constituição devem ser extirpadas do sistema. O problema, no entanto, é que nem sempre as incompatibilidades são aparentes e imediatamente expurgadas do ordenamento jurídico, fazendo-se necessário um profundo exercício de interpretação.

Conforme Carlos Alberto Bittar, diante das noções éticas, sociais, políticas e econômicas oriundas de concepções romano-cristãs, adotadas pela Constituição atual, faz-se necessário e urgente o legislador infraconstitucional adequar os códigos e demais leis esparsas aos novos valores,

---

1. Gustavo Tepedino, "A disciplina civil-constitucional das relações familiares", *Temas de Direito Civil*, p. 350.

segundo as idéias de dignidade, liberdade, segurança, igualdade e justiça social.[2]

Nesse contexto, deve-se mencionar o Código Civil – recentemente aprovado – o qual já nasce com gritantes disparidades em relação aos princípios constitucionais vigentes, pois foi elaborado mais de uma década antes da promulgação da Constituição atual, e, não obstante ter passado por inúmeras reformulações, "(...) peca, a rigor, duplamente: do ponto de vista técnico, desconhece as profundas alterações trazidas pela Carta de 1988, pela robusta legislação especial e, sobretudo, pela rica jurisprudência consolidada na experiência constitucional da última década. Demais disso, procurando ser neutro e abstrato em sua dimensão axiológica, (...), reinstitui, purificada, a técnica regulamentar".[3]

É nesse âmbito que surge a questão da separação judicial culposa frente ao princípio da dignidade da pessoa humana. Os autores que estudam o tema, como já dito, são unânimes ao sustentar a ofensa a esse princípio, em decorrência da manutenção do instituto em foco no ordenamento pátrio. Propõem, como solução, a abstração da culpa e a não aplicação de sanções ao cônjuge que praticou a conduta desonrosa ou não observou os deveres matrimoniais. Não se pode olvidar, no entanto, que algumas condutas consubstanciam-se nas mais graves formas de ofensa à dignidade humana, como as que atingem a integridade física (tentativa de homicídio e sevícias), cobrando, tais casos, uma solução particularizada, de caráter excepcional.

3. A Constituição e os princípios

3.1 A Constituição e os reflexos de sua substituição no ordenamento jurídico

Kelsen compreende o ordenamento jurídico como um sistema de normas no qual todas elas possuem validade na medida em que decorrem de uma norma superior. No ápice do sistema encontra-se a norma fundamental, que é pressuposta como válida e sustenta todas as demais a ela inferiores. Apesar de não ter sido criada através de um procedimento jurídico, a sua validade se impõe como uma necessidade, pois se assim

---

2. Carlos Alberto Bittar, *O direito civil na Constituição de 1988*, pp. 22-25.
3. Gustavo Tepedino, "O Código Civil, os chamados micro-sistemas e a Constituição: premissas para uma reforma legislativa", *Problemas de Direito Civil-Consitucional*, p. 9.

não fosse, "(...) nenhum ato humano poderia ser interpretado como um ato jurídico e, especialmente, como um ato criador de Direito".[4]

À norma fundamental dá-se o nome de Constituição. Em torno dela gravita todo o ordenamento jurídico de um Estado, de modo que as normas infraconstitucionais devem observar suas regras e princípios. Devido a vários fatores, no entanto, pode haver uma ruptura na ordem jurídica de um país, ocasionando a substituição da Constituição, quando se poderá observar a supressão, substituição ou ampliação de diversos valores.

Apesar da entrada em vigor de uma nova Constituição não será necessário – muito menos viável – a reformulação de toda a legislação infraconstitucional.[5] A compatibilização entre a Constituição nova e os Códigos e leis a ela anteriores, entretanto, é imprescindível. Não havendo choque, diz-se que as leis infraconstitucionais foram recepcionadas; se houver, contudo, far-se-á indispensável expurgar-se do sistema as normas que ferem o novo ordenamento.

Recepcionando as normas da ordem anterior, a Constituição nova confere validade às normas preexistentes, de forma até mesmo tácita, pois coincidentes em seu conteúdo. Consoante explicação de Kelsen, "a 'recepção' é um procedimento abreviado de criação de Direito. As velhas leis tornam-se 'novas leis', pois seu fundamento de validade passa a ser a nova Constituição".[6]

Entretanto, grande parte das normas preexistentes não será recepcionada, surgindo, por conseguinte, a necessidade de o legislador adequar os Códigos e leis preexistentes. Essa necessidade, saliente-se, faz-se presente no Direito de Família, conforme observou Carlos Alberto Bittar: "as relações privadas, no entanto, somente se conduzirão pelos novos princípios uma vez adaptada a legislação interna correspondente".[7]

O Constituinte, portanto, determinou os novos valores que devem servir de norte ao legislador infraconstitucional. Em alguns casos – por exemplo: direitos fundamentais da pessoa e estruturação do Estado – tais normas passaram imediatamente a valer. Em outros casos, delegou tal tarefa ao legislador infraconstitucional.

Ainda, cabe ao Poder Judiciário, em particular ao STF, através do controle de constitucionalidade das leis, expulsar do sistema as normas

---

4. Hans Kelsen, *Teoria Geral do Direito e do Estado*, p. 121.
5. Cf. Michel Temer, *Elementos do Direito Constitucional*, p. 38.
6. Ob. cit., p. 122.
7. Carlos Alberto Bittar, *O direito civil na Constituição de 1988*, p. 21.

inconstitucionais. Entretanto, tratando-se de inconstitucionalidade superveniente[8] de lei, os autores salientam que somente caberá o controle do Judiciário por via de exceção, ou seja, a inconstitucionalidade será decretada apenas para aquele caso concreto, no qual, incidentalmente, se discutiu a inconstitucionalidade da norma.[9]

O direito brasileiro não prevê um mecanismo que declare a não recepção de uma norma pela Constituição a ela posterior. O Supremo Tribunal Federal é o guardião da Constituição, em face das leis que entrarem em vigor após a sua promulgação, e por isso só cabe ação direta de inconstitucionalidade (ADIn) para leis posteriores à Carta Magna. Entretanto, poder-se-á suscitar tal inconstitucionalidade através de uma ação incidental, quando, eventualmente, o STF reconhecerá a sua procedência. Entretanto, a decisão gerará efeitos apenas para as partes.

O inciso X, do artigo 52, da Constituição Federal de 1988, no entanto, prevê uma alternativa para que uma norma não recepcionada por ela seja "retirada" do ordenamento jurídico. Quando determinado dispositivo legal for declarado, sucessivas vezes, inconstitucional, através da via incidental, cabe ao STF comunicar tal fato ao Senado. Este, por sua vez, poderá, a seu juízo (pois não está obrigado), "suspender a execução, no todo ou em parte, de lei declarada inconstitucional por decisão definitiva do Supremo Tribunal Federal". Trata-se de uma suspensão, porque o STF pode rever sua decisão, de modo a entender que a lei não é inconstitucional.

Esse, portanto, é um meio de *retirar* – enquanto suspensos seus efeitos – uma norma supervenientemente inconstitucional do Ordenamento Jurídico pátrio. Desse modo, a norma eventualmente não recepcionada continuará surtindo efeitos *erga omnes*, até que sejam estes sus-

---

8. Celso Ribeiro Bastos discorda da expressão "inconstitucionalidade superveniente". Assevera o citado autor que apenas se pode alegar a inconstitucionalidade de uma norma se a mesma tiver entrado em vigor após o início de vigência da constituição (*Curso de Direito Constitucional*, p. 142).

9. Entende Alexandre Moraes não haver possibilidade de ADIn de lei ou ato normativo anterior à Constituição, só posterior. Às anteriores aplicar-se-á o fenômeno da recepção, "uma vez que a ação direta de inconstitucionalidade não é instrumento juridicamente idôneo ao exame da constitucionalidade de atos normativos do Poder Público que tenham sido editados em momento anterior ao da vigência da constituição atual". Isso porque, "a possibilidade de fiscalização da constitucionalidade de forma concentrada pelo STF exige uma relação de contemporaneidade entre a edição da lei ou do ato normativo e a vigência da constituição. A ausência dessa relação permitirá tão-somente a análise em cada caso concreto da compatibilidade ou não da norma editada antes da constituição com seu texto". (*Direito Constitucional*, pp. 552-553).

pensos pelo Senado. O caminho para retirá-la definitivamente do ordenamento jurídico é a sua revogação, tácita ou expressa, pelo legislador ordinário.

3.2 Princípios

A Constituição Federal de 1988, em seu artigo 1º, elenca os princípios fundamentais[10] da República Federativa do Brasil. São eles: soberania, cidadania, dignidade da pessoa humana, os valores sociais do trabalho e da livre iniciativa, o pluralismo político.[11]

Interessa ao presente estudo o princípio da dignidade da pessoa humana. No entanto, cabe indagar, primeiramente, o que se entende por princípio; que diferença encontra com relação às regras, e como se dá sua aplicação.

3.2.1 Conceito

A expressão princípio é bastante vaga e, por isso, suscetível de vários sentidos. Todos, entretanto, possuem uma intersecção, pois haverá sempre a idéia de um ponto de partida. A expressão traz, por outro lado, a noção de algo principal, ou seja, de maior relevância, maior importância.

José Cretella Jr. ensina que "princípios de uma ciência são as proposições básicas, fundamentais, típicas, que condicionam todas as estruturações subseqüentes. Princípios neste sentido são os alicerces, os fundamentos da ciência".[12] Alguns princípios são específicos de determinada ciência, outros aplicam-se a várias.

Para Fernando Barcellos de Almeida princípios significam as "verdades primeiras", caracterizando, na ciência jurídica, verdades jurídicas universais, que possuem vida própria, porque existem independentemente de estarem expressamente previstos em normas escritas, pois caso contrário, "(...) estaria fadado a permanecer inalterável a não ser quando mudasse o sistema respectivo, quando, na verdade, o princípio é que evolui diante de novas regras morais e sociais e essa mudança é que vai

---

10. José Cretella Jr. critica a expressão "princípios fundamentais", alegando que há redundância, pois a expressão princípio, em si, já traz a idéia de fundamento. Acrescenta, ademais, que o Constituinte de 1988 "confundiu princípios com conotações, postulados com características democráticas". (*Comentários à Constituição de 1988*, pp. 128-129).
11. Constituição da República Federativa do Brasil de 1988, art. 1º.
12. Ob. cit., p. 129.

acarretar alteração no sistema. Assim, o princípio universal da dignidade do ser humano sempre existiu, mas antigamente era restrito a pessoas dos grupos dominantes".[13]

O citado autor refere-se a princípios gerais do direito e a princípios constitucionais como categorias distintas de princípios jurídicos. Os primeiros seriam mandamentos nucleares e diretrizes básicas descobertos pelo legislador, que podem transformar-se em direito positivo, quando escritos em lei, ou usados como norte para a criação de uma norma.[14] Deste modo, os princípios gerais do direito são convertidos em princípios constitucionais quando inseridos na Constituição.

Os princípios constitucionais, no entanto, podem estar implícitos, por serem fundamentais, universais, encontrando-se, pois, acima das normas constitucionais, e, por esse motivo, em caso de contradição, a norma constitucional deverá ser interpretada em consonância com o princípio universal.[15]

Paulo Bonavides, citando Ricardo Guastini, elenca alguns conceitos de princípios: normas de alto grau de generalidade, normas de caráter programático, normas elevadas, normas fundamentais etc.[16] Os princípios, no entanto, nem sempre foram tratados como normas. Apenas no pós-positivismo aceitou-se seu caráter normativo.

3.2.2 Normas jurídicas: princípios e regras

Celso Ribeiro Bastos distingue as normas jurídicas em normas princípios e normas disposições. Todas são normas; entretanto, diferem na medida em que os princípios, ao perder carga normativa, ganham força valorativa, influenciando inúmeras outras normas. Entretanto, o autor ressalta que os princípios não se colocam acima do Direito.[17]

A doutrina contemporânea, no entanto, divide as normas em princípios e regras. Paulo Bonavides, embasado em ensinamentos de Alexy, Dworkin e Crisafulli, salienta que "os princípios são normas e as normas compreendem igualmente os princípios e as regras".[18] Diferem, no entanto, quanto à generalidade e à qualidade.

---

13. "Princípios Constitucionais", *Revista de Estudos Jurídicos*, set./dez. 1996, p. 116.
14. Ob. cit., p. 129.
15. Fernando Barcellos de Almeida, ob. cit., pp.116-118.
16. *Curso de Direito Constitucional*, pp. 230-231.
17. Ob. cit., p. 138.
18. Ob. cit., p. 243.

Robert Alexy, procurando distinguir regras de princípios, ensina que os conflitos de regras se resolvem na dimensão da "validade", enquanto a colisão de princípios na dimensão do valor, ou seja, havendo conflito entre duas ou mais regras, apenas a considerada válida é aplicada ao caso concreto, as demais são afastadas porque nulas, inválidas. Já num conflito entre princípios, o que foi afastado não será necessariamente nulo, mas apenas possuiu um peso menor no caso concreto, cedendo em relação ao outro.[19]

3.2.3 As funções dos princípios

No império dos Códigos os princípios eram relegados a meros coadjuvantes, pois funcionavam apenas como fonte subsidiária. Apenas no constitucionalismo contemporâneo foi alçado à categoria de fonte primária, tornando-se, destarte, norma jurídica.[20]

Se por um lado os princípios servem de inspiração à elaboração de leis e normas concretas, exercem, por outro, função integrativa. Posto terem alto grau de generalidade necessitam, mais do que qualquer outra norma, de interpretação, para serem aplicados ao caso concreto,[21] mas isso não lhes tira seu caráter normativo. Portanto, em alguns momentos os princípios exercem função ordenadora, mas também podem ser imediatamente aplicáveis, quando possuírem condições para ser auto-executáveis.

Bobbio reconheceu uma tetradimensão dos princípios: interpretativa, integrativa, diretiva ("própria dos princípios constitucionais") e limitativa. Nas primeiras, a força vinculante seria máxima, nas demais, mínima.[22]

3.2.4 Aplicabilidade dos princípios fundamentais

Os princípios fundamentais são o "mandamento nuclear de um sistema",[23] sendo as "(...) normas que contêm as decisões políticas fundamentais que o constituinte acolheu no documento constitucional".[24]

Embora tanto as regras quanto os princípios possuam normatividade e um mínimo de eficácia, a aplicabilidade das normas nem sempre ocorre da mesma maneira. Há na Constituição normas que dependem de legis-

---

19. Cf. Alexy, *apud* Paulo Bonavides, ob. cit., p. 251.
20. Cf. Paulo Bonavides, ob. cit., p. 254.
21. Idem, pp. 230-231.
22. Noberto Bobbio, *apud* Paulo Bonavides, ob. cit., p. 255.
23. José Afonso da Silva, *Curso de Direito Constitucional Positivo*, p. 91.
24. Id., ibid, p. 95.

lação superveniente, que venha a ampliar ou restringir o estatuído na mesma; por outro lado, há as de imediata aplicabilidade.

Faz-se curial ressaltar que nem todas as normas abertas são programáticas, como no caso das normas principiológicas. Esta categoria de normas não determina tarefas a serem realizadas, mas valores que devem ser considerados, tanto pelos legisladores quanto pelos aplicadores do direito, pois sua concretização é imposta pela Constituição.[25]

Celso Ribeiro Bastos e Ives Gandra Martins ensinam que: "as normas-princípios são desde logo plenamente aplicáveis e delas não se pode dizer que se espera um desenvolvimento por via de legislação concretizadora. As normas futuras não se voltarão a conferir um maior elastério ou aplicabilidade à norma principiológica. Elas terão por escopo outros fins ou objetivos. Ao desenvolvê-los, contudo, deverão submeter-se ao princípio. Estar a ele sujeito é muito diferente de conferir-lhe maior concretização".[26]

Entretanto, a despeito de as normas principiológicas serem aplicáveis desde o momento de sua inserção na Constituição e, portanto, independentes de regulamentação pelo legislador ordinário, faz-se necessário um exercício profundo de interpretação, a fim de se investigar o alcance do princípio. É que o princípio perde a densidade de seu conteúdo semântico. Através dessa investigação seria possível determinar se o princípio foi observado pelos aplicadores do Direito no momento da criação legislativa ou da aplicação de determinada regra, como também, verificar se as normas anteriores à sua entrada em vigor são compatíveis com o princípio. Só assim será possível precisar se determinada lei o afronta, a ponto de ser tida não recepcionada ou inconstitucional.

4. A dignidade da pessoa humana

4.1 Noções gerais

A Constituição "Cidadã" inaugurou uma nova fase para o ordenamento jurídico pátrio, instituindo o Estado Democrático "destinado a

---

25. *Comentários à Constituição*, v. 1, p. 398. Grabitz sustenta um entendimento divergente, pois, para ele há duas categorias de princípios: os abertos, aqueles desprovidos do caráter de norma, e os normativos. Os primeiros são nortes jurídicos, *ratio legis*, sendo necessário haver sua concretização na lei e na jurisprudência; já os segundos são lei, e, por isso, possuem aplicação imediata. O mencionado autor entende que os princípios da dignidade da pessoa humana, assim como o da liberdade, igualdade, democracia são princípios abertos (*Apud* Paulo Bonavides. Ob. cit., p. 244).

26. Id, ibid, p. 399.

assegurar o exercício dos direitos sociais e individuais, a liberdade, a segurança, o bem-estar, o desenvolvimento, a igualdade e a justiça (...)",[27] assegurando, em seu bojo, entre outros valores, o da dignidade da pessoa humana, diretamente relacionado ao princípio democrático.

O princípio ora em foco consubstancia-se no fundamento dos direitos do homem, ou – como preferem outros – direitos humanos, direitos fundamentais. Tais direitos (à vida, à liberdade, à alimentação, à moradia, à saúde etc.) são prerrogativas que os indivíduos possuem em face do Estado, e que limitam o poder estatal, de modo a não permitir interferência em determinados setores da vida privada.[28]

Encontra-se intrínseca ao seu conceito a idéia de autonomia, liberdade,[29] "(...) pois os indivíduos só podem desenvolver suas forças vitais a contento quando lhes é propiciada capacidade de autodeterminação nas escolhas de seu modo de agir e vivenciar".[30]

Destarte, "o princípio do respeito à dignidade pessoal é – não só dentro do vasto sistema de proteção internacional dos Direitos Humanos mas também nos sistemas internos de proteção dos direitos fundamentais positivados em Constituições, como a brasileira – a última *ratio* informadora não apenas do conteúdo das prescrições jurídicas garantidoras dos direitos da pessoa humana mas também dos contornos das ações dos operadores do direito".[31]

O valor supremo político e jurídico é, portanto, a dignidade da pessoa humana, que engloba todos os direitos fundamentais do homem e deve orientar o Direito, para que ele se faça justo. Ademais, dele não se pode afastar seu conteúdo moral, pois são os mais altos, que se realizam na pessoa individual e devem ser de sua livre decisão.

4.2 Desenvolvimento histórico

A questão da dignidade humana vem sendo refletida desde a Antigüidade.[32] Os filósofos gregos, como Platão e Aristóteles, abriram ca-

27. Constituição Federal, de 1988, preâmbulo.
28. Marcus Vinícius Ribeiro, "A Evolução Histórica dos Direitos Fundamentais", *Revista da Faculdade de Direito da UNG*, p. 113.
29. Carlye Popp, "O princípio constitucional da dignidade da pessoa humana e a liberdade negocial: a proteção contratual no direito brasileiro", *Cadernos de Direito Civil-Constitucional*, p. 170.
30. Rosângelo Rodrigues de Miranda, "Ensaio sobre a tutela da autonomia privada na convenção americana de direitos humanos", *Cadernos de Autonomia Privada*, p. 283.
31. Idem ibidem, p. 282.
32. Entretanto, Fernando Ferreira dos Santos, em seu artigo "Princípio Constitucional da Dignidade da Pessoa Humana" (*Revista da Justiça Federal do Piauí*, jul./dez.

minho para a ética humanista; entretanto, se perderam quando do desenvolvimento da filosofia jurídico-política. Na Antigüidade clássica os estóicos formaram uma idéia universal da humanidade, fundados na igualdade dos homens. A concepção humanista foi tomando, no entanto, moldes mais fortalecidos na Idade Moderna, quando foi reconhecido o homem como centro, com a cultura e as instituições gravitando ao seu redor. Contemporaneamente a dignidade da pessoa humana assumiu dimensões jamais vistas, sendo alçada a princípio constitucional de forma expressa.

Seus maiores defensores foram as religiões judaica e cristã, assentadas na idéia de que todos os homens são iguais, enquanto filhos de Deus, e feitos à sua imagem e semelhança. O homem, portanto, é o bem mais precioso, o fim de todas as instituições, de forma que o Estado deve se conduzir para ele, procurando tornar a vida humana cada vez mais humana.[33]

4.3 As teorias personalista e transpersonalista

O princípio da dignidade da pessoa humana é defendido pela teoria humanista ou personalista, havendo, no entanto, uma teoria diametralmente oposta, denominada anti-humanista ou transpersonalista, para a qual é o homem que deve se conduzir de forma a realizar o bem do Estado e das instituições sociais em geral.

Para o humanismo a pessoa individual deve ser considerada como a finalidade de toda a cultura, de todas as instituições sociais, do Estado e do progresso histórico. Em contrapartida, o anti-humanismo defende que a pessoa individual somente deve ser considerada na medida que se renda ao serviço da cultura, da sociedade, da nação, do Estado e do progresso histórico.[34]

Assim, o humanismo e o anti-humanismo são concepções totalmente opostas a respeito dos fins do Direito e do Estado. Vale salientar que humanismo nem sempre significa individualismo, pois "el individualismo

---

2000, pp. 43-44), salienta que na Antigüidade o conceito de pessoa não trazia a idéia de um valor em si mesmo, o que só se tornou realidade com o advento do Cristianismo, através da filosofia patrística. Entretanto, não se pode negar que já na Antigüidade se abriu o caminho para a reflexão a esse respeito, como sustentado por Siches.

33. Conforme salienta Daniel Sarmento, "isto, porém, não impediu que a Igreja Católica agisse em várias épocas contra a dignidade humana, promovendo a Inquisição (....)" (*A ponderação de Interesses na Constituição Federal*, p. 61, nota de rodapé 70).

34. Luis Recaséns Siches, *Introducción al estudio del derecho*, p. 123.

es tan sólo una forma de humanismo – seguramente no la más acertada o eficaz".[35] Isso porque, dentre as teorias humanistas há muitas subteorias, as quais coincidem quanto ao reconhecimento da posição e do valor do homem frente ao Estado, mas divergem em relação aos meios mais adequados e eficazes para o cumprimento desta finalidade, como, p. ex., a democracia e o socialismo.

Cumpre salientar, como o fez Recaséns Siches, que a teoria humanista não provoca uma total incompatibilidade entre os valores coletivos e os individuais, podendo haver uma harmonização entre esses valores "(...) dentro de una concepción la cual, reconociendo desde luego los valores propios de la colectividad, sin embargo considera que ellos son valores sólo en tanto que constituyen instrumentos o condiciones para la realización de los valores propios de la persona humana".[36]

O citado autor esclarece que o fato de os valores individuais terem um caráter superior à coletividade não importa num egoísmo individualista ou ausência de solidariedade social, "(...) porque este principio capital de que los valores individuales son superiores a los colectivos, no excluye en modo alguno otra máxima, la máxima que da preferencia a los intereses generales sobre los egoísmos particulares. Esta máxima, que debe acompañar al principio de la superioridad de los valores individuales, proclama que el interés particular debe ceder ante el interés común".[37]

A compatibilização, entretanto, entre o interesse geral e os egoísmos individuais, ocorre no campo econômico, devendo os interesses materiais ceder frente às conveniências gerais. Já na órbita moral, os valores individuais são sempre mais importantes que os sociais.

Na concepção humanista, a princípio, não se pode aceitar a limitação dos valores que favorecem a dignidade do homem como um meio para se conseguir o bem-estar geral. Entretanto, os indivíduos não se encontram isolados; eles vivem em sociedade e, por isso, faz-se inarredável a limitação de certos direitos, como a liberdade, devido a interesses gerais. Ademais, os indivíduos devem respeitar-se uns aos outros, e

35. Idem ibidem, p. 324. Fernando Ferreira dos Santos entende o individualismo como uma terceira teoria, ao lado das concepções transpersonalista e personalista, divergindo de Siches, para o qual o individualismo é uma subteoria humanista. Ademais, sustenta que o personalismo rejeita as concepções individualista e coletivista ("Princípio Constitucional da Dignidade da Pessoa Humana", *Revista da Justiça Federal do Piauí*, jul./dez. 2000, pp. 45-46).
36. Ob. cit., p. 325.
37. Idem.

todos à sociedade, como meio para ser possível a convivência harmônica do grupo social. Deste modo, os valores sociais podem assumir a posição de condições e meios necessários a possibilitar a realização dos valores individuais.

O princípio da dignidade da pessoa humana traz a idéia de que o homem é um fim em si mesmo, de modo que se deve reconhecer que ele possui seus objetivos a cumprir, e que o Estado existe em função dele, devendo para ele atuar; entretanto, seu conceito "(...) obriga a uma densificação valorativa que tenha em conta o seu amplo sentido normativo-constitucional e não uma qualquer idéia apriorística do homem, não podendo reduzir-se o sentido da dignidade humana à defesa dos direitos pessoais tradicionais, esquecendo-a nos casos de direitos sociais, ou invocá-la para construir 'teoria do núcleo da personalidade' individual, ignorando-a quando se trate de garantir as bases da existência humana".[38]

Deste modo, apesar de haver diferenças entre os homens, todos possuem uma esfera, um centro espiritual que é valorado da mesma forma e o diferencia das demais coisas e animais. "Ese centro de pensamientos, de estimación y de libre albedrío, que constituye la persona, es la esencia del hombre y lo que le concede un valor cualitativamente diferente y más alto que le dé todas las demás especies de entes mundanos".[39] É da essência humana – e essa essência é idêntica em todos os seres humanos, independentemente de suas diferenças concretas.

O valor supremo do Direito é a dignidade da pessoa humana, princípio do qual brota a liberdade individual, devendo servir de freio à ação do Estado como um todo. A autonomia ética, deve, portanto, ser respeitada, porque o direito se dirige ao homem, sendo este o fim do Estado. Entretanto, salienta Daniel Sarmento, que o conteúdo de tal princípio é histórico, de forma que sofreu variações no decorrer dos tempos e das transformações sociais.[40]

4.4 A dignidade da pessoa humana na Constituição Federal: princípio fundamental e vetor do ordenamento jurídico na ponderação de interesses

Com a proclamação da República Federativa do Brasil, em 1988, o Estado brasileiro passou a ter como princípio fundamental o respeito à

---

38. José Afonso da Silva, ob. cit., p. 105.
39. Luis Recaséns Siches, ob. cit., p. 333.
40. Daniel Sarmento, ob. cit., p. 66.

dignidade da pessoa humana. Celso Bastos,[41] apesar de reconhecer a dimensão moral do conceito de dignidade humana, entendeu que não foi esse o sentido empregado pelo constituinte. Entretanto, deve-se interpretar o dispositivo constitucional de modo a conferir-lhe maior eficácia. Assim, não se pode afastar também o conteúdo moral do princípio. Inclusive porque seu conteúdo moral é o que maior valoração possui.

O princípio da dignidade da pessoa humana traduz-se na impossibilidade de degradação do ser humano, o qual só será viável se houver igualdade entre os homens (princípio da isonomia) e autonomia da vontade, além da proteção dos direitos da personalidade e do direito a uma existência material mínima.[42]

Daniel Sarmento, em sua obra *A Ponderação de Interesses na Constituição Federal*, ressalta que a dignidade da pessoa humana é o epicentro axiológico do ordenamento constitucional, de modo que possui uma função importantíssima na resolução de conflitos entre interesses.[43]

Segundo o citado autor os valores humanísticos superiores estão sintetizados no princípio da dignidade humana, que confere uma unidade teleológica a todos os demais princípios e regras que compõem o ordenamento jurídico constitucional e infraconstitucional.[44] Ademais, salienta Alexandre de Moraes, "esse fundamento afasta a idéia de predomínio das concepções transpersonalistas de Estado e Nação, em detrimento da liberdade individual. A dignidade é um valor espiritual e moral inerente à pessoa, que se manifesta singularmente na autodeterminação consciente e responsável da própria vida (...)".[45] É, portanto, o valor nuclear do ordenamento pátrio, e, por isso, localizada a sua previsão logo no artigo 1º da Constituição Federal.[46]

É cediço que o ordenamento jurídico é um sistema, e, por esse motivo, todas as suas normas devem ser compatíveis com os valores instituí-

---

41. *Comentários à Constituição do Brasil*, p. 425.
42. Edílson Pereira Nobre Júnior, "O Direito Brasileiro e o princípio da dignidade da pessoa humana", *RT*, jul./2000, pp. 472-484.
43. Ob. cit., p. 25.
44. Ob. cit., p. 57.
45. Alexandre Moraes, ob. cit., p. 47.
46. Neste mesmo sentido, assevera Renan Lotufo que "(...) o fato de colocar a dignidade como princípio, antes da veiculação do art. 5º, como os Direitos Individuais – Direitos Humanos –, traz uma conseqüência básica, e me parece, tem que refletir na forma de se interpretar todo o Direito, porque o Direito ordinário só pode ser interpretado à luz da Constituição, e nunca ao inverso (...)". ("Separação e Divórcio no Ordenamento Jurídico Brasileiro e Comparado", in *Repensando o Direito de Família: Anais do I Congresso Brasileiro de Direito de Família*, pp. 208-209).

dos pela Constituição. Entretanto, pode acontecer de duas normas serem ao mesmo tempo compatíveis com a Constituição, mas incompatíveis entre si. Se o conflito ocorrer entre regras, a antinomia será resolvida pela utilização dos critérios cronológico, hierárquico e de especialidade. Entretanto, se ocorrer uma colisão entre princípios, não se pode solucionar o problema através dos critérios citados. Nesse caso, deve-se realizar uma ponderação de interesses, a fim de se investigar qual dos princípios deve ceder à aplicação do outro.

O vetor dessa ponderação é justamente a dignidade da pessoa humana. Assim, no caso concreto, deve-se analisar qual dos princípios conflitantes mais se aproxima da proteção da dignidade humana; contudo, a dignidade da pessoa humana não se sujeita a ponderações.[47]

Vale ressaltar que havendo conflitos entre regras, uma será necessariamente considerada inválida, frente à validade da outra. Num conflito entre princípios tal situação não ocorre. O fato de um princípio ter sido afastado por outro não o faz inválido, não o retira do sistema. Apenas, naquele caso determinado, ele possuía um peso menor e, por isso, cedeu frente ao de maior peso. Isso se explica porque, como já ressaltamos anteriormente, as regras possuem validade; os princípios, valor.

Além dos conflitos entre regras e entre princípios pode acontecer de determinada regra não estar condizente com o conteúdo de um princípio. E aí, também, haverá um problema a ser solucionado. Isto porque os princípios constitucionais, quer explícitos, quer implícitos, consubstanciam-se no fundamento de legitimidade da ordem jurídico-positiva, e, desse modo, todas as regras devem estar de acordo com os valores protegidos pelo ordenamento jurídico.

Destarte, "(...) é lícito afirmar que todo e qualquer ato normativo, administrativo ou jurisdicional, que se revelar atentatório à dignidade humana, será invalidado e desprovido de eficácia jurídica, ainda que não colida frontalmente com qualquer dispositivo constitucional".[48]

Entretanto, nem sempre é fácil se determinar a afronta de um princípio por uma regra, porque os princípios são bastante fluidos, e não possuem a mesma densidade das regras. Assim, faz-se árdua a determinação do seu conteúdo semântico, e do seu âmbito de incidência, pois

---

47. Daniel Sarmento salienta que a dignidade da pessoa humana não pode ser restringida por nenhuma ponderação, pois o homem é a matriz axiológica e o fim último da ordem constitucional, não apenas um dos seus interesses (ob. cit., p. 196).

48. Daniel Sarmento, ob. cit., p. 71.

não se verifica a delimitação das respectivas hipóteses de incidência e conseqüências jurídicas.[49]

5. A dignidade da pessoa humana na separação judicial

5.1 Os requisitos da separação judicial fundada na culpa

O art. 5º, *caput*, da Lei 6.515/77, prevê o instituto da separação judicial culposa, determinando, *ipis literis,* que "a separação judicial pode ser pedida por um só dos cônjuges quando imputar ao outro conduta desonrosa ou qualquer ato que importe em grave violação dos deveres do casamento e torne insuportável a vida em comum".[50]

O dispositivo supra tem gerado grandes debates doutrinários, recebendo reprovação por parte da doutrina mais moderna, fundada, entre outros motivos, na sua não recepção, devido à ofensa à dignidade da pessoa humana.

No sistema atual a sociedade conjugal pode ser dissolvida de forma consensual ou litigiosa. Normalmente, a separação consensual fica impossibilitada quando uma das partes recusa-se a reconhecer o fracasso do matrimônio. Devido a esse conflito, um dos cônjuges é levado a pedir a separação de forma litigiosa, numa estreita relação entre amor e ódio.

Ante a recusa de um, portanto, resta àquele que deseja a separação provar que o outro foi culpado pelo fim do matrimônio. Começa, então, a devassa da vida íntima do casal, através de um processo judicial, que, embora sigiloso, é inegavelmente ofensivo, pois invade uma seara muito íntima.

O consentimento de ambos os cônjuges é fundamental para a celebração do casamento. Diz-se, até, que apenas neste momento eles tiveram autonomia. Ou seja, a liberdade atine apenas a decidir se querem ou não se casar; após a cerimônia, é a lei que os regula. Nessa linha de pensamento, se para a celebração do casamento fez-se necessário o consentimento de ambos os cônjuges, parece que para a sua continuação isso não é verdadeiro, pois, havendo a vontade de um em separar-se e a recusa do outro, ambos continuam casados se o juiz não encontrar um culpado.

---

49. Idem, p. 43.
50. Lei 6.515, de 26 de dezembro de 1977. "Regula os casos de dissolução da sociedade conjugal e do casamento, seus efeitos e respectivos processos, e dá outras providências".

Vale ressaltar que, na prática, muitos juízes têm atribuído culpa recíproca, quando não se consegue precisar quem foi o culpado, como uma alternativa para a solução do impasse jurídico.

Antônio Cezar Peluso explica que a "culpa" assume o papel de "circunstância elementar do suporte fático da separação e do divórcio, concebidos como efeitos jurídicos. Mas, à luz do mesmo princípio, atua também como causa do teor de certos efeitos da dissolução do casamento, ou seja, compõe os suportes fáticos doutros efeitos jurídicos".[51]

Entretanto, uma relação afetiva entre homem e mulher não encontra termo em um único ato. É um processo de desgaste contínuo e progressivo, que ocorre dia após dia, não sendo possível, na grande maioria dos casos, precisar quem deu início ou motivo a esse desgaste. Assim, o processo litigioso acaba por punir o autor do último erro, do último deslize.

Não basta, no entanto, ter havido conduta desonrosa ou infração a deveres matrimoniais, pois exige-se o requisito de insuportabilidade da vida em comum. Destarte, embora tenha ficado provada a conduta desonrosa, por exemplo, o juiz deve entender que, no caso concreto, diante das características peculiares do contexto social do casal, aquela foi capaz de tornar insuportável a vida em comum. Só com o preenchimento deste requisito o juiz decretará a separação.

5.2 As conseqüências da separação culposa

Devido à perquirição da culpa conjugal, além da decretação da separação, o culpado sofrerá algumas conseqüências, como: perda do direito à prestação de alimentos pelo cônjuge inocente – independente dos requisitos necessidade-possibilidade; perda do direito de usar o apelido do outro cônjuge; e a eventual perda da guarda dos filhos.

Muitos, inclusive, vêem na separação litigiosa um meio de receber a guarda dos filhos, ou de se livrar do encargo da prestação alimentícia, chegando, até mesmo, a forjar provas contra o outro cônjuge. Outras vezes, ainda que nada tenham a "ganhar", insistem na "condenação" do ex-cônjuge, pelo simples fato de receberem um atestado de que foi "vítima", estigmatizando o outro consorte com o peso da culpa.[52]

---

51. "A culpa na separação e no divórcio", in *Direito de Família e Ciências Humanas*, p. 42

52. Comenta-se no Ministério Público Pernambucano que em determinada cidade do interior, um senhor insistia no processo de separação judicial litigiosa, mesmo com o

Com respeito à guarda dos filhos, o fator único que deve prevalecer, *sempre*, está traduzido no *princípio do melhor interesse da criança*. Assim, não é o fato de o genitor ser "inocente" ou "culpado" que determinará com quem deverá ficar a prole, mas apenas, e exclusivamente, o interesse moral e material da criança (muito mais o moral).

Quanto à perda do nome de casado(a), valem duas considerações: primeiro, que apesar de ter sido reconhecido o direito ao cônjuge varão de aderir ao seu o apelido da esposa, isso dificilmente ocorrerá na prática, tendo-se em vista a cultura machista que impera em nossa sociedade. Assim, tal conseqüência continuará atingindo somente as mulheres. Por outro lado, sendo uma faculdade e não uma obrigação, e, na maioria das vezes, uma homenagem feita ao cônjuge, não há razão para a sua supressão após anos de casamento, mesmo que não acarrete um prejuízo profissional. A regra deveria ser continuar com o nome adotado, e não a exceção, mesmo tratando-se de divórcio, pois houve uma aderência à sua personalidade.

No que concerne ao direito a alimentos, também não há justificativa para a sua perda pelo cônjuge culpado que deles necessitar. Entretanto, não se pode esquecer que determinadas condutas, tais como lesões corporais graves e gravíssimas, e tentativa de homicídio, são as mais graves ofensas à dignidade humana, e, portanto, seria exigir uma postura santificada do cônjuge que as sofreu contribuir para a subsistência daquele que as praticou.

Deveria, então, se estudar uma alternativa para os casos de ofensas à integridade física e à vida. Talvez fosse uma solução a previsão taxativa da perda de alimentos por parte do cônjuge que tenha causado lesões corporais graves ou gravíssimas ou atentado contra a vida do outro, pois tais condutas destroem "o substrato jurídico da solidariedade e, por conseqüência, da solidariedade familiar, tornando iníqua a obrigação, por aquilo a que chamo de qualificação *transfamiliar* ou *transconjugal* de certos atos incompatíveis, por natureza, com a obrigação de concorrer para a subsistência do outro".[53]

Deste modo, o questionamento da culpa deveria ser abstraído também para efeito de prestação de alimentos. No caso concreto seriam ana-

---

juiz explicando-lhe as vantagens da separação consensual, devido à ausência de conseqüências para a ex-esposa, se esta fosse considerada culpada, pois os mesmos não possuíam filhos, bens, nem lhe seria requerida pensão. O juiz não entendia os motivos de sua insistência no litígio. O advogado da parte, os esclareceu: ele queria um atestado da traição, para mostrar às pessoas da cidade que ele havia sido "vítima".

53. Antonio Cezar Peluso, ob. cit., p. 57.

lisados, apenas, os motivos que levam o cônjuge a necessitar da colaboração do ex-consorte para suprir sua subsistência, e a possibilidade deste. Considerar-se-ia, ademais, a duração do casamento.

Tendo-se em vista as circunstâncias do caso concreto, seria estipulado um prazo (que poderia ser definido pelo legislador) para que o cônjuge alimentado conseguisse um meio digno de prover sua própria subsistência. Após o término de tal prazo, ainda havendo a necessidade de alimentos, o juiz analisaria os motivos e a existência de parentes que pudessem prestá-los. Caso houvesse parentes que pudessem supri-los, exoneraria o cônjuge alimentante. Não havendo, renovaria o prazo por mais um período. Tratando-se de pessoas com idade avançada ou incapacitadas permanentemente para o trabalho, a prestação de alimentos, em regra, seria perpétua. Tudo isso, insisto, sem se questionar a respeito da culpa.

O Código Civil aprovado, embora traga algumas novidades com relação às conseqüências da separação judicial culposa, ainda prevê o seu questionamento. Quanto aos alimentos, determina que mesmo o cônjuge considerado culpado terá direito a alimentos, desde que não tenha parente que o possam suprir. Foi, indubitavelmente, um grande avanço. Entretanto, melhor teria sido se houvesse extinguido o instituto da separação culposa, abstraindo a culpa conjugal, e possibilitado a separação pela iniciativa de apenas um dos cônjuges, mesmo que não se encontre um culpado, como vem fazendo o Tribunal gaúcho.

O processo de separação judicial litigiosa não é apenas prejudicial aos cônjuges, pois também atinge a prole do casal. Cabe dizer que toda separação, seja consensual, seja litigiosa, acarreta um trauma nos filhos, sendo motivo de sofrimento. Entretanto, tratando-se de um processo litigioso, no qual se coloca um genitor contra o outro, atribuindo-se reciprocamente as piores condutas, numa forte relação de amor e ódio, o prejuízo psicológico para os filhos terá proporções bem maiores. Dificilmente, após uma separação traumática, esses cônjuges irão refazer laços de amizade, pois esse instituto "(...) fomenta a discórdia, acaba por extinguir o pouco que ainda restava da relação desmoronada".[54]

5.3 A investigação da culpa na separação judicial: uma injustificada intromissão

Maria Berenice Dias, em artigo intitulado "Casamento: nem direitos nem deveres, só afeto", salienta a apropriação do casamento pelo Estado

---

54. Marta Vinagre Bembom, "Infidelidade Virtual e Culpa", *Revista Brasileira de Direito de Família*, abr./jun., 2000, p. 34.

e pela Igreja, o qual foi regulado de modo a atender os seus próprios interesses. Acrescenta que: "o casamento gera o 'estado matrimonial', em que os nubentes ingressam pela vontade, mas sua forma nasce da lei, que estabelece suas normas e seus efeitos. Segundo Salvat, as pessoas têm a liberdade de realizá-lo, *mas, uma vez que se decidem, a vontade delas se alheia e só a lei impera na regulamentação de suas relações*".[55]

Deste modo, as questões relativas ao casamento são de interesse do Estado, o qual determina quais são os deveres matrimoniais, estipulando sanções pelo seu descumprimento. Tais deveres encontram-se delineados no art. 231 do Código Civil em vigor (art. 1.566 do novo CC), todos eles passíveis de críticas quanto à sua efetividade, pois "não é a imposição legal de normas de conduta que consolida ou estrutura o vínculo conjugal, mas simplesmente a sinceridade de sentimentos e a consciência dos papéis desempenhados pelos seus membros que garantem a sobrevivência do relacionamento, como sede de desenvolvimento e realização pessoal".[56]

A investigação da culpa é uma intromissão injustificada do Estado[57] na vida íntima das pessoas, ainda mais nos dias atuais, com o reconhecimento da dignidade humana como valor supremo, representando a proibição de o Estado interferir em determinadas searas da esfera privada. Ademais, todas as conseqüências legais, sofridas pelo cônjuge "culpado", são incompatíveis com o princípio da dignidade da pessoa humana, instituído de forma expressa pela Constituição de 1988.

Outrossim, a família não é titular de um interesse separado e autônomo, superior àquele do pleno e livre desenvolvimento de cada pessoa, devendo ser conservado, como assevera Pietro Perlingieri, apenas enquanto exista "um *status familiae* que – na sua fase fisiológica – é a coincidência de valores e de interesses de vida, reciprocidade ou conexão de relações longe de lógicas retributivas ou de lucro e onde prevalece o 'bem' de cada um, como escopo a ser perseguido e, ao mesmo tempo, como justificação da constituição e da conservação do núcleo familiar".[58]

Ademais, sendo o "(...) casamento uma das formas de concretização do amor, (...), vamos constatar que a forma de dissolução desse casa-

55. *Revista da Ajuris*, dez. 2000, p. 206.
56. Idem, pp. 209-210.
57. Christiana Brito Caribé, "A culpa conjugal no atual contexto sócio-jurídico: uma injustificada intromissão estatal", *Anais da 2ª Mostra de Pesquisa, Pós-Graduação, Extensão*, 2001, pp. 247-248.
58. Pietro Perlingieri, *Perfis do Direito Civil*, p. 248.

mento – basicamente a separação com o divórcio –, tem que ser sempre pensada de maneira a preservar a dignidade de cada um dos integrantes do núcleo familiar",[59] de modo que as "(...) imposições de sanções, como se houvesse culpa na busca da felicidade e da dignidade, são restrições que não se podem manter em nível constitucional vigente",[60] sob pena de retirar a eficácia da Constituição.

O legislador pátrio precisa rever o instituto em comento, como o fez o Estado alemão, que se concentra em dar suporte e orientação, através de equipes multidisciplinares, aos que se separam, a fim de que não cometam os mesmos erros em suas futuras experiências afetivas, ensinando a corrigir as falhas que tenham porventura provocado o fracasso do relacionamento conjugal,[61] inclusive porque "numa sociedade globalizada, avançada, evoluída, com todos os acessos de informação disponíveis, parece risível aceitar esta intervenção estatal na intimidade do casal. Decidir sobre sentimentos é tarefa árdua, que o Direito, por si só, não pode fazer sozinho".[62]

6. Conclusão

A família é um direito fundamental, e, como tal, protegida pelo Estado. Entretanto, a dignidade da pessoa humana deve vir sempre em primeiro lugar, de modo que a família somente é protegida na medida em que seja um meio de desenvolver a personalidade de seus membros. Quando o amor chega ao fim, põe-se termo ao casamento, mas não à família, pois os pais continuarão sendo pais, e, por isso, em muitas ocasiões estarão juntos, educando sua prole e torcendo por suas conquistas. Para que isso seja viável, no entanto, faz-se preciso uma ruptura com o mínimo de traumas, o que se torna impossível frente a um processo de separação judicial no qual se perquire a culpa conjugal.

É cediço que toda separação gera traumas, seja litigiosa seja consensual; entretanto, quando se parte para investigar qual o cônjuge culpado pelo fracasso matrimonial, forma-se uma relação muito forte de amor e ódio, que irá marcar a vida de todos os envolvidos, que não são apenas os cônjuges, mas também a sua prole.

---

59. Renan Lotufo, "Separação e Divórcio no Ordenamento Jurídico Brasileiro e Comparado", in *Repensando o Direito de Família: Anais do I Congresso Brasileiro de Direito de Família*, p. 209.
60. Idem ibidem, p. 210.
61. Rolf Madaleno, *Direito de Família: Aspectos Polêmicos*, pp. 180-181.
62. Marta Vinagre Bembom, "Infidelidade Virtual e Culpa", *Revista Brasileira de Direito de Família*, abr/jun. 2000, p. 30.

Por outro lado, na maioria dos casos, pune-se apenas aquele que cometeu a última falta. Destarte, não é uma tarefa fácil a de se imputar a culpa a um dos cônjuges, pois aquele ao qual se imputou a culpa pode não ser o maior responsável pelo fracasso do casamento, mas apenas quem cometeu o erro final.

Ademais, todas as conseqüências são flagrantemente inconstitucionais, pois a guarda dos filhos e o direito a alimentos não pode estar condicionado à culpa ou inocência do cônjuge, mas a outros interesses e requisitos.

A separação judicial culposa agride os princípios da isonomia (substancialmente) e da autonomia da vontade, além do da não degradação do ser humano, os quais são inseparáveis da idéia de dignidade humana.

O inciso III do artigo 1º da Constituição Federal de 1988 é uma norma principiológica, e, como tal, de aplicação imediata, prescindível de regulamentação pelo legislador ordinário. A investigação da culpa conjugal consubstancia-se numa afronta ao princípio constitucional da dignidade da pessoa humana, de modo que o *caput* do art. 5º, da Lei 6.515/77, não foi recepcionado pela Constituição Federal de 1988. Não obstante isso, o dispositivo continua sendo aplicado.

Entretanto, tendo-se em vista a não previsão pelo ordenamento jurídico de um mecanismo para se retirar do sistema as normas não recepcionadas, resta àqueles que se sentirem prejudicados pelo dispositivo em foco suscitar a sua inconstitucionalidade, no caso concreto, através de uma ação incidental, a qual produzirá efeitos apenas para as partes do processo.

O STF, por sua vez, caso decida, reiteradas vezes, pela inconstitucionalidade daquela norma, comunicará ao Senado tal situação, o qual poderá suspender seus efeitos. Posto tratar-se de mera suspensão, no entanto, o dispositivo continua no ordenamento jurídico, como se estivesse "congelado". A qualquer momento, em tese, o STF poderá rever sua decisão, reformulando-a, caso em que a norma voltará a produzir efeitos.

A melhor solução, então, seria a revogação do *caput* do art. 5º da Lei 6.515/77 pelo legislador ordinário. Por enquanto, cabe aos aplicadores do Direito afastar a sua aplicação, nos casos concretos, para aplicar "(...) o Direito como um todo, que é o mesmo que aplicar a Justiça".[63]

---

63. Oton Lustosa, "A Lei, o Costume... O Direito", *Revista da Justiça Federal do Piauí*, jul./dez. 2000, p. 147.

Bibliografia

Artigos

ALMEIDA, Fernando Barcellos de. "Princípios Constitucionais", *Revista de Estudos Jurídicos*, v. 29, n. 77, Universidade do Vale dos Sinos, São Leopoldo-RS, set./dez., 1996.

BEMBOM, Marta Vinagre. "Infidelidade Virtual e Culpa", *Revista Brasileira de Direito de Família*, n. 5, abr./jun. 2000.

CARIBÉ, Christiana Brito. "A culpa conjugal no atual contexto sócio-jurídico: uma injustificada intromissão estatal", *Anais da 2ª Mostra de Pesquisa, Pós-graduação e Extensão*, Recife, UNICAP, pp. 247-248, 2001.

DIAS, Maria Berenice. "Casamento: nem direitos nem deveres, só afeto", *Revista da Ajuris*, Rio Grande do Sul, ano XXVI, n. 80, dez. 2000.

LUSTOSA, Oton. "A Lei, o Costume... O Direito", *Revista da Justiça Federal do Piauí*, Teresina, v. 1, n. 1, jul./dez. 2000, pp. 145-149.

NOBRE JÚNIOR, Edílson Pereira. "O Direito Brasileiro e o Princípio da Dignidade da Pessoa Humana", *RT* 777/472-484.

RIBEIRO, Marcus Vinícius. "A Evolução Histórica dos Direitos Fundamentais", *Revista da Faculdade de Direito da UNG*, Edição Acadêmica, v. 1, 1999.

SANTOS, Fernando Ferreira dos. "Princípio Constitucional da Dignidade da Pessoa Humana", *Revista da Justiça Federal do Piauí*, Teresina, v. 1, n. 1, jul./dez. 2000, pp. 43-58.

Livros

BASTOS, Celso Ribeiro. *Curso de Direito Constitucional*. 16ª ed., São Paulo, Saraiva, 1995.

BASTOS, Celso Ribeiro e MARTINS, Ives Gandra. *Comentários à Constituição do Brasil*. v. 1, São Paulo, Saraiva, 1988.

BITTAR, Carlos Alberto. *O direito civil na Constituição de 1988*. 2ª ed., São Paulo, Ed. RT, 1991.

BONAVIDES, Paulo. *Curso de Direito Constitucional*. 12ª ed., São Paulo, Malheiros Editores, 2002.

CRETELLA JÚNIOR, José. *Comentários à Constituição de 1988*. v. 1, Rio de Janeiro, Forense, 1990.

KELSEN, Hans. *Teoria Geral do Direito e do Estado*. 2ª ed., São Paulo, Martins Fontes, 1995.

LOTUFO, Renan. "Separação e Divórcio no Ordenamento Jurídico Brasileiro e Comparado", in PEREIRA, Rodrigo da Cunha (coord.), *Repensando o Direito de Família: Anais do I Congresso Brasileiro de Direito de Família*, Belo Horizonte, Del Rey, 1999.

MADALENO, Rolf. *Direito de Família: Aspectos Polêmicos*. 2ª ed., Porto Alegre, Livraria do Advogado, 1999.

MIRANDA, Rosângelo Rodrigues de. "Ensaio sobre a tutela da autonomia privada na convenção americana de direitos humanos", in LOTUFO, Renan (coord.), *Cadernos de Autonomia Privada*. Curitiba, Juruá, 2000.

MORAES, Alexandre. *Direito Constitucional*. 5ª ed., São Paulo, Atlas, 1999.

PELUSO, Antônio Cezar. "A culpa na separação e no divórcio", in NAZARETH, Eliana Riberti, e MOTTA, Maria Antonieta Pisano (coords.), *Direito de Família e Ciências Humanas* (Cadernos de estudos n. 2), São Paulo, Jurídica Brasileira, 1998.

PEREIRA, Rodrigo da Cunha. "A Culpa no Desenlace Conjugal", in WAMBIER, Teresa Arruda Alvim, e LEITE, Eduardo de Oliveira. *Repertório de Doutrina sobre Direito de Família*, v. 4, São Paulo, Ed. RT, 1999.

PERLINGIERI, Pietro. *Perfis do Direito Civil*. 1ª ed., Rio de Janeiro, Renovar, 1999.

POPP, Carlyle. "O princípio constitucional da dignidade da pessoa humana e a liberdade negocial: a proteção contratual no direito brasileiro", in LOTUFO, Renan (coord.), *Cadernos de Direito Civil-Constitucional*. São Paulo, Max Limonad, 1999.

TEMER, Michel. *Elementos de Direito Constitucional*. 18ª ed., São Paulo, Malheiros Editores, 2002.

TEPEDINO, Gustavo. *Temas de Direito Civil*. Rio de Janeiro, Renovar, 1999.

_____. *Problemas de Direito Civil-Constitucional*. Rio de Janeiro, Renovar, 2000.

SARMENTO, Daniel. *A Ponderação de Interesses na Constituição Federal*. Rio de Janeiro, Lumen Juris, 2000.

SICHES, Luis Recaséns. *Introducción al estudio del derecho*. 12ª ed., México, Porrúa, 1997.

SILVA, José Afonso da. *Curso de Direito Constitucional Positivo*. 20ª ed., São Paulo, Malheiros Editores, 2002.

REFLEXOS DA CONSTITUCIONALIZAÇÃO NAS RELAÇÕES DE FAMÍLIA

MARIA RITA DE HOLANDA SILVA OLIVEIRA[1]

1. A Era do Código Civil como Constituição privada – Revisitando o sistema clássico. 2. O Direito Civil repersonalizado; 2.1 A repersonalização no âmbito das relações familiares; 2.2 Os princípios fundamentais da família na Constituição Federal de 1988. 3. A interpretação conforme a constituição e os efeitos decorrentes; 3.1 O problema da eficácia social do sistema jurídico brasileiro na previsão das causas da separação judicial – uma contribuição pessoal. 4. A base jurídica constitucional para o direito à orientação sexual e seus efeitos nas relações familiares. 5. Considerações finais.

Apresentação do trabalho e delimitações na abordagem do tema

Para basear os pontos em que pretendemos trabalhar no decorrer do presente estudo, iniciaremos, nos primeiros itens, com uma abordagem sobre o Direito Civil tradicional e a mudança de paradigma para a visão nuclear da Constituição Federal. A partir daí, refletiremos sobre o novo conceito de família e a repersonalização de suas relações.

Posta a base geral, identificaremos dois objetos de estudo no direito de família, que merecem reflexão diante do novo paradigma apresentado e dos princípios constitucionais insculpidos nos artigos 5º, 226 e seguintes, da Constituição Federal de 1988.

Os dois pontos que refletiremos com base na interpretação das normas de família, conforme a Constituição, serão os seguintes: o primeiro é sobre as proposições jurídicas que prevêem as causas da separação judicial na Lei 6.515/77; e o segundo é sobre o direito à orientação sexual e, conseqüente, a possibilidade de união entre pessoas do mesmo sexo, com ou sem objetivo sexual, como família.

---

1. A Autora é advogada, professora assistente da Universidade Católica de Pernambuco, mestranda vinculada à Pontifícia Universidade Católica de São Paulo e à Universidade Federal de Pernambuco, membro da comissão de exame da Ordem dos Advogados do Brasil – secção Pernambuco.

A idéia é, em relação ao primeiro ponto, com base na experiência profissional adquirida no exercício da advocacia na área de direito de família, levantar argumentos que demonstrem uma aparente ineficácia social das mesmas na aplicação das normas no caso em concreto.

O sistema jurídico brasileiro, na previsão das causas da separação judicial, caminha em descompasso com a realidade social, uma vez que, na prática, não há a elucidação do elemento subjetivo da culpa nas decisões judiciais dos respectivos processos de separação judicial. No contato diário com os casos de separação percebemos o descompasso entre as causas invocadas pelos interessados e as causas efetivamente trabalhadas no desenvolvimento do processo judicial. A relevância do presente estudo reside na necessidade de reflexão sobre o desuso e da conseqüente desnecessidade da regra jurídica que prevê as causas da separação judicial com base no princípio da culpa, a fim de que, futuramente, sejam propostas formas de soluções de conflitos mais adequadas aos novos valores. Os argumentos, na possibilidade de uma pesquisa sócio-jurídica futura, poderão inclusive ser demonstrados.

Quanto ao segundo ponto, a idéia é refletir sobre a interpretação extensiva do princípio constitucional relativo à dignidade da pessoa humana e igualdade, independentemente de raça, sexo, religião, como um permissivo constitucional de que decorrem outros subprincípios e direitos, tais como o direito à orientação sexual.

A base jurídica para a construção do direito à orientação sexual se encontra insculpida no art. 5º da Constituição Federal de 1988 como direito personalíssimo, atributo inerente e inegável da pessoa humana, sobre o qual também refletiremos no desdobramento do item terceiro.

Estrutura do texto

O texto se estrutura em três itens. O primeiro está destinado a relembrar a estrutura tradicional do Código Civil Brasileiro, e da apologia ao Direito privado, que era núcleo para todas as demais regras.

O segundo item destina-se a apresentar a nova estrutura do Direito Civil, sua repersonalização e conseqüências para as relações de família, que, por conseguinte, também se encontram baseadas em novos valores.

Os dois primeiros itens, portanto, são parte da base geral dos pontos específicos a serem tratados no item subseqüente e seus desdobramentos.

O terceiro e último item trata dos pontos específicos mencionados, trazendo, também, além da fundamentação teórica adotada com base na doutrina contemporânea, uma contribuição pessoal, voltada para a área de direito de família, onde pretendemos apresentar uma reflexão sobre a aplicação das proposições jurídicas específicas das causas da separação judicial e a sua possível ineficácia social, com base nos conceitos e teorias apresentadas, e um estudo sobre o princípio constitucional, como base jurídica para o direito à orientação sexual e relações familiares dele advindas.

As considerações finais deste trabalho, em razão de um critério metodológico adotado, ingressam no quarto item.

1. A Era do Código Civil como constituição privada
– Revisitando o sistema clássico

O Código Civil provém da sistematização procedida por Jean Domat. Foi este quem primeiro separou as leis civis das públicas. O Direito Civil foi então identificado com a promulgação do *Code*, sendo constituído pelas regras que regulavam as relações entre as pessoas privadas, a sua capacidade, estado, família e propriedade. O Código Civil era visto então como a Constituição privada, que regulava a vida dos cidadãos desde o nascimento e até depois de sua morte. Neste contexto, vislumbrava-se a nítida e absoluta separação entre o direito público e o direito privado, tratando aquele dos interesses gerais e este das relações entre pessoas privadas.[2]

O Estado liberal foi inaugurado pela revolução burguesa e se baseava na igualdade formal, que expressava que "todos são iguais perante a Lei". As cartas de direitos asseguravam os direitos denominados de primeira geração que, no âmbito dos direitos fundamentais, consignavam uma esfera negativa de proteção contra a ação do Estado.

As liberdades econômicas dos indivíduos eram estabelecidas para que estes pudessem regular seus interesses de forma absoluta e autônoma.

Como os direitos fundamentais eram eminentemente direitos de defesa, antepunham-se numa relação verticalizada entre o cidadão e o Estado. O Direito Civil, então, garantia que das relações entre os indivíduos, por ele disciplinadas, se mantivesse apartado o Estado.

Os dois grandes momentos desta era, denominada de "era da codificação", foram o Código de Napoleão de 1804 e o BGB de 1896.

---

2. Julio César Finger, Ingo Wolfgang Sarlet (Org.), "Constituição e direito privado: Algumas notas sobre a chamada constitucionalização do Direito Civil", p. 86.

Foi do racionalismo de Locke, Descartes e Spinoza, que defendia a idéia de que se deve à razão o predomínio na gênese do conhecimento humano, que se chegou à construção de que toda a atividade social é racionalmente ordenada, abrindo caminho para a concepção de Direito como sistema e um método dogmático específico a partir de conceitos gerais.[3] Assim, a noção de sistema foi a maior contribuição do racionalismo para o Direito.

O sistema que propunha a codificação, no entanto, era um sistema fechado, axiomático-dedutivo, resumindo-se a atividade do intérprete em isolar o fato e identificar a norma a ele aplicável.

Foi então que surgiu a Escola da exegese, que se debatia em torno da literalidade dos textos legais e, com o fortalecimento do Estado Moderno, foi-se firmando o dogma da completude. Enquanto os códigos se transformaram no centro do sistema jurídico, as Constituições ficaram reduzidas a simples leis orgânicas dos poderes políticos.

O sistema artimanhado, de tal sorte competente, atribuiu-se a si próprio o poder de dizer o Direito e, assim o fazendo, delimitou uma tênue mas eficaz lâmina entre o Direito do não-Direito.[4]

Neste sentido, o sistema codificado permite somente a entrada das situações reais correspondentes às categorias por ele conceituadas, permanecendo as demais no campo do não-jurídico.

Em verdade, a afirmação de que todos são iguais perante a lei, embasada pelo sistema adotado no Estado Liberal, que implica a ab-rogação negativa de não-fazer, de respeito à autonomia e auto-regulação privada, não é e não foi suficiente.

Surgiram, então, os direitos de segunda geração, ou direitos sociais, que geraram um dever de fazer do Estado aos cidadãos. O Estado, então, tornou-se devedor de prestações positivas (no Brasil, em 1934).

Com a intervenção na Economia, acentuada depois do segundo pós-guerra, foi necessária uma nova dimensão dos direitos fundamentais, denominados direitos de terceira geração, caracterizados pelo desprendimento e redimensionamento da titularidade daqueles. Nesta dimensão ofereceram-se uma órbita de proteção a determinados grupos sociais. São denominados direitos de solidariedade e fraternidade (no Brasil, em 1988).

3. Idem, ibidem, p. 88.
4. Luiz Edson Fachin, "Limites e Possibilidades da Nova Teoria Geral do Direito Civil", in *Revista da AJURIS*, 60/205.

No influxo gerado por uma nova postura intervencionista estatal, o Direito Civil, nos moldes do Estado Liberal, não apresentava mais soluções a contento das novas exigências sociais.

Essa dissociação entre a realidade da vida e a projetada pela norma, implicou o surgimento de vários novos diplomas legais para regular novas situações que não se encontravam previstas no Código Civil, a exemplo das leis de Locações Urbanas, de Condomínio Vertical, o Estatuto da Criança e do Adolescente – ECA, o Código de Defesa do Consumidor, e outros. Com isso o Código Civil sai do núcleo do sistema e passa a ocupar a condição de um microssistema, como os demais novos surgidos.

A forte intervenção caracterizada pelo Estado de Bem-estar, comprimiu a autonomia da vontade e impôs a proteção de uma das partes envolvidas na relação jurídica, considerada hipossuficiente, de modo a equilibrar juridicamente o que de fato não o era, buscando igualdade no sentido material. A lei surge não para limitar a liberdade, mas, sim, para aumentá-la, à medida que ela passa – a liberdade – a ser real, pois o legislador passa a se preocupar com a diminuição das desigualdades.[5]

Desse modo, inicialmente através da interposição do legislador ordinário, começou a inflexão do Direito Constitucional sobre o direito privado.

Hoje, o Estado Democrático de Direito é um Estado comprometido constitucionalmente com a realização efetiva dos direitos fundamentais, que lança os seus valores sobre as normas de direito privado, forçando a sua reinterpretação e ocasionando, por vezes, a sua derrogação, em razão de sua aplicação imediata, conforme verificaremos nos itens subseqüentes.

2. O Direito Civil repersonalizado

Com a descentralização do ordenamento jurídico no Código Civil, a Lei Fundamental, incorporando os novos valores, deixa de ser o Estatuto, apenas, da vida política do Estado, passando a expressar a sua supremacia também no campo normativo, ao prever uma ordem material de valores.

A Constituição exige que todos os atos praticados sob a sua égide a ela se conformem, sob pena de inexistência, nulidade, anulabilidade ou

---

5. Carlyle Popp, "Princípio Constitucional da Dignidade da Pessoa Humana e a Liberdade Negocial – A Proteção Contratual no Direito Brasileiro", p. 153.

ineficácia – Princípio da Constitucionalidade. A ordem dos valores materiais prevista pela Constituição expressa-se nos princípios constitucionais.

No atual Estado Democrático de Direito, os Princípios Constitucionais têm por meta orientar a ordem jurídica para a realização de valores da pessoa humana como titular de interesses existenciais, para além dos meramente patrimoniais.

No âmbito pois desta repersonalização e constitucionalização, nos deparamos com uma despatrimonialização do Direito Civil.

Não há que se falar na invasão da esfera pública sobre a privada, mas sim de "estrutural transformação do conceito de Direito Civil, que abrigou, na tutela das atividades e dos interesses da pessoa humana, técnicas e instrumentos tradicionalmente próprios do direito público, como, por exemplo, a aplicação direta das normas constitucionais nas relações jurídicas de caráter privado".[6]

A partição do Direito em público e privado não mais corresponde à realidade econômico-social, nem corresponde à lógica do sistema, devendo ser reavaliada. É, cada vez com maior freqüência, a fundição entre o interesse público e o interesse privado, e vários são os pontos de confluência.

Diante de tantas alterações, tanto o direito público como o direito privado tiveram modificados seus significados originários: o direito privado deixou de ser o âmbito da vontade individual e o direito público não mais se inspira na subordinação do cidadão. A distinção passa a ser meramente "quantitativa", pois há institutos onde é prevalente o interesse dos indivíduos, estando presente, contudo, o interesse da coletividade, e institutos em que prevalece, em termos quantitativos, o interesse da sociedade.[7]

No atual Estado Democrático de Direito, que se fundamenta, primordialmente, na dignidade da pessoa humana, nos valores sociais do trabalho e da livre iniciativa, não há mais que se falar do antagonismo entre o público e o privado, pois os objetivos constitucionais de construção de uma sociedade justa, livre e solidária e de erradicação da pobreza colocaram a pessoa humana no vértice do ordenamento jurídico brasi-

---

6. Maria Celina B. M. Tepedino, "A Caminho de um direito civil constitucional", *RDC* 65/23-24.
7. Idem, ibidem, p. 26.

leiro. A prioridade, então, é atribuída à pessoa humana, sua dignidade, personalidade e seu livre desenvolvimento.

A normativa fundamental passa a ser a justificação direta de cada norma ordinária que, com aquela, deve se harmonizar, pelo princípio da legalidade constitucional. Atualmente, o jurista em sua interpretação deve voltar-se para a aplicação direta e efetiva dos valores e princípios da Constituição, também na relação interindividual, situada no âmbito dos modelos próprios do direito privado.

Assim, qualquer norma ou cláusula negocial deve se coadunar e exprimir a normativa constitucional. As normas de Direito Civil precisam ser interpretadas como reflexo das normas constitucionais, sempre privilegiando a dignidade da pessoa humana. São, portanto, os valores existenciais que devem ser priorizados no âmbito do Direito Civil.

A Lei sobre o bem de família (Lei 8.009, de 29.3.1990) expressa bem esta inversão de valores, ao prever a impenhorabilidade do bem de família.

A leitura da legislação infraconstitucional deve ser feita sob a ótica dos valores constitucionais. A norma constitucional assume a função de, validando a norma ordinária aplicável ao caso concreto, modificar, à luz de seus valores e princípios, os institutos tradicionais.

2.1 A repersonalização no âmbito das relações familiares

Com o advento do Estado Social, este passou a se interessar de forma clara pelas relações de família.

As Constituições do Estado Social, ao contrário das Constituições do Estado Liberal, tratam a família como base da sociedade. A influência do Estado na família tem o objetivo de proteção do espaço familiar e de sua garantia.

Na Constituição Federal de 1988, em seus artigos 226 a 230, podemos verificar que o centro da tutela Constitucional se desloca do casamento para as relações familiares dele decorrentes; e que a proteção da família como instituição, unidade de produção e reprodução dos valores culturais, éticos, religiosos e econômicos, dá lugar à tutela essencialmente funcionalizada à dignidade de seus membros, em particular no que concerne ao desenvolvimento da personalidade.[8]

8. Gustavo Tepedino, *Temas de Direito Civil*, p. 349.

A "família-instituição" é substituída pela "família-instrumento", voltada para o desenvolvimento da personalidade e da promoção da dignidade de seus membros.[9] Altera-se o conceito de unidade familiar para um conceito flexível e instrumental.

Os princípios, uma vez expressos no texto constitucional, são direito positivo, constituindo o primeiro passo para uma regulamentação.

É manifesto que, entre as novas disposições e os artigos do código e das legislações especiais, surgem antinomias, que se superam pela automática inconstitucionalidade revocatória que o texto Constitucional produz.

Assim, por exemplo, o dispositivo do Código Civil de 1916, art. 233, que assim se expressa: "O marido é o chefe da sociedade conjugal, função que exerce com a colaboração da mulher, no interesse comum do casal e dos filhos".

Tal dispositivo se encontra suprimido pelo princípio da igualdade jurídica dos cônjuges, previsto no art. 226, § 5º, da Constituição Federal de 1988, assim como todos os que dizem respeito aos direitos do homem e da mulher, salvo os direitos recíprocos ou comuns.

O conceito de família é histórico e relativo, não sendo preciso em sua extensão. Atualmente, pelo texto Constitucional, família é o conjunto de pessoas ligadas pelo casamento, pela união estável ou pelo parentesco, decorrendo este da consangüinidade, ou da adoção, ou, ainda, a comunidade formada por qualquer dos pais e seus descendentes.

A partir destes elementos, surge a relação jurídica familiar, objeto de normas cogentes, que estabelecem a tipicidade dos atos de direito de família.[10]

É necessário, no entanto, que o jurista e a própria legislação vejam as pessoas em sua dimensão ontológica e não como simples abstratos pólos de relações jurídicas. A restauração da primazia da pessoa, nas relações de família, na garantia da expressão da afetividade, é a condição primeira da adequação do Direito à realidade.[11]

Várias opiniões doutrinárias defendem esta primazia.

9. Gustavo Tepedino (Coord.), "A Tutela Jurídica da filiação (Aspectos Constitucionais e Estatutários)", pp. 265 e ss.
10. Francisco Amaral, *Direito Constitucional: A eficácia do Código Civil brasileiro após a Constituição Federal de 1988*, pp. 309-303.
11. P. Luiz Netto Lobo, Carlos Alberto Bittar (Coord.), "A repersonalização das relações de família", in *Direito de Família e a Constituição de 1988*, p. 72.

Carlos Alberto Bittar[12] afirma que, desde os tempos primitivos, o casamento funda-se na *affectio maritalis*. A ausência ou a quebra de afeição acarretam a inexistência ou desfazimento do matrimônio, pela impossibilidade da vida em comum.

Caio Mário da Silva Pereira[13] refere-se à substituição, no Direito moderno, da organização autocrática da família por uma orientação democrático-afetiva. O centro de sua constituição deslocou-se do princípio da autoridade para o da compreensão e amor.

Paulo Luiz Netto Lobo reconhece fundamento jurídico-constitucional do princípio da afetividade, assim se expressando:

"Encontra-se na Constituição Federal brasileira três fundamentos essenciais do princípio da afetividade, constitutivos dessa aguda evolução social da família, máxime durante as últimas décadas do século XX:

"a) todos os filhos são iguais, independentemente de sua origem (art. 227, § 6º);

"b) a adoção, como escolha afetiva, alçou-se integralmente ao plano da igualdade de direitos (art. 227, §§ 5º e 6º);

"c) a comunidade formada por qualquer dos pais e seus descendentes, incluindo-se os adotivos, tem a mesma dignidade de família constitucionalmente protegida (art. 226, § 4º)."[14]

Ora, sendo a afetividade o elemento nuclear e definidor da união familiar, em suas diferenciadas formas sociais, fatalmente nos depararemos com "entidades familiares" que não foram literalmente reconhecidas pelo texto constitucional de 1988.

2.2 Os princípios fundamentais da família na Constituição Federal de 1988

A matéria relativa à família, tratada no texto constitucional, em resumo, é a seguinte:

1) reconhecimento da família como instituição básica da sociedade e como objeto de especial proteção do Estado (art. 226, *caput*);

2) a existência e permanência do casamento, civil ou religioso, como base, embora sem exclusividade, da família;

---

12. Carlos Alberto Bittar, "O Divórcio no Direito Brasileiro", *RT* 511/30-46.
13. Caio Mário da Silva Pereira, *Instituições de Direito Civil*, p. 26.
14. Paulo Luiz Netto Lobo, "O Princípio Jurídico da Afetividade na Filiação", *A Família na Travessia do Milênio, Anais do II Congresso Brasileiro de Direito de Família*.

3) competência da lei civil para regular os requisitos, celebração, eficácia do casamento e sua dissolução;

4) igualdade jurídica dos cônjuges (226, § 5º);

5) reconhecimento, para fins de proteção do Estado, da entidade familiar formada pela união estável de homem e mulher, assim como a comunidade formada por qualquer dos pais e seus descendentes (226, §§ 3º e 4º);

6) possibilidade de dissolução do vínculo matrimonial pelo divórcio (226, § 6º);

7) direito de constituição e planejamento familiar, fundado nos princípios da dignidade da pessoa humana e da paternidade responsável, competindo ao Estado propiciar recursos educacionais e científicos para o exercício desse direito (226, § 7º);

8) igualdade jurídica dos filhos, proibidas quaisquer designações discriminatórias (227, § 6º);

9) proteção da infância, como o reconhecimento de direitos fundamentais à criança e ao adolescente, e responsabilidade da família, da sociedade e do Estado por sua observância (227 e parágrafos);

10) atribuição aos pais do dever de assistência, criação e educação dos filhos (229); e

11) proteção do idoso (230).

Desta matéria decorreram diversos textos de legislação ordinária, a exemplo da Lei 8.069 de 13.7.1990 (ECA); a Lei 8.560 de 29.12.1992 (investigação de paternidade); Lei 8.971 de 29.12.1994, (regulando o direito de companheiros – alimentos e sucessão); Lei 9.278 de 10.5.1996 (sobre união estável), entre outras.

Os princípios constitucionais da família, extraídos dessa matéria, são essencialmente o da igualdade e o da liberdade. O princípio da igualdade sexual foi reforçado, com a previsão da igualdade entre cônjuges, sendo absoluto e de eficácia imediata. Qualquer legislação assimétrica anterior ao texto constitucional será inaplicável. Também houve equalização de todos os filhos, independentemente da condição de nascimento. O princípio da liberdade foi contemplado de maneira difusa em diversos dispositivos, tendo as seguintes vertentes: liberdade da família diante do Estado e da Sociedade; e a liberdade de cada membro diante dos outros e da própria família. Desta forma liberdade de constituição, manutenção e extinção da família; liberdade de planejamento familiar; liberdade contra a violência, exploração e opressão em relação aos filhos.

Podemos considerar os princípios como critérios orientadores do conhecimento, interpretação e aplicação das normas. Diferem das regras jurídicas, porque não tipificam comportamentos concretos e específicos e se identificam pelo seu conteúdo (fins e valores).

São, no entanto, princípios normativos quando diretamente aplicáveis ou quando estabelecem normas cujo desenvolvimento regulará seu conteúdo. Assim, são princípios e regras, espécies do gênero norma.

Quanto à eficácia, os princípios jurídicos, quando expressos, positivados, têm eficácia direta e imediata, como fonte de direito derrogatória, invalidatória, interpretativa e informadora.

Basta dizer que dois dos princípios jurídicos de família acima elencados produziram antinomias com o Código Civil de 1916 em cerca de setenta e cinco por cento das normas de direito de família, que foram os princípios da igualdade dos cônjuges e da igualdade dos filhos.

Verifique-se, pois, que, atualmente, "se faz necessário uma interpretação que saiba evidenciar os valores que se encontram no vértice do ordenamento, de modo a definir, a partir daí, na dúctil imagem do quadro cultural contemporâneo, as situações merecedoras de tutela e as soluções para os conflitos de interesse que estejam em perfeita consonância com a realidade social".[15]

3. A interpretação conforme a Constituição e os efeitos decorrentes

Conforme dissemos anteriormente, princípios e regras são espécies do gênero norma.

É evidente, no entanto, que entre princípios e regras interpõem-se substanciais diferenças qualitativas, em que avulta, de modo especial, a abstração encontrada entre os primeiros, em maior medida. Entre as regras jurídicas, vigora a "lógica do tudo ou nada" e entre os princípios, opera a ponderação, quando entram em conflito.[16]

Entre as regras, havendo antinomia, a solução é dada no plano da validade – e apenas uma vale. Entre princípios, havendo antinomia, entra em cena o balanceamento dos valores em conflito, cedendo um deles para o outro, sem prejuízo do seu núcleo essencial, em ponderação a ser verificada no caso concreto.

---

15. Gustavo Tepedino, *Temas de Direito Civil*, pp. 365-366.
16. Julio César Finger, Ingo Wolfgang Sarlet (Org.), "Constituição e direito privado: algumas notas sobe a chamada constitucionalização do Direito Civil", p. 97.

Neste sentido, o sistema jurídico é axiológico, sendo encabeçado pela lei fundamental, é sistema aberto, mantendo com a realidade uma relação dialógica. Este sistema jurídico-constitucional aberto admite a formulação de outros princípios e subprincípios.

Desta forma, todas as regras infraconstitucionais devem ser interpretadas conforme a Constituição.

A Constituição poderá atuar sobre o direito privado de três formas:

1) Indiretamente, quando o legislador infraconstitucional concretizar a norma de direito fundamental ao legislar a regra de direito privado;

2) indiretamente, quando o juiz interpretar as cláusulas gerais e conceitos indeterminados, preenchendo a norma incompleta para os valores albergados nos princípios constitucionais; e

3) diretamente, quando inexistir norma de direito privado, cláusula geral ou conceito indeterminado, ou, ainda, a norma ordinária tiver alcance mais restrito que a normativa constitucional.

Quando contrariados os direitos fundamentais, estará o juiz, ao exercer o controle difuso da constitucionalidade, autorizado a negar validade à norma privada atentatória daqueles valores, presentes ou não cláusulas gerais e/ou conceitos jurídicos indeterminados.

Dos efeitos decorrentes dos critérios de interpretação constitucional, nas relações de família, e para ilustrar a fundamentação teórica até aqui defendida sobre a repersonalização de tais relações, nos preocuparemos agora em abordar duas situações contidas em nossa realidade, que reclamam um redirecionamento interpretativo – que são: o enfraquecimento do princípio da culpa na dissolução da sociedade conjugal, e a união civil entre pessoas do mesmo sexo.

Neste sentido, é imprescindível, por exemplo, que reconheçamos a possibilidade de dissolução da sociedade conjugal independentemente de culpa, prevista no artigo 226, § 6º, da CF, não havendo mais como associar a aplicação de sanções atinentes a efeitos jurídicos existenciais, e mesmo patrimoniais, à culpa pela ruptura do vínculo matrimonial.

Da mesma forma, que o artigo 5º da Constituição – que assegura a liberdade, a igualdade, sem distinção de qualquer natureza, a inviolabilidade da intimidade e da vida privada – é a base jurídica para a construção de direitos que constituem um prolongamento da personalidade, como, por exemplo, o direito à orientação sexual.

Estamos a nos referir, pois, a um Direito Civil Constitucional e não Direito Constitucional Civil, posto que são normativos de ordem material civil, previstos na Constituição, que calcada no objetivo de construir uma sociedade livre, justa e solidária, garantir o desenvolvimento nacional, erradicar a pobreza e a marginalização, reduzir as desigualdades sociais e regionais, e promover o bem de todos, sem preconceitos de origem, raça, sexo, cor, idade e quaisquer outras formas de discriminação, volta-se à proteção e garantia das relações privadas, e não somente à forma da organização do Estado.

3.1 O problema da eficácia social do sistema jurídico brasileiro na previsão das causas da separação judicial – Uma contribuição pessoal

Antes de enfocarmos propriamente o problema da eficácia social na proposição jurídica referente às causas da separação judicial, faremos uma breve análise da nova concepção de família, para justificar os posicionamentos tomados na conclusão.

"A visão institucional e funcional do casamento que atendia a superiores interesses do Estado, o qual, na hipótese de infração culposa aos deveres conjugais, pode intervir com sanções, para punir o culpado e salvar o inocente, resta, por demais, ultrapassada.

"A nova concepção, vê, antes de mais nada, a família como entidade histórica, cuja estrutura e funções mudam através da história.

"Dos períodos vividos pela família, podemos destacar os que tenderam a servir desígnios políticos e militares; o que teve acentuadas funções econômico-produtivas e reprodutivas; os de guardiã do patrimônio familiar; o de centro político de valores comunitários; e o período, por nós vivido atualmente, como espaço de realização pessoal e afetiva.

"As pessoas já não se unem para produzir ou reproduzir, mas tão-somente para serem felizes.

"A família é o lugar de tutela da vida e da pessoa humana, consagrado pela Constituição Federal de 1988, através do princípio da dignidade da pessoa humana. Em razão disso, quando a família falha nesse papel, surge o divórcio e a separação judicial, como remédios para livrar a pessoa da degradação a que estaria submetida, se continuasse em estado de sofrimento no seio da família."[17]

---

17. Antônio Cézar Peluso, Eliana Riberti Nazareth e Maria Antonieta Pisano Motta (Coord.), "A Culpa na Separação e no Divórcio", p. 4.

O direito de família deve ser investigado sempre sob prismas interdisciplinares, posto que os operadores jurídicos não estão obrigados e capacitados a descobrir as motivações inconscientes da ação humana, tarefa esta, destinada aos profissionais da psicanálise, que levam meses para detectar as razões do inconsciente. Em verdade, quando surge a crise matrimonial, a ruptura já foi produzida muito antes.

Dentro da nova concepção de família, e com base nos elementos expostos, somos da opinião de que a regra jurídica atualmente em vigor se atenha, apenas, à objetividade da crise, adotando exclusivamente o princípio da ruptura.

Rodrigo da Cunha Pereira aprofunda um pouco mais este prisma interdisciplinar ao estudar a família como uma estruturação psíquica, entendendo que o verdadeiro sustento do laço conjugal está no desejo, sem o qual não há casal. Com base na teoria de Lacan, reconhece que a fisiologia do desejo é sempre estar desejando outra coisa. Existirá então um culpado para o fim da conjugalidade?

Continua o citado mestre, assim se expressando: "No casamento, quando se depara com o cotidiano, e o véu da paixão já não encobre mais os defeitos do outro, constata-se uma realidade completamente diferente daquela idealizada. Pensa-se até que houve engano na escolha do cônjuge e começa-se a atribuir-lhe a culpa pelo fracasso do casamento. Instala-se então o litígio conjugal para procurar um culpado. Não tendo capacidade para resolver seus próprios conflitos, as partes transferem essa responsabilidade para um Juiz, na esperança de que ele, o Grande Outro, para usar uma expressão psicanalítica, venha apresentar a solução mais adequada. E o amor, quem diria, foi parar na justiça".[18]

O Direito, enquanto ciência jurídica, não pode endossar punição, pagamento ou indenização pelo fim do amor, mesmo porque nenhum pagamento suprirá o desamparo resultante de uma separação.

O Código Civil estabelece que são deveres de ambos os cônjuges: a fidelidade recíproca; a vida em comum no domicílio conjugal; a mútua assistência e o sustento, guarda e educação dos filhos.

O descumprimento de qualquer destes deveres, quando não existe o perdão do outro cônjuge, acarreta a dissolução da sociedade, mediante pedido de separação judicial. É necessário, para tanto, o estabelecimen-

---

18. Rodrigo da Cunha Pereira, "A culpa no Desenlace Conjugal", in *Direito de Família e Ciências Humanas*, p. 137.

to de dois requisitos: gravidade da violação e insuportabilidade da vida em comum.

"A fidelidade recíproca é entendida como o impedimento de relações sexuais com terceiros. Atualmente, trata-se de dever incompatível com os valores de liberdade e igualdade na sociedade conjugal. Os valores hoje dominantes não reputam importante para a manutenção da sociedade conjugal esta forçada fidelidade, que transforma o casamento não em comunhão de afeto, mas de um instrumento de repressão sexual e de represália de um contra o outro, quando o relacionamento chegou ao fim agredindo a privacidade e a intimidade das pessoas."[19]

A tendência do Direito é a substituição do dever de fidelidade pelo dever de respeito e consideração, mais adequados aos valores atuais, como fez a lei brasileira da união estável.

O dever da vida em comum no domicílio conjugal desdobra-se em dever de viverem na habitação conjugal e dever de manutenção da família. O primeiro é chamado por alguns autores de dever de "coabitação", cujo sentido prevalecente foi de relacionamento conjugal no lar comum. Além de o exercício temporário ou permanente de funções ou atividades em locais distintos caracterizar a inexigibilidade, há os casos de casais que preferem estar em habitações distintas porque entendem que, assim, preservam melhor suas individualidades. Isto não elimina, no entanto, o dever de sustento, guarda e educação dos filho, que permanece de ambos. O segundo desdobramento mencionado, da manutenção da família, importa em dever comum dos cônjuges de concorrerem, na proporção de seus bens e rendimentos do trabalho de cada um, qualquer que seja o regime matrimonial.

A mútua assistência envolve aspectos morais e materiais. A assistência moral está vinculada à natureza humana de apoio recíproco e de solidariedade, nos momentos bons e nos momentos difíceis. A assistência material diz respeito ao provimento necessário para o sustento da família, de acordo com o rendimento e as possibilidades econômicas de cada cônjuge. O seu descumprimento converte-o em dever de alimentos dentro dos requisitos de necessidade e disponibilidade.

O dever de sustento, guarda e educação dos filhos constitui a especificação dos encargos cometidos aos cônjuges, relativamente aos filhos comuns. O sustento corresponde ao aspecto material; a guarda é o direito-dever de convivência e manutenção do filho, sob vigilância e amparo,

---

19. Paulo Luiz Netto Lobo, "Igualdade Conjugal – Direitos e Deveres", p. 230.

com oposição a terceiros; a educação inclui a cultura e as várias dimensões em que ela se dá na progressiva formação do filho.

Particularmente nos preocuparemos, neste item, com apenas duas formas de dissolução da sociedade conjugal: a separação e o divórcio.

Com a Emenda Constitucional n. 9, de 28 de junho de 1977, veio a ser instituído o divórcio no Brasil, regulamentado pela Lei 6.515, de 26.12.1977. Antes disso, havia apenas o antigo "desquite", cujo papel passou a ser assumido pela separação judicial.

As condições e efeitos de cada uma das duas formas são distintos. Pela separação judicial o homem e a mulher não desfazem o vínculo, terminando apenas a sociedade conjugal, o que impede os cônjuges separados de contraírem novas núpcias, até que seja convertido em divórcio ou outra forma de dissolução do vínculo matrimonial, como a morte de um dos cônjuges.

A separação judicial se desenvolverá por mútuo consentimento ou através de forma litigiosa. Na consensual, não há que se falar de causa da separação. A separação litigiosa baseia-se na culpa de um dos cônjuges, que praticou conduta desonrosa ou qualquer ato que importe em grave violação dos deveres do casamento e torne insuportável a vida em comum ou sua ruptura, ou grave doença mental de um dos cônjuges.

Outrora, estas causas eram enfrentadas com grande afinco nos tribunais, onde, nas audiências ocorridas a portas fechadas, se despejavam as mágoas e segredos até então restritos às quatro paredes do reduto matrimonial. Atualmente, não podemos dizer que as discussões se encerraram, mas que se estendem por período considerado mínimo, se compararmos com outra época. Raras são as separações judiciais que chegam a termo, na forma litigiosa, com condenação de um dos cônjuges. Os casais em via de separação, ao ultrapassarem a fase crítica da mágoa, pela causa imputada, tendem a transformar a luta processual em um consenso, exaustos das agressões mútuas. Não se trata também de transferir a culpa da separação a qualquer um dos separandos. É entendimento pacífico aliás, refletido já na legislação do divórcio, de que não é possível se determinar a culpa no rompimento de uma relação conjugal.

A separação consensual se firma com a declaração livre das partes, e representa um modo racional e objetivo de dissolução, onde as partes optam pelo silêncio dos motivos determinantes.

O divórcio chegou ao Brasil em 1977, e essa conquista representou um avanço e uma forma de remediar milhares de uniões concubinárias.

O divórcio põe fim à sociedade conjugal, e ao vínculo matrimonial. Duas são as formas de divórcio previstas: o direto e o indireto. A primeira é concedida após um prazo de separação judicial prévia, mediante a conversão. A conversão poderá ser consensual ou litigiosa. A segunda exige como requisito o decurso do prazo – contínuo e ininterrupto – de dois anos de separação de fato. Pode se estabelecer, também, de forma consensual ou litigiosa, sendo a primeira aquela que é pleiteada por ambos os cônjuges e a segunda aquela que é pleiteada por um dos cônjuges, podendo o outro cônjuge contestar apenas no que se refere ao decurso do prazo da separação de fato.

Quando falamos de causas legais da dissolução da sociedade conjugal, estamos a nos referir à separação judicial litigiosa, posto que na separação por mútuo consentimento e no divórcio não há que se falar de causa ou culpabilidade.

De acordo com a Lei 6.515/77, existem três tipos de separação judicial, cada um baseado em determinadas situações: a primeira causa está em determinados fatos ilícitos imputáveis a um dos cônjuges: conduta desonrosa ou ato que constitua em grave violação dos deveres do casamento – baseia-se na culpa; a segunda é a ruptura da vida em comum dos cônjuges; e a terceira é a grave doença mental de um dos cônjuges (separação-remédio).

Todos os motivos contemplados condicionam-se a uma profunda análise no sentido de redundarem ou não na satisfação dos requisitos da insuportabilidade da vida em comum, ou da impossibilidade de continuação da vida em comum.

As teorias doutrinárias dominantes insistem em apresentar simplesmente uma visão descritiva das causas de separação judicial, quando muito, apenas, apresentando divergências em relação aos amplos conceitos estipulados pela lei, em relação ao significado de conduta desonrosa e graves violações dos deveres do casamento. Apresentam a evolução do sistema com o advento da Lei 6.515/77, que veio modificar o sistema fechado e limitativo do regime anterior, com base no adultério, tentativa de morte, sevícia ou injúria grave e abandono do lar conjugal durante dois anos contínuos, de acordo com artigo 317 do Código Civil brasileiro de 1916.

Com a inserção da separação com base na ruptura, o nosso sistema, inspirado no direito francês, passou a adotar um sistema misto, mantendo alguns casos fundados na culpa, com ampliação dos conceitos, e outros casos fundados na ruptura.

As teorias doutrinárias insurgentes já apresentam uma visão mais crítica do sistema em vigor, reconhecendo este como insuficiente ao atendimento das novas demandas sociais.

O que se pretende é refletir e argumentar se a regra jurídica que prevê as causas da separação judicial litigiosa, elencadas no artigo 5º e parágrafos da Lei 6.515/77, produz os seus efeitos quando aplicada à realidade social.

Entendemos que a classificação das causas previstas legalmente, como sanção, falência e remédio, a cada dia perde mais sentido. Pelo sistema atual, na falta de qualquer das imputações previstas, bloqueia-se o exercício do direito de não permanecer casado.

Não mais tem sentido averiguar a culpa como motivação de ordem íntima. Mesmo que se possam inferir certas condutas no conflito, estas podem ser apenas sintomas do fim e não do início da ruptura.[20]

A nossa experiência profissional constata essa nova realidade. Os casais em conflito, de fato, se vêem diante das causas previstas – no entanto, espontaneamente ou conduzidamente (por terceiros, árbitros, juízo), não discutem oficialmente tais causas, não chegando a termo, na maioria dos casos, a imputação da culpa.

Esta é uma constatação que já se aponta, numericamente, com o levantamento estatístico no número de separações judiciais litigiosas chegadas a termo com atribuição de culpa, e o número de separações conciliadas.

Embora a Lei 6.515/77 tenha inserido no sistema a separação-ruptura, prescindindo do fator culpabilidade, as causas ainda não se mostram suficientes. Inúmeras relações conjugais persistem unicamente porque um dos cônjuges não aceita a separação consensual, ou em razão da inexistência das causas inseridas no artigo 5º e seus parágrafos da referida lei.[21]

Pretender a comprovação de alguma culpa de parte de outro cônjuge é questão complexa e que, com freqüência, redunda em uma causa artificial.

Verificando-se que na realidade social as causas previstas não têm sido trabalhadas pelas partes e profissionais envolvidos no "litígio" processual, seja espontaneamente ou não, demonstra-se o efetivo desuso na

---

20. Luiz Edson Fachin, *Elementos Críticos do Direito de Família – Curso de Direito Civil*, p. 179.
21. Arnaldo Rizzardo, "Separação e Divórcio", p. 300.

aplicação da regra na maioria dos casos de separação judicial litigiosa, e sua conseqüente ineficácia social nas relações sociais contemporâneas, o que implicaria a supressão do princípio da culpa, que explica a separação judicial litigiosa como conseqüência sancionatória do reconhecimento da culpa de um dos cônjuges por violação dos deveres matrimoniais.

Reafirma-se aqui, ao cruzar os aspectos da Lei com a realidade social, o descompasso com as exigências mais profundas da renovação da própria concepção sociológica das funções familiares e em aberto desacordo com valores e princípios tendentes a concretizar a idéia de justiça.[22]

Verifiquemos, agora, um pouco da justificativa para o papel da culpa na dissolução conjugal no sistema tradicional, ainda vigente, com uma breve abordagem dos efeitos sancionatórios pessoais e patrimoniais, bem como algumas razões que autorizam a sua atenuação.

No direito de família, a culpa expressa-se na tradição ocidental tanto no momento patológico do casamento, quando alguém é responsabilizado por não mais querer viver com o seu cônjuge – na ruptura da sociedade conjugal – quanto no quadro de estabilidade da vida a dois, culpando-se os cônjuges freqüentemente pelo papel que desempenharam na família, associando-se o esforço individual por objetivos comuns à idéia de sofrimento.[23]

Anteriormente à lei do divórcio, no regime do Código Civil, o casamento era indissolúvel, sendo previstas, apenas, as hipóteses de desquite – que dependia de prova das causas então previstas.

Sendo indissolúvel o casamento, era inegável o estigma da culpa a quem pretendesse se separar. Culturalmente, o desquitado, sobretudo a mulher, era visto com forte preconceito.

Ao introduzir o divórcio, foram enfrentadas várias dificuldades de ordem religiosa, cultural e social. Lembramos sempre os programas televisivos que bem retratavam as dificuldades e preconceitos enfrentados pela mulher – como, por exemplo, "Malu Mulher", que mostrava a realidade de uma mulher desquitada na sociedade que insistia em manter seus valores tradicionais, em nome da imagem, envolta em um manto de hipocrisia, da família constituída pelo casamento indissolúvel, independente da felicidade pessoal de seus membros.

22. Antônio Cézar Peluso, Eliana Riberti Nazareth e Maria Antonieta Pisano Motta (Coord.), "A Culpa na Separação e no Divórcio", p. 41.
23. Gustavo Tepedino, *Temas de Direito Civil*, p. 368.

A arrefecimento do papel da culpa se deu com o advento da Lei 8.408 de 13.2.1992 (redução de prazo para a separação judicial), e da Lei 7.841/89, que deu nova redação ao artigo 40 da Lei 6.515/77, que expandiu a separação ou divórcio remédio, promovido de maneira objetiva.

O texto constitucional atual assim se expressa:

"Art. 226. (...)

"§ 6º. O casamento civil pode ser dissolvido pelo divórcio, após prévia separação judicial, por mais de um ano nos casos expressos em lei, ou comprovada separação de fato por mais de dois anos."

No que tange aos efeitos patrimoniais, portanto, mostra-se reduzido, embora no tocante ao dever de alimentos (art. 19 da LD) permaneça em realce.

Da mesma forma, em relação à perda do sobrenome pela mulher, após a separação. A idéia vincula a manutenção do nome do marido ao seu comportamento durante o casamento. O efeito é a subtração do nome, tanto na separação culposa como na separação-remédio.

Já em relação ao divórcio, com a Lei 8.408/92, a perda do nome é prescrita como regra, completamente desvinculada da idéia de culpa.

Quanto a este aspecto da perda do nome do marido, é sempre bom lembrar o aspecto da constitucionalidade da solução legal, tendo em vista que viola o direito de identificação pessoal da mulher, posto que se integra à sua personalidade.

Ainda no rol das conseqüências da culpa na separação, nos deparamos com a perda da guarda dos filhos pelo cônjuge culpado (art. 10 da LD). Porém, graças ao art. 13, que dispõe que em qualquer caso, a bem dos filhos, o juiz poderá regular diferentemente da forma estabelecida nos artigos anteriores, o dispositivo vem sendo atenuado pela boa atuação da jurisprudência.

Embora as experiências legislativas nacional e estrangeira indiquem a tendência na atenuação da culpa na separação judicial, no Direito brasileiro a permanência de seus efeitos ainda é dominante.

É necessário, no entanto, que o intérprete insista em revisar os seus critérios, no sentido de distinguir a justificativa do Código Civil da emanada pela Constituição Federal de 1988.

Pelo Código Civil de 1916, o casamento era valorado como um bem em si mesmo, necessário à consolidação das relações sociais, independentemente da realização pessoal de seus membros. O seu rompimento era, então, reprovado socialmente, não obstante as causas objetivas apresentadas. Tratava-se de regime rígido de preservação da estrutura familiar em torno do casamento.

Tais valores inflexíveis justificavam as dificuldades legais para o rompimento, tanto de ordem material como processual.

A Constituição Federal de 1988, ao contrário, estabeleceu a proteção da família como meio para a realização da personalidade de seus membros, estremando a entidade familiar, passando a matrimonial a ser espécie daquela.

Ora, se a unidade da família, à luz da Constituição, não mais se identifica com a unidade do casamento, não há como associar a aplicação de sanções (alimentos, guarda de filhos, sobrenome da mulher), e mesmo patrimoniais (divisão de bens) à culpa, pela ruptura do vínculo matrimonial.[24]

Lamentavelmente, também, o novo Código Civil atuou em verdadeiro retrocesso. Porquanto retornou ao sistema clássico previsto no art. 317 do antigo desquite litigioso, voltando a enumerar taxativamente as causas de separação judicial litigiosa.[25]

---

24. Idem, ibidem, p. 384.
25. Nota da Editora: para maior facilidade de comparação, transcreve-se, a seguir, os artigos que constituem o "Capítulo X – Da Dissolução da Sociedade e do vínculo Conjugal", do novo Código Civil, de 2002:
    Art. 1.571. A sociedade conjugal termina:
    I – pela morte de um dos cônjuges;
    II – pela nulidade ou anulação do casamento;
    III – pela separação judicial;
    IV – pelo divórcio.
    § 1º. O casamento válido só se dissolve pela morte de um dos cônjuges ou pelo divórcio, aplicando-se a presunção estabelecida neste Código quanto ao ausente.
    § 2º. Dissolvido o casamento pelo divórcio direto ou por conversão, o cônjuge poderá manter o nome de casado; salvo, no segundo caso, dispondo em contrário a sentença de separação judicial.
    Art. 1.572. Qualquer dos cônjuges poderá propor a ação de separação judicial, imputando ao outro qualquer ato que importe grave violação dos deveres do casamento e torne insuportável a vida em comum.
    § 1º. A separação judicial pode também ser pedida se um dos cônjuges provar ruptura da vida em comum há mais de um ano e a impossibilidade de sua reconstituição.
    § 2º. O cônjuge pode ainda pedir a separação judicial quando o outro estiver acometido de doença mental grave, manifestada após o casamento, que torne impossível a continuação da vida em comum, desde que, após uma duração de dois anos, a enfermidade tenha sido reconhecida de cura improvável.
    § 3º. No caso do parágrafo 2º, reverterão ao cônjuge enfermo, que não houver pedido a separação judicial, os remanescentes dos bens que levou para o casamento, e se

Entendemos, por fim, que também em relação à conversão da separação judicial em divórcio, não há como se criar obstáculos pelo comportamento culposo do cônjuge separado, em razão da previsão constitucional referente ao requisito ou condição exclusivamente temporal para a sua concretização.

o regime dos bens adotado o permitir, a meação dos adquiridos na constância da sociedade conjugal.

Art. 1.573. Podem caracterizar a impossibilidade da comunhão de vida a ocorrência de algum dos seguintes motivos:
I – adultério;
II – tentativa de morte;
III – sevícia ou injúria grave;
IV – abandono voluntário do lar conjugal, durante um ano contínuo;
V – condenação por crime infamante;
VI – conduta desonrosa.
Parágrafo único. O juiz poderá considerar outros fatos que tornem evidente a impossibilidade da vida em comum.

Art. 1.574. Dar-se-á a separação judicial por mútuo consentimento dos cônjuges se forem casados por mais de um ano e o manifestarem perante o juiz, sendo por ele devidamente homologada a convenção.

Parágrafo único. O juiz pode recusar a homologação e não decretar a separação judicial se apurar que a convenção não preserva suficientemente os interesses dos filhos ou de um dos cônjuges.

Art. 1.575. A sentença de separação judicial importa a separação de corpos e a partilha de bens.

Parágrafo único. A partilha de bens poderá ser feita mediante proposta dos cônjuges e homologada pelo juiz ou por este decidida.

Art. 1.576. A separação judicial põe termo aos deveres de coabitação e fidelidade recíproca e ao regime de bens.

Parágrafo único. O procedimento judicial da separação caberá somente aos cônjuges, e, no caso de incapacidade, serão representados pelo curador, pelo ascendente ou pelo irmão.

Art. 1.577. Seja qual for a causa da separação judicial e o modo como esta se faça, é lícito aos cônjuges restabelecer, a todo tempo, a sociedade conjugal, por ato regular em juízo.

Parágrafo único. A reconciliação em nada prejudicará o direito de terceiros, adquirido antes e durante o estado de separado, seja qual for o regime de bens.

Art. 1.578. O cônjuge declarado culpado na ação de separação judicial perde o direito de usar o sobrenome do outro, desde que expressamente requerido pelo cônjuge inocente e se a alteração não acarretar:
I – evidente prejuízo para a sua identificação;
II – manifesta distinção entre o seu nome de família e o dos filhos havidos da união dissolvida;
III – dano grave reconhecido na decisão judicial.

§ 1º. O cônjuge inocente na ação de separação judicial poderá renunciar, a qualquer momento, ao direito de usar o sobrenome do outro.

4. A base jurídica constitucional para o direito à orientação sexual e seus efeitos nas relações familiares

Embora o tema do presente trabalho esteja voltado para os reflexos do Direito Constitucional nas relações de família, trataremos, neste item, do novo conceito de família, cujo núcleo se volta para o desenvolvimento livre das personalidade de seus membros, que se encontram ligados por vínculo de afetividade. Não nos referiremos, pois, ao conceito jurídico de família, já mencionado em itens anteriores, dentre as entidades já reconhecidas legalmente, mas principalmente às entidades não reconhecidas, porém legitimadas por uma realidade que a cada dia vem sendo corroborada através de atos e decisões em reconhecimento das novas tendências.

Estamos a nos referir às uniões entre homossexuais (que possuem objetivos sexuais) e uniões entre pessoas do mesmo sexo, que não sendo, necessariamente, homossexuais, construíram um relacionamento afetivo. É preciso, ao menos, reconhecer a relevância jurídica com que vêm sendo tratadas, posto que se constituem nas fontes jurisprudenciais, como sociedade de fato, produzindo efeitos na ordem jurídica, a exemplo da partilha de bem comum.

Com relação às uniões homossexuais, à medida que a própria jurisprudência vem se firmando no sentido de reconhecer direitos entre estes, mais próximos estamos de seu reconhecimento perante a lei, por imposição da própria realidade.

Insurge-se uma nova teoria de interpretação da Constituição com base no princípio do *numerus apertus*, que afirma serem os tipos familia-

§ 2º. Nos demais casos caberá a opção pela conservação do nome de casado.
Art. 1.579. O divórcio não modificará os direitos e deveres dos pais em relação aos filhos.
Parágrafo único. Novo casamento de qualquer dos pais, ou de ambos, não poderá importar restrições aos direitos e deveres previstos neste artigo.
Art. 1.580. Decorrido um ano do trânsito em julgado da sentença que houver decretado a separação judicial, ou da decisão concessiva da medida cautelar de separação de corpos, qualquer das partes poderá requerer sua conversão em divórcio.
§ 1º. A conversão em divórcio da separação judicial dos cônjuges será decretada por sentença, da qual não constará referência à causa que a determinou.
§ 2º. O divórcio poderá ser requerido, por um ou por ambos os cônjuges, no caso de comprovada separação de fato por mais de dois anos.
Art. 1.581. O divórcio pode ser concedido sem que haja prévia partilha de bens.
Art. 1.582. O pedido de divórcio somente competirá aos cônjuges.
Parágrafo único. Se o cônjuge for incapaz para propor a ação ou defender-se, poderá fazê-lo o curador, o ascendente ou o irmão.

res previstos não taxativos, comportando mais tipos, incluindo a união entre homossexuais, independentemente de alteração constitucional.

Vejamos alguns aspectos históricos do homossexualismo, para desmistificar a imagem de que se trata de uma prática surgida com os novos tempos:

O homossexualismo é a prática sexual entre pessoas do mesmo sexo, pela própria etimologia da palavra. Tal prática também é encontrada entre muitos povos primitivos, como também nas antigas civilizações, uma vez que era conhecida e praticada pelos romanos, egípcios, gregos e assírios. Entre outros povos chegou a ser relacionada à religião e à carreira militar, pois a pederastia era atribuída aos Deuses Horus e Set, que representavam a homossexualidade. Todavia, foi entre os gregos que o homossexualismo tomou maior feição, pois, além de representar aspectos religiosos e militares, os gregos também atribuíam à homossexualidade características como a intelectualidade, estética corporal e ética comportamental, sendo por muitos considerada mais nobre do que o relacionamento heterossexual.

Com o advento do cristianismo, a homossexualidade passou a ser encarada como anomalia psicológica, sendo considerada um baixo vício, repugnante, considerada inclusive como crime entre os ingleses até a década de 60. Ainda hoje, nos países islâmicos, é considerado um tipo delituoso.

Muitos discutem ainda sobre a sua origem, se se trata de preferência ou opção sexual ou se se trata de efeitos congênitos, gerado por distúrbios hormonais. Não vem ao caso; contemporaneamente, a homossexualidade passa por uma fase de maior abertura, isto é, há uma tendência maior à sua aceitação pelas sociedades modernas, especialmente no ocidente.

A diversidade de sexo em um relacionamento com objetivo sexual é um elemento que sempre caracterizou a família no Brasil, seja proveniente do casamento, seja proveniente, recentemente, da união estável. Contudo, é preciso reconhecer que toda e qualquer definição do casamento, ao longo do tempo, sofrerá alteração, seja em face do enfoque que a ele se dê – como instituição, contrato ou ato –, seja em razão das modificações sofridas pela própria família e, logicamente, da própria sociedade.

Assim, os conceitos variam conforme variam os valores nas sociedades, no tempo e no espaço. O conceito de casamento em uma sociedade que admite apenas a monogamia é um; em outra, que admite a poligamia, será outro.

É verdade, porém, que na maioria das conceituações o elemento da diversidade de sexo apresenta-se, atualmente, como elemento importante e caracterizador das definições do matrimônio. Mas existem países que admitem o matrimônio entre pessoas do mesmo sexo, como, por exemplo, a Dinamarca e a Suíça.

Com relação às uniões entre pessoas do mesmo sexo sem necessário objetivo sexual, no Brasil já existe o Projeto de Lei n. 1.151, de 1995, em tramitação, que busca proteger os efeitos das relações havidas entre pessoas do mesmo sexo. É certo que o projeto refere-se à união civil e não a casamento, mas propõe, basicamente, os mesmos efeitos, como o direito à herança, sucessão, benefícios previdenciários, seguro saúde conjunto, declaração conjunta de imposto de renda e o direito à nacionalidade, no caso de estrangeiros. Obviamente que as uniões homossexuais também seriam contempladas pelo projeto, uma vez que não existe proibição para tal.

Fortes são ainda os preconceitos e a rigidez em se manter o elemento diversidade de sexo para se reconhecer legalmente o casamento e a união estável. A matéria, diante da realidade, não pode mais ser vista como inexistência matrimonial, como asseguram os tradicionais doutrinadores.

Curioso é verificar que não há, em qualquer dispositivo do Código Civil ou da Constituição, expressa condição de diversidade de sexo para o casamento, mas tão-somente nas entrelinhas da legislação ordinária civil. Não existe, sequer, qualquer impedimento dos relacionados no art. 183 do Código Civil de 1916 (art. 1.521, do novo Código). Trata-se, sim, de proibição imposta pela própria moral, e corroborada pela fonte doutrinária do direito, que lhe atribuiu a condição de inexistência na hipótese de identidade de sexos.

O mesmo não ocorre, no entanto, com a união estável, cujo dispositivo é expresso em relação ao elemento diversidade de sexo.

Em verdade, o texto Constitucional brasileiro assegura a liberdade, a igualdade, sem distinção de qualquer natureza, em seu artigo 5º, bem como a inviolabilidade da intimidade e a vida privada. Temos, pois, a base jurídica constitucional para a construção do direito à orientação sexual como direito personalíssimo, atributo inerente e inegável da pessoa humana.[26]

---

26. Luiz Edson Fachin, *Elementos críticos do direito de família – Curso de Direito Civil*, p. 95.

A pessoa tem o direito de optar a se orientar sexualmente como lhe convenha, e obter, a partir daí, os privilégios e opções que a lei oferece, não podendo essa orientação sexual ser predicado para a sua identificação social e jurídica, e muito menos ser motivo de sua exclusão perante a lei.

O sistema jurídico, com o nascimento, estabelece uma identidade sexual, teoricamente imutável. O Registro Civil, geralmente imodificável, marca o indivíduo em sua vida social. Sendo um sinal uniforme e monolítico, é incapaz de compreender a pluralidade psicossomática das pessoas.

Contudo, os fatos acabam se impondo perante o Direito, e não pode a justiça ignorar a realidade social, engessando-se no formalismo.

Na classificação dos direitos de personalidade, portanto, devem ser considerados os aspectos fundamentais da personalidade, ou seja, o físico, o intelectual e o moral; em razão disso é que a Constituição garante a integridade física (proteção jurídica à vida, ao corpo humano, ao cadáver e à liberdade pessoal de submeter-se ou não a exame ou tratamento médico); a integridade intelectual (proteção à liberdade de pensamento e ao direito autoral); e à integridade moral (proteção pertinente à pessoa no que diz respeito à sua honra, liberdade, recato, imagem e nome) – tudo isso independente de sexo, raça, credo ou qualquer distinção.

A personalidade foi a instituição em torno da qual, desde os mais remotos tempos, sempre gravitou a experiência jurídica das comunidades. Significa a possibilidade de se conferir a um ente, humano ou moral, a aptidão de adquirir direitos e contrair obrigações.

Coube ao pensamento cristão, fundado na fraternidade, provocar a mudança de mentalidade em direção à igualdade dos seres humanos. Passamos pela escravidão, pela traumática barbárie nazi-fascista, pela não-condição de pessoa da mulher, pela indissolubilidade do matrimônio etc.

"O meio social tem uma sensibilidade particular relativamente à essencialidade dos direitos. Mudando a consciência moral, modificando-se o modo de encarar a posição do indivíduo no seio da sociedade, muda correlativamente o âmbito dos direitos tidos como essenciais à personalidade. Os direitos de personalidade estão vinculados ao ordenamento positivo tanto como os outros direitos subjetivos, uma vez admitido que as idéias dominantes no meio social sejam revestidas de uma particular força de pressão sobre o próprio ordenamento."[27]

---

27. Adriano De Cupis, *Os direitos de personalidade*, p. 18.

Percebe-se que o Constituinte de 1988 plasmou, à guisa de fundamento da República Federativa do Brasil como Estado Democrático de Direito, a dignidade da pessoa humana, retratando o reconhecimento de que o indivíduo há de constituir o objetivo primacial da ordem jurídica. O princípio fundamental da dignidade da pessoa humana traduz a repulsa constitucional às práticas, imputáveis aos poderes públicos ou aos particulares, que visem a expor o ser humano, enquanto tal, a posição de desigualdade perante os demais, a desconsiderá-lo como pessoa, reduzindo-o à condição de coisa, ou deixando-o à margem da lei, privando-o dos meios necessários à sua manutenção material e, por que não, também, à sua manutenção e sobrevivência espiritual, à sua felicidade.[28]

5. Considerações finais

No presente trabalho, procurou-se levantar novas realidades já constatadas, que reclamam um reconhecimento da lei de forma mais direta e precisa.

Trata-se mais de uma reflexão analítica.

Já dizia Tulio Ascarelli, grande jurista italiano que lecionou no Brasil, que, na atual crise de valores, o mundo pede aos juristas idéias novas, mais que sutis interpretações. Por este motivo, a escolha do título para este trabalho.

Em sendo assim, concluímos quão importante enfrentar os preconceitos conceituais arraigados e firmar verdadeiramente o conceito de Direito, a partir do ordenamento jurídico que tem visão, através dos elaboradores das normas que o compõem, da realidade social, tal como se apresenta, a fim de que possamos evitar normas que se encontram cristalizadas em sua época, e não atingem o seu objetivo de produzir eficácia.

Não há como fundamentarmos nossas considerações finais sem buscarmos as bases de nossa Teoria Geral do Direito, para justificarmos os pontos de vistas levantados e refletidos nos tópicos do item terceiro. Os aspectos de existência de uma norma jurídica, remetem-nos aos conceitos de validade, eficácia, vigência e efetividade, peculiaridades estas de destaque e importância para o estudo ora proposto.

Na concepção da doutrina da Teoria Pura do Direito, a pretensão de Kelsen[29] foi a de reconhecer o sistema como sendo um sistema jurídico

---

28. Edilson Pereira Nobre Júnior, "O Direito brasileiro e o princípio da dignidade da pessoa humana".
29. Hans Kelsen, *Teoria Pura do Direito*.

isento de todos os conhecimentos estranhos à Ciência do Direito, bem como de qualquer conteúdo ideológico, devendo prescindir, pois, de conceitos sociológicos, psicológicos, ideológicos, éticos ou políticos. O direito positivo estaria restrito a um sistema lógico de normas com alcance interterritorial/espacial, pretensa e idealmente intertemporal. Uma visão, portanto, reducionista do direito a uma mera "técnica social" sem qualquer sentido valorativo.

Nesta linha de raciocínio, Kelsen propõe que no ordenamento jurídico, como um todo, na sua grande complexidade de normas de várias espécies, estas estão relacionadas entre si, e têm como pressuposto de validade o fato de que foram originadas, propositadamente, por uma outra norma superposta, que estaria em posição de superioridade hierárquica, e que representaria seu fundamento imediato de *validade*, até se chegar à norma fundamental. A norma fundamental pressuposta, representaria o fundamento de validade das mesmas.

Mas esta era a posição inicial, radicalmente normativa, de Kelsen, que sustentava que o elemento essencial do Direito é a validade formal. Posteriormente, ao se mudar para os Estados Unidos, viu-se obrigado a reconhecer que o Direito, em sua acepção ampla, pressupõe um mínimo de eficácia.[30]

Numa concepção dogmática do ordenamento jurídico, há que se identificar o problema de validade de uma norma jurídica, ou seja, saber quando uma norma é reconhecida como válida para o ordenamento, a partir de que momento e até quando, quais os efeitos que produz e até quando, se os produz.

Para que se reconheça a validade de uma norma, é mister, em princípio, que ela esteja integrada no ordenamento jurídico. Após o cumprimento do processo formal de produção normativa, previsto pelo próprio ordenamento, temos uma norma válida. Nesta fase, as condições formais e materiais de sua produção devem ser obedecidas para reconhecimento da validade.

Com a publicação, inicia-se o tempo de validade, denominado de vigência. Pela nossa lei de Introdução ao Código Civil, uma lei começa a ter vigência em todo o País, 45 (quarenta e cinco) dias depois de oficialmente publicada, salvo disposição diversa na publicação. Ao entrar em vigor, passa a ter força vinculante até o momento em que for revogada ou em que se esgote o prazo prescrito para sua duração.

---

30. Miguel Reale, *Lições Preliminares de Direito*, p. 114.

Portanto, validade e vigência não se confundem, podendo uma norma ser válida sem ser vigente, sendo esta, no entanto, sempre válida. A observância das normas de competência, de determinação do momento constitui validade formal e a observância da matéria constitui validade material.

Uma norma válida pode ser vigente e não ter eficácia. Enquanto a primeira se refere ao tempo de validade, a segunda se refere à produção de efeitos.

A eficácia é uma qualidade da norma que se refere à possibilidade de produção concreta de efeitos, porque estão presentes as condições fáticas exigíveis para sua observância, espontânea ou imposta, ou para a satisfação dos objetivos visados (efetividade ou eficácia social), ou porque estão presentes as condições técnico-administrativas exigíveis para sua aplicação (eficácia técnica).

A validade das normas, em um sistema dinâmico, pode cessar. Uma norma perde a validade se revogada por outra, ou seja, se esta interrompe o curso da vigência daquela. Mas também perde a validade pela ineficácia. Neste sentido, devemos distinguir a caducidade (superveniência de uma situação já prevista na norma – prazo ou calamidade), do desuso (as condições de aplicação por ela previstas não mais existem), e do costume negativo (omissões que ocorrem diante de fatos que seriam condição de aplicação da norma).[31]

A caducidade produz efeitos por mera verificação, mas o desuso e o costume negativo exigem justificação.

Para que uma norma seja efetiva ou socialmente eficaz, faz-se necessária a presença de requisitos fáticos. A ausência desses requisitos fáticos pode afetar, ou não, a validade da norma. Para Kelsen a ineficácia social pode tornar inválida uma norma, mas esta posição não é pacífica na doutrina.

Para Tércio Ferraz,[32] a ausência de um mínimo de efetividade não afeta a validade de uma norma, pois esta entrou para o ordenamento ainda que nunca tivesse produzido efeitos. Ao mesmo tempo esta posição doutrinária reconhece que se uma norma ficar sem observância e sem aplicação, por longo tempo, ela entra em desuso, *podendo-se falar da perda de seu sentido normativo.*

31. Tércio Sampaio Ferrraz Jr., *Introdução ao Estudo do Direito – Técnica, Decisão, Dominação*, p. 205.
32. Idem, ibidem, p. 198.

Ainda, a eficácia social ou efetividade de uma norma não se confunde com sua observância. Não se reduzindo à obediência, a efetividade ou eficácia social tem, antes, o sentido de sucesso normativo, o qual pode ou não exigir obediência.

Tércio[33] continua, esclarecendo que, exigindo obediência, devem-se distinguir presentes os requisitos fáticos, entre a observância espontânea e a observância por imposição de terceiros (efetiva aplicação pelos tribunais).

Se ocorrer inobservância espontânea, mas os tribunais continuarem aplicando, o jurista deverá investigar se os requisitos fáticos ainda existem ou se ainda têm algum sentido social relevante. Se ocorrer observância espontânea, mas, em caso de conflito, as partes não procuram os tribunais, preferindo a composição amigável, a ausência dos requisitos fáticos pode estar do lado da impositividade por terceiros. Em razão disso, a efetividade das normas é variável e pode ser graduada.

O que verificamos do exposto, pois, é que o Direito autêntico não é apenas o declarado, mas o reconhecido, vivido pela sociedade, como algo que se incorpora e integra na sua maneira de se conduzir, devendo a regra ser não apenas formalmente válida mas socialmente eficaz.

Miguel Reale[34] levanta, ainda, o requisito referente ao fundamento da regra, como sendo sempre *uma tentativa do Direito justo*. O fundamento é o valor ou o fim objetivado pela regra de Direito. Em que se funda a obrigatoriedade do Direito? As mais significativas doutrinas que respondem a esta indagação, se situam no âmbito da experiência social e histórica. *É no homem mesmo, na sua condição humana, que se procura fundamentar o Direito.*

A Justiça, como condição primeira de todos os valores que dignificam o homem, é tentativa renovada e incessante de harmonia entre as experiências axiológicas necessariamente plurais. Deve ser, complementarmente, subjetiva e objetiva, envolvendo em sua dialeticidade o homem e a ordem justa que ele instaura, porque esta ordem não é senão uma projeção constante da pessoa humana, valor-fonte de todos os valores através do tempo.[35]

O estudo em relação ao primeiro problema examinado, sobre a eficácia do princípio da culpa nas causas legais da separação judicial, está

---

33. Idem, ibidem, p. 199.
34. Miguel Reale, *Lições Preliminares de Direito*, p. 115.
35. Miguel Reale, *Fundamentos do Direito*, 2ª ed., 1972.

fundamentado pela teoria da validade da norma jurídica, no que diz respeito a sua eficácia social ou efetividade, com a pretensão de argumentar a perda do sentido de uma determinada regra jurídica, mencionada no desdobramento do item terceiro, em razão de seu desuso, na aplicação – não obstante a sua invocação, pelas partes.

A efetividade é tratada neste trabalho como ponto crucial, na qualidade de realização de algo preexistente no mundo das aspirações ou, mesmo, no plano concreto, ponto finalizado por algum evento do mundo exterior que veio tornar possível sua concretização e suas naturais conseqüências. A ausência de reconhecimento de uma norma por parte da comunidade, importará sua negação, e tal posição poderia significar justiça no ordenamento jurídico. Quando derrogada a norma em desuso, estar-se-ia conferindo ainda maior garantia ao direito vertido, posto que a letra da lei deve se amoldar à prática, segundo o próprio positivismo.

Por isso, estas considerações finais se valem da fundamentação dada pela Teoria Geral do Direito para justificar os pontos de vista levantados, refletidos e defendidos, não apenas em razão de acreditarmos na ineficácia social do princípio da culpa na separação, mas, também, por reconhecermos entidades hoje consideradas como sendo parafamiliares, por não terem sido contempladas em razão de um preconceito e de um sentimento discriminatório, que contraria os novos princípios constitucionais. Preconceito este que, em sua maioria, já se encontra superado pela sociedade. São os reflexos de toda a transformação e repersonalização do Direito Civil e das relações familiares, tratados como base geral nos primeiros itens, para a justificação e discussão dos pontos específicos.

O objetivo e a permissibilidade da norma fundamental há que ser perseguida, em prol dos cidadãos que aqui habitam, independentemente de suas preferências sexuais.

Com efeito, a reciclagem constante do senso de Justiça, o acompanhamento mais interativo do fenômeno social, a garantia de um grau mínimo de utilidade das proposições, são aspectos de demasiada relevância na persecução de um direito de resultados.

Referências Bibliográficas

Livros

DE CUPIS, Adriano. *Os direitos da personalidade*. Lisboa, Livraria Moraes Editora, 1961.

FACHIN, Luiz Edson. *Elementos Críticos do Direito de Família – Curso de Direito Civil.* Rio de Janeiro, Renovar, 1999, p. 179.

FERRAZ Jr., Tércio Sampaio. *Introdução ao Estudo do Direito – Técnica, Decisão e Dominação.* 2ª ed., São Paulo, Atlas, 1994.

_____. *Teoria da Norma Jurídica.* Rio de Janeiro, Forense, 1986.

KELSEN, Hans. *Teoria Pura do Direito.* São Paulo, Martins Fontes Editora, 1987.

PEREIRA, Caio Mário da Silva. *Instituições de Direito Civil.* v. 5. Rio de Janeiro, Forense, 1972.

POPP, Carlyle. "Princípio Constitucional da Dignidade da Pessoa Humana e a Liberdade Negocial – A proteção Contratual no Direito Brasileiro", in LOTUFO, Renan (Coord.), *Direito Civil Constitucional – Cadernos 1*, São Paulo, Max Limonad, 1999.

REALE, Miguel. *Lições Preliminares de Direito.* 24ª ed., São Paulo, Saraiva, 1998, p. 115.

TEPEDINO, Gustavo. *Temas de Direito Civil.* Rio de Janeiro, Renovar, 1999.

Artigos

ADEODATO, João Maurício. "Bases para uma Metodologia da Pesquisa em Direito", in *Anuário dos Cursos de Pós-graduação em Direito – UFPE*, n. 8, pp. 201-224, Recife, 1997.

AMARAL, Francisco. "Direito Constitucional: a eficácia do Código Civil brasileiro após a Constituição Federal de 1988", pp. 309-323.

BITTAR, Carlos Alberto. "O divórcio no direito brasileiro", *RT* 511/30-46.

CUNHA PEREIRA, Rodrigo da. "A culpa no Desenlace Conjugal", in *Direito de Família e Ciências Humanas, Caderno de Estudos* n. 3, p. 137, São Paulo, Jurídica Brasileira, 2000.

FACHIN, Luiz Edson. "Limites e possibilidades da nova Teoria Geral do Direito Civil", in *Revista da AJURIS* 60/201-211.

FINGER, Júlio César, SARLET, Ingo Wolfgang (Org.). "Constituição e direito privado: algumas notas sobre a chamada constitucionalização do direto civil", in *A constituição concretizada – construindo pontes com o público e o privado*, pp. 85-106. Porto Alegre, Livraria do Advogado, 2000.

JÚNIOR, Edilson Pereira Nobre. "O direito brasileiro e o princípio da dignidade da pessoa humana" *in*: ww.jus.com.br/doutrina/dignhum2.html, pp.1-13, fevereiro/2000.

LOBO, Paulo Luiz Netto. "Igualdade Conjugal – Direitos e Deveres", in *Direito de Família Contemporâneo.* Belo Horizonte, 1997.

_____. "O Princípio Jurídico da Afetividade na Filiação", in PEREIRA, Rodrigo da Cunha (Org.). *A Família na travessia do milênio, Anais do II Congresso Brasileiro de Direito de Família*, Belo Horizonte, IBDFAM, 2001.

LOBO, Paulo Luiz Netto, BITTAR, Carlos Alberto (Coord.). "A repersonalização das relações de família", in *Direito de Família e a Constituição de 1988*, pp. 53-81. São Paulo, Saraiva, 1989.

PELUSO, Antônio Cezar, NAZARETH, Eliana Riberti, e MOTTA, Maria Antonieta Pisano (Coord.). "A Culpa na Separação e no Divórcio", in *Direito de Família e Ciências Humanas, Caderno de Estudos* n. 2, São Paulo, Jurídica Brasileira, 1998.

RIZZARDO, Arnaldo. "Separação e Divórcio", in *Direito de Família Contemporâneo – Doutrina, Jurisprudência, Direito Comparado e Interdisciplinariedade*. Belo Horizonte, Del Rey, 1997.

TEPEDINO, Gustavo, (Coord.). "A tutela jurídica da filiação (Aspectos Constitucionais e estatutários)", in *Estatuto da Criança e do Adolescente – Estudos sóciojurídicos*, pp. 265 e ss. Rio de Janeiro, Renovar, 1991.

TEPEDINO, Maria Celina B. M., "A caminho de um Direito Civil Constitucional", in *Revista de Direito Civil* 65/21-32.

AUTONOMIA PRIVADA E CRITÉRIO JURÍDICO DE PATERNIDADE NA REPRODUÇÃO ASSISTIDA

ROXANA CARDOSO BRASILEIRO BORGES

Introdução. 1. Autonomia privada, direitos de personalidade e dignidade do ser humano. 2. Paternidade, maternidade e consentimento na reprodução assistida. 3. "Direito" à origem genética e direitos de personalidade. 3.1. Os direitos de personalidade. 3.2. O "direito à origem genética" fora dos direitos da personalidade. 4. Considerações finais.

Introdução

Este trabalho tem como objetivo analisar o alcance da autonomia privada nas questões que envolvem doação de material germinativo (sêmen e óvulo) e a determinação da paternidade (ou maternidade) através de negócios jurídicos existenciais, envolvendo direitos de personalidade.

Partindo-se do pressuposto de que os negócios jurídicos envolvendo doação de sêmen são lícitos – atendidas certas circunstâncias como gratuidade e consentimento livre e informado –, admite-se, conseqüentemente, a atuação da autonomia privada sobre os procedimentos de reprodução medicamente assistida. O estudo se volta para as fronteiras da autonomia privada nas reproduções assistidas e suas implicações sobre a paternidade/maternidade.

A hipótese de trabalho é que o critério jurídico para a determinação das relações de filiação-paternidade, nos casos de reprodução assistida com sêmen de terceiro, está na vontade parental. Na realização do procedimento reprodutivo medicamente assistido, havendo doação de sêmen, é a vontade, ou o projeto parental, ou o consentimento, que determinará a paternidade.

De outro lado, do ponto de vista do doador de sêmen, também é a sua vontade – ou sua declaração – de ser mero doador de material germinativo que excluirá direitos e deveres inerentes à paternidade. Sua participação resume-se à colaboração com o projeto parental de outrem, sendo este, também, o limite de sua responsabilidade.

Em seguida, admitida essa hipótese de autonomia privada – traduzida, no direito de família, como vontade parental – como critério jurídico da paternidade da reprodução assistida heteróloga, faz-se incursão pelo tema do alegado direito ao conhecimento da origem genética. Tema mais polêmico que o critério jurídico da paternidade, a análise se baseia em jurisprudência nacional.

1. Autonomia privada, direitos de personalidade e dignidade do ser humano

Entende-se, em geral, "autonomia privada" como "o poder, reconhecido ou concedido pelo ordenamento estatal a um indivíduo ou a um grupo, de determinar vicissitudes jurídicas como conseqüências de comportamentos – em qualquer medida – assumidos".[1] É um quadro ideal de regular por si as próprias ações.

O grande motor da autonomia privada sempre foi a liberdade econômica e a tradução, em regras jurídicas, de relações mercantis. A autonomia privada expressa a liberdade de negociar, de escolher o contratante, de determinar o conteúdo do contrato, de escolher, quando puder, a forma do ato.

No entanto, a autonomia privada não se restringe aos negócios patrimoniais. As "expressões de liberdade em matéria não-patrimonial ocupam uma posição mais elevada na hierarquia constitucional".[2] O negócio jurídico é categoria mais ampla que o contrato, e envolve manifestação de autonomia privada, seja patrimonial ou não.

Os negócios com conteúdo não-patrimonial, mais do que os outros, encontram seus limites no princípio constitucional da dignidade da pessoa humana (art. 1º, III, da Constituição Federal). Esses negócios são juridicamente protegidos porque os interesses em torno de sua realização são, dentro dos limites, considerados legítimos pela sociedade.

A autonomia privada não se resume à iniciativa econômica nem à autonomia contratual; abrange também situações subjetivas existenciais, como transplantes, doação de sêmen e óvulos. Assim, os atos de autono-

---

1. Pietro Perlingieri, *Perfis do direito civil: introdução ao direito civil constitucional*. Rio de Janeiro: Renovar, 1999, p. 17.
2. Idem, ibidem, p. 18.

mia acontecem em áreas diversas, não apenas no âmbito econômico. Quando a negociação é sobre interesses não-patrimoniais, os atos de autonomia se relacionam com a dignidade da pessoa. É o que ocorre na atuação da autonomia privada sobre reprodução assistida, doação de sangue, órgãos, maternidade de substituição.

A autonomia privada não é um valor em si; tem de estar funcionalizada conforme o sistema. Dentre estes limites estão os juízos de licitude e de valor do ato. O ato de autonomia tem de corresponder a um interesse digno de proteção. Para Perlingieri "não se pode mais discorrer sobre limites de um dogma ou mesmo sobre exceções: a Constituição operou uma reviravolta qualitativa e quantitativa na ordem normativa. Os chamados limites à autonomia, colocados à tutela dos contraentes mais frágeis, não são mais externos e excepcionais, mas, antes, internos".[3]

Os indivíduos só podem realizar negócios jurídicos enquanto autorizados pelo ordenamento jurídico. No ordenamento há normas particulares que conferem o poder de realizar negócios jurídicos. Assim, os negócios jurídicos traduzem-se como uma manifestação de vontade que está subordinada às regulamentações do ordenamento que lhe são superiores, como a Constituição e as leis.

O Direito cria limites para garantir a liberdade. Para Luigi Ferri, a Sociedade e o Direito não significam uma privação ou um empobrecimento do indivíduo, mas um enriquecimento de sua vida. O indivíduo deve dar sua parcela de liberdade, mas, em compensação, o que recebe é mais importante do que o que dá. Segundo o autor, o Direito não só proíbe a lesão, mas, também, ordena a cooperação, a solidariedade. A limitação está ínsita na idéia de Direito. É uma limitação constituída por liberdade, a liberdade do outro.[4]

Assim, não se permite exercitar o poder de disposição da autonomia privada sobre certas relações ou sobre certos direitos. Excluem-se tais relações e direitos do âmbito em que opera a autonomia privada. É matéria subtraída da disponibilidade das partes. Em regra geral, as matérias atinentes ao direito de família estão subtraídas do alcance da autonomia privada.

As questões relativas ao próprio corpo, à disposição do cadáver, de órgãos e tecidos, inclusive envolvendo material genético, podem ser objeto de negócio jurídico, mas não podem ser objeto de relações patrimoniais.

---

3. Idem, ibidem, p. 280.
4. Luigi Ferri, *La autonomia privada, passim.*

Admitem-se aí os negócios jurídicos não-patrimoniais, insuscetíveis de contraprestação ou avaliação pecuniária, pois "a autonomia privada não existe apenas nos negócios jurídicos patrimoniais, mas em qualquer outro objeto em que não ocorra restrição legal e que seja possível manifestar-se a autonomia da pessoa".[5]

Para José Abreu Filho, os negócios jurídicos extrapatrimoniais abrangem também os direitos personalíssimos, podendo se manifestar a autonomia privada nos direitos de personalidade, no direito ao próprio corpo, no direito à intimidade, no direito à imagem.[6]

Os limites à autonomia privada produzem o equilíbrio, não extrapolando a ordem social. Os limites são a lei, a moral e a ordem pública.[7]

Se o negócio jurídico e a autonomia privada não estão limitados ao campo dos direitos patrimoniais, *pode-se falar de negócio jurídico sobre genética humana, se forem descartados os interesses patrimoniais*, em que geralmente se pensa quando se trata da autonomia privada.

Como uma das expressões dos direitos de personalidade, o direito ao patrimônio genético é um direito extrapatrimonial. Assim, se o direito de personalidade for o objeto de um negócio jurídico, tal negócio será, também, extrapatrimonial.

Tanto é assim que existe a previsão constitucional sobre doação de órgãos e outras substâncias humanas, para fins de pesquisa, transplante e tratamento. Claro que, por se tratar de expressões dos direitos de personalidade, requerem uma proteção maior do ordenamento jurídico, tanto que se veda a comercialização das partes do corpo.

A Constituição Federal, no artigo 199, § 4º, ao prever a possibilidade de remoção de órgãos, tecidos e substâncias humanas para fins de transplante, pesquisa e tratamento, bem como a coleta, processamento e transfusão de sangue e seus derivados, veda todo tipo de comercialização desses elementos.

É a extrapatrimonialidade que permite que tais negócios sejam lícitos. A vedação da comercialização é que garante a dignidade da pessoa na realização de tais negócios, como doação de material germinativo (esperma e óvulo). A gratuidade é elemento imprescindível para que os

---

5. Giovanni Etore Nanni, "A autonomia privada sobre o próprio corpo, o cadáver, os órgãos e tecidos diante da Lei federal n. 9434/97 e da Constituição Federal", p. 262.
6. José Abreu Filho, *O negócio jurídico e sua teoria geral*, passim.
7. Joelma Ticianelli, "Limites objetivos e subjetivos do negócio jurídico na Constituição Federal de 1988".

negócios jurídicos sobre o material genético sejam aceitos pelo ordenamento jurídico. É o pressuposto de licitude.

Com a exigência da gratuidade, tais negócios jurídicos são manifestações da solidariedade humana e, ao invés de atentarem contra a dignidade, elevam-na mais.

Franco Bartolomei, ao tratar da dignidade humana como valor constitucional, observa que a esfera da dignidade humana, merecedora de proteção jurídica, amplia-se cada vez mais, com a evolução da história dos direitos humanos. A dignidade humana, segundo ele, não é apenas um direito subjetivo, é uma cláusula geral constitucional. A normatização constitucional dos direitos invioláveis do ser humano é, para o autor, particularmente importante quando se põe como cláusula geral de tutela essencial da pessoa, o que leva à exigência da tutela integral do ser humano através da tutela de todos aqueles interesses que lhes são essenciais, conforme a consciência social. Além disso, para Bartolomei, a enunciação dos direitos invioláveis não se exaurem nos direitos tipificados na norma constitucional, permitindo, inclusive, à jurisprudência, reconhecer direitos que não estejam mencionados expressamente na normativa constitucional.[8]

A respeito de documentos que tratam da reprodução assistida, a Resolução 1.358/92 do Conselho Federal de Medicina, no item IV/1, ao tratar da doação de gametas ou pré-embriões, prevê que a doação nunca terá caráter lucrativo ou comercial. Em nível internacional, a Declaração Ibero-Latino-Americana sobre Ética e Genética, conhecida como Declaração de Manzanillo (1996), revisada em Buenos Aires em 1998, reitera a necessidade de proibir a comercialização do corpo humano, de suas partes e de seus produtos.

2. *Paternidade, maternidade e consentimento na reprodução assistida*

A possibilidade de se realizarem negócios jurídicos com os direitos de personalidade – atendidas as peculiaridades de cada expressão desses direitos – levam à análise dos efeitos de tais negócios jurídicos. É preciso, neste momento, analisar as conseqüências jurídicas do consentimento para o procedimento de reprodução medicamente assistida heteróloga.

Importam tanto o consentimento dado pelo casal que tem o projeto parental como o consentimento do doador de sêmen ou da doadora de

---

8. Franco Bartolomei, *La dignità umana come concetto e valore constituzionale*, pp. 12-13.

óvulos. A repercussão desse consentimento acarreta, para o casal – sobretudo para o homem – que deseja a procriação a atribuição a si da paternidade da criança que nascerá do procedimento. Para o doador de sêmen, o seu consentimento, que se resume na colaboração para a procriação, sem qualquer interesse na paternidade, não gera as responsabilidades nem os direitos decorrentes do vínculo biológico entre si e a criança.

O consentimento do companheiro ou marido, nos casos da reprodução heteróloga em que o mais comum é a fecundação com sêmen de terceiro, gera efeitos jurídicos na órbita da determinação da paternidade. Este consentimento impede que quem o deu (marido ou companheiro) utilize-se de ulterior negatória de paternidade. Neste caso, a verdade biológica é afastada como critério jurídico de paternidade e prevalece o critério afetivo ou social.

Da mesma forma, após iniciado o procedimento de fecundação heteróloga, o consentimento é irrevogável, por qualquer das partes envolvidas: companheiro ou marido, mulher e doador. Uma vez pronunciado o consentimento e iniciada a fecundação, o critério jurídico para a determinação da relação filiação-paternidade é a declaração: a paternidade é atribuída ao casal que buscou o procedimento médico para a realização do projeto parental e nenhum vínculo jurídico será configurado entre o doador e a criança gerada. O doador, não tendo nenhum interesse na paternidade, dá seu consentimento para participar do procedimento sem assumir qualquer responsabilidade familiar para com o ser gerado.

A maior parte da doutrina e da legislação é pelo anonimato do doador. A revelação de sua identidade, tanto para o casal como para o filho, poderia gerar graves perturbações a todos os envolvidos: ao casal que teve o projeto parental, ao doador e ao filho, sobretudo se menor. Diferente disso é o segredo acerca de ter sido aquela criança gerada por fecundação artificial assistida heteróloga. A revelação dessa circunstância não implica a revelação da identidade do doador. Mas, mesmo em hipótese de revelação de sua identidade, nenhum vínculo jurídico deverá haver entre o doador e a criança nascida da fecundação artificial heteróloga.

Na opinião de Deborah de Oliveira e Edson Borges Jr. "não se concebe que sejam reclamados alimentos do pai ou mãe biológicos que apenas depositaram seu material genético em bancos ou doaram seus gametas sem a responsabilidade social da maternidade ou paternidade, impondo-se os vínculos afetivos de maneira indiscutível".[9]

---

9. Deborah Ciocci Alvarez de Oliveira e Edson Borges Jr., *Reprodução assistida: até onde podemos chegar? Compreendendo a ética e a lei*, p. 35.

Da mesma forma, também o casal tem o direito ao segredo contra os interesses do doador. Também interessa ao casal que suas identidades não estejam ao alcance do doador, pois há o risco de este querer, de alguma forma, se aproveitar dessa revelação ou mesmo pode tentar reivindicar algum direito a respeito da filiação.

O Projeto de Lei n. 90/99 (do Senador Lúcio Alcântara), que dispõe sobre reprodução assistida, prevê, na seção VI, sobre filiação, que a condição de pais da criança nascida mediante o emprego das técnicas de reprodução assistida será atribuída aos beneficiários da técnica. Além disso, determina que a pessoa assim gerada não tem nenhum tipo de direito ou vínculo em relação aos doadores ou aos pais biológicos, com exceção dos impedimentos matrimoniais.

O Projeto de Lei n. 2.855/97 (do Deputado Confúcio Moura) prevê que a revelação da identidade do doador não é motivo para determinação de nova filiação.

O Projeto de Lei n. 3.638/93 (do Deputado Luiz Moreira) estabelece que os doadores não devem conhecer a identidade dos receptores e vice-versa, sendo obrigatório o sigilo sobre a identidade dessas pessoas.

Essa última previsão repete o disposto na Resolução n. 1.358/92 do Conselho Federal de Medicina, que, sobre a doação de gametas ou pré-embriões, proíbe que doadores conheçam a identidade dos receptores e vice-versa.

Assim, na fecundação com sêmen de terceiro, os vínculos de filiação e paternidade são definidos pelo consentimento das partes. Conforme Eduardo Oliveira Leite, "tornando relativa a verdade genética, voluntariamente apagada e protegida pelo anonimato dos doadores, a nova ordem funda a filiação sobre a vontade e sobre a promessa da verdade afetiva".[10]

O doador é estranho ao projeto parental. Seu consentimento limita-se ao ato de doar os gametas. Nenhum vínculo jurídico existirá entre si e o casal ou entre si e a criança. Da mesma forma, o consentimento do marido ou companheiro impede a contestação da paternidade.

O fundamento para o impedimento da negatória de paternidade ou qualquer contestação de paternidade está, imediatamente, no consentimento dado para o procedimento médico e, mediatamente, no princípio geral da boa-fé.

---

10. Eduardo Oliveira Leite, *Procriações artificiais e o direito*, p. 202.

João Álvaro Dias fala de "eficácia preclusiva do consentimento do marido". Para ele, o consentimento é irrevogável e só admite ação de impugnação de paternidade em hipótese de vícios da vontade.[11]

Guilherme de Oliveira concebe o consentimento como um obstáculo à impugnação da paternidade pelo marido. Sugere que o consentimento tem o valor de fixar o estatuto civil do filho e a paternidade do marido. Para ele, "consagra-se uma paternidade sem fundamento biológico, embora se ganhe a estabilidade de uma união sócio-afetiva".[12]

Este autor traz o entendimento de que a tentativa de revogação do consentimento após efetivada a fecundação ou a negatória ou contestação da paternidade por parte do marido ou companheiro anuente são hipóteses de exercício abusivo do direito. O marido ou companheiro impugnante age contrariamente ao dever genérico de atuar de boa-fé. O consentimento do marido ou companheiro significa a investidura no estatuto jurídico-social da paternidade. Mas prevê, também, o autor, exceções a esta proibição de impugnação da paternidade.

Carlos Lema Añón, examinando a legislação espanhola, considera destacável a substituição do princípio da verdade biológica pelo do consentimento prévio. O autor chama a atenção para os dogmas da verdade biológica e da indisponibilidade de estado, criticando a irrenunciabilidade da ação negatória. Segundo ele, é necessário relativizar a importância do critério da paternidade biológica em favor de critérios baseados no consentimento, na intencionalidade ou na existência de um projeto parental.

Segundo Zeno Veloso "é princípio universalmente seguido o de que o marido que teve conhecimento e consentiu na inseminação artificial com esperma de um terceiro não pode, depois, impugnar a paternidade (...) Seria antijurídico, além de imoral e torpe, que o marido pudesse desdizer-se e, por sua vontade, ao seu arbítrio, desfazer um vínculo tão significativo, para o qual aderiu, consciente e voluntariamente".[13]

Analisando-se a Constituição Federal, entende-se que o princípio da paternidade responsável estende-se também para a reprodução assistida. O consentimento do marido ou companheiro gera, por este princípio do Direito brasileiro, a responsabilidade parental e o estado jurídico de pai.

---

11. João Álvaro Dias, *Procriação assistida e responsabilidade médica*, p. 63.
12. Guilherme de Oliveira, *Critério jurídico da paternidade*, p. 336.
13. Zeno Veloso, *Direito Brasileiro da Filiação e Paternidade*, pp. 150-151.

3. "Direito" à origem genética e direitos de personalidade

Nesta parte do estudo, busca-se tratar do polêmico tema sobre o "direito à origem genética" e os direitos de personalidade, tomando-se como ponto de partida a análise de dois acórdãos do Supremo Tribunal Federal sobre *habeas-corpus* impetrados contra decisões do Tribunal de Justiça do Rio Grande do Sul e do Tribunal de Justiça de Santa Catarina, em ações de investigação de paternidade. Para chegar à situação que se quer comentar, vale percorrer um resumo dos processos:

No primeiro caso (STF, HC. 71.373-RS, Rel. Min. Marco Aurélio, j. 10.11.1994, *RTJ* 165/902-916), moveu-se, contra o paciente, ação de investigação de paternidade, na Comarca de Porto Alegre. A juíza, em primeira instância, ordenou realização de provas sangüíneas. O paciente/investigado não se submeteu à decisão e a juíza decidiu que analisaria a recusa no conjunto probatório. Posteriormente, a magistrada, baseada em jurisprudência do mesmo Estado, ordenou que o paciente/investigado comparecesse para realizar o exame, "sob pena de condução sob vara". Agravo de instrumento foi interposto. A 8ª Câmara do TJRS manteve a decisão de primeiro grau, por maioria de votos (2 x 1). O paciente interpôs recurso especial e recurso extraordinário. A juíza mandou intimar o paciente/investigado para comparecer, em hora e local, para fazer o exame, "sob pena de condução sob vara". A liminar no processo de *habeas corpus* foi deferida. O representante do Ministério Público Federal opinou pelo indeferimento do pedido. Após os votos, o pedido de *habeas corpus* foi deferido, por maioria (5 x 4). Os fundamentos para o deferimento do pedido foram a obediência ao princípio da legalidade e o respeito ao direito à inviolabilidade do corpo e à intimidade, além da valoração da recusa ao exame como confissão ficta, o que não prejudicaria a pretensão das autoras.

No segundo caso (STF, HC 76.060-4-SC, Rel. Min. Sepúlveda Pertence, j. 31.3.1998, *RJSTF-Lex* 237/304-310), moveu-se, contra o paciente, ação de reconhecimento de filiação com retificação do registro, em que se pretende submeter ao exame de DNA o pai presumido. Na ação, terceiro tem a presunção de ver-se declarado pai biológico da criança nascida na constância do casamento do paciente. Sob ameaça de ser constrangido a fazer o exame de DNA, impetrou-se o *habeas corpus*.

Mas o que se quer como objeto de comentário a estes acórdãos é um dos argumentos dos Ministros que foram vencidos nas votações de ambos os julgamentos. *Trata-se do questionamento acerca da existência de um direito à origem genética*. Outros aspectos da discussão na votação, como conjunto probatório, princípio da legalidade, direito à intimidade, direito à inviolabilidade do corpo, dentre outros, não serão analisados nesta parte do trabalho.

Assim, o estudo, neste último momento, deverá estar centrado na questão: *existe, no Direito brasileiro atual, um direito à origem genética?*

No presente caso, a situação que aqui interessa, em relação às decisões do STF, em suma, é a seguinte:

1) o investigado, em ação de investigação de paternidade, recusou-se a se submeter à extração de sangue para realização de exame de DNA;

2) a recusa, por parte do investigado, apreciada com as outras provas dos autos, seria valorada como confissão ficta e ter-se-ia declarada a paternidade, finalizando-se aí o processo; ou seja: a realização do exame do DNA, processualmente, não seria imprescindível para o reconhecimento judicial da paternidade;

3) alguns Ministros do Supremo Tribunal Federal que votaram pelo indeferimento do pedido de *habeas corpus* referiram-se a um "direito à origem genética", alegando que as investigantes teriam direito não apenas à declaração judicial da paternidade, mas, além disso, direito à prova científica de que o investigado era seu genitor.

Numa ação de investigação de paternidade sem exame de DNA, em que o conjunto probatório leva ao reconhecimento da paternidade, pode o investigante, não satisfeito com isso, pretender a realização do exame de DNA alegando *um direito à origem genética?* Pode pessoa nascida em constância de casamento, criada como filho pelo marido de sua mãe, investigar terceiro, alegando ser este seu pai biológico e alegando ter *direito a saber sua origem genética*, independentemente dos efeitos disso? Existe, autonomamente ao direito à paternidade, *um direito à origem genética?* Pode, pessoa adotada, *investigar sua origem genética?* E as pessoas concebidas por reprodução assistida heteróloga, mesmo tendo pai afetivo? Pode alguém não se satisfazer com a paternidade afetiva, judicialmente reconhecida, *e pretender investigar sua origem genética?*

Alguns doutrinadores chegam a mencionar este "direito à origem genética". Eduardo Oliveira Leite entende que "o direito a conhecer sua origem genética realça excessivamente a paternidade biológica".[14] Gustavo Tepedino fala do "direito individual ao conhecimento da origem biológica", admitindo que a verdade científica pode ser posta de lado

---

14. Eduardo Oliveira Leite, *Procriações artificiais e o direito*, p. 339.

pela verdade biológica, se for pelo melhor interesse em relação à criança.[15] Alberto Silva Franco entende que não se pode "excluir, de todo, o direito do próprio filho de conhecer sua identidade genética".[16] Há divergências tanto na doutrina como na jurisprudência. As posições também variam na legislação estrangeira.

3.1. Os direitos de personalidade

Na sociedade tecnológica os objetos de investigação expandem-se por todos os espaços, inclusive na esfera da personalidade humana. Na esfera sócio-política, as pessoas conscientizam-se sempre mais de sua dignidade e, conseqüentemente, exigem o reconhecimento dos seus interesses mais novos e o respeito à sua condição de sujeito. No mundo jurídico, atualmente, reconhecem-se cada vez mais direitos, sobretudo os de cunho não patrimonial. A evolução do sistema objetivo – do direito positivo – e do sistema científico[17] – da evolução doutrinária – levam ao reconhecimento, a cada dia, de novos direitos.

Para Pontes de Miranda, "com a teoria dos direitos de personalidade, começou, para o mundo, nova manhã do direito".[18]

Segundo Adriano De Cupis, há uma hierarquia entre os bens. O objeto dos direitos da personalidade são os bens de maior valor jurídico, sem os quais os outros perdem valor. São os bens da vida, da integridade física, da liberdade. São caracterizados por uma não-exterioridade. São categorias do ser, não do ter.[19]

Dentre os primeiros direitos da personalidade reconhecidos como direitos fundamentais estão o direito à vida, o direito à liberdade e o direito à integridade física. Foram direitos reconhecidos a partir da oposição entre indivíduo e Estado. Visava-se a proteger a pessoa contra as intervenções arbitrárias do Estado. Com o aumento populacional das cidades, com o crescimento dos veículos de comunicação de massa, com o aumento do desequilíbrio nas relações econômicas e com o avanço tecnológico, outros direitos da personalidade emergiram, desta vez não

15. Gustavo Tepedino, *Temas de Direito Civil*, pp. 414-415.
16. Alberto Silva Franco, "Genética humana e direito", *Revista Bioética*, n. 1, v. 4.
17. Claus-Wilhelm Canaris, *Pensamento sistemático e conceito de sistema na Ciência do Direito*.
18. Pontes de Miranda. *Tratado de Direito Privado*, t. VII, Direito de Personalidade, Direito de Família, p. 6.
19. Adriano De Cupis, *Direitos da personalidade*, 1961.

apenas para proteger o indivíduo contra o Estado, mas para protegê-lo também contra a intervenção lesiva de outros particulares.

Os direitos de personalidade não são *numerus clausus*. O catálogo dos direitos de personalidade está em contínua expansão, constituindo uma série aberta.[20] À medida que a sociedade torna-se mais complexa e as violações às pessoas proliferam, até mesmo como decorrência de certos usos dos conhecimentos tecnológicos, novas situações demandam proteção jurídica. É o que ocorre também no campo dos direitos de personalidade: são direitos em expansão. Com a evolução legislativa e com o desenvolvimento do conhecimento científico acerca do direito vão se revelando novas situações que exigem proteção jurídica e, conseqüentemente, novos direitos.

Antonio Baldassare entende que os direitos fundamentais garantidos à liberdade humana não precisam de uma específica previsão positiva. São paradigmas gerais que englobam várias possibilidades materiais nas quais se possa realizar a ação humana. Os direitos implícitos são reconhecidos do conteúdo semântico dos mais amplos direitos expressamente reconhecidos pela Constituição. Os direitos instrumentais são os quais, sem sua efetivação, outros direitos expressos não podem ser garantidos. Os direitos implícitos ou transversais são indiretamente reconhecidos e garantidos. Não há uma cláusula aberta de direitos, mas a possibilidade de, a partir do art. 2º da Constituição Italiana – que pode ser comparado ao inciso III do art. 1º da Constituição Federal brasileira –, reconhecerem-se, por expansão, direitos implícitos.[21]

Da mesma forma pensa Adriano De Cupis. Segundo o autor, ao tratar do direito à liberdade como direito da personalidade, "a enunciação destas liberdades tem apenas caráter demonstrativo e não taxativo, porque no campo de direito público, como no campo do direito privado, não é possível enumerar todas as manifestações de liberdade".

O autor elenca: direito à vida, direito aos alimentos, direito à integridade física, direito sobre partes separadas do corpo, direito sobre o cadáver, direito à liberdade, direito à honra, direito ao resguardo pessoal, direito à imagem, direito ao segredo (correspondência, profissional, documentos, doméstico), direito à identidade pessoal (ao nome), direito ao título (nome e nobiliárquico), direito ao sinal figurativo (brasão), direito moral de autor.[22]

---

20. Francesco Galgano, *Diritto privato*, p. 94.
21. Antonio Baldassare, *Diritti della persona e valori constituzionali*.
22. De Cupis, ob. cit.

Conforme Pontes de Miranda, "os direitos de personalidade não são impostos por ordem sobrenatural, ou natural, aos sistemas jurídicos; são efeitos de fatos jurídicos, que se produziram nos sistemas jurídicos, quando, a certo grau de evolução, a pressão política fez os sistemas jurídicos darem entrada a suportes fáticos que antes ficavam de fora, na dimensão moral ou na dimensão religiosa". Ele ressalva, contudo, que também é direito objetivo o direito que se encontra sobre a ordem estatal, de onde derivam "princípios superiores que têm de ser atendidos pelos legisladores estatais".[23]

São direitos de personalidade, na classificação de Pontes de Miranda: o direito de personalidade como tal, o direito à vida, o direito à integridade física, o direito à integridade psíquica, o direito à liberdade, o direito à verdade (o direito à *exceptio veritatis*), o direito à honra, o direito à própria imagem, o direito de igualdade, o direito ao nome, o direito à intimidade e o direito autoral de personalidade.

Orlando Gomes entende por direitos da personalidade os considerados essenciais à pessoa humana, visando à proteção de sua dignidade. Segundo o autor, a necessidade de proteger a dignidade humana "contra práticas e abusos atentatórios tornou-se premente em razão assim da tendência política para desprestigiá-la como dos progressos científicos e técnicos". Ele destaca que houve momento em que "favoreceu-a a terrível ameaça que pesa sobre a individualidade física, intelectual e moral do homem em conseqüência de conquistas científicas e técnicas que permitem até a própria desintegração da personalidade".[24] O objeto dos direitos da personalidade são projeções físicas ou psíquicas da pessoa. As projeções da personalidade, suas expressões, qualidade ou atributos são bens jurídicos[25] e devem estar apoiados no direito positivo. Os direitos da personalidade são uma categoria especial do Direito Privado, diferente dos direitos pessoais e dos direitos reais.

Limongi França concebe os direitos da personalidade como um dos atributos da personalidade, ao lado do estado, da capacidade e da sede jurídica. Atributo, no conceito do autor, é "toda característica, situação ou condição, suscetível de ser assumida pela personalidade, e que seja capaz de ocasionar uma repercussão jurídica".[26] Direitos de personalidade são "as faculdades jurídicas cujo objeto são os diversos aspectos da

---

23. Pontes de Miranda, ob. cit., p. 7.
24. Orlando Gomes, *Introdução ao direito civil*, p. 149.
25. O. Gomes, ob. cit., p. 151.
26. Rubens Limongi França, *Manual de direito* civil, v. 1, p. 145.

própria pessoa do sujeito, bem assim as suas emanações e prolongamentos".[27] No entender de Limongi França, esses direitos de personalidade são "verdadeiros direitos autônomos", devendo ocupar um novo livro na parte especial do direito civil.[28]

Limongi França classifica os direitos da personalidade em: direito à integridade física, direito à integridade intelectual e direito à integridade moral, reconhecendo, contudo, que esses direitos não são estanques e, por exemplo, o direito à imagem pode ser de natureza física e de natureza moral. Assim, de forma não definitiva, devido ao caráter evolutivo da matéria, o autor propõe uma classificação dos direitos da personalidade em que cada uma destas três classes abrange outros direitos. O direito à integridade física abrange: o direito à vida e aos alimentos; o direito sobre o próprio corpo, vivo; o direito sobre o próprio corpo, morto; o direito sobre o corpo alheio, vivo; o direito sobre o corpo alheio, morto; o direitos sobre partes separadas do corpo, vivo; o direito sobre partes separadas do corpo, morto. O direito à integridade intelectual envolve: o direito à liberdade de pensamento; o direito pessoal de autor científico; o direito pessoal de autor artístico; o direito pessoal de inventor. E o direito à integridade moral comporta: o direito à liberdade civil, política e religiosa; o direito à honra; o direito à honorificência; o direito ao recato; o direito ao segredo pessoal, doméstico e profissional; o direito à imagem e o direito à identidade pessoal, familiar e social.[29]

Personalidade, na definição de Clovis Beviláqua, constitui "o conjunto dos direitos atuais ou meramente possíveis, e das faculdades jurídicas atribuídas a um ser".[30] Lembra ele que os conceitos psicológico e jurídico de personalidade não se confundem. A idéia de personalidade é, para Clovis Beviláqua, "indispensável ao direito, porque o direito se concebe como uma organização da vida em que, sob a égide tutelar de um poder mais forte, se expandem as faculdades dos indivíduos e dos agrupamentos humanos, e essas faculdades asseguradas pela ordem jurídica são irradiações de um foco – a personalidade".[31]

Para Carlos Alberto Bittar os direitos de personalidade são direitos inatos, "cabendo ao Estado apenas reconhecê-los e sancioná-los",[32] o

---

27. Idem, ibidem, p. 403.
28. Idem, ibidem, p. 157.
29. Idem, ibidem, p. 412.
30. Clovis Beviláqua, *Theoria Geral do Direito Civil*, p. 79.
31. Idem, ibidem, p. 80.
32. Carlos Alberto Bittar, *Os direitos da personalidade*, p. 7.

que não significa que os direitos de personalidade são apenas aqueles reconhecidos pelo ordenamento. Para Bittar, os direitos de personalidade antecedem o direito positivo e dele independem, embora sua positivação possibilite uma tutela mais específica e eficaz. Entende que não é o Estado que cria os direitos, mas que estes existem na consciência popular e no direito natural, devendo o Estado reconhecê-los.[33]

Bittar concebe os direitos de personalidade em duas classes: os direitos próprios da pessoa em si, originários, da natureza da pessoa; e os direitos referentes às projeções da pessoa para o mundo exterior.[34] Os bens jurídicos objetos dos direitos de personalidade são físico, psíquicos e morais. São direitos físicos, nesta classificação de Carlos Alberto Bittar: o direito à vida, o direito à higidez física, o direito ao corpo, o direito a partes do corpo (próprio e alheio), o direito ao cadáver e a partes do cadáver, o direito à imagem e o direito à voz. Constituem direitos psíquicos: o direito à liberdade (de pensamento, de expressão, de culto etc.), o direito à intimidade (privacidade, reserva), o direito à integridade psíquica e o direito ao segredo. Dentre os direitos morais encontram-se: o direito à identidade, o direito à honra, o direito ao respeito e o direito às criações intelectuais.[35]

Também Francesco Galgano considera que há duas categorias de direitos: os direitos criados pelo direito objetivo e os direitos reconhecidos pelo direito objetivo. Estes são os direitos do homem, que existem independentemente de um direito objetivo que os reconheça. São direitos que o Estado se limita a proteger, pois são direitos do homem enquanto tal. Entende o autor que a inviolabilidade dos direitos de personalidade se referem tanto aos particulares quanto ao Estado e que as autoridades públicas, mesmo nos âmbitos de suas funções legislativas, executivas e judiciais, não podem atingir esses direitos.[36]

Os direitos de personalidade são direitos que são próprios ao ser humano, direitos que são próprios da pessoa. Não se trata de direito à personalidade, mas de direitos que decorrem da personalidade humana, da condição de ser humano. Com os direitos da personalidade, protege-se o que é próprio da pessoa, como, por exemplo, o direito à vida, o direito à integridade física e psíquica, direito à integridade intelectual, o direito ao próprio corpo, o direito à intimidade, o direito à privacidade, o

---

33. Idem, ibidem, p. 8.
34. Idem, ibidem, p. 10.
35. Bittar, ob. cit., p. 65.
36. F. Galgano, ob. cit., p. 88.

direito à liberdade, o direito à honra, o direito à imagem, o direito ao nome. Todos esses direitos são expressões da pessoa humana considerada em si mesma. Os bens jurídicos mais fundamentais, primeiros, estão contidos nos direitos da personalidade.

Os direitos de personalidade são considerados extrapatrimoniais, inalienáveis, impenhoráveis, imprescritíveis, irrenunciáveis. Não são suscetíveis de avaliação pecuniária; não podem ser transmitidos a outrem, nem mesmo com a morte; sendo inerentes à pessoa, não podem ser renunciados; não se extinguem com o tempo; enquanto for viva, a pessoa é titular de todas as expressões dos direitos de personalidade; não estão sujeitos à execução forçada. Quando há lesão ao direito de personalidade o ressarcimento em valor pecuniário é devido porque não há como reparar o dano em sua integralidade, não há como restituir à pessoa, de modo satisfatório, o que foi lesionado.

Pontes de Miranda avançou ainda mais e conclui que a responsabilidade pela ofensa aos direitos de personalidade não depende de culpa,[37] o que hoje tem sido proposto por poucos doutrinadores que têm encontrado enorme resistência na própria doutrina e sobretudo na jurisprudência.

Pontes de Miranda, ao discorrer sobre a diferença entre *status* e direitos de personalidade, pondera que: "Houve, dissemos, quem procurasse classificar como direito de personalidade os direitos de *status*. A nacionalidade, a cidadania, a posição do cônjuge (conjugicidade), a de filho legítimo ou ilegítimo, ou adotivo, seriam direitos de personalidade. Mas, em verdade, não é da pessoa que se irradiam esses direitos; e sim da pessoa mais algum fato jurídico, que é demasiado individual, de cada um, diferentemente, para que pudesse ser ligado à personalidade humana [...] Se o exposto nunca veio a conhecer a sua origem, paterna ou materna, nem por isso se pode entender que algo perdeu da sua pessoa: a pessoa é, ainda se são ignorados ascendentes, raça, povo, Estado, a que pertence".[38]

3.2. O "direito à origem genética" fora dos direitos da personalidade

Sendo os direitos da personalidade direitos da pessoa de defender o que lhe é próprio, como reconhecer, segundo esta concepção, um direito à origem genética que repousa no que é próprio a outrem? A identidade

---

37. Pontes de Miranda, ob. cit., p. 9.
38. Pontes de Miranda, ob. cit., p. 8.

genética de alguém pode ser tida a partir de seus próprios genes. No entanto, a "origem genética" só pode ser identificada a partir de genes de outro. Esse outro, pessoa, também goza dos direitos da personalidade, dentre os quais o direito à integridade física e o direito à intimidade. São direitos inerentes à sua própria pessoa. Mas o direito à origem genética não é inerente à pessoa e, além disso, para a revelação de tal origem, necessário seria a intervenção em personalidade alheia.

Os direitos de personalidade são direitos ao que é de si próprio; já quanto ao alegado direito à origem genética, envolve-se o que é de outro. Há, então, um erro lógico nessa pretensão. Afirmar que o direito à origem genética é um direito da personalidade é um erro lógico, pois o direito recairia sobre bem de outrem e os direitos da personalidade recaem sobre atributos que são próprios à pessoa. Pretender um direito à origem genética como direito da personalidade, necessariamente violaria outros direitos da personalidade de outrem, como o direito à intimidade e o direito à integridade física, pretendendo-se a afirmação do direito de personalidade pela negação do direito de personalidade.

Além disso, considera-se que os direitos de personalidade são direitos *erga omnes*, que impõem a todos os outros indivíduos o dever de abster-se de qualquer interferência contra esses direitos. São direitos que têm sujeitos passivos totais.[39] A proteção dos direitos de personalidade, assim, no estágio atual do nosso direito, tanto como sistema objetivo de direito positivo quanto como sistema científico doutrinário e jurisprudencial, ocorre pela exclusão da interferência de terceiros. Requer-se uma conduta negativa da coletividade, ao menos por enquanto. Ora, uma exigência de conduta negativa dos outros sujeitos conduz à idéia de que os direitos de personalidade realizam-se por si mesmos, sem que outros sujeitos, particulares ou o Estado, colaborem com sua materialização.

Os direitos de personalidade são direitos que são gozados até o momento em que são violados. Assim, segundo esta concepção, que é a concepção que vigora até então na doutrina e na jurisprudência,[40] não se pode exigir de outrem realização de conduta positiva para a materialização de um direito da personalidade. A satisfação dos direitos da personalidade não pode ser buscada na conduta de terceiros. O agir de terceiros só se torna relevante quando esse comportamento constitui ofensa aos di-

---

39. Pontes de Miranda, ob. cit., p. 6.
40. Pontes de Miranda, ob. cit., pp. 6, 19 ss.; Orlando Gomes, ob. cit., p. 152; Andrea Torrente e Piero Schlesinger, *Manuale di diritto privato*, p. 288.

reitos da personalidade, situação em que se vai buscar a interrupção da agressão e a reparação do dano.

Desta forma, voltando ao acórdão objeto de análise, a realização dos direitos da personalidade das investigantes não pode estar apoiada na realização de exame de DNA por parte do investigado. Essa pretensão de se conhecer a origem genética, portanto, é interesse que não se encontra abrigado pela categoria dos direitos da personalidade.

No direito estrangeiro, contudo, há sinais do reconhecimento do direito à origem. Ramón Martín Mateo, ao tratar da investigação de paternidade na reprodução assistida, lembra que a tendência geral é a da presunção da paternidade de filho concebido na constância do casamento, como ocorre no Direito brasileiro. O autor espanhol, entretanto, entende que isso já não é mais compatível com alguns princípios de ordenamentos progressistas, em que se reconhece o direito do filho de investigar sua origem genética. Segundo o autor, o que se privilegia no Direito espanhol atual, considerado por ele progressista, para atribuição da paternidade, é o nexo sangüíneo. Em sentido contrário, a Comissão Palacios entende que a investigação da paternidade é instrumental, servindo para tutelar a infância, e que a lei deve proteger aquele que se comporta como pai, mesmo que não o seja geneticamente. Ainda segundo Mateo, o Direito alemão e o sueco dão primazia ao direito de o filho investigar sua origem genética, mesmo sem conseqüências patrimoniais.[41]

Assim, como os direitos de personalidade são os direitos que são próprios à pessoa do sujeito, e como se tem considerado os direitos de personalidade como direitos que impõem aos outros sujeitos o dever de abstenção, no estágio atual de desenvolvimento desses direitos, seja no ordenamento brasileiro, posto pelo constituinte e pelo legislador, seja nos avanços da doutrina e mesmo na jurisprudência, *não se pode, ainda, reconhecer um direito à origem genética.*

Diante disso, não se pode afirmar que, diante do atual Direito brasileiro, exista a proteção a um direito à origem genética, como direito da personalidade, mesmo com a expansão dos exames de DNA e a sua alta confiabilidade.

4. Considerações finais

A verdade biológica nem sempre é a verdade jurídica. O ser biológico não coincide necessariamente com o dever ser jurídico. O direito

---

41. Ramón Martín Mateo, *Bioética y derecho*, pp. 131-132.

não está, de forma absoluta, total, vinculado à biologia. Se fosse assim, o direito seria desnecessário e a sociedade poderia ser regida pelas regras naturais. Como não é este o caso, convém refletir sobre um certo esquecimento dos princípios e dos critérios do mundo jurídico e sobre um certo encantamento pelas descobertas científicas.

A biologia, ou, neste caso, a genética, não deve, necessariamente, ser o único critério para a classificação das relações jurídicas, ou para a fundamentação de certas decisões judiciais. O fundamento do Direito não está na biologia. Diferentemente, a biologia pode ser uma fonte de informação para o Direito. A redenção do Direito à biologia tem como conseqüência a genetização das relações jurídicas.

Sobretudo nos casos de reprodução medicamente assistida, com sêmen de terceiro, necessário se faz questionar os dogmas da verdade biológica, da indisponibilidade dos direitos de personalidade, da irrenunciabilidade das ações de estado.

O consentimento prévio, livre e informado, na fecundação artificial heteróloga, é indicada como um novo critério de determinação da paternidade, consentâneo com a tendência de valorização do papel do afeto nas relações familiares, que leva à valorização da paternidade sócio-afetiva.

O critério jurídico para a determinação da paternidade, nesses casos, afasta o dogma biológico e privilegia o projeto de paternidade, a vontade parental, o vínculo afetivo ou social. É esta verdade afetiva que coincidirá com a verdade jurídica. Na reprodução artificial heteróloga verdade biológica e verdade jurídica não se identificam.

Neste projeto parental o doador não tem nenhum vínculo com a família beneficiária do tratamento. A tendência é por seu anonimato. Mesmo sendo necessária a revelação de alguma informação sobre sua constituição genética, sua identidade, para o bem da família e de seus membros, individualmente, deve ser mantida sob sigilo.

A autonomia privada determina, a partir do consentimento, o critério jurídico de paternidade na fecundação artificial heteróloga.

Referências bibliográficas

ABREU FILHO, José. *O negócio jurídico e sua teoria geral.* 4ª ed., São Paulo, Saraiva, 1997.

BALDASSARE, Antonio. *Diritti della persona e valori constituzionali.* Torino, G. Giappichelli.

BARTOLOMEI, Franco. *La dignità umana come concetto e valore constituzionale.* Torino, G. Giappichelli.

BEVILÁQUA, Clovis. *Theoria Geral do Direito Civil*. 6ª ed., atualizada por Achilles Beviláqua, Rio de Janeiro, Paulo de Azevedo, 1953.

BITTAR, Carlos Alberto. *Os direitos da personalidade*. 4ª ed., rev. atualizada por Eduardo Carlos Bianca Bittar, Rio de Janeiro, Forense Universitária, 2000.

CANARIS, Claus-Wilhelm. *Pensamento sistemático e conceito de sistema na ciência do direito*. 2ª ed., Lisboa, Calouste Gulbenkian, 1996.

DE CUPIS, Adriano. *Direitos da personalidade*. Lisboa, Morais, 1961.

DIAS, João Álvaro. *Procriação assistida e responsabilidade médica*. Coimbra, Coimbra Editora, 1996.

FERRI, Luigi. *La autonomia privada*. Madrid, Editorial Revista de Derecho Privado, 1969.

FRANCO, Alberto Silva. "Genética humana e Direito", *Revista Bioética*, n. 1, v. 4. Brasília, Conselho Federal de Medicina, 1996.

GALGANO, Francesco. *Diritto privato*. 9ª ed., Padova, Cedam, 1996.

GOMES, Orlando. *Introdução ao Direito Civil*. 11ª ed., atualização e notas de Humberto Theodoro Júnior, Rio de Janeiro, Forense, 1995.

LEITE, Eduardo Oliveira. *Procriações artificiais e o Direito*. São Paulo, Ed. RT, 1995.

LIMONGI FRANÇA, Rubens. *Manual de Direito Civil*, v. 1. 4ª ed., São Paulo, Ed. RT, 1980.

MATEO, Ramón Martín. *Bioética y derecho*. Barcelona, Ariel, 1987.

NANNI, Giovanni Etore. "A autonomia privada sobre o próprio corpo, o cadáver, os órgãos e tecidos diante da Lei federal n. 9.434/97 e da Constituição Federal". in LOTUFO, Renan (coord.), *Direito Civil Constitucional*, São Paulo, Max Limonad, 1999.

OLIVEIRA, Deborah Ciocci Alvarez de, e BORGES JR., Edson. *Reprodução assistida: até onde podemos chegar? Compreendendo a ética e a lei*. São Paulo, Gaia, 2000.

OLIVEIRA, Guilherme de. *Critério jurídico da paternidade*. Coimbra, Coimbra Editora, 1983.

PERLINGIERI, Pietro. *Perfis do Direito Civil: Introdução ao Direito Civil Constitucional*. Rio de Janeiro, Renovar, 1999.

PONTES DE MIRANDA. *Tratado de direito privado*. Rio de Janeiro, Borsoi, 1955. Tomo VII – Direito de Personalidade. Direito de Família.

TEPEDINO, Gustavo. *Temas de Direito Civil*. Rio de Janeiro, Renovar, 1999.

TICIANELLI, Joelma. "Limites objetivos e subjetivos do negócio jurídico na Constituição Federal de 1988", in LOTUFO, Renan (coord.), *Direito civil constitucional*, São Paulo, Max Limonad, 1999.

TORRENTE, Andrea, e SCHLESINGER, Piero. *Manuale di diritto privato*. 15ª ed., Milão, Giuffrè, 1997.

VELOSO, Zeno. *Direito Brasileiro da Filiação e paternidade*. São Paulo, Malheiros Editores, 1997.

Impressão e acabamento:
GRÁFICA PAYM
Tel. (011) 4392-3344

0729